AF171576

Kohlhammer

Die Herausgebenden

Dr. Moritz Börnert-Ringleb ist Professor für Pädagogik bei Beeinträchtigung des Lernens am Institut für Sonderpädagogik an der Leibniz Universität Hannover.

Dr. Gino Casale ist Professor für Methodik und Didaktik in den Förderschwerpunkten Lernen sowie emotionale und soziale Entwicklung am Institut für Bildungsforschung in der School of Education der Bergischen Universität Wuppertal.

Dr. Moritz Herzog ist wissenschaftlicher Mitarbeiter am Institut für Bildungsforschung in der School of Education der Bergischen Universität Wuppertal.

Dr. Miriam Balt ist wissenschaftliche Mitarbeiterin am Institut für Bildungsforschung in der School of Education der Bergischen Universität Wuppertal.

Moritz Börnert-Ringleb, Gino Casale,
Miriam Balt & Moritz Herzog (Hrsg.)

Lern- und Verhaltensschwierigkeiten in der Schule

Erscheinungsformen – Entwicklungsmodelle – Implikationen für die Praxis

Verlag W. Kohlhammer

Dieses Werk einschließlich aller seiner Teile ist urheberrechtlich geschützt. Jede Verwendung außerhalb der engen Grenzen des Urheberrechts ist ohne Zustimmung des Verlags unzulässig und strafbar. Das gilt insbesondere für Vervielfältigungen, Übersetzungen, Mikroverfilmungen und für die Einspeicherung und Verarbeitung in elektronischen Systemen.

Die Wiedergabe von Warenbezeichnungen, Handelsnamen und sonstigen Kennzeichen in diesem Buch berechtigt nicht zu der Annahme, dass diese von jedermann frei benutzt werden dürfen. Vielmehr kann es sich auch dann um eingetragene Warenzeichen oder sonstige geschützte Kennzeichen handeln, wenn sie nicht eigens als solche gekennzeichnet sind.

Es konnten nicht alle Rechtsinhaber von Abbildungen ermittelt werden. Sollte dem Verlag gegenüber der Nachweis der Rechtsinhaberschaft geführt werden, wird das branchenübliche Honorar nachträglich gezahlt.

Dieses Werk enthält Hinweise/Links zu externen Websites Dritter, auf deren Inhalt der Verlag keinen Einfluss hat und die der Haftung der jeweiligen Seitenanbieter oder -betreiber unterliegen. Zum Zeitpunkt der Verlinkung wurden die externen Websites auf mögliche Rechtsverstöße überprüft und dabei keine Rechtsverletzung festgestellt. Ohne konkrete Hinweise auf eine solche Rechtsverletzung ist eine permanente inhaltliche Kontrolle der verlinkten Seiten nicht zumutbar. Sollten jedoch Rechtsverletzungen bekannt werden, werden die betroffenen externen Links soweit möglich unverzüglich entfernt.

1. Auflage 2023

Alle Rechte vorbehalten
© W. Kohlhammer GmbH, Stuttgart
Gesamtherstellung: W. Kohlhammer GmbH, Stuttgart

Print:
ISBN 978-3-17-040424-3

E-Book-Formate:
pdf: ISBN 978-3-17-040425-0
epub: ISBN 978-3-17-040426-7

Inhaltsverzeichnis

Vorwort 9
Michael Grosche

Teil 1: Lern- und Verhaltensschwierigkeiten in der Schule

Lernschwierigkeiten 13
Moritz Börnert-Ringleb

Verhaltensschwierigkeiten 23
Gino Casale & Moritz Herzog

Der Zusammenhang von Lern- und Verhaltensschwierigkeiten 34
Moritz Börnert-Ringleb, Gino Casale & Moritz Herzog

Teil 2: Erklärungsmodelle und -variablen von Lern- und Verhaltensschwierigkeiten

Genetische und neurologische Risikofaktoren 47
Jörg-Tobias Kuhn & Christin Vanauer

Selbstregulation im Kontext von Lern- und Verhaltensschwierigkeiten 59
Katja Mackowiak

Soziale Kontextfaktoren 70
Bodo Przibilla & Friedrich Linderkamp

Wertschätzung kultureller Vielfalt und Abbau sozialer Ungerechtigkeiten als Schutzfaktoren gegen Lern- und Verhaltensschwierigkeiten 79
Miriam Schwarzenthal, Sharleen Pevec & Linda Juang

Unterrichtsqualität 89
Andreas Gold & Dorothea Krampen

Soziale Vergleichsprozesse in der Schule **99**
Jannis Bosch

**Bullying-Prozesse bei Schüler*innen mit Lern- und
Verhaltensschwierigkeiten** **108**
Pawel R. Kulawiak, Johanna Krull & Karolina Urton

**Internalisierende Schwierigkeiten des Erlebens und Verhaltens –
und ihre Auswirkungen als Lernschwierigkeiten** **119**
Roland Stein

Mathematikangst bei Schulkindern: Einführung und Wirkmodelle **132**
Lars Orbach

Schulabsentismus (als Ursache von Lernschwierigkeiten) **144**
Tobias Hagen & Heinrich Ricking

**Externalisierende Verhaltensschwierigkeiten als Ursache von
Lernschwierigkeiten** **155**
Marion Scherzinger & Alexander Wettstein

**Teil 3: Handlungsmöglichkeiten – Kognitive, emotionale und
behaviorale Fördermaßnahmen**

Leistungsbewertung und Leistungsattribution **167**
Jürgen Wilbert & Timo Lüke

**Selbstregulationsförderung: Gelingensbedingungen und
Herausforderungen bei Lern- und Verhaltensschwierigkeiten** **177**
Charlotte Dignath & Marcus Hasselhorn

**Pädagogisches Handeln und schulische Förderung bei
internalisierenden Auffälligkeiten** **186**
Armin Castello

Förderung bei Matheangst **196**
Miriam Balt & Moritz Herzog

Schulische Förderung sozial-emotionaler Kompetenzen **206**
Tatjana Leidig & Thomas Hennemann

**Maßnahmen und Programme zur Prävention und Intervention bei
Mobbing und Viktimisierung** **218**
Herbert Scheithauer & Markus Hess

Förderung der Achtsamkeit 227
Friedrich Linderkamp

Operante Methoden zur Förderung von Lern- und Sozialverhalten 237
Sina Napiany & Christian Huber

Psychoedukation in der Schule 247
Conny Griepenburg & Kirsten Schuchardt

Teil 4: Handlungsmöglichkeiten – Settingbasierte Fördermaßnahmen

Förderung sozialer Integration in der Schule 259
Christian Huber

Effektives Classroom Management – Strategien für positive unterrichtliche Entwicklungsbedingungen im Kontext von Lern- und Verhaltensschwierigkeiten 269
Marie-Christine Vierbuchen

Verzeichnisse

Die Autorinnen und Autoren 283

Vorwort

Michael Grosche

Üblicherweise wird das Vorwort zu einem wissenschaftlichen Werk von einem anerkannten Experten mit imposantem Œuvre, einer Meisterin ihres Fachs, einem Ordinarius, einer Koryphäe geschrieben. Ob diese arrivierten Zuschreibungen tatsächlich auf mich zutreffen, mögen andere beurteilen. Die Selbstbewertung fällt jedenfalls ernüchternder aus. Deshalb war ich mehr als überrascht, als ich um dieses Vorwort gebeten wurde, und schlug sogleich Namen von »älteren« und damit zumeist erfahreneren, klügeren oder gar weiseren Kolleg*innen vor. Die Herausgeberin und die Herausgeber teilten mir aber mit, dass sie sich bewusst an mich wendeten. In diesem Sinne betrachte ich es als eine große Ehre, diesem Buch ein Vorwort voranstellen zu dürfen.

Ich kenne alle vier Herausgeber*innen gut. Gino Casale war mein erster Doktorand und ist inzwischen mein Kollege an der Universität Wuppertal. Moritz Börnert-Ringleb begann zeitgleich zu meinem Erstruf an die Universität Potsdam seine Doktorarbeit im Arbeitsbereich von Jürgen Wilbert – ebenso wie Miriam Balt im Arbeitsbereich von Antje Ehlert. Nach der Promotion wechselte Moritz als Juniorprofessor an die Universität Hannover und stellte dort Miriam als Post Doc ein, die ich ihm aber etwas später für eines meiner Forschungsprojekte abwarb. Das Bewerbungsverfahren von Moritz Herzog am Arbeitsbereich von Gino begleitete ich vom ersten Tag an und wir lehren heute die Parallelvorlesungen im selben Modul. Alle vier Personen teilen die enorme Begeisterung für unser Fach, das große wissenschaftliche Interesse, die penible Akribie in Theorie und (quantitativer) Empirie, die uns als Wissenschaftler*innen auszeichnet, sowie ihren großen Ehrgeiz.

Das vorliegende Buch bildet für mich den aktuellen Höhepunkt »meiner« persönlichen wissenschaftlichen Trilogie über den Zusammenhang von Lern- und Verhaltensproblemen, die mich auf meinen bisherigen wissenschaftlichen Stationen begleitet hat. Das erste Buch las ich als Student des sonderpädagogischen Lehramts und nutze es in meiner Abschlussarbeit: »Lernbeeinträchtigung und Verhaltensstörung. Konvergenzen in Theorie und Praxis« von Ulrich Schröder, Manfred Wittrock, Sandra Rolus-Borward und Uwe Tänzer (2002). Insbesondere das darin enthaltene Kapitel von Roland Stein diente mir sehr. Das zweite Buch erlebte ich als Doktorand, als ich an der akademischen Feier zum 60. Geburtstag von Gerhard W. Lauth teilnahm. Als Geschenk überreichten ihm Friedrich Linderkamp und Matthias Grünke (2007) das ihm zu Ehren gewidmete Werk »Lern- und Verhaltensstörungen: Genese – Diagnostik – Intervention«. Das dritte Buch erreicht mich nun, einige Jahre später und vielleicht schon in einer Phase des wissenschaftlichen Establishments. Ich halte den Herausgeberband »Lern- und Verhaltensschwierigkeiten in der Schule. Erscheinungsformen, Erklärungsmodelle und Implikationen für die

Praxis« von Moritz Börnert-Ringleb, Gino Casale, Miriam Balt und Moritz Herzog (2022) in den Händen.

Alle drei Bücher hatten und haben dasselbe Ziel: Während die beiden Förderbereiche Lernen und Verhalten meist isoliert betrachtet werden, werden sie in diesen drei Werken gemeinsam analysiert. Dabei ist nicht davon auszugehen, dass die Erkenntnisse aus dem jeweiligen singulären Förderbereich das gemeinsame Auftreten von Lern- und Verhaltensschwierigkeiten rein additiv angemessen erklären könnten. Vielmehr ergibt sich durch das Zusammenwirken beider Förderbereiche eine neue und ungeahnt hohe Komplexität. Das Ganze ist mehr als die Summe seiner Teile. Das Unterfangen dieser gleichzeitigen Betrachtung verdient daher größten Respekt!

Das Ihnen vorliegende und vorläufig letzte Buch »meiner« Trilogie fasst den aktuellen Wissensstand zum gemeinsamen Auftreten beider Förderbereiche zusammen, skizziert Erscheinungsformen und Erklärungsmodelle des gemeinsamen Auftretens und liefert Beschreibungen gezielter Fördermethoden zur Prävention und Intervention. Erklärtes Ziel der Herausgeberin und der Herausgeber ist es, das komplexe, multifaktorielle und transaktionale Bedingungsgefüge von Lern- und Verhaltensschwierigkeiten besser begreifen zu können und dieses Wissen praktisch nutzbar zu machen.

Wissenschaft muss die Komplexität der Wirklichkeit reduzieren, um sie untersuchbar zu machen. Diesem Credo folgt auch das vorliegende Buch, in dem die Autor*innen bewusst nicht ganzheitlich vorgehen. Vielmehr greift jedes Kapitel ganz spezifische Aspekte des gemeinsamen Auftretens von Lern- und Verhaltensproblemen auf und bearbeitet diese aus der jeweiligen wissenschaftlichen Perspektive der Autor*innen.

Dabei ist es Moritz, Gino, Miriam und Moritz gelungen, die Expertise so vieler Personen in einem gleichzeitig übersichtlichen wie tiefgehenden Buch zu bündeln. Ihr wissenschaftliches Netzwerk, das sie für dieses Buch aktivieren konnten, ist groß und beeindruckend – und umso beeindruckender, als dass die Promotionen aller vier Personen noch gar nicht allzu lange her sind. In diesem Sinne verstehe ich das Buch als neuen Impuls der nachfolgenden wissenschaftlichen Generation, indem sowohl viele altbekannte Namen als Autor*innen wiederzufinden als auch zahlreiche neue Autor*innen kennenzulernen sind. Und nur falls Sie sich fragen, warum ich keinen Beitrag zum Buch beigesteuert habe: Ich hatte damals keine Zeit und musste absagen, wäre aber gerne dabei gewesen.

Sie als Leserin oder Leser werden eine meist pädagogisch und immer schulisch geprägte Analyse der Begriffe und Konzepte vorfinden. Sie werden differenzierte und tiefgehende Annahmen zum gemeinsamen Auftreten von Lern- und Verhaltensproblemen lesen. Sie werden Fördermöglichkeiten kennenlernen, die zur Prävention und Intervention komorbider Lern- und Verhaltensprobleme sinnvoll erscheinen. Und sie werden ganz sicher – so wie ich – beim Lesen zahlreiche Impulse für Ihre Forschung und Lehre, für Ihr Studium oder für Ihre Praxis entwickeln. In diesem Sinne vertraue ich darauf, dass das vorliegende Buch für Sie inspirierend sein wird.

Michael Grosche   Wuppertal im Herbst 2022

Teil 1: Lern- und Verhaltensschwierigkeiten in der Schule

Lernschwierigkeiten

Moritz Börnert-Ringleb

Schulisches Lernen variiert in Erfolg, Form und Inhalt sowohl zwischen Kindern und Jugendlichen als auch im Laufe der Entwicklung eines Kindes. Erfolgreiche Lernprozesse hängen dabei von zahlreichen Faktoren auf unterschiedlichen Einflussebenen ab. Neben internen Bedingungen erfolgreichen Lernens (wie z. B. kognitive Fähigkeiten, Arbeitsgedächtnis, Motivation oder auch emotionale Zustände) kann Lernen ebenfalls durch kontextuelle, externe Einflüsse und Bedingungen (z. B. die Qualität des unterrichtlichen Angebotes) beeinflusst werden. Vor dem Hintergrund dieser vielfältigen Einflussvariablen erscheint es naheliegend, dass sich beim schulischen Lernen auch Formen von Schwierigkeiten manifestieren. Gleichzeitig stellt jedoch das Feld der Lernschwierigkeiten ein in sich äußerst vielfältiges Feld dar, welches in der Praxis und Forschung gelegentlich mit vermeintlich synonymen Begriffen wie z. B. Lernstörungen, Lernbehinderung oder sonderpädagogischer Förderbedarf Lernen gleichgesetzt wird (Mähler, 2020). Bei Betrachtung des Forschungsfeldes wird jedoch deutlich, dass sich das Feld der Lernschwierigkeiten und der angewandten Begriffe in verschiedene Perspektiven unterscheiden lassen kann, welche gleichzeitig mit eigenen Annahmen, diagnostischen Kriterien und Perspektiven für die Förderung einhergehen. Vor diesem Hintergrund sollen in diesem Kapitel diese verschiedenen Perspektiven betrachtet, Überschneidungen aufgezeigt und Differenzlinien erörtert werden.

1 Lernschwierigkeiten als Oberbegriff

Vor dem Hintergrund der Vielfalt an Begriffen, die erschwerte schulische Lernprozesse beschreiben, stellt der Begriff der Lernschwierigkeiten einen Oberbegriff für verschiedene Ausprägungsformen dar. Gold (2018) beschreibt Lernschwierigkeiten in Anlehnung an Zielinski (1980) dahingehend, dass Lernschwierigkeiten dann vorliegen, wenn im schulischen Lernen »wichtige individuelle, soziale oder institutionelle Normanforderungen dauerhaft verfehlt werden« (zitiert nach Gold, 2018, S. 18). Diese Definition umschließt somit eine ganze Reihe von Szenarien, in welchen Lernschwierigkeiten auftreten können, da sie die Gesamtheit an möglichen Bezugsrahmen in der Beurteilung von schulischen Lernergebnissen umfasst. Eine Differenzierung der Gesamtheit erscheint jedoch insbesondere mit Bezug auf drei zentrale Dimensionen sinnvoll:

1. *Der zeitlichen Dimension der Problematik:* Fast alle Lernenden haben zu einzelnen Zeitpunkten ihrer schulischen Laufbahn kurzfristige Schwierigkeiten im Lernen. So können beispielsweise temporäre ungünstige motivationale und emotionale Zustände, Verständnisschwierigkeiten oder auch fehlendes Interesse dazu führen, dass Lernprozesse temporär nicht erwartungskonform verlaufen. Gleichzeitig erfordern diese temporären Einschränkungen nicht notwendigerweise besondere Formen von Unterstützung im Sinne zusätzlicher Ressourcen oder Förderung. Weniger Lernende zeigen langandauernde und übergreifende Schwierigkeiten beim Lernen, welche nicht allein durch nur kurzfristig wirkende Variablen erklärt werden können. Solche Formen von Lernschwierigkeiten überdauern im zeitlichen Verlauf und benötigen spezifische Formen der Unterstützung.
2. *Der Schwere der Schwierigkeiten:* Lernschwierigkeiten unterscheiden sich neben der zeitlichen Umfänglichkeit auch mit Bezug auf die Intensität. Wie schon in der oben angewandten Definition beschrieben, können die Bezugsrahmen für die Beurteilung abweichender Lernprozesse variieren. So können Lernergebnisse zwar noch eine soziale Bezugsnorm erfüllen, dennoch im Kontext individueller Bezugsrahmen als problematisch beschrieben werden (oder vice versa). In diesem Sinne können somit auch interindividuelle als auch intraindividuelle Verständnisse von Lernschwierigkeiten ergeben. Neben der Wahl des Bezugsrahmens erscheint zudem die Bezugsgröße (im Sinne der Diskrepanz gezeigter Leistung und angewandter Norm) variabel.
3. *Dem Umfang der Schwierigkeiten:* Das Phänomen der Lernschwierigkeiten umfasst sowohl bereichsspezifische als auch bereichsübergreifende Lernschwierigkeiten. Besonders prominent werden Schwierigkeiten beim Lernen beschrieben, die insbesondere den Erwerb der Kulturtechniken (Rechnen, Lesen und Rechtschreiben) betreffen. Diese Schwierigkeiten können sowohl isoliert in einzelnen Kompetenzbereichen als auch in Kombination auftreten. Darüber hinaus können jedoch auch weitere Lernsituationen betroffen sein. So können sich Lernschwierigkeiten auch durch eine übergreifend eingeschränkte Fähigkeit der Regulation des Lernprozesses kennzeichnen

Die verschiedenen Ausprägungsformen bzw. Begriffsverständnisse von Lernschwierigkeiten können sich entlang dieser zentralen Dimensionen unterschieden. Die begriffliche Kategorisierung von unterschiedlichen Formen von Lernschwierigkeiten ist hierbei zudem abhängig von der entsprechenden Bezugswissenschaft bzw. dem entsprechenden Unterstützungssystem (»Provinienz«; Koßmann, 2019, S. 26). So haben sich im Kontext klinisch-psychologischer bzw. medizinischer Forschung und Praxis insbesondere die Termini unterschiedlicher Lernstörungen etabliert. Mit Bezug auf das System Schule sind hingegen die Begriffe der Lernbehinderung, der Lernbeeinträchtigungen wie auch die Bezeichnung des sonderpädagogischen Förderbedarfs im Förderschwerpunkt Lernen zu finden. Darüber hinaus existieren weitere Begriffe im englischen Sprachraum wie »learning disabilities«.

2 Formen von Lernschwierigkeiten

Lernstörungen und Lernschwächen

Das Begriffsfeld der Lernstörungen ergibt sich insbesondere mit Blick auf eine psychologisch-medizinische Perspektive auf Lernschwierigkeiten. In diesem Sinne entsprechen auch diagnostische Kriterien in den einschlägigen klinisch-diagnostischen Manualen (DSM-V, ICD-10) dieser Perspektive. Nach DSM-V handelt es sich bei Lernstörungen demnach um ein »grundlegendes Störungskonzept [...], das sich in verschiedenen spezifischen Formen im Bereich des Lesens, Rechtschreibens und Rechnens darstellt« (Schulte-Körne, 2014, S. 269). Als wesentliches diagnostisches Kriterium wird bei der Feststellung einer Lernstörung dabei auf eine festgestellte Diskrepanz zwischen gezeigter Leistung und sozialer Norm verwendet. Es handelt sich hierbei somit um eine nicht alters- bzw. klassenstufengerechte Leistung im Erwerb einer bzw. mehrerer Kulturtechniken. Gleichzeitig erscheint das Ausmaß der Diskrepanz zwischen gezeigter Leistung und Norm nicht abschließend spezifiziert und »sollte in einem Bereich [...] von 1–2.5 Standardabweichungen« (Schulte-Körne, 2014, S. 270) liegen. In der englischsprachigen Version der DSM-V werden Lernstörungen unter dem Begriff »specific learning disabilities« geführt. Im deutschsprachigen Bereich wird im Kontext der Lernstörungen insbesondere auf die ICD-10 verwiesen, in welcher diese als »umschriebene Entwicklungsstörungen schulischer Fertigkeiten« (z. B. Hasselhorn & Schulte-Körne, 2015) beschrieben werden. Im Weiteren werden diese in Rechenstörung, Lese-Rechtschreibstörung sowie eine kombinierte Störung schulischer Fertigkeiten unterschieden. Entwicklungsstörungen schulischer Fertigkeiten können somit sowohl isoliert in einzelnen Kompetenzbereichen als auch kombiniert auftreten. Sowohl in DSM-V als auch ICD-10 ist zudem auszuschließen, dass die Schwierigkeiten nicht durch allgemeine Entwicklungsverzögerungen bzw. Intelligenzbeeinträchtigungen zu erklären sind. Fischbach et al. (2013) weisen hier jedoch auf uneinheitliche Definitionen unbeeinträchtigter Intelligenz hin (IQ < 70 bzw. IQ < 85). Trotz deutlicher Überschneidungen der Diagnosekriterien zur DSM-V liegt ein wesentlicher Unterschied in der ICD in der Forderung nach doppelter Diskrepanz. Neben einer Abweichung von sozialer Klassen- und Altersnorm sollte die gezeigte Leistung zudem in Diskrepanz zur erfassten Intelligenz stehen, also geringer sein, als es aufgrund von Alter und Intelligenz zu erwarten wäre. Dieses doppelte Diskrepanzkriterium führt somit zum Ausschluss zahlreicher Szenarien, in denen die Schulleistung nach wie vor deutlich unter der Leistungsnorm liegt. In diesem Zusammenhang werden häufig auch die Begriffe der Lernschwäche (nicht erfüllte Diskrepanz zur Intelligenz) und Lernstörung (erfüllte Diskrepanz zur Intelligenz) unterschieden (Fischbach et al., 2013). In der Prävalenzstudie beschreiben Fischbach et al. (2013) zudem, dass ca. 23 % aller Kinder und Jugendlichen eine Form der Lernschwäche zeigen, von diesen jedoch lediglich 57 % auch eine »Diagnose mit Störungswert« (S. 69) (im Sinne doppelter Diskrepanz) aufweisen. Nicht ohne Grund hinterfragen daher zahlreiche Arbeiten den Nutzen und die Sinnhaftigkeit dieses Kriteriums (z. B. Ehlert et al., 2012; Mähler, 2020). So fasst Mähler (2020) zusammen, dass »die Vorstellung von grundsätzlichen Unterschieden zwischen lernschwachen Kindern mit versus ohne Diskrepanz zur Intelligenz unzutreffend ist« (S. 9).

Lernbehinderung

Im Gegensatz zur Lernstörung handelt es sich bei der Lernbehinderung nicht um ein klinisch definiertes Phänomen. Vielmehr verorten Grünke und Grosche (2004) die Wurzeln des Begriffs in einer Neuordnung des Förderschulwesens in Deutschland (s. auch Kanter, 2007). Es handelt sich somit um eine schuladministrative Kategorie, welche sich aus dem Bezugsfeld Schule als Einordnung für Lernende, die sich durch ein »deutliches Zurückbleiben schulischer Leistungen hinter [...] schulischen Normen« (S. 77) charakterisieren lassen, entwickelt hat. An dieser Stelle werden zwar Parallelen zur Lernstörung deutlich, da es sich auch hier somit um normabweichende Schulleistungen handelt. Diese bestehen auch dahingehend, als dass sich auch Lernbehinderungen insbesondere auch im Erwerb der grundlegenden Kulturtechniken Lesen, Rechnen und Rechtschreiben als Manifestation kognitiv-verbaler und abstrakter Inhalte abbilden und ebenfalls über einen längeren Zeitraum überdauern (mehrere Jahre) (Grünke & Grosche, 2004). Im Gegensatz zu Formen von Lernstörungen müssen die auftretenden Schwierigkeiten jedoch notwendigerweise mehrere Unterrichtsfächer betreffen und scheinen daher am ehesten vergleichbar mit einer kombinierten Störung schulischer Fertigkeiten. Das Scheitern in verschiedenen Anforderungsbereichen wird dabei auch durch fehlende grundlegende Voraussetzungen für erfolgreiche Lernprozesse erklärt (Heimlich et al., 2016). Der wesentlichste Unterschied zum Feld der Lernstörungen ist jedoch darin zu sehen, dass Lernbehinderungen in Zusammenhang mit Rückständen der allgemeinen Intelligenz stehen. Grünke und Grosche (2014) gehen hier von einem IQ zwischen der ersten und dritten Standardabweichung aus (IQ 55–85). Mit Lernbehinderung wird somit eine potenzielle Gruppe von Schülern und Schülerinnen beschrieben, welche zwar ähnliche Schwierigkeiten im schulischen Lernen (im Sinne der Diskrepanz gezeigter Schulleistung zur sozialen Norm) zeigt, gleichzeitig jedoch nicht die Kriterien der Diagnose einer kombinierten Störung schulischer Fertigkeiten (im Sinne der Diskrepanz zur Intelligenz) bzw. zur Lernschwäche (im Sinne eines IQ > 85) erfüllen (Skowronek et al., 2018). Die Feststellung und Kategorisierung einer Lernbehinderung als schulorganisatorische Perspektive wurde mittlerweile durch die Feststellung eines sonderpädagogischen Förderbedarfs/Förderschwerpunkt Lernen abgelöst. Gleichzeitig erscheint in diesem Kontext die Kategorie Lernbehinderung nach wie vor implizit synonym verwandt zu werden (Koßmann, 2019).

Sonderpädagogischer Förderbedarf Lernen

Genauso wenig wie Lernbehinderung beschreibt sonderpädagogischer Förderbedarf (SPF) im Lernen eine empirische Kategorie, sondern bezieht sich erneut auf eine schuladministrative Entsprechung, welche mit dem festgestellten Anspruch auf ein sonderpädagogisches Bildungsangebot einhergeht. Generell beschreibt diese

»Schülerinnen und Schüler mit erheblichen Schwierigkeiten im schulischen Lernen« die wesentlichen Grundvoraussetzungen zum Lernen aufweisen, »die bei der Begegnung und Auseinandersetzung mit schulischen Lerngegenständen zu einer Irritation bzw. Desorientierung führen können« (Kultusministerkonferenz der Länder, 2019, S. 5). Unter der Prämisse, dass es diesen Kindern und Jugendlichen über einen längeren (nicht näher spezifizierten) Zeitraum, auch unter Umsetzung der verfügbaren grundständigen schulischen Unterstützung, nicht gelingt, die schulischen Mindeststandards zu erreichen, kann, den Empfehlungen der Kultusministerkonferenz (KMK) der Länder (2019) folgend, dementsprechend ein sonderpädagogischer Förder- bzw. Unterstützungsbedarf angenommen werden. Mehr oder weniger explizit formulierter Zweck ist dabei, eine Passung von unterrichtlichem Angebot und Lernvoraussetzungen des Kindes herzustellen. Darüber hinaus werden je nach Bundesland spezifische Empfehlungen zur Feststellungsdiagnostik angelegt. Übergreifend ist das auslösende Moment für die Beurteilung eines sonderpädagogischen Förderbedarfs hier jedoch die angewandte Norm der jeweiligen Klassenlehrkraft/Klassenlehrkräfte (im Sinne des Erreichens einer Belastungsgrenze der Lehrkraft). Diese kann sich jedoch nach individuellen Erwartungen, individueller Entwicklung, aber auch sozialer Norm innerhalb einer Klasse unterscheiden (s. auch Koßmann, 2020). Natürliches Ergebnis einer so vielschichtigen und variierenden Betrachtung von nicht erwartungskonformer Lernentwicklung ist eine starke Vielfalt innerhalb der Gruppe von Schülerinnen mit SPF Lernen. Deutlich wird in den KMK-Empfehlungen jedoch, dass die mit Bezug auf Lernbehinderung zentral gesetzte Beeinträchtigung der Intelligenz nicht weiter als zentrale kausale Erklärung eines SPF Lernen erkennbar wird. Darüber hinaus existiert jedoch eine gewisse Unschärfe mit Bezug auf kriteriale Setzungen, welche sich auch in der Umsetzung und verschiedenen Förderquoten in den verschiedenen Bundesländern abbildet (siehe auch Sälzer et al., 2015). Vor dem Hintergrund dieser Unspezifität bleibt lediglich als übergreifendes Merkmal festzuhalten, dass es sich bei der Feststellung eines SPF um eine Feststellung fehlender Passung zwischen individuellem Profil und unterrichtlichem Angebot handelt, welches zu einer nicht erwartungskonformen Lernentwicklung führt. Das Auftreten der Lernschwierigkeit wird hier nicht allein durch das Kind immanente Variablen erklärt, sondern auch aus einem (bislang) unzureichenden bzw. unpassenden unterrichtlichen Angebot.

3 Ursachen von Lernschwierigkeiten

Lernschwierigkeiten können vielfältig operationalisiert werden. Die unterschiedlichen Operationalisierungen umfassen dabei in Teilen auch schon Vermutungen zu kausalen Bedingungsfaktoren (z. B. eingeschränkte Intelligenz oder unterrichtlichem Angebot). Die Entwicklung von Lernschwierigkeiten wird in diesem Kontext jedoch selten durch einzelne Variablen erklärt, sondern lässt sich vielmehr im Rahmen eines bio-psycho-sozialen Bedingungsgefüges erklären (Gold, 2011). In solchen Modellen werden Lernschwierigkeiten als das Produkt unterschiedlicher Einflussfaktoren und -ebenen erklärt, welche insgesamt in interne und externe Bedingungen unterschieden werden können (Kretschmann, 2007). Je nach Perspektive werden dabei einzelne Einflussebenen bzw. -variablen in unterschiedlichem Maße gewichtet.

Interne Bedingungen

Die Entstehung von Lernschwierigkeiten wird häufig in Zusammenhang mit internen Lernvoraussetzungen und Variablen gebracht. So nehmen insbesondere kognitive Variablen eine zentrale Rolle ein (Fletcher & Grigorenko, 2017). Grigorenko und Kollegen*innen (2019) fassen in ihrem Beitrag jedoch zusammen, dass Lernschwierigkeiten hier weniger auf globale Einschränkungen kognitiver Fähigkeiten zurückzuführen sind als mit spezifischen Schwierigkeiten in unterschiedlichen kognitiven Prozessen einhergehen. In diesem Kontext werden Variablen wie das Arbeitsgedächtnis (z. B. Mähler & Schuchardt, 2012), Verarbeitungsgeschwindigkeit (z. B. Moll et al., 2016), Aufmerksamkeit, exekutive Funktionen und Selbstregulation (z. B. Toll et al., 2011), (meta)-kognitive Strategienutzung (z. B. Börnert-Ringleb & Wilbert, 2018; Rosenzweig et al., 2011), aber auch spezifische Vorläufer wie phonologische Bewusstheit (Melby-Lervåg et al., 2012; vgl. hier auch INVO-Modell zum erfolgreichen Lernen; Hasselhorn & Gold, 2017) genannt.

Die Einschränkungen im Lernprozess und im Wissenserwerb werden dabei auch durch neurologischen Variablen erklärt. So fassen Grigorenko et al. (2019) zusammen, dass unterschiedliche strukturelle neurologische Auffälligkeiten (z. B. geringere Aktivität in einzelnen Gehirnarealen) beobachtet werden können, welche in Verbindung mit mehr oder weniger erfolgreichem Lernen stehen.

Darüber hinaus werden auch Einflussfaktoren beschrieben, welche auf einer genetischen Dispositionsebene zu diskutieren sind. So erscheint das Risiko der Entwicklung von Leseschwierigkeiten vergrößert bei Vorliegen von Lernschwierigkeiten im familiären Umfeld (z. B. von Eltern) (Snowling & Melby-Lervåg, 2016). Gleichzeitig ist die Erklärung solcher Befunde schwierig, da neben genetischen Variablen insbesondere auch sozialisationsbedingte Variablen in Abhängigkeit des Elternhauses variieren. Nichtsdestotrotz werden genetischen Einflüssen (bzw. bestimmten Genen) eine wichtige Rolle in der Entwicklung von Lernschwierigkeiten zugeschrieben (für eine Überblick siehe Grigorenko et al., 2019; Fletcher & Grigorenko, 2017).

Neben kognitiven, neurologischen und genetischen Variablen gehen weitere kindbezogene psychosoziale Variablen mit der Genese von Lernschwierigkeiten einher. Diese beeinflussen einerseits den Lernprozess, werden jedoch auch wiederum durch den Verlauf des Lernens beeinflusst. Diese Variablen umfassen Konstrukte wie die Motivation (s. auch Wilbert, 2010), das akademische Selbstkonzept (Schuchardt et al., 2015), aber auch emotionale Schwierigkeiten (Fischbach et al., 2010). Festzuhalten ist somit, dass unterschiedliche Lernvoraussetzungen auf verschiedenen Einflussebene auf Seiten des Kindes mit der Genese von Lernschwierigkeiten einhergehen. Häufig besteht hier doch zudem eine Wechselwirkung mit Variablen aus der Umwelt der Kinder.

Externe Bedingungen

Mit Bezug auf die zuvor beschriebenen Befunde zu familiären Häufungen des Auftretens von Formen von Lernschwierigkeiten muss neben internen Bedingungen insbesondere auch auf die Rolle von externen Bedingungen von Lernschwierigkeiten hingewiesen werden. So nehmen Merkmale der Umwelt wesentlichen Einfluss auf die Entwicklung von Kindern und Jugendlichen. Zahlreiche dieser Einflüsse sind dabei mit dem familiären Hintergrund der Kinder assoziiert. Wocken (2000) beschreibt beispielsweise, dass Eltern von Kindern, welche eine Förderschule Lernen besuchen, selbst niedrigere Schulabschlüsse vorweisen. Zudem berichten sie von geringeren Beschäftigungszeiten als die Eltern Gleichaltriger aus Regelschulen. Es zeigen sich Unterschiede in der materiellen Ausstattung im Elternhaus sowie in der Qualität der Freizeitgestaltung. Werning und Lütje-Klose (2016) beschreiben in diesem Zusammenhang ebenfalls, dass Förderschüler überwiegend aus armen, sozial benachteiligten Milieus kommen. Die Auswirkungen der sozialen Herkunft auf die Entwicklung von Lernschwierigkeiten können dabei vielfältig sein (siehe hierzu auch die Ausführungen in Werning und Lütje-Klose, 2016).

Neben Einflüssen auf familiärer Ebene nehmen auch die Sozialbeziehungen zu Gleichaltrigen Einfluss auf die Genese von Lernschwierigkeiten (vgl. Gold, 2011). Sozialbeziehungen zu Gleichaltrigen stellen dabei eine Ressource dar (Gold, 2011). In zahlreichen Studien wurde die soziale Position von Schüler*innen mit Lernschwierigkeiten betrachtet. Hier zeigen sich ambivalente Ergebnisse. Krull und Kollegen (2018) konnten etwa zeigen, dass ein sonderpädagogischer Förderbedarf im Lernen zu einer geringeren sozialen Akzeptanz führt, jedoch kein Einfluss sozialer Akzeptanz/Ausgrenzung auf die Entwicklung von Lernschwierigkeiten besteht. Schwalbe und Kollegen (2021) weisen in diesem Zusammenhang auf die Relevanz von Schulleistung als Norm für den sozialen Status hin. Henke und Kolleg*innen (2017) dokumentierten keinen Unterschied zwischen dem sozialen Status von Kindern mit bzw. ohne sonderpädagogischen Förderbedarf. Gold (2011) weist zudem darauf hin, dass existierende Peerbeziehungen auch in einem negativen Verhältnis zu Schulleistungen stehen können, wenn sich die Norm positiver Schulleistungen in einzelnen sozialen Cliquen verkehrt und als nicht erstrebenswert betrachtet wird.

Eine wesentliche externe Bedingung der Genese von Lernschwierigkeiten stellt darüber hinaus die Qualität des unterrichtlichen Angebotes dar. So unterscheiden sich zwar durchaus die Lernvoraussetzungen von Kindern mit einem Risiko für Lernschwierigkeiten, jedoch entsteht erst durch eine fehlende Passung zwischen unterrichtlichem Angebot bzw. unterrichtlichen Erwartungen und Voraussetzungen auf Seiten der Lernenden ein unerwünschtes Scheitern im Lernprozess. Die Individualisierung von unterrichtlichem Angebot mit Bezug auf Bedarfe auf Seiten des Lernenden erscheint hier zentral und notwendig. In diesem Zusammenhang spielt das (frühzeitige) Erkennen von Lernvoraussetzungen und -bedarfen eine zentrale Rolle. Darüber hinaus erscheinen spezifische Merkmale der Unterrichtsqualität von besonderer Relevanz für Kinder und Jugendliche mit Lernschwierigkeiten. Gold (2011) beschreibt hier bestehende Befunde und betont die Relevanz von effizienter Klassenführung und konstruktiver Unterstützung für Kinder mit geringen Vorkenntnissen. Diese Befunde stellen somit besondere Herausforderungen an Kompetenzen und Profile von Lehrkräften als weitere externe Bedingungen von Lernschwierigkeiten. Wilbert und Börnert-Ringleb (2015) betonen hier insbesondere die zentrale Rolle diagnostischer Kompetenz als wesentliches Element zirkulärer Unterrichtsprozesse.

4 Fazit

Lernschwierigkeiten stellen ein heterogenes Feld unterschiedlicher Formen von scheiternden schulischen Lernprozessen dar. Diese variieren in Umfang und Intensität. Je nach Perspektive auf Lernschwierigkeiten werden dabei unterschiedliche Einflussvariablen in verschiedenem Maße als besonders relevant für die Entwicklung von und die Förderung bei Lernschwierigkeiten betrachtet.

Aus schulischer (und hier insbesondere sonderpädagogischer) Perspektive scheint die stärkste Fokussierung im Kontext von Lernschwierigkeiten auf der Herstellung von Passung unterrichtlicher Angebote und individuellen Profilen der Kinder und Jugendlichen zu liegen. Hierbei wird stets auch das unterrichtliche Angebot als wesentliches bedingendes Element der unterrichtlichen Schwierigkeiten im Rahmen der Förderplanung berücksichtigt, welches zu den kindlichen Profilen passen (und hier auch insbesondere Ressourcen und Interessen berücksichtigen) sollte. Nichtsdestotrotz impliziert die Fokussierung von fehlender Passung auch immer die Betrachtung internaler Bedingungen von Lernschwierigkeiten. Die Förderung selbiger stellt damit einen weiteren zentralen Baustein dar, welcher jedoch mit einer starken Fokussierung des unterrichtlichen Vorgehens einhergeht.

An dieser Stelle scheint sich die Perspektive mit Bezug auf Lernstörungen abzugrenzen. So stehen hier insbesondere internale Bedingungen im Zentrum der Betrachtung und Förderung. Gleichzeitig werden auch im Kontext der Forschung zu Lernstörungen bzw. »learning disabilities« Perspektiven eröffnet, welche den Unterricht als Bezugsreferenz nutzen. So werden learning disabilities als eine ausbleibende Reaktion (»Response«) auf effektive Unterrichtmethoden (»effective instruction«) operationalisiert (vgl. Ausführungen zu IDEA 2004 in Grigorenko et al., 2019, 39). Dieser Argumentation folgend handelt es sich somit bei Lernstörungen weniger um ein Passungsproblem als ein Konstrukt, welches unabhängig von der unterrichtlichen Qualität existiert.

Literatur

Börnert-Ringleb, M. & Wilbert, J. (2018). Unterschiede in der Strategienutzung beim Lösen konkret-operationaler Konzepte zwischen zwischen lernstarken und lernschwachen Kindern. *Empirische Sonderpädagogik, 1*, 21–38.

Ehlert, A., Schroeders, U. & Fritz-Stratmann, A. (2012). Kritik am Diskrepanzkriterium in der Diagnostik von Legasthenie und Dyskalkulie. *Lernen und Lernstörungen, 1*(3), 169–184. https://doi.org/10.1024/2235-0977/a000018

Fischbach, A., Schuchardt, K., Brandenburg, J., Klesczewski, J., Balke-Melcher, C., Schmidt, C., Büttner, G., Grube, D., Mähler, C. & Hasselhorn, M. (2013). Prävalenz von Lernschwächen und Lernstörungen: Zur Bedeutung der Diagnosekriterien. *Lernen und Lernstörungen, 2*(2), 65–76. https://doi.org/10.1024/2235-0977/a000035

Fischbach, A., Schuchardt, K., Mähler, C. & Hasselhorn, M. (2010). Zeigen Kinder mit schulischen Minderleistungen sozio-emotionale Auffälligkeiten? *Zeitschrift für Entwicklungspsychologie und Pädagogische Psychologie, 42*(4), 201–210. https://doi.org/10.1026/0049-8637/a000025

Fletcher, J. M. & Grigorenko, E. L. (2017). Neuropsychology of Learning Disabilities: The Past and the Future. *Journal of the International Neuropsychological Society, 23*(9–10), 930–940. https://doi.org/10.1017/S1355617717001084

Gold, A. (2011). *Lernschwierigkeiten: Ursachen, Diagnostik, Intervention* (1. Auflage). Verlag W. Kohlhammer.

Gold, A. (2018). *Lernschwierigkeiten: Ursachen, Diagnostik, Intervention* (2. Auflage). Verlag W. Kohlhammer.

Grigorenko, E. L., Compton, D. L., Fuchs, L. S., Wagner, R. K., Willcutt, E. G. & Fletcher, J. M. (2019). Understanding, educating, and supporting children with specific learning disabilities: 50 years of science and practice. *The American psychologist, 2019*. MEDLINE.

Grünke, M., & Grosche, M. (2004). Lernbehinderung. In G. W. Lauth, M. Grünke & J. C. Brunstein (Hrsg.), *Interventionen bei Lernstörungen: Förderung, Training und Therapie in der Praxis* (S. 76–89).

Hasselhorn, M. & Gold, A. (2017). *Pädagogische Psychologie: Erfolgreiches Lernen und Lehren* (4., aktualisierte Auflage). Verlag W. Kohlhammer.

Hasselhorn, M. & Schulte-Körne, G. (2015). Entwicklungsstörungen schulischer Fertigkeiten. *Zeitschrift für Erziehungswissenschaft, 18*(3), 427–430. https://doi.org/10.1007/s11618-015-0652-4

Heimlich, U., Hillenbrand, C. & Wember, F. B. (2016). Förderschwerpunkt Lernen. *Sonderpädagogische Förderschwerpunkte in NRW, 9*.

Henke, T., Bosse, S., Lambrecht, J., Jäntsch, C., Jaeuthe, J. & Spörer, N. (2017). Mittendrin oder nur dabei? Zum Zusammenhang zwischen sonderpädagogischem Förderbedarf und sozialer Partizipation von Grundschülerinnen und Grundschülern. *Zeitschrift für Pädagogische Psychologie, 31*(2), 111–123. https://doi.org/10.1024/1010-0652/a000196

Kanter, G. (2007). Reizwort »Lernbehinderung«. *Pädagogik für Kinder und Jugendliche in schwierigen Lern-und Lebenssituationen*, 15–28.

Koßmann, R. (2019). *Schule und »Lernbehinderung«: Wechselseitige Erschließungen*. Julius Klinkhardt.

Koßmann, R. (2020). Der sonderpädagogische Förderbedarf im Lernen im Spiegel einer deutschlandweiten Ländervergleichsstudie: *Behindertenpädagogik, 59*(1), 47–72. https://doi.org/10.30820/0341-7301-2020-1-47

Kretschmann, R. (2007). Lernschwierigkeiten, Lernstörungen und Lernbehinderung. In J. Walter & F. Wember (Hrsg.), *Sonderpädagogik des Lernens* (Bd. 2, S. 4–32). Hogrefe Verlag.

Krull, J., Wilbert, J. & Hennemann, T. (2018). Does social exclusion by classmates lead to behaviour problems and learning difficulties or vice versa? A cross-lagged panel analysis. *European Journal of Special Needs Education, 33*(2), 235–253. https://doi.org/10.1080/08856257.2018.1424780

Kultusministerkonferenz der Länder. (2019). *Empfehlungen zur schulischen Bildung, Beratung und Unterstützung von Kindern und Jugendlichen im sonderpädagogischen Schwerpunkt LERNEN.*

Mähler, C. (2020). Diagnostik von Lernstörungen: Zeit zum Umdenken. *Zeitschrift für Pädagogische Psychologie,* 1–11. https://doi.org/10.1024/1010-0652/a000291

Melby-Lervåg, M., Lyster, S.-A. H. & Hulme, C. (2012). Phonological skills and their role in learning to read: A meta-analytic review. *Psychological Bulletin, 138*(2), 322–352. https://doi.org/10.1037/a0026744

Moll, K., Göbel, S. M., Gooch, D., Landerl, K. & Snowling, M. J. (2016). Cognitive risk factors for specific learning disorder: Processing speed, temporal processing, and working memory. *Journal of learning disabilities, 49*(3), 272–281.

Rosenzweig, C., Krawec, J. & Montague, M. (2011). Metacognitive Strategy Use of Eighth-Grade Students With and Without Learning Disabilities During Mathematical Problem Solving: A Think-Aloud Analysis. *Journal of Learning Disabilities, 44*(6), 508–520. https://doi.org/10.1177/0022219410378445

Sälzer, C., Gebhardt, M., Müller, K. & Pauly, E. (2015). Der Prozess der Feststellung sonderpädagogischen Förderbedarfs in Deutschland. In P. Kuhl, P. Stanat, B. Lütje-Klose, C. Gresch, H. A. Pant & M. Prenzel (Hrsg.), *Inklusion von Schülerinnen und Schülern mit sonderpädagogischem Förderbedarf in Schulleistungserhebungen* (S. 129–152). Springer Fachmedien Wiesbaden. http://link.springer.com/10.1007/978-3-658-06604-8_5

Schuchardt, K., Brandenburg, J., Fischbach, A., Büttner, G., Grube, D., Mähler, C & Hasselhorn, M. (2015). Die Entwicklung des akademischen Selbstkonzeptes bei Grundschulkindern mit Lernschwierigkeiten. *Zeitschrift für Erziehungswissenschaft, 18*(3), 513–526. https://doi.org/10.1007/s11618-015-0649-z

Schulte-Körne, G. (2014). Spezifische Lernstörungen: Vom DSM-IV zum DSM-5. *Zeitschrift für Kinder- und Jugendpsychiatrie und Psychotherapie, 42*(5), 369–374. https://doi.org/10.1024/1422-4917/a000312

Schwalbe, A., Müller, C. M., & Wilbert, J. (2021). Wahrgenommene Gruppennormen und ihre Bedeutung für die soziale Akzeptanz und Ablehnung in Grundschulklassen. *Zeitschrift für Grundschulforschung, 14*(2), 215–235. https://doi.org/10.1007/s42278-021-00107-w

Skowronek, M., Schuchardt, K. & Mähler, C. (2018). Die Entwicklung von Kindern mit umfassenden Lernschwierigkeiten im Verlauf der Grundschuljahre – Schulleistungen, Arbeitsgedächtnis, phonologische Informationsverarbeitung und Selbstkonzept. *Zeitschrift für Pädagogische Psychologie, 32*(4), 223–236. https://doi.org/10.1024/1010-0652/a000228

Snowling, M. J. & Melby-Lervåg, M. (2016). Oral language deficits in familial dyslexia: A meta-analysis and review. *Psychological Bulletin, 142*(5), 498–545. https://doi.org/10.1037/bul0000037

Toll, S. W., Van der Ven, S. H., Kroesbergen, E. H. & Van Luit, J. E. (2011). Executive functions as predictors of math learning disabilities. *Journal of Learning Disabilities, 44*(6), 521–532.

Werning, R., & Lütje-Klose, B. (2016). *Einführung in die Pädagogik bei Lernbeeinträchtigungen: Mit zahlreichen Übungsaufgaben* (4., überarbeitete Auflage). Ernst Reinhardt Verlag.

Wilbert, J. (2010). *Förderung der Motivation bei Lernstörungen.* Kohlhammer Verlag. http://public.ebookcentral.proquest.com/choice/publicfullrecord.aspx?p=1561865

Wilbert, J. & Börnert-Ringleb, M. (2015). Unterricht. In I. Hedderich, G. Biewer, J. Hollenweger, R. Markowetz, & UTB GmbH (Hrsg.), *Handbuch Inklusion und Sonderpädagogik* (1. Aufl, S. 346–353). UTB.

Wocken, H. (2000). Leistung, Intelligenz und Soziallage von Schülern mit Lernbehinderungen. *Zeitschrift für Heilpädagogik, 12*(2000), 492–503.

Zielinski, W. (1980). *Lernschwierigkeiten.* Stuttgart: Kohlhammer.

Verhaltensschwierigkeiten

Gino Casale & Moritz Herzog

1 Einleitung

Die Schule ist ein Ort, an dem Menschen zusammenkommen und auf vielfältige Weise sozial interagieren und kooperieren. In den seltensten Fällen sind die sozialen Interaktions- und Kooperationspartner frei gewählt: in Deutschland besteht eine Schulpflicht für Kinder und Jugendliche und der Schulbesuch wird administrativ vor allem pragmatisch über regionale Verteilungsparameter organisiert. Dadurch entstehen im schulischen Kontext zahlreiche soziale Interaktionen sowohl unter den Schüler*innen als auch zwischen Schüler*innen und Lehrkräften, in denen sozial kompetentes Verhalten von Lehrkräften und Schüler*innen erforderlich ist, um das Zusammenleben in der Schule zu gestalten. In den meisten sozialen Gemeinschaften, so auch in der Schule, gibt es anerkannte formelle und informelle Vereinbarungen über die Gestaltung sozialer Interaktionen: sogenannte Verhaltensregeln. Das Erlernen grundlegender Verhaltensregeln mit dem Ziel der gesellschaftlichen Teilhabe stellt ein schulisches Lernziel dar. Dort, wo diese Regeln von den Menschen nicht beachtet werden (können), entstehen Verhaltensschwierigkeiten, die sich zwangsläufig auf das soziale Miteinander auswirken. Im vorliegenden Kapitel soll es um diese Verhaltensschwierigkeiten in der Schule gehen und darum, wie diese im (sonder)pädagogischen Kontext konzipiert werden können. Ziel ist es, verschiedene phänomenologische Erkenntnisse zusammenzubringen und die Quintessenz für den schulischen Kontext herauszuarbeiten.

Die Relevanz eines solchen Beitrags ergibt sich zum einen aus der großen Bedeutung, die Verhaltensschwierigkeiten für das Gelingen von Unterricht, Entwicklung und Erziehung im Schulkontext zukommt. Die Bedeutsamkeit des Beitrags ergibt sich aber zum anderen auch aus der Vielzahl der Fachdisziplinen, die sich mit dem Thema auseinandersetzen. Jede Disziplin verwendet ihre eigenen Begriffe, Erklärungsmodelle und epidemiologischen Informationen, so dass es Wissenschaftler*innen und Praktiker*innen schwerfällt, den Überblick zu behalten und sich selbst bezüglich des Phänomens zu positionieren. Hier wollen wir mit diesem Kapitel dazu beitragen, den aktuellen Kenntnisstand zu den verschiedenen Definitionen sowie den davon abhängigen Folgen, Prävalenzen und Erklärungsmodellen dieses pädagogisch hoch bedeutsamen Themas zu sortieren und nutzbar zu machen.

2 Definitionen und Erscheinungsformen

Im einfachsten Fall sind Verhaltensschwierigkeiten immer Verhaltensweisen, die von konkreten Verhaltenserwartungen im sozialen Umfeld abweichen. Verhaltenserwartungen in der Schule sind spezifische und beobachtbare Verhaltensweisen, die Erwartungen zur Schaffung eines sicheren, erfolgreichen und vorhersehbaren Lernumfelds ausdrücken (Sugai & Horner, 2006). Sie entwickeln sich einerseits auf sozialer Ebene (Verhaltensnormen), andererseits auf individueller Ebene (Verhaltenswerte) (Frese, 2015). Weichen soziale Verhaltenserwartungen und individuelle Verhaltenswerte voneinander ab, spricht man von Verhaltensschwierigkeiten, die zum einen durch eine Überanpassung des Verhaltens an den sozialen Kontext bzw. durch eine unverhältnismäßig starke Berücksichtigung der eigenen Person in Erscheinung treten.

Verhaltensschwierigkeiten können hinsichtlich ihrer Intensität und ihrer Ökologie eingeordnet werden. Unter Intensität wird zum einen der Schweregrad der Diskrepanz zwischen gezeigtem Verhalten und Verhaltenserwartung und zum anderen die Persistenz, mit der diese Abweichung überdauert, verstanden. Die Ökologie bezeichnet die sozialen Settings, in denen die Verhaltensschwierigkeiten auftreten. Je stärker die Intensität und je settingübergreifender die Verhaltensschwierigkeiten auftreten, desto höher ist der professionelle Handlungsbedarf, sei es durch zusätzliche (sonder)pädagogische Unterstützungsangebote oder durch therapeutische Maßnahmen.

Verhaltensschwierigkeiten in der Schule werden je nach Bezugsdisziplin unterschiedlich bezeichnet und definiert. Dabei wird die Begriffsbildung vor allem vor dem Hintergrund von Stigmatisierungs- und Etikettierungseffekten kritisch diskutiert (Cloerkes & Markowetz, 2003; Herz, 2014). Jeder Begriff weist spezifische Vorteile (z. B. die interdisziplinäre Verwendung des Begriffs Gefühls- und Verhaltens*störung*) und Nachteile (z. B. der Fokus auf das Individuum beim Störungsbegriff) auf und die Diskussion der verschiedenen Assoziationen und Wirkungen von Begriffen auf die betroffenen Personen sowie die damit verbundenen Handlungsmaßnahmen ist wichtig und alternativlos. An dieser Stelle wollen wir jedoch nur einige häufig genutzte Begrifflichkeiten benennen und kurz erläutern. Anschließend konzentrieren wir uns stärker auf die Erscheinungsformen von Verhaltensschwierigkeiten, die sich in nahezu allen Definitionen wiederfinden, sowie deren Auswirkungen insbesondere im schulischen Kontext. Den Darstellungen zugrunde liegt ein Verständnis von Verhaltensschwierigkeiten, das diese als Teilhabebarrieren an verschiedenen Funktionsbereichen unserer Gesellschaft, die aus den Interaktionen zwischen Individuen und diversen Kontextfaktoren resultiert, versteht.

3 Begriffe, Definitionen und Klassifikationen

Verhaltensschwierigkeiten von Kindern und Jugendlichen werden insbesondere (aber nicht ausschließlich) im klinischen, psychologischen, bildungspolitischen und pädagogischen Kontext definiert.

Im *klinischen Kontext* wird der Begriff der psychosozialen Störungen bzw. der Gefühls- und Verhaltensstörungen verwendet. Darunter werden Verhaltensschwierigkeiten in der Schule als behaviorale und emotionale Reaktionen beschrieben, die von altersangemessen, kulturellen und ethischen Normen abweichen und sich bedeutsam auf wesentliche Funktionsbereiche auswirken (Merikangas et al., 2009). Orientiert an dieser Definition sind in den Klassifikationssystemen International Classification of Diseases (ICD-10) der Weltgesundheitsorganisation (WHO) und Diagnostic and Statistical Manual of Mental Disorders (DSM-V) der American Psychiatric Association (APA) spezifische Kriterien und Symptome definiert, die der Absicherung der Diagnose von Gefühls- und Verhaltensstörungen dienen. Für eine Störungsdiagnose werden die bereits genannten Kriterien der Intensität und Ökologie um das Kriterium der Integration (i. S. eines Erfordernisses spezifischer Hilfen für Teilhabe an der Gesellschaft) erweitert. Aus klinischer Sicht werden Verhaltensschwierigkeiten als spezifische Störungsbilder, die von außenstehenden Personen stärker (z. B. ADHS) oder schwächer (z. B. Angststörungen) wahrnehmbar sind, klassifiziert und deren Diagnose, Reduktion und Prävention im Vordergrund steht.

Im *psychologischen Kontext* werden Verhaltensschwierigkeiten vor allem als Resultat von Problemen in der emotional-sozialen Entwicklung des Individuums betrachtet und demnach häufig als sozial-emotionale Kompetenzdefizite definiert. Unter sozial-emotionalen Kompetenzen sind ganz grundlegend Fertigkeiten zu verstehen, die einerseits den adaptiven Umgang mit den eigenen sowie den Emotionen anderer und andererseits ein Kommunikations- und Interaktionsverhalten zur Erreichung eigener sozialer Handlungsziele unter Berücksichtigung der sozialen Ziele anderer umfassen (Holodynski et al., 2013). Sind diese Kompetenzen beeinträchtigt, äußert sich dies unmittelbar auf der Verhaltensebene der betroffenen Kinder und Jugendlichen und somit auch in beobachtbaren Verhaltensschwierigkeiten. Eine besondere Rolle für das konkrete Verhalten spielen aus psychologischer Sicht kognitive, emotionale und soziale Selbstregulationskompetenzen, denen u. a. exekutive Funktionen des Arbeitsgedächtnisses zugrunde liegen (Bailey & Jones, 2019). Daher wird auf die Förderung von Selbstregulation und exekutiven Funktionen fokussiert.

Bildungspolitisch werden Verhaltensschwierigkeiten vor allem unter dem Förderschwerpunkt Emotionale und soziale Entwicklung subsumiert, der in den Empfehlungen der Kultusministerkonferenz (KMK, 2000, S. 10) als »Beeinträchtigungen der emotionalen und sozialen Entwicklung, des Erlebens und der Selbststeuerung« definiert wird, die sich so massiv auf die Lern- und Entwicklungspotentiale auswirken, dass sie durch reguläre Unterstützungsangebote nicht zu mildern sind. Der bildungspolitische Umgang mit Verhaltensschwierigkeiten ist also vor allem durch die formale Feststellung eines sonderpädagogischen Förderbedarfs im Bereich Emotionale und soziale Entwicklung gekennzeichnet, wenngleich in vielen Bundesländern zunehmend eine Lösung formal festgestellter Förderbedarfe von sonderpädagogischer Unterstützung umgesetzt wird (siehe z. B. das 9. Schulrechtsänderungsgesetz des Landes Nordrhein-Westfalen).

Eine vollumfänglich anerkannte und einheitlich genutzte *(sonder)pädagogische Definition* von Verhaltensschwierigkeiten existiert bisher noch nicht; vielmehr werden unterschiedliche Terminologien, wie z. B. Verhaltensstörungen, Verhaltensauffälligkeiten oder Erziehungsschwierigkeiten nachvollziehbar begründet verwendet (Hillenbrand, 2008). Myschker und Stein (2018, S. 56) beschreiben bspw. Verhaltensstörungen bei Kindern und Jugendlichen als ein Verhalten, das

- maladaptiv ist;
- von zeit- und kulturspezifischen Erwartungsnomen abweicht;
- organogen und/oder milieureaktiv bedingt ist;
- mehrdimensional, häufig und schwerwiegend auftritt;
- die Entwicklungs-, Lern- und Arbeitsfähigkeit sowie das Interaktionsgeschehen in der Umwelt beeinträchtigt und
- ohne besondere pädagogisch-therapeutische Hilfe nicht oder nur unzureichend überwunden werden kann.

Sonderpädagogische Förderung im Sinne einer »Förderung von Bildung und Erziehung unter erschwerten Bedingungen« (Wember, 2003, S. 32) wird bei Verhaltensschwierigkeiten durch eine zusätzliche Unterstützung mit vielfältigen schulischen, außerschulischen, therapeutischen, medizinischen und/oder schulpsychologischen Methoden umgesetzt. Ein wichtiges Merkmal ist die multiprofessionelle und interdisziplinäre Zusammenarbeit (Hennemann & Casale, 2015).

4 Auswirkungen und Folgen von Verhaltensschwierigkeiten in der Schule

Verhaltensschwierigkeiten in der Schule sind mit zahlreichen Kurz- und Langzeitfolgen, die insbesondere die Kinder und Jugendlichen belasten, assoziiert. So entwickeln Kinder und Jugendliche, die im Schulalter Verhaltensschwierigkeiten zeigen, signifikant häufiger eine psychische Störung im Erwachsenenalter (Costello et al., 2011). Meta-analytische Befunde zeigten Unterschiede mit mittlerer Effektstärke ($d = 0.64$) zwischen Schüler*innen mit und ohne Verhaltensschwierigkeiten in Bezug auf die akademische Leistung (Reid et al., 2004). Außerdem erhöhen Verhaltensschwierigkeiten im Grundschulalter die Wahrscheinlichkeit der Hauptschulempfehlung beim Übergang in die Sekundarstufe I (Jantzer et al., 2012).

Weiterhin werden Schüler*innen, die Verhaltensschwierigkeiten zeigen, im Klassenraum häufig durch Gleichaltrige sowie Lehrkräfte abgelehnt und sind demnach vergleichsweise schlecht sozial integriert (Huber, 2009; Krull et al., 2018). Schließlich gehen Verhaltensschwierigkeiten im Kindes- und Jugendalter mit einem erhöhten Risiko für Substanzmissbrauch und -abhängigkeit, Delinquenz, Gewaltbereitschaft, Beschaffungskriminalität, Gewaltverbrechen sowie finanziellen Problemen und Arbeitslosigkeit im Erwachsenenalter einher (Haller et al., 2016; Moffitt et al., 2002).

Verhaltensschwierigkeiten wirken jedoch auch auf andere Unterrichtsbeteiligte. So berichten Lehrkräfte, dass Verhaltensschwierigkeiten eine der größten Herausforderungen im pädagogischen Alltag darstellen und häufig zu körperlichen und psychischen Stress führen (Nash et al., 2016). Auch Mitschüler*innen im Klassenraum fühlen sich durch Verhaltensschwierigkeiten gestört (Schönbächler et al., 2011).

5 Prävalenz von Verhaltensschwierigkeiten

Eine Analyse der Prävalenz von Verhaltensschwierigkeiten im Sinne einer Diskrepanz zwischen gezeigten Verhaltensweisen und Verhaltenserwartungen ist unmöglich, da Verhaltensschwierigkeiten zum einen extrem häufig vorkommen und zum anderen norm-, werte- und kontextgebunden variieren. Um die Häufigkeit, die Stabilität und die Erscheinung des Phänomens zahlenmäßig eingrenzen zu können, ist ein Bezug zu den dargestellten Bezugsdisziplinen erforderlich. Deren unterschiedliche terminologische Zugänge wirken sich auch auf die Forschung zur Prävalenz von Verhaltensschwierigkeiten aus. Je nach Bezugsdisziplin und verwendeter Begrifflichkeit unterscheiden sich Operationalisierungen, befragte Personengruppen und Erhebungsinstrumente. Die zumeist befragten Personengruppen sind Lehrkräfte oder Erzieher*innen, Eltern und die Kinder und Jugendlichen selbst (Achenbach, 2017). Zur Erfassung von Verhaltensschwierigkeiten existiert eine Bandbreite an verschiedenen methodischen Zugängen (z. B. Verhaltensbeobachtungen, Verhaltensbeurteilungen, Entwicklungstest), die allesamt verschiedene Stärken und Schwächen haben und zweckgerichtet eingesetzt werden müssen (zusammenfassend bei Casale et al., 2015).

Im klinischen Kontext lässt sich – abhängig von der zugrunde gelegten Definition sowie den einbezogenen Informationsquellen – national wie international eine Zahl von 12–18 % an Kindern und Jugendlichen mit Gefühls- und Verhaltensstörungen identifizieren (Kovess Masfety et al., 2016; Polanczyk et al., 2015). Darunter treten internalisierende Störungen, wie z. B. Ängste, häufiger auf als externalisierende Schwierigkeiten, wie z. B. ADHS (Kovess Masfety et al., 2016). In Deutschland werden seit 2003 im Rahmen des Kinder- und Jugend-Gesundheitssurveys (KiGGS) bzw. der Zusatzbefragung zum seelischen Wohlbefinden und Verhalten (BELLA) psychische Auffälligkeiten von Kindern und Jugendlichen zwischen drei und 17 Jahren erhoben. In der Basiserhebung (2003–2006) zeigten rund 20 % der Kinder und Jugendlichen psychische Auffälligkeiten (Hölling et al., 2007). Dieser Wert hat sich auch in den Folgejahren kaum geändert (Hölling et al., 2014). Im Rahmen der BELLA-Studie werden zusätzlich Funktionsbeeinträchtigungen der bestehenden Probleme mit erhoben. Insgesamt zeigen fast 15 % aller Kinder und Jugendlichen eine Verhaltensauffälligkeit mit Funktionsbeeinträchtigung und ca. 5–9 % Symptome einer psychosozialen Störung (Ravens-Sieberer et al., 2008). Dabei sind Jugendliche und Mädchen häufiger betroffen als Kinder und Jungen (Otto et al., 2021). Während der Corona-Pandemie stiegen diese Zahlen deutlich: 30,4 % aller Kinder und Jugendlichen zeigten während der Pandemie psychische Auffälligkeiten (Ravens-Sieberer et al., 2021).

Beim Großteil der vorliegenden epidemiologischen Studien ist allerdings einschränkend zu konstatieren, dass den Studien eine spezifische Definition zugrunde gelegt wurde, die Erfassung des Phänomens meistens mono-perspektivisch erfolgte und lokale wie regionale Einflussfaktoren (und damit kulturgebundene Normvorstellungen), die jedoch nachweislich einen Einfluss auf die Entwicklung von Verhaltensproblemen haben, kaum berücksichtigt werden (Ford & McManus, 2020; Kovess-Masfety et al., 2016).

Im Vergleich dazu erscheint die Zahl offiziell diagnostizierter Förderbedarfe relativ niedrig. Im Schuljahr 2019/2020 hatten insgesamt 57.142 Schüler*innen einen Förderbedarf in der emotionalen und sozialen Entwicklung, was einem Anteil von unter 1 % aller Schüler*innen in Deutschland entspricht (KMK, 2020). Der Großteil dieser Schüler*innen (ca. 60 %) wird in integrativen bzw. inklusiven Settings beschult (KMK, 2020). Über 80 % der Schüler*innen im Förderschwerpunkt Emotionale und soziale Entwicklung zeigen klinisch bedeutsame Verhaltensprobleme im o. g. Sinne (Hennemann et al., 2020).

Unabhängig von klinischen Auffälligkeiten und formalen Diagnosen treten nahezu in jeder Schulsituationen und vor allem im Unterricht verschiedene Formen von Verhaltensschwierigkeiten auf. Wenngleich diese Schwierigkeiten keinesfalls immer eine Störung indizieren, hemmen sie dennoch Unterrichtsprozesse und damit auch den Lern- und Entwicklungserfolg von Schüler*innen. Sie sind somit ebenfalls Ziel pädagogischer bzw. sonderpädagogischer Interventionen. Verhaltensschwierigkeiten in der Schule werden als solche in Abhängigkeit der Belastungsgrenzen von Lehrkräften und Schüler*innen situativ und subjektiv wahrgenommen. Daher ist eine objektive Schätzung der Häufigkeit von Verhaltensschwierigkeiten unmöglich und empirische Analysen beziehen sich tendenziell eher auf Unterschiede in der Wahrnehmung von Unterrichtsstörungen in konkreten Situationen (z. B. Altmeyer et al., 2020; Wettstein et al., 2017). Die Ergebnisse dieser Analysen weisen unter anderem auf die hohe Bedeutsamkeit von Kontextfaktoren (z. B. Rollen von Lehrkräften, Qualität von Interaktionen, pädagogische Gestaltung des Unterrichts) für die Wahrnehmung von Unterrichtsstörungen sowie auf die häufige Selbstverursachung durch die Lehrkräfte hin.

6 Erklärungsansätze

Verhaltensschwierigkeiten sind multifaktoriell bedingt. Sie können weder nur als individuelles Problem eines Kindes oder Jugendlichen noch als ausschließlich durch den sozialen Kontext verursacht definiert werden. Einem interaktionistischen Entwicklungsverständnis folgend, ist eine Verhaltensschwierigkeit das Resultat eines komplexen Interaktionsprozesses zwischen Individuum und Umfeld, in dem psychologische, biophysische und soziale Einflussfaktoren wirken (Stein, 2013). Diese Interaktionsprozesse führen zu einer Diskrepanz zwischen gezeigtem und erwartetem Verhalten.

In der Psychopathologie wird zunehmend davon ausgegangen, dass allen psychischen Störungen bzw. Gefühls- und Verhaltensstörungen eine gemeinsame Dimension zugrunde liegt, die die Entstehung der Störungen erklären kann (Caspi et al., 2014; Lahey et al., 2012). Dieser sogenannte p-Faktor bzw. Generalfaktor der Psychopathologie beeinflusst also die Entwicklung verschiedener Erscheinungsformen von Verhaltensstörungen (z. B. externalisierend, internalisierend) und ist dem g-Faktor der allgemeinen Intelligenz (Carroll, 1993) konzeptionell sehr ähnlich (Caspi et al., 2014). Die Hypothese eines p-Faktors wird allerdings überwiegend in Studien mit nur einer Informationsquelle (z. B. nur Lehrkräfte) und bezogen auf einzelne Kontexte gestützt; in Multi-Informanten-Studien über mehrere Kontexte hinweg reduziert sich die Stärke des p-Faktors (Watts et al., 2021). Diese Erkenntnis weist darauf hin, dass die Entstehung von Gefühls- und Verhaltensstörungen stärker multifaktoriell beeinflusst sein dürfte und sich spezifische Störungsformen in verschiedenen Kontexten (z. B. Schule, Elternhaus) unterschiedlich manifestieren (Watts et al., 2021).

Sogenannte transaktionale Entwicklungsmodelle versuchen die multifaktorielle Entstehung von Verhaltensschwierigkeiten abzubilden (Messick, 1983). Grundsätzlich berücksichtigen sie drei kontextuelle Variablen, die zur Entstehung einer psychosozialen Störung beitragen: (1) kindbezogene Faktoren, (2) die Verflechtung verschiedener Umweltsysteme (z. B. Peers, Familie, Schule) und (3) die Dynamik der menschlichen Entwicklung (Messick, 1983). Ausgehend von diesen drei Variablen strukturieren transaktionale Entwicklungsmodelle verschiedene biophysische, psychologische und soziale Risikofaktoren und deren Bedeutung über den Entwicklungsverlauf junger Menschen und gewichten unterschiedliche Risikofaktoren für bestimmte Entwicklungsphasen und Kontexte. Diese Risikofaktoren interagieren untereinander, sie kumulieren über die Zeit und sie wirken besonders stark in Transitionsphasen, wie bspw. beim Übergang von der Kita in die Grundschule (Beelmann & Raabe, 2007). Transaktionale Entwicklungsmodelle müssen für spezifische Erscheinungsformen von Verhaltensschwierigkeiten operationalisiert werden, wie z. B. für aggressiv-dissoziales Verhalten (z. B. Beelmann & Raabe, 2007), ADHS (Döpfner et al., 2021) oder Angst (z. B. Spence & Rapee, 2016).

Transaktionale Entwicklungsmodelle streben nach einem möglichst holistischen Abbild der Ätiologie von Störungen. Für einzelne Formen von Verhaltensschwierigkeiten sowie in der konkreten pädagogischen bzw. therapeutischen Arbeit sind meistens einzelne Risikofaktoren bzw. Kompetenzdimensionen besonders prominent zu berücksichtigen. Für *aggressiv-dissoziales Verhalten* hat sich bspw. die sozialkognitive Informationsverarbeitung (Crick & Dodge,1994; Lemerise & Arsenio, 2000) als besonders relevant und hilfreich für konkrete Förderung erwiesen. Im Kontext von *ADHS* in der Schule spielen vor allem die exekutiven Funktionen (v. a. die inhibitorische Kontrolle, das Arbeitsgedächtnis und die kognitive Flexibilität) eine wichtige Rolle, da diese bei zahlreichen schulischen Anforderungssituationen (z. B. individuelle Stillarbeitsphasen, Organisation des Arbeitsprozesses, Prüfungssituationen) besonders gefordert werden (z. B. Pineda-Alhucema et al., 2018). Ein gut untersuchter und sehr stabiler Prädiktor für *Ängste und Depressionen* bei Kindern und Jugendlichen ist die Verhaltenshemmung, ein Temperamentsstil, der im Säuglings- und frühen Kindesalter auftritt und sich in einer übertriebenen kognitiven Sensibilität für neuartige auditive und visuelle Reize und in einer Vermeidung von ungewohnten Situationen und Personen äußert (Clauss & Blackford, 2012; Kleberg et al., 2021).

7 Fazit

Verhaltensschwierigkeiten werden aus den Perspektiven verschiedener Fachdisziplinen konzeptualisiert, die mit unterschiedlichen Definitionen und Klassifikationssystemen arbeiten und unterschiedliche Symptome in den Vordergrund rücken. Daraus und aus Unterschieden in der Erfassung von Verhaltensschwierigkeiten ergeben sich zum Teil deutliche Differenzen bezüglich der Prävalenz von Verhaltensschwierigkeiten. Darüber hinaus heben unterschiedliche Erklärungsmodelle die grundsätzliche Bedeutung der Interaktion von individuellen und Umweltfaktoren hervor, zugleich werden diese in den verschiedenen Disziplinen unterschiedlich stark gewichtet.

Damit stellen sich Verhaltensauffälligkeiten für die (sonder)pädagogische Forschung und Praxis als ein differenziertes Feld dar, in dem es sich zu orientieren und positionieren gilt. Basierend auf einer Analyse – und gegebenenfalls auch Synthese – der verschiedenen Definitionen und Erklärungsmodelle sind spezifische Methoden der Diagnose und Förderung zu gestalten. Ziel dieser Methoden ist es, die individuelle Teilhabe aller Schüler*innen am Unterricht und in der Folge am gesellschaftlichen Leben bestmöglich zu gewährleisten.

Literatur

Achenbach, T. M. (2017). Multi-informant and multicultural advances in evidence-based assessment of students' behavioral/emotional/social difficulties. *European Journal of Psychological Assessment, 34*, 127–140.
Achenbach, T. M., Ivanova, M. Y., Rescorla, L. A., Turner, L. V. & Althoff, R. R. (2016). Internalizing/externalizing problems: Review and recommendations for clinical and research applications. *Journal of the American Academy of Child & Adolescent Psychiatry, 55*(8), 647–656.
Altmeyer, S., Hättich, A., Burkhardt, C.A., Krauss, A. & Lanfranchi, A., (2020). Verhalten und Befinden von Schulkindern: Diskrepanz von Kinder- und Lehrendensicht: Eine Längsschnittstudie in integrativen Regelklassen. *Psychologie in Erziehung und Unterricht, 67*, 1–16.
Bailey, R. & Jones, S. M. (2019). An integrated model of regulation for applied settings. *Clinical child and family psychology review, 22*, 2–23.
Beelmann, A. & Raabe, T. (2007). *Dissoziales Verhalten von Kindern und Jugendlichen. Erscheinungsformen, Entwicklung, Prävention und Behandlung.* Hogrefe.
Carroll, J. B. (1993). *Human cognitive abilities: A survey of factor-analytic studies (No. 1).* Cambridge University Press.
Casale, G., Hennemann, T., Huber, C. & Grosche, M. (2015). Testgütekriterien der Verlaufsdiagnostik von Schülerverhalten im Förderschwerpunkt Emotionale und soziale Entwicklung. *Heilpädagogische Forschung, 41*, 37–54.
Caspi, A., Houts, R. M., Belsky, D. W., Goldman-Mellor, S. J., Harrington, H., Israel, S., Meier, M. H., Ramrakha, S., Shalev, I., Poulton, R. & Moffitt, T. E. (2014). The p Factor: One General Psychopathology Factor in the Structure of Psychiatric Disorders? *Clinical Psychological Science, 2*(2), 119–137. https://doi.org/10.1177/2167702613497473
Clauss, J. A. & Blackford, J. U. (2012). Behavioral inhibition and risk for developing social anxiety disorder: A meta-analytic study. *Journal of the American Academy of Child & Adolescent Psychiatry, 51*(10), 1066–1075. https://doi.org/10.1016/j.jaac.2012.08.002
Cloerkes, G. & Markowetz, R. (2003). Stigmatisierung und Entstigmatisierung im Gemeinsamen Unterricht. *Zeitschrift für Heilpädagogik, 11*, 452–460.
Costello, E. J., Copeland, W. & Angold, A. (2011). Trends in psychopathology across the adolescent years: What changes when children become adolescents, and when adolescents become adults? *Journal of Child Psychology and Psychiatry and Allied Disciplines, 52*(10), 1015–1025.
Crick, N. C. & Dodge, K. A. (1994). A review and reformulation of social information-processing mechanisms in children's social adjustment. *Psychological Bulletin, 115*, 74–101.
Ford, T. & McManus, S. (2020). Prevalence: are two-fifths of young people really ›abnormal‹? *The British Journal of Psychiatry, 216*(1), 58–58.
Frese, M. (2015). Cultural practices, norms, and values. *Journal of Cross-Cultural Psychology, 46*(10), 1327–1330.
Frölich, J., Döpfner, M. & Banaschewski, T. (2021). *ADHS in Schule und Unterricht: Pädagogisch-didaktische Ansätze im Rahmen des multimodalen Behandlungskonzepts. Lehren und Lernen.* (2. Aufl.). Kohlhammer.
Goodman, R. (1997): The Strengths and Difficulties Questionnaire: A research note. *Journal of Child Psychology and Psychiatry, 38*, 581–586.
Haller, A.C., Klasen, F., Petermann†, F., Barkmann, C., Otto, C., Schlack, R. & Ravens-Sieberer, U. (2016). Langzeitfolgen externalisierender Verhaltensauffälligkeiten. *Kindheit Und Entwicklung, 25*, 31–40.
Hennemann, T., Casale, G., Leidig, T., Fleskes, T., Döpfner, M. & Hanisch, C. (2020). Psychische Gesundheit von Schülerinnen und Schülern an Förderschulen mit dem Förderschwerpunkt emotionale und soziale Entwicklung (PEARL). Ein interdisziplinäres Kooperationsprojekt zur Entwicklung von Handlungsstrategien. *Zeitschrift für Heilpädagogik, 71*, 2, 44–57.

Hennemann, T. & Casale, G. (2015). Förderschwerpunkt Emotionale und soziale Entwicklung. In I. Hedderich, G. Biewer, J. Hollenweger & R. Markowetz (Hrsg.), *Handbuch Inklusion und Sonderpädagogik* (S. 208–212). utb.

Herz, B. (2014). Pädagogik bei Verhaltensstörungen: An den Rand gedrängt? *Zeitschrift für Heilpädagogik*, 1, 4–14.

Hillenbrand, C. (2008). *Einführung in die Pädagogik bei Verhaltensstörungen* (4., überarb. Auflage). utb.

Hölling, H., Erhart, M., Ravens-Sieberer & Schlack, R. (2008). Verhaltensauffälligkeiten bei Kindern und Jugendlichen. *Bundesgesundheitsbl.* 50, 784–793. https://doi.org/10.1007/s001 03-007-0241-7

Holodynski, M., Hermann, S. & Kromm, H. (2013). Entwicklungspsychologische Grundlagen der Emotionsregulation. *Psychologische Rundschau*, 64 (4), 196–207.

Huber, C., (2009). Gemeinsam einsam? Empirische Befunde und praxisrelevante Ableitungen zur sozialen Integration von Schülern mit Sonderpädagogischem Förderbedarf im Gemeinsamen Unterricht. *Zeitschrift für Heilpädagogik*, 7, 242–248.

Jantzer, V., Haffner, J., Parzer, P., Roos, J., Steen, R. & Resch, F. (2012). Der Zusammenhang von ADHS, Verhaltensproblemen und Schulerfolg am Beispiel der Grundschulempfehlung. *Praxis der Kinderpsychologie und Kinderpsychiatrie*, 61(9), 662–676.

Kleberg, J. L., Högström, J., Sundström, K., Frick, A., & Serlachius, E. (2021). Delayed gaze shifts away from others' eyes in children and adolescents with social anxiety disorder. *Journal of affective disorders*, 278, 280–287. https://doi.org/10.1016/j.jad.2020.09.022

KMK (2000). Empfehlungen zum Förderschwerpunkt Emotionale und soziale Entwicklung. Beschluss vom 10.03.2000. Verfügbar unter https://www.kmk.org/fileadmin/Dateien/pdf/PresseUndAktuelles/2000/emotsozentw.pdf [07.01.2022]

Kovess-Masfety, V., Husky, M. M., Keyes, K., Hamilton, A., Pez, O., Bitfoi, A., ... & Mihova, Z. (2016). Comparing the prevalence of mental health problems in children 6–11 across Europe. *Social psychiatry and psychiatric epidemiology*, 51(8), 1093–1103.

Krull, J., Wilbert, J. & Hennemann, T. (2018). Does social exclusion by classmates lead to behavior problems and learning difficulties? A cross-lagged panel analysis. DOI: 10.1080/08856257.2018.1424780.

Lahey, B. B., Applegate, B., Hakes, J. K., Zald, D. H., Hariri, A. R., & Rathouz, P. J. (2012). Is there a general factor of prevalent psychopathology during adulthood? *Journal of Abnormal Psychology*, 121, 971–977. doi:10.1037/a0028355

Lemerise, E. A. & Arsenio, W. F. (2000). An integrated model of emotion processes andcognition in social information processing. *Child Development*, 71, 107–118.

Merikangas, K. R., Nakamura, E. F. & Kessler, R. C. (2009). Epidemiology of mental disorders in children and adolescents. *Dialogues in clinical neuroscience*, 11(1), 7.

Messick, S. (1983). Assessment of children. In P.H. Mussen & W. Kessen (Hrsg.), *Handbook of child psychology: Vol. 1 History, theory, and methods* (4th ed., pp. 477–526). Wiley.

Moffitt, T., Caspi, A., Harrington, H. & Milne, B. (2002). Males on the life-course-persistent and adolescence-limited antisocial pathways: Follow-up at age 26 years. *Development and Psychopathology*, 14, 179–207. http://dx.doi.org/10.1017/S0954579402001104.

Myschker, N. & Stein, R. (2018). *Verhaltensstörungen bei Kindern und Jugendlichen. Erscheinungsformen, Ursachen, hilfreiche Maßnahmen* (8. Aufl.). Kohlhammer.

Nash, P., Schlösser, A. & Scarr, T. (2016). Teachers' perceptions of disruptive behavior in schools: a psychological perspective. *Emotional and Behavioral Difficulties*, 21(2), 167–180, DOI: 10.1080/13632752.2015.1054670

Otto, C., Kaman, A., Erhart, M. et al. (2021). Risk and resource factors of antisocial behaviour in children and adolescents: results of the longitudinal BELLA study. *Child Adolesc Psychiatry Ment Health*, 15, 61. https://doi.org/10.1186/s13034-021-00412-3

Pineda-Alhucema, W., Aristizabal, E., Escudero-Cabarcas, J., Acosta-López, J. E. & Vélez, J. I. (2018). Executive function and theory of mind in children with ADHD: A systematic review. *Neuropsychology Review*, 28(3), 341–358. https://doi.org/10.1007/s11065-018-9381-9

Polanczyk, G. V., Salum, G. A., Sugaya, L. S., Caye, A. & Rohde, L. A. (2015). Annual research review: A meta-analysis of the worldwide prevalence of mental disorders in children and adolescents. *Journal of child psychology and psychiatry, and allied disciplines, 56*(3), 345–365. https://doi.org/10.1111/jcpp.12381

Ravens-Sieberer, U., Erhart, M., Wille, N. & Bullinger, M. (2008). Health-related quality of life in children and adolescents in Germany: results of the BELLA study. *European Child & Adolescent Psychiatry, 17* (Suppl. 1), 148–156. doi: 10.1007/s00787-008-1016-x

Reid, R., Gonzalez, J. E., Nordness, P. D., Trout, A. & Epstein, M. H. (2004). A meta-analysis of the academic status of students with emotional/behavioral disturbance. *The Journal of Special Education, 38*(3), 130–143.

Ruderman, M.A., Stifel, S.W.F., O'Malley, M. & Jimerson, S.R. (2013). The School Psychologist's Primer on Childhood Depression: A Review of Research Regarding Epidemiology, Etiology, Assessment, and Treatment. *Contemp School Psychol 17*, 35–49. https://doi.org/10.1007/BF03340987

Sandstrom, A., Uher, R. & Pavlova, B. (2020). Prospective Association between Childhood Behavioral Inhibition and Anxiety: a Meta-Analysis. *Journal of abnormal child psychology, 48*(1), 57–66. https://doi.org/10.1007/s10802-019-00588-5

Schönbächler, M.T., Herzog, W. & Makarova, E. (2011). ›Schwierige‹ Schulklassen: Eine Analyse des Zusammenhangs von Klassenzusammensetzungen und wahrgenommenen Unterrichtsstörungen. *Unterrichtswissenschaft, 39*(4), 310–327.

Spence, S. H. & Rapee, R. M. (2016). The etiology of social anxiety disorder: An evidence-based model. *Behaviour research and therapy, 86*, 50–67. https://doi.org/10.1016/j.brat.2016.06.007

Stein, R. (2013). Kritik der ICF-CY– eine Analyse im Hinblick auf die Klassifikation von Verhaltensstörungen. In: *Zeitschrift für Heilpädagogik, 64*(3), 106–115.

Sugai, G., & Horner, R. R. (2006). A promising approach for expanding and sustaining schoolwide positive behavior support. *School psychology review, 35*(2), 245–259.

Watts, A. L., Makol, B. A., Palumbo, I. M., De Los Reyes, A., Olino, T. M., Latzman, R. D., … & Sher, K. J. (2021). How Robust Is the p Factor? Using Multitrait-Multimethod Modeling to Inform the Meaning of General Factors of Youth Psychopathology. *Clinical Psychological Science*, 21677026211055170.

Wettstein, A., Ramseier, E., Scherzinger, M. & Gasser, L. (2016). Unterrichtsstörungen aus Lehrer- und Schülersicht. *Zeitschrift für Entwicklungspsychologie und Pädagogische Psychologie, 48*(4), 171–183.

Der Zusammenhang von Lern- und Verhaltensschwierigkeiten

Moritz Börnert-Ringleb, Gino Casale & Moritz Herzog

Lern- und Verhaltensschwierigkeiten von Kindern und Jugendlichen können als zwei Seiten einer Medaille betrachtet werden. Einerseits können beide Phänomene je nach Operationalisierung völlig unabhängig voneinander definiert, erklärt sowie hinsichtlich ihrer Prävalenz und Persistenz beschrieben werden. Andererseits sind Lern- und Verhaltensschwierigkeiten auch eng miteinander verbunden, da sie sehr häufig komorbid auftreten, identische Risikofaktoren ihre Entstehung bedingen und sie sich gegenseitig beeinflussen können (Algozzine et al., 2011; Gasteiger-Klicpera et al., 2006; Glaser & Grünke, 2017; Huck & Schröder, 2016; Linderkamp & Grünke, 2007). Die Häufigkeit des gemeinsamen Auftretens ist dabei zwar abhängig von der jeweiligen Definition beider Phänomene (im Sinne der Enge der diagnostischen Einschlusskriterien), dennoch kann davon ausgegangen werden, dass »ein gemeinsames Auftreten deutlich häufiger […] als ein getrenntes« vorkommt (Linderkamp & Grünke, 2007, 16). So kommen Klauer und Lauth (2006) zu der Einschätzung, dass Lern- und Verhaltensstörungen mit einer Komorbidität von über 50 % auftreten. Empirisch bestätigt wird diese Schätzung in einer Arbeit von Fischbach und Kolleg*innen (2010). Sie untersuchten das Auftreten von sozio-emotionalen Auffälligkeiten bei Kindern mit schulischen Minderleistungen. Unter Anwendung von Kriterien, die dem Verständnis einer Lernstörung entsprachen, konnten für beinahe die Hälfte aller betreffenden Kinder sozio-emotionale Auffälligkeiten beschrieben werden. Dabei verteilten sich diese Auffälligkeiten nahezu gleichermaßen auf externalisierende und internalisierende Auffälligkeiten (Fischbach et al., 2010). Noch differenzierter untersuchten Visser und Kolleg*innen (2020) das Phänomen. Sie konnten in einem Review zeigen, dass Kinder mit einer spezifischen Lernstörung in jeweils einem Viertel der Fälle entweder Ängstlichkeit, Depressivität, aggressiv-dissoziale Probleme oder eine Aufmerksamkeitsstörung (ADHS) zeigten. Dabei unterschieden sich die komorbiden psychopathologischen Symptome in Abhängigkeit von der Form der jeweiligen spezifischen Lernstörung (Visser et al., 2020). Zu ähnlichen Befunden kamen Margari und Kolleg*innen (2013), die zeigen konnten, dass knapp ein Drittel aller Kinder und Jugendlichen mit spezifischen Lernstörungen gleichzeitig Symptome einer ADHS oder einer Angststörung zeigten. Auch im direkten Vergleich zu Gleichaltrigen ohne besondere Lernschwierigkeiten zeigen Kinder und Jugendliche mit Formen von Lernstörungen dabei auch stärker externalisierende und internalisierende Verhaltensschwierigkeiten (Willcutt et al., 2013).

Die empirische Befundlage zu überzufällig häufig komorbid auftretenden Lern- und Verhaltensschwierigkeiten spricht gegen ihre strikte Trennung. Vielmehr sind Lern- und Verhaltensschwierigkeiten – wie in jüngster Zeit vermehrt geschehen – als eng und auf verschiedene Weisen mit einander verbundene Auffälligkeiten zu betrachten, die für die schulische Entwicklung ein besonderes Risiko darstellen (z. B. beim gleichzeitigen Auftreten von ADHS und Lernschwierigkeiten, s. Taanila et al., 2014). Darüber hinaus sind gleichzeitig auftretende Lern- und Verhaltensschwierigkeiten eine besondere Herausforderung für Lehrkräfte, Eltern und die Kinder und Jugendlichen selbst.

Die Schule bietet ein hervorragendes Setting für passgenaue Präventions- und Interventionsangebote. Der (außer-)unterrichtliche Umgang mit gemeinsam auftretenden Lern- und Verhaltensschwierigkeiten in der Schule erfordert allerdings spezifisches Wissen über das Bedingungsgefüge und die Kausalität des Zusammenhangs von Lern- und Verhaltensschwierigkeiten, da viele evidenzbasierte Methoden die Ursachen und Funktionen der Lern- bzw. Verhaltensschwierigkeiten adressieren. So erscheint eine Förderung vor allem dann erfolgsversprechend und nachhaltig, wenn sie nicht nur Primärsymptome reduziert, sondern insbesondere auch die bedingenden kausalen Mechanismen adressiert.

1 Kausale Mechanismen in der Komorbidität multifaktorieller Auffälligkeiten

Das gleichzeitige Auftreten von unterschiedlichen Störungsbildern wird auch als Komorbidität bezeichnet. In diesem Zusammenhang unterscheiden Angold et al. (1999) in *homotypische* und *heterotypische Komorbidität* (siehe auch Pennington, 2006). Homotypische Komorbidität beschreibt das gleichzeitige Auftreten zweier Auffälligkeiten, die sich ähnlichen diagnostischen Klassifikationen zuordnen lassen (z. B. ängstliches und depressives Verhalten als internalisierende Störungen). Heterotypische Komorbidität beschreibt das gleichzeitige Auftreten von Auffälligkeiten aus unterschiedlichen Klassen (z. B. ängstliches und aggressiv-dissoziales Verhalten als internalisierende und externalisierende Störung). Die Komorbidität von Lern- und Verhaltensschwierigkeiten wäre dieser Definition folgend als heterotypische Komorbidität zu bezeichnen, da sich die Klassifikation beider Konstrukte wie eingangs dargelegt deutlich unterscheidet.

Mit Bezug auf das gemeinsame Auftreten von Lern- und Verhaltensschwierigkeiten erscheinen dabei insbesondere Einblicke in die Kausalität des Zusammenhangs beider Phänomene von besonderer Relevanz für die Entwicklung angemessener Interventions- und Präventionsangebote. Im (sonder)pädagogischen Kontext wurden kausale Wirkmodelle zur Komorbidität von Lern- und Verhaltensschwierigkeiten bislang allerdings kaum berücksichtigt. Den damaligen Forschungsstand zur Kausalität beider Phänomene fassten Glaser und Grünke (2013) als »wechselseitig (reziprok)« (S. 349) zusammen. Dieser reziproke Zusammenhang lässt sich weiter präzisieren und differenzieren, wobei die zeitliche Abfolge des Auftretens der Phänomene (im Sinne ihrer Wahrnehmbarkeit) eine zentrale Rolle spielt (Linderkamp & Grünke, 2007) (s. Abb. 1). Aus einer rein oberflächlichen (phänomenologischen) Betrachtung lassen sich dabei drei distinkte Szenarien vermuten: a) Phänomen A (z. B. Lernschwierigkeiten) tritt zeitlich zuerst auf und führt zu Phänomen B (z. B. Verhaltensschwierigkeiten); b) Phänomen B (z. B. Verhaltensschwierigkeiten) tritt zeitlich zuerst auf und führt zu Phänomen A (z. B. Lernschwierigkeiten); sowie c) Phänomen A und B treten mehr oder weniger zeitgleich auf und sind nicht unmittelbare Konsequenz voneinander sondern lassen sich gegenfügig durch dritte auslösende Variablen erklären.

Diese Systematik und die damit verbundenen Handlungsimplikationen sollen im Hinblick auf das gemeinsame Auftreten von Schwierigkeiten im Schreiben und Symptomen einer ADHS sehr vereinfacht veranschaulicht werden. Gemäß Szenario A (Lernschwierigkeiten führen zu Verhaltensschwierigkeiten) könnte ein/e Schüler*in erhebliche Probleme in der Schreibkompetenz entwickeln, die sich insbesondere in einer auffällig schlechten Rechtschreibung äußert. Diese Probleme führen dazu, dass der/die Schüler*in in Arbeitsphasen zum Schreiben unkonzentriert sowie unaufmerksam agiert und sich schneller durch soziale Hinweisreize ablenken lässt. Pädagogisch wäre hier eine Förderung indiziert, die an den Ursachen für die Schreibprobleme ansetzt. In Szenario B (Verhaltensschwierigkeiten führen zu Lernschwierigkeiten) wäre die Wirkrichtung genau umgekehrt: durch unaufmerksames und impulsives Verhalten entwickelt der/die Schüler*in Leistungsrückstände im Schreiben. Pädagogisch wäre hier eine Förderung indiziert, welche die Funktionen bzw. die Ursachen des unaufmerksamen und impulsiven Verhaltens adressiert. In Szenario C (Lern- und Verhaltensschwierigkeiten treten zeitgleich auf) würden die Probleme im Schreiben und im Verhalten in etwa zeitgleich auftreten, so dass ein gemeinsamer Ursachenfaktor für beide Phänomene zu vermuten wäre. An diesem Faktor würde (wenn identifizierbar und möglich) dementsprechend eine pädagogische Förderung ansetzen.

Ausgehend von diesem Verständnis kann das gemeinsame Auftreten von Lern- und Verhaltensschwierigkeiten anhand unterschiedlicher biopsychosozialer Gründe erklärt werden (z. B. Linderkamp & Grünke, 2007). Demnach sind »für die Entstehung und Aufrechterhaltung vieler Lern- und Verhaltensstörungen […] ähnliche Risikofaktoren verantwortlich zu machen« (Linderkamp & Grünke, 2007, S. 16). Sowohl in Szenario A als auch in Szenario B können korrelierte Risikofaktoren (z. B. geringe Bildungserwartung oder Konflikte im Elternhaus) die Entstehung von Lern- und Verhaltensschwierigkeiten begünstigen, aber nicht zwingend verursachen. In Szenario C hingegen sind diese Risikofaktoren auch auslösend.

Zudem wird die jeweilige Entwicklung häufig in beiden Fällen durch ein »Diathese-Stress-Modell« erklärt. Linderkamp und Grünke (2007) beschreiben darüber hinaus auch eine wechselseitige Beeinflussung beider Konstrukte. Angold und Kolleg*innen (1999) unterscheiden in diesem Sinne daher auch weiterhin zwischen *konkurrenter* und *sukzessiver Komorbidität*. Während das Auftreten in enger zeitlicher Nähe hier als konkurrente Komorbidität bezeichnet wird, beschreibt sukzessive Komorbidität das sich nicht überlappende, aufeinander folgende Auftreten von unterschiedlichen Phänomenen. Diese Szenarien beschreiben zunächst jedoch lediglich Wahrnehmungen der Sequenz des Auftretens von Symptomen und be-

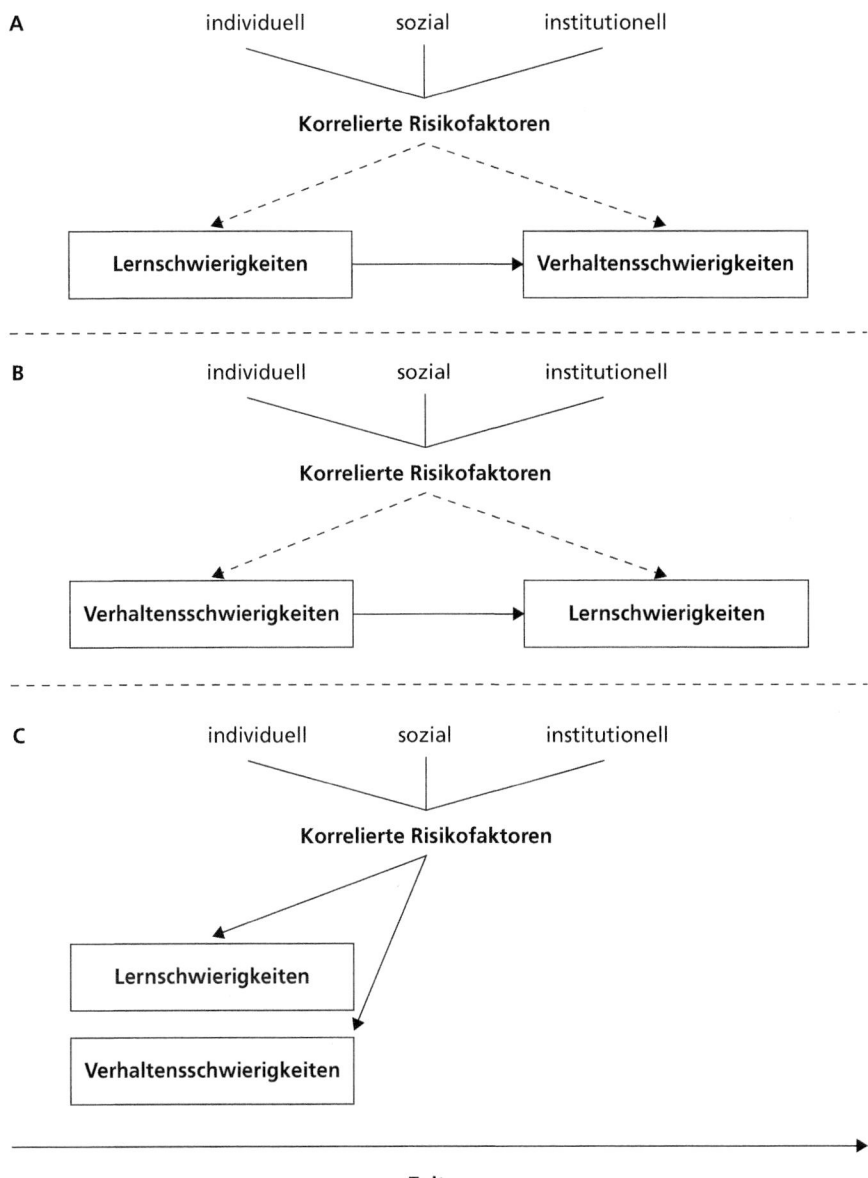

Abb. 1: Grundlegende Zusammenhangsmuster zwischen Lern- und Verhaltensschwierigkeiten, in Anlehnung an bestehende Modellannahmen über Komorbidität (z. B. Neale & Kendler, 1995).

inhalten nicht automatisch explizite Annahmen über mögliche kausale Mechanismen.

Gerade die Betrachtung kausaler Mechanismen erscheint dabei jedoch von besonderer Relevanz. So argumentieren auch Büttner und Hasselhorn (2011), dass die

Fokussierung von Fragen nach der Natur komorbider Störungen und deren potenzieller differenter oder gemeinsamer Entwicklungsbedingungen und -verläufe eine wesentliche zukünftige Aufgabe darstellt. In diesem Zusammenhang erscheinen daher differenziertere Betrachtungen sinnvoll, wie sie z. B. in Ansätzen auch in bestehenden Modellen der Komorbidität multifaktorieller Störungen gesehen werden können. Zwar handelt es sich bei Verhaltens- und Lernschwierigkeiten in der Schule nicht um multifaktorielle Störungen im engeren Sinne, dennoch wird auch in diesen Fällen die Entstehung der jeweiligen Phänomene durch eine Vielzahl biopsychosozialer Variablen erklärt (unter anderem auch im Rahmen von Diathese-Stress-Modellen oder transaktionalen Entwicklungsmodellen; Beelmann & Raabe, 2007; Linderkamp & Grünke, 2007).

Die Entstehung von Lern- und Verhaltensschwierigkeiten in der Schule kann zwar theoretisch und modellhaft durch kausale Wirkmodelle erklärt werden. Eine »Behinderung« bzw. auch eine Lern- und/oder Verhaltensschwierigkeit entsteht allerdings immer auch durch eine Beeinträchtigung von Bildungsaktivitäten, die aus der Interaktion zwischen personenbezogenen und kontextbezogenen Faktoren resultiert (z. B. Hollenweger, 2015; Stein, 2013). Lern- und Verhaltensschwierigkeiten sind dementsprechend sowohl personen- als auch kontextbezogene Phänomene und kausale Wirkmechanismen zu ihrer Komorbidität sollten sich im Idealfall auch darauf beziehen. Wenngleich ein solches ätiologisches Verständnis den realen Gegebenheiten am ehesten entspricht, ist es gleichzeitig auch sehr komplex und eine empirische Operationalisierung wird dem Anspruch dieses Verständnisses kaum gerecht. Die im Folgenden dargestellten Modelle zur Erklärung kausaler Zusammenhänge multifaktoriell bedingter Auffälligkeiten verzichten daher bewusst auf eine holistische Abbildung der Wirkmechanismen, sondern reduzieren die Komplexität, um das grundlegende Verständnis kausaler Abhängigkeiten deutlich und empirisch greifbar zu machen. Die Anwendung solcher Modelle in sonderpädagogischer Forschung und Praxis ist jedoch notwendigerweise in ein interaktionistisches Entwicklungsverständnis einzubetten und um weitere personen- und kontextbezogene Faktoren zu erweitern.

2 Modelle zur Erklärung kausaler Zusammenhänge multifaktorieller Auffälligkeiten

Eine international häufig zitierte Perspektive in der Erklärung kausaler Zusammenhänge multifaktorieller Auffälligkeiten stellt die Arbeit von Neale und Kendler (1995) dar, welche unterschiedliche Ansätze zum Zusammenhang multifaktorieller Störungen aufzeigt. Diese ermöglichen eine wichtige Orientierung für die Diskussion relevanter Einflussvariablen und wurden empirisch bereits validiert (Rhee et al., 2004).

Neale und Kendler (1995) nehmen in ihren Überlegungen grundlegend an, dass sich bestimmte Auffälligkeiten im Rahmen eines Schwellwertmodells entfalten. Diesem Verständnis folgend summieren sich eine Vielzahl von Risikofaktoren in einem annähernd normalverteilten latenten Risiko für die Entwicklung einer bestimmten Anfälligkeit (z. B. Lernschwierigkeiten). Tatsächlich entwickeln diejenigen Individuen eine Auffälligkeit, deren tatsächliches Risiko oberhalb eines bestimmten Grenzwertes liegt. Ausgehend von dieser Annahme unterscheiden die Autoren in ihrer ursprünglichen Veröffentlichung zunächst sechs Modellvarianten, welche in Teilen auch auf die gegenseitige Bedingung von Lern- und Verhaltensschwierigkeiten übertragen werden können. Hiervon kann das Modell der *direkten kausalen Modelle* (»direct causal models«) mit der unmittelbaren gegenseitigen Auslösung (vgl. Szenarien A und B, siehe Abb. 1) identifiziert werden. Das Modell der *drei unabhängigen Auffälligkeiten* (»three independent disorders«) entspricht weitestgehend dem zeitgleichen Auftreten bedingt durch eine dritte, ursächliche Auffälligkeit bzw. Risikofaktor (Szenario C, siehe Abb. 1).

Im Modell der *alternierenden Formen* (»alternate forms«) stellen die Symptome (z. B. der Lern- und Verhaltensschwierigkeiten) alternierende Formen desselben Risikos dar, d. h. die gleichen Risikofaktoren tragen zur Genese des Risikos bei, jedoch manifestiert sich dieses Risiko entweder im Erscheinen der einen oder der anderen Symptomatik zu unterschiedlichen Zeitpunkten. Beispielsweise könnten Kinder und Jugendliche mit Schwierigkeiten in der Selbstregulation sowohl Schwierigkeiten im Lernen als auch im Verhalten in unterschiedlicher Form und unterschiedlichem Umfang manifestieren. In diesem Sinne kann gezeigt werden, dass etwa Schwierigkeiten in der Selbstregulation einerseits die Beziehung zwischen Lese-Rechtschreibkompetenz und Ängstlichkeit und andererseits die Beziehung zwischen mathematischen Fähigkeiten und Aufmerksamkeitsproblemen erklären können (Visser et al., 2020). Grünke und Glaser (2007) führen hierzu aus, dass bspw. Kinder mit ADHS gerade auch aufgrund von Schwierigkeiten in der »Aufmerksamkeitsfokussierung und Handlungsplanung und -steuerung« (S. 349) Auffälligkeiten im Bereich des Lesens und Schreibens entwickeln. In einem konzeptuellen Modell zum Zusammenhang von exekutiven Funktionen und ADHS beschreibt Barkley (1997), dass Probleme in der Inhibition auf das Arbeitsgedächtnis, die emotionale Selbstregulation und die kognitive Flexibilität wirken und dies wiederum zu Schwierigkeiten in der behavioralen Selbstregulation und damit zu ADHS-symptomspezifischen Verhaltensweisen und Lernschwierigkeiten führen kann. Es erscheint daher zentral, im Kontext von ADHS, insbesondere auch Schwierigkeiten der Selbstregulation als kausale Mechanismen zu betrachten, welche sowohl mit Lern- als auch Verhaltensschwierigkeiten einhergehen.

Eine alternative Erklärung stellt der Ansatz der *zufälligen Multiformität* (»random multiformity«) dar. Nach diesem stellen Symptome der Auffälligkeit B bzw. A ein Epiphänomen (also eine Begleiterscheinung) der Auffälligkeit A bzw. B dar. Wenn also eigentlich nur ein geringes grundständiges Risiko für die Entwicklung der Auffälligkeit B vorliegt, kann Auffälligkeit A zu Symptomen von Auffälligkeit B führen. Diesem Verständnis folgend stellen (je nach Betrachtung) Symptome der Auffälligkeit B eine Konsequenz der Auffälligkeit A dar. Lernschwierigkeiten können so beispielsweise zu sozialer Ablehnung und Schwierigkeiten im Sozialverhalten führen. Wiener (2004) beschreibt eine solche Kausalität auch als »single risk model«. Nach diesem können die kognitiven Bedingungen von Lernschwierigkeiten unmittelbar zu Peer-Konflikten und Bullying-Erfahrungen führen und in der Konsequenz internalisierende Verhaltensprobleme bedingen (z. B. Turunen et al., 2017). Alternativ können aber auch Verhaltensschwierigkeiten (wie z. B. Ängste) in ähnlicher Form zu Schwierigkeiten im schulischen Lernen führen, beispielsweise durch Vermeidungsverhalten (Dowker et al., 2016). Die Wahrscheinlichkeit für das Entwickeln der Symptome der Auffälligkeit B bzw. A gemäß dem Modell der zufälligen Multiformität ist in der Population der Kinder und Jugendlichen mit einer Auffälligkeit A bzw. B. gleichverteilt.

Eine spezielle Form dieses Modells stellt die *extreme Multiformität* (»*extreme multiformity*«) dar. Diese Perspektive berücksichtigt zwei Grenzwerte im normalverteilten Risiko für Auffälligkeit A bzw. B. Lediglich diejenigen würden hier als Epiphänomen Symptome der Auffälligkeit B entwickeln, die mit Bezug auf das Risiko für die Auffälligkeit A auch den zweiten Schwellenwert überschreiten. Die Wahrscheinlichkeit für das Entwickeln der Symptome der Auffälligkeit B bzw. A ist hier somit nicht identisch für alle Kinder und Jugendlichen, welche die Auffälligkeit A bzw. B. entwickelt haben, sondern trifft nur die extremen Fälle, deren Schwellenwerte für das Risiko zur Entstehung einer Auffälligkeit A *und* B im oberen Bereich liegen. Diese Kinder und Jugendlichen repräsentieren somit besonders vulnerable Gruppen mit kumulierten Risiken.

Ein weiteres relevantes Szenario stellt die Betrachtung der *korrelierten Risiken* (»correlated liabilities«) dar. Nach dieser ergibt sich die Wahrscheinlichkeit gemeinsam auftretender Lern- und Verhaltensschwierigkeiten dadurch, dass einzelne Risikofaktoren, welche einen Einfluss auf die jeweilige Entwicklung isolierter Schwierigkeiten nehmen, korreliert sind. Im Modell der »correlated liabilities« werden Parallelen zu den Überlegungen Penningtons (2006) deutlich. Dieser beschreibt in seiner Arbeit Zusammenhänge zwischen verschiedenen multifaktoriellen Störungsbildern. Ausgehend von einem multiplen kognitiven Defizitmodell von Entwicklungsstörungen, lassen sich Entwicklungsstörungen demnach multifaktoriell durch verschiedene kognitive Einflussvariablen erklären. Zusammenhänge zwischen multifaktoriellen Störungsbildern lassen sich demnach auch durch Überlappungen einzelner genetischer und kognitiver Einflussvariablen erklären. Die Überlegungen Penningtons bzw. von Neale und Kendler sind dabei im Kontext einer medizinisch-psychologischen Tradition einzuordnen. Diese fokussiert insbesondere individuumsbezogene Variablen (wie z. B. bedingende kognitive Prozesse). Im Kontext sonderpädagogischen Handelns erscheint es, wie zuvor betont, dabei jedoch relevant, zudem auch system- und kontextbezogene Einflüsse zu berücksichtigen, welche sowohl in Beziehung zu Lern- als auch Verhaltensschwierigkeiten stehen können. Zurbriggen und Moser (2021) argumentieren in diesem Sinne, dass erschwerte Lernsituationen nicht nur aus einer »individualtheoretischen« Perspektive, sondern unter anderem auch die »familiären Bedingungen des Heranwachsens« resultieren (S. 2). Zahlreiche Arbeiten beschreiben an dieser Stelle die Relevanz des sozioökonomischen Status für die akademische Entwicklung von Kindern und Jugendlichen. Dass schulische Lern- und Verhaltensschwierigkeiten insbesondere auch mit Armut und sozialer Benachteiligung in Verbindung stehen, wird durch zahlreiche Autoren beschrieben. Neben dem reinen verfügbaren monetären Kapital erscheinen hier aber auch weitere Variablen wie die elterliche Unterstützung, Einstellungen der Eltern, aber auch innerfamiliäre Konflikte von großer Relevanz (Morgan et al., 2015; Odgers, 2015; Reiss, 2013).

Das gemeinsame Auftreten von Lern- und Verhaltensschwierigkeiten kann somit im Rahmen verschiedene Ursachenmodelle erklärt werden. Neben der Betrachtung verschiedener Ursachenmodelle sind darüber hinaus eine Vielzahl an personen- und kontextbezogenen Variablen auf verschiedenen Ebenen in der Erklärung des gemeinsamen Auftretens von Lern- und Verhaltensschwierigkeiten heranzuziehen. Den Überlegungen von Pennington (2006) sowie Neale und Kendler (1995) ist gemein, dass sie von einem probabilistischen Zusammenhang von Lern- und Verhaltensschwierigkeiten ausgehen. Risikofaktoren, wie individuelle oder kontextuelle Entwicklungsvoraussetzungen bzw. bestehende Lern- *oder* Verhaltensschwierigkeiten, führen nicht zwingend zu komorbiden Lern- *und* Verhaltensschwierigkeiten. Vielmehr erhöhen einzelne oder mehrere Risikofaktoren das gemeinsame Auftreten von Lern- und Verhaltensschwierigkeiten. Aus Sicht der (schulischen) Intervention von Lern- bzw. Verhaltensschwierigkeiten bedeuten die erhöhten Risiken für komorbide Lern- und Verhaltensschwierigkeiten durch eine Auffälligkeit in einem der beiden Bereiche, dass der jeweils andere Bereich grundsätzlich mitzubeachten ist. Darüber hinaus ist der Zusammenhang von Lern- und Verhaltensschwierigkeiten im Einzelfall genau zu betrachten. Zwar erklären alle Modelle das gemeinsame Auftreten der gleichen Symptome, je nach Perspektive ergeben sich aus den gesetzten Annahmen sehr unterschiedliche Herausforderungen für die entsprechende Förderung im schulischen Alltag.

3 Fazit und Ausblick

Eine grundsätzliche Schwierigkeit in der Interpretation empirischer Forschungsergebnisse zum Zusammenhang von Lern- und Verhaltensschwierigkeiten ist darin zu sehen, dass diese lediglich aus forschungsmethodischen Gründen ausgewählte Variablen berücksichtigen. Ein Befund zu einer quer- oder auch längsschnittlichen Beziehung zwischen Lern- und Verhaltensschwierigkeiten kann somit immer auch nur durch die Variablen erklärt werden, die auch im Rahmen der jeweiligen Studie fokussiert wurden. Zahlreiche Ergebnisse stellen somit immer nur einen isolierten Blick auf die Beziehung beider Konstrukte dar. Gleichzeitig wird jedoch deutlich, dass die Beziehung zwischen Lern- und Verhaltensschwierigkeiten vielschichtig und multifaktoriell erklärbar ist. Die Einordnung jeglichen Einzelfalls im Rahmen der skizzierten kausalen Muster wird in der Praxis vermutlich nicht immer möglich und eindeutig sein, dennoch erscheint der Versuch des Erklärens der beobachteten Koexistenz von Lern- und Verhaltensschwierigkeiten sinnvoll mit Bezug auf die Entwicklung angemessener Lern- und Unterstützungsangebote. Die Einordnung und konkrete Anwendung dieser empirisch evidenten Erkenntnisse in der sonderpädagogischen Praxis obliegen somit den pädagogisch professionell Arbeitenden und ihrer Expertise sowie der partizipativen Ausgestaltung unter Einbezug der Schüler*innen und ihrer Wünsche und Bedürfnisse (Grosche, 2017; Hillenbrand, 2015).

Literatur

Algozzine, B., Wang, C. & Violette, A. S. (2011). Reexamining the Relationship Between Academic Achievement and Social Behavior. *Journal of Positive Behavior Interventions, 13*(1), 3–16. https://doi.org/10.1177/1098300709359084

Angold, A., Costello, E. J. & Erkanli, A. (1999). Comorbidity. *Journal of Child Psychology and Psychiatry, 40*(1), 57–87. https://doi.org/10.1111/1469-7610.00424

Barkley, R. A. (1997). Behavioral inhibition, sustained attention, and executive functions: constructing a unifying theory of ADHD. *Psychological bulletin, 121*, 65–94.

Beelmann, A. & Raabe, T. (2007). *Dissoziales Verhalten von Kindern und Jugendlichen: Erscheinungsformen, Entwicklung, Prävention und Intervention.* Hogrefe Verlag.

Büttner, G. & Hasselhorn, M. (2011). Learning Disabilities: Debates on definitions, causes, subtypes, and responses. *International Journal of Disability, Development and Education, 58*(1), 75–87. https://doi.org/10.1080/1034912X.2011.548476

Dowker, A., Sarkar, A. & Looi, C. Y. (2016). Mathematics Anxiety: What Have We Learned in 60 years? *Frontiers in Psychology 7*, 508. doi:10.3389/fpsyg.2016.00508

Fischbach, A., Schuchardt, K., Mähler, C. & Hasselhorn, M. (2010). Zeigen Kinder mit schulischen Minderleistungen sozio-emotionale Auffälligkeiten? *Zeitschrift für Entwicklungspsychologie und Pädagogische Psychologie, 42*(4), 201–210. https://doi.org/10.1026/0049-8637/a000025

Gasteiger-Klicpera, B., Klicpera, C., & Schabmann, A. (2006). Der Zusammenhang zwischen Lese-, Rechtschreib- und Verhaltensschwierigkeiten: Entwicklung vom Kindergarten bis zur vierten Grundschulklasse. *Kindheit und Entwicklung, 15*(1), 55–67. https://doi.org/10.1026/0942-5403.15.1.55

Glaser, C. & Grünke, M. (2017). Kinder und Jugendliche mit Verhaltensproblemen und Lernschwierigkeiten. In M. Philipp (Hrsg.). *Handbuch Schriftspracherwerb und weiterführendes Lesen und Schreiben* (S. 347–360). Beltz-Juventa-Verlag.

Grosche, M. (2017). Eine Analyse der Funktion von quantitativen Daten für evidenzbasierte Entscheidungen zur Ermöglichung der Zusammenarbeit von quantitativen und nicht-quantitativen Forschungszugängen. *Sonderpädagogische Förderung heute, 62*, 360–371. doi:10.3262/SOF1704360

Hillenbrand, C. (2015). Evidenzbasierung sonderpädagogischer Praxis – Widerspruch oder Gelingensbedingung? *Zeitschrift für Heilpädagogik 66*, 312–324.

Hollenweger, J. (2015). Anwendung der ICF im Kontext von Lernen und Lernstörungen. *Lernen und Lernstörungen, 4*(1), 31–41. https://doi.org/10.1024/2235-0977/a000093

Huck, L. & Schröder, A. (2016). Psychosoziale Belastungen und Lernschwierigkeiten: Befunde zum Zusammenhang von Lese-Rechtschreib-Schwäche, Rechenschwäche und psychosozialen Belastungen in einer Inanspruchnahme-Stichprobe aus einer lerntherapeutischen Einrichtung. *Lernen und Lernstörungen, 5*(3), 157–164. https://doi.org/10.1024/2235-0977/a000143

Linderkamp, F. & Grünke, M. (2007). *Lern- und Verhaltensstörungen: Klassifikation, Prävalenz & Prognostik..* Beltz.

Morgan, P. L., Farkas, G., Hillemeier, M. M., Mattison, R., Maczuga, S., Li, H. & Cook, M. (2015). Minorities are disproportionately underrepresented in special education: Longitudinal evidence across five disability conditions. *Educational Researcher, 44*, 278–292.

Neale, M. C. & Kendler, K. S. (1995). Models of comorbidity for multifactorial disorders. *Am. J. Hum. Genet.*, 57.

Odgers, C. L. (2015). Income inequality and the developing child: Is it all relative?. *American Psychologist*, 70,. 722–731.

Pennington, B. (2006). From single to multiple deficit models of developmental disorders. *Cognition*, 101(2), 385–413. https://doi.org/10.1016/j.cognition.2006.04.008

Reiss, F. (2013). Socioeconomic inequalities and mental health problems in children and adolescents: a systematic review. *Social science & medicine*, 90, 24–31.

Rhee, S. H., Hewitt, J. K., Lessem, J. M., Stallings, M. C., Corley, R. P. & Neale, M. C. (2004). The Validity of the Neale and Kendler Model-Fitting Approach in Examining the Etiology of Comorbidity. *Behavior Genetics*, 34(3), 251–265. https://doi.org/10.1023/B:BEGE.0000017871.87431.2a

Stein, R. (2013). *Kritik der ICF-CY – Eine Analyse im Hinblick auf die Klassifikation von Verhaltensstörungen.* 10.

Taanila, A., Ebeling, H., Tiihala, M., Kaakinen, M., Moilanen, I., Hurtig, T. & Yliherva, A. (2014). Association Between Childhood Specific Learning Difficulties and School Performance in Adolescents With And Without ADHD Symptoms: A 16-Year Follow-Up. *Journal of Attention Disorders*, 18(1), 61–72. https://doi.org/10.1177/1087054712446813

Turunen, T., Poskiparta, E. & Salmivalli, C. (2017). Are reading difficulties associated with bullying involvement?. *Learning and Instruction*, 52, 130–138.

Visser, L., Linkersdörfer, J. & Hasselhorn, M. (2020). The role of ADHD symptoms in the relationship between academic achievement and psychopathological symptoms. *Research in Developmental Disabilities*, 97, 103552. https://doi.org/10.1016/j.ridd.2019.103552

Wiener, J. (2004). Do Peer Relationships Foster Behavioral Adjustment in Children with Learning Disabilities? *Learning Disability Quarterly*, 27(1), 21–30. https://doi.org/10.2307/1593629

Willcutt, E. G., Petrill, S. A., Wu, S., Boada, R., DeFries, J. C., Olson, R. K. & Pennington, B. F. (2013). Comorbidity Between Reading Disability and Math Disability: Concurrent Psychopathology, Functional Impairment, and Neuropsychological Functioning. *Journal of Learning Disabilities*, 46(6), 500–516. https://doi.org/10.1177/0022219413477476

Zurbriggen, C. & Moser, V. (2021). Schule und erschwerte Lernsituation und Lebenslagen. In T. Hascher, T.-S. Idel & W. Helsper (Hrsg.), *Handbuch Schulforschung* (S. 1–16). Springer Fachmedien Wiesbaden. https://doi.org/10.1007/978-3-658-24734-8_39-1

Teil 2: Erklärungsmodelle und -variablen von Lern- und Verhaltensschwierigkeiten

Genetische und neurologische Risikofaktoren

Jörg-Tobias Kuhn & Christin Vanauer

1 Lern- und Verhaltensschwierigkeiten als Störungen der neuronalen und mentalen Entwicklung

Störungsbegriff und diagnostische Kriterien

Lese-Rechtschreib-Störung, AD(H)S, Autismus – drei Störungen des Kindes- und Jugendalters, die sich durch ganz unterschiedliche prototypische Denk- und Verhaltensmuster beschreiben lassen. Alle drei finden sich in einem gemeinsamen Kapitel der internationalen Klassifikation von Krankheiten der WHO (ICD): *Störungen der neuronalen Entwicklung (»Neurodevelopmental Disorders«)*. Das heißt, sie werden zum einen deshalb zusammengefasst, weil sie im Laufe der kindlichen *Entwicklung* auftreten können. Gleichzeitig werden für Störungen dieser Kategorie, die durch beobachtbare Verhaltens-Symptome (z. B. Impulsivität, Schwierigkeiten beim Lesen, viele Fehler beim Rechtschreiben) definiert sind, *neurobiologische* Grundlagen angenommen. In der Einleitung des entsprechenden Kapitels der ICD-11 (WHO, 2019) wird die Grenze der neurobiologischen Perspektive, insbesondere auf individueller Ebene, vorweggenommen: Die Ursachen von Störungen der neuronalen Entwicklung seien komplex und in vielen Einzelfällen unbekannt[1].

Dieses Kapitel trägt Erkenntnisse aus diesem vergleichsweise jungen Forschungsfeld zusammen. Es konzentriert sich neben Befunden zu Lernstörungen im mathematischen und schriftsprachlichen Bereich auf die Aufmerksamkeitsdefizit- und Hyperaktivitätsstörung (ADHS) als Beispiel für eine externalisierende Verhaltensstörung.

Komorbidität

Unterschiedliche Konstellationen von Lern- und Verhaltensschwierigkeiten treten überzufällig häufig gleichzeitig auf (man bezeichnet dieses gemeinsame Auftreten fachsprachlich als »Komorbidität«). Das bedeutet: es sind z. B. deutlich mehr Kinder von einer gleichzeitigen Lese- *und* Rechenstörung oder gleichzeitigen Lernstörungen *und* ADHS betroffen als zu erwarten wäre, wenn die Störungen unabhängig

---

[1] »The presumptive etiology for neurodevelopmental disorders is complex, and in many individual cases is unknown.«

voneinander verteilt wären. Das legt nahe, dass es gemeinsame »Wurzeln« für die komorbiden Muster gibt, sofern Stichprobenartefakte oder reproduktionsbiologische Erklärungen ausgeschlossen werden können.

Obwohl auf der kognitiven Ebene (d. h. auf der Ebene grundlegender Informationsverarbeitungs- und Denkprozesse) einzelne geteilte Risikofaktoren gefunden wurden (z. B. die Verarbeitungsgeschwindigkeit bei ADHS und LRS; Peterson et al., 2017), zeichnen sich komorbide Störungen in vielen Studien durch ein kognitives Profil aus, das (nur) der Summe der kognitiven Defizite beider einzelnen Störungen entspricht. Dieses sogenannte Additivitäts-Phänomen ist ein Rätsel der aktuellen Lernstörungsforschung. Es illustriert, dass bereits die Suche nach *kognitiven* Erklärungen für Komorbidität komplex und noch längst nicht abgeschlossen ist und legt nahe, dass es – zumindest teilweise – Ursachen unterhalb der kognitiven Ebene gibt.

Im nächsten Abschnitt wird mit dem sogenannten *Multiple-Deficit-Modell* deshalb ein Rahmen für diese Suche skizziert, der neben der kognitiven und Verhaltens-Ebene auch die neuronale und genetische Ebene einschließt.

2 Die genetische und neuronale Ebene des Multiple-Deficit-Modells

Von der Genetik bis zur Verhaltensmanifestation

Die frühe Forschung zu Ursachen von *Neurodevelopmental Disorders* konzentrierte sich auf die Suche nach *einzelnen* (zunächst kognitiven) Kerndefiziten, die charakteristisch oder sogar ursächlich für das Entstehen der diagnostisch relevanten Lern- oder Verhaltensschwierigkeiten sind.

Entsprechende Single-Deficit-Modelle (SDM) können aber z. B. nicht erklären, warum es Untergruppen von Kindern mit Lern- oder Verhaltensschwierigkeiten gibt, auf die ein bekanntes Kerndefizit einer Störung *nicht* zutrifft: Beispielsweise berichten McGrath et al. (2020) in ihrem Überblicksartikel, dass etwa die Hälfte der Kinder mit LRS kein Kerndefizit im zentralen Bereich der phonologischen Bewusstheit zeigt. Auch und insbesondere auf individueller Ebene genügen einzelne, wenige Risikofaktoren also nicht, um eine sichere Diagnose stellen zu können.

An die Stelle von Single-Deficit-Modellen trat daher schließlich das sogenannte Multiple-Deficit-Modell (MDM, Pennington, 2006, siehe Abb. 1). Das MDM ist ein Mehr-Ebenen-Rahmenmodell mit den vier Analyse-Ebenen: Ätiologie (Genetik und Umweltfaktoren), Gehirn/neuronale Systeme, Kognition und Verhalten. Neuronales System und kognitive Prozesse können dabei als eine vermittelnde Zwischenebene (»Endophänotyp«) zwischen Ätiologie (genetische und umweltbezogene Ursachenfaktoren) und Phänotyp (beobachtbarer Verhaltensmuster: Symptome der Störung) verstanden werden.

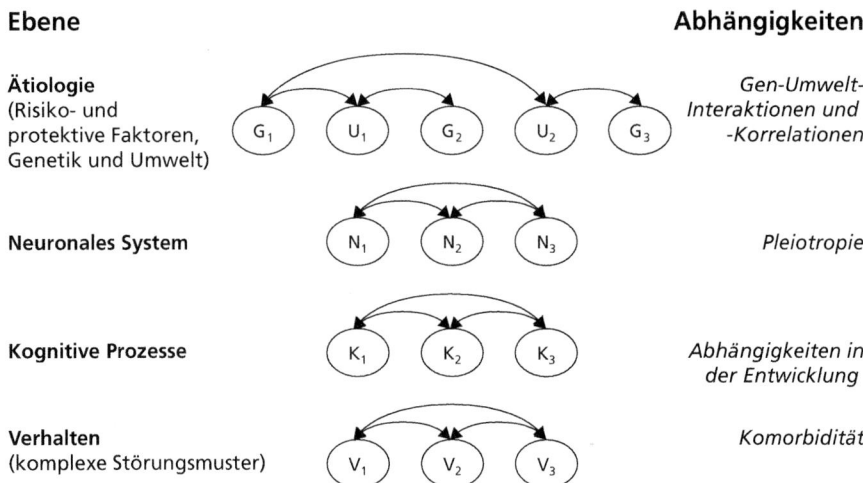

Abb. 1: Multiple-Deficit-Modell, übersetzt und reproduziert nach Pennington (2006, S. 404)

Ein Großteil der Forschung im Bereich der kognitiven Neuropsychologie bezieht sich auf die *kognitive* Ebene des MDM, aber auch zu den darunterliegenden Ebenen, ätiologisch (Genetik und Umwelt) und neuronal, gibt es eine Reihe von Studien. Kernbefunde insbesondere auf neuroanatomischer und -funktionaler Ebene werden im Abschnitt 4.3 näher beschrieben und die Relevanz genetischer und neurobiologischer Befunde für die pädagogische Praxis in Abschnitt 4.4 interpretiert.

Abbildung 2 (nach Pennington, 2006) zeigt fünf Hypothesen, d.h. *mögliche* Erklärungen, für das gemeinsame Auftreten (Komorbidität) von Störungen A und B: von der Ätiologie (Genetik- und Umwelteinflüsse) bis zur beobachtbaren Verhaltensmanifestation. Die neuronale Ebene wird hier vereinfachend nicht berücksichtigt:

1. **Schweregrad:** Ätiologie und kognitiver Phänotyp von Störung B und Störung A +B (komorbid) sind geteilt, die komorbiden Fälle (A+B) sind jedoch von einem *stärkeren* kognitiven Defizit betroffen; Störung A (alleine) hat eine eigene Ursache (Ätiologie).
2. **Synergie:** Störung A führt nur dann zur (späteren) Störung B, wenn sie gemeinsam mit Störung C auftritt. Störung B (ohne vorausgehende A) hat eine eigene Ätiologie.
3. **Nicht-zufällige Paarung:** Störungen A und B haben eine separate Ursache; die Komorbidität kommt lediglich dadurch zustande, dass Elternteile mit den beiden unabhängigen Störungen überzufällig häufig Nachkommen zeugen.
4. **Pleiotropie:** Ein ätiologisches (meist: genetisches) Merkmal beeinflusst unterschiedliche kognitive Merkmale; welches kognitive Profil im spezifischen Fall ausgeprägt wird, hängt von Zufallseinflüssen ab.
5. **Kognitive Phänokopie:** Unterschiedliche ätiologische Faktoren führen – bedingt durch den Zufall – zum gleichen kognitiven Profil, das sich wiederum verschiedenartig auf Verhaltens-(Symptom)-Ebene manifestieren kann.

Wie die Beispiele zeigen, kann nicht davon ausgegangen werden, dass die meisten Effekte und Beziehungen zwischen den Ebenen zwingend (deterministisch) sind: vielmehr sind sie probabilistisch (d. h. von systematischen und zufälligen Kontexteffekten abhängig). Wegen der großen Anzahl möglicher Wirkfaktoren und -pfade ist es wichtig, dass Forschung im Rahmen des MDM hypothesengerichtet vorgeht oder Befunde durch Replikationsstudien absichert. Zeitlich vorausgehende kausale Risikofaktoren und Begleiterscheinungen lassen sich am besten mit Hilfe von Längsschnitt- und Trainingsstudien auseinanderzuhalten.

Genetische und Umwelteinflüsse

Dass genetische Erklärungseinsätze im Bereich der Lern- und Verhaltensschwierigkeiten eine wichtige Rolle spielen, ergibt sich aus der moderaten bis hohen Erblichkeit (Heritabilität) entsprechender Störungsbilder, und dadurch bedingt überzufälligen familiären Häufungen. Große Zwillingsstudien (wie die von Kovas et al., 2007) zeigen, dass Lernstörungen zu einem höheren Ausmaß auf genetische (47 bzw. 43 %) als auf Umweltfaktoren (16 bzw. 20 %) zurückgehen und dass der Grad der genetischen Übereinstimmung (genetische Korrelation) von Lernstörungen in den Bereichen Lesen und Mathematik hoch ist. Die Unterschiedlichkeit (»Dissoziation«) zwischen Phänotypen (»Symptome«) beider Lernstörungen lässt sich vorwiegend durch nicht-geteilte Umwelteinflüsse erklären.

Asbury und Plomin (2014) beschreiben sieben für schulische Fachkräfte hilfreiche Grundprinzipien zur Rolle von Genetik und Umwelteinflüssen im Bereich Lernen. Daran wird deutlich, dass die gleichen Gene eine Vielzahl kognitiver und Verhaltensmerkmale beeinflussen und auch beidseitige Wechselwirkungen zwischen Genen und Umwelt nicht außer Acht gelassen werden dürfen.

Gen-Umwelt-Korrelationen und Interaktionen

Die sog. »Nature vs. Nurture«-Debatte suggeriert auf den ersten Blick, dass die Bedeutung der beiden ätiologischen Bereiche (Nature = Genetik, Nurture = Umwelt) unabhängig voneinander betrachtet und gegeneinander aufgewogen werden könnte. Tatsächlich stehen genetische und Umweltaspekte (nicht nur) bei Kindern mit Lernstörungen und Verhaltensauffälligkeiten aber häufig in Bezug zueinander: sowohl in ihrem Auftreten (Gen-Umwelt-Korrelationen) als auch in ihrer Wirkweise auf das Verhalten (Gen-Umwelt-Interaktionen). Wie ein Beispiel von Hart et al. (2021) zur Erklärung des Lesefähigkeit von Kindern zeigt, ist es plausibel, dass neben direkten genetischen Effekten auch über Umweltfaktoren vermittelte *indirekte* genetische Effekte wirksam sind. In diesem Beispiel ist die Anzahl der im Haushalt verfügbaren Bücher der Umweltfaktor, der zu einem gewissen Grad durch die genetisch bedingte elterliche Lesefähigkeit erklärt wird. Würde man den Umweltfaktor »Anzahl der Bücher« losgelöst von seinen eigenen genetischen Wurzeln betrachten, so würde man in solchen Studien höchstwahrscheinlich das relative Gewicht von umweltbasierten gegenüber genetischen Erklärungen für das interessierende Verhalten (Lesefähigkeit) überschätzen.

Genetische und neurologische Risikofaktoren

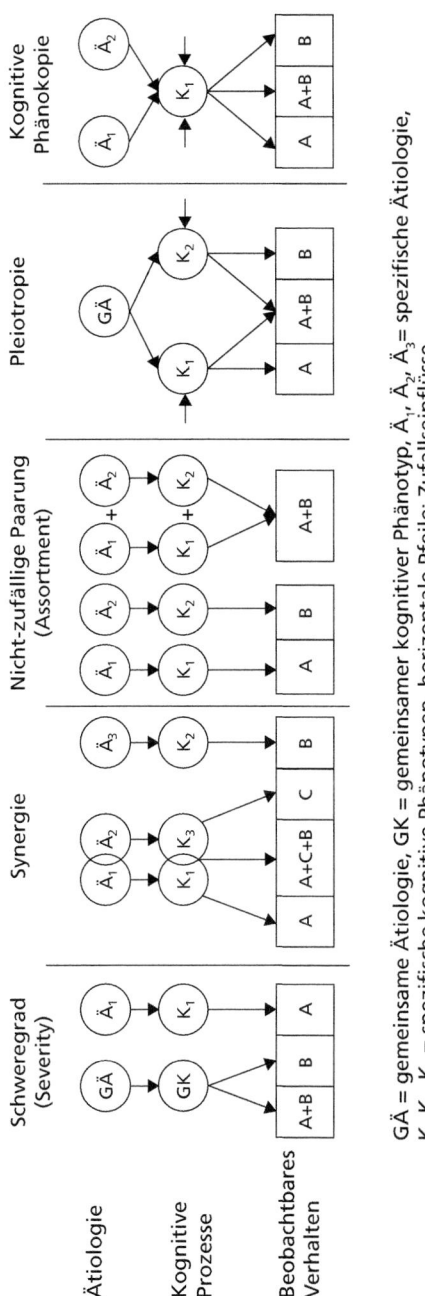

Abb. 2: Schematische Darstellung von Komorbiditäts-Hypothesen, übersetzt und reproduziert nach Pennington (2006, S. 404)

Eine Gen(e)-Umwelt-Interaktion bedeutet, dass genetische Effekte durch Umweltmerkmale verstärkt oder abgeschwächt (moderiert) werden (oder umgekehrt: dass z. B. adverse Umweltbedingungen durch protektive genetische Voraussetzungen kompensiert werden, siehe Resilienz in Tab. 2). In Zusammenhang mit psychischen Erkrankungen im weiteren Sinne wird häufig eine Gen-Umwelt-Interaktion gemäß dem sogenannten Diathese-Stress-Modell beschrieben: ungünstige genetische Dispositionen (Diathese) kommen stärker in einer adversen Umwelt (Stress) zum Tragen, d. h. die negativen Umweltbedingungen erhöhen das Risiko für die Ausprägung einer Erkrankung. Das Diathese-Stress-Modell scheint als Erklärungsansatz für ADHS zu passen (Pennington et al., 2009). Demgegenüber gibt es für Lesestörungen Hinweise auf eine zunächst paradox erscheinende Gen-Umwelt-Interaktion, die Pennington et al. (2009) als »Vulnerabilität (bioökologisch)« (Tab. 1) bezeichnet: der genetische Einfluss fällt hier unter protektiven Umweltkonstellationen stärker aus, während er sich unter adversen Umweltbedingungen nicht »entfalten« kann.

Tab 1: Mögliche Gen-Umwelt-Interaktion, inklusive positiven Konstellationen nach Pennington et al. (2009)

		Genetische Faktoren	
		Risiko	Protektiv
Umweltfaktoren	Risiko	Negative Synergie (Diathese-Stress)	Resilienz
	Protektiv	Vulnerabilität (Bioökologisch)	Positive Synergie

Die Fälle sind exemplarisch, decken nicht alle möglichen Fälle ab und schließen sich nur teilweise gegenseitig aus.

Kinder mit Lern- und Verhaltensschwierigkeiten

In einer Reihe von Studien zeigen Kinder mit Lern- und Verhaltensschwierigkeiten Auffälligkeiten auf neuronaler Ebene. Diese betreffen sowohl strukturelle bzw. anatomische als auch funktionale Aspekte. Sowohl für Lern- als auch Verhaltensschwierigkeiten liegt Evidenz für die Normalisierung neuronaler Aktivität durch systematische Interventionen vor.

Dyskalkulie: Eine frühe Arbeit (Isaacs et al., 2001) konnte nachweisen, dass bei Kindern mit Dyskalkulie im Vergleich zu Kindern mit unauffälligen Rechenleistungen eine geringere Dichte der grauen Substanz im intraparietalen Sulcus (IPS) nachweisbar war. Dieser Befund konnte in weiteren Studien bekräftigt werden und ist im Hinblick darauf, dass der IPS ein für die Quantitätsverarbeitung zentrales neuronales Areal darstellt (Vogel & de Smedt, 2021), sehr plausibel. Neben Auffälligkeiten im IPS wurden noch eine Reihe weiterer struktureller, neuronaler Abweichungen bei Dyskalkulie berichtet, die insbesondere frontoparietale sowie temporoparietale Areale betreffen (zusammenfassend Peters & de Smedt, 2018). Auch war die strukturelle Konnektivität des IPS bei Kindern mit Dyskalkulie deutlich ausgeprägter als bei Kindern mit unauffälligen Rechenleistungen (Jolles et al., 2016), was darauf hindeutet, dass Dyskalkulie nicht ausschließlich mit einer Dysfunktion des IPS einhergeht, sondern mit einer abweichenden strukturellen Organisation verschiedener beteiligter neuronaler Areale. Schließlich konnte eine wachsende Zahl von Studien darlegen, dass auch funktionale, neuronale Aktivierungsunterschiede zwischen Kindern mit und ohne Dyskalkulie vorliegen: So zeigte sich bei Kindern mit Dyskalkulie im Vergleich zu einer Kontrollgruppe reduzierte Aktivität im IPS bei der Bearbeitung von Aufgaben zum Zahlen- oder Mengenvergleich (Mussolin et al., 2010). Ashkenazi et al. (2012) konnten zudem nachweisen, dass bei Kindern mit Dyskalkulie, die einfache und komplexe Rechenaufgaben bearbeiteten, in zahlenverarbeitenden Arealen die neuronale Aktivität weniger durch die Aufgabenschwierigkeit der Rechenaufgaben moderiert wurde als in einer Kontrollgruppe von Kindern mit unauffälligen Rechenleistungen. Die genannten Aktivierungsunterschiede sind allerdings nicht in Stein gemeißelt. So konnte gezeigt werden, dass Kinder mit Dyskalkulie, die sich vor einer systematischen Förderung von Kindern mit unauffälligen Rechenleistungen in ihren neuronalen Aktivierungsmustern während der Bearbeitung einer Rechenaufgabe klar unterschieden, nach Abschluss der Förderung normalisierte neuronale Aktivierungsmuster aufwiesen (Iuculano et al., 2015).

LRS: Im Hinblick auf das Lesen lassen sich nach Pugh et al. (2000) drei Lesesysteme, die alle in der linken Gehirnhälfte lokalisiert sind, unterscheiden. Während das anteriore Lesesystem hauptsächlich für artikulatorische Prozesse sowie die Analyse phonologischer Wortelemente zuständig ist, steuert das dorsale Lesesystem die Zuordnung von Buchstaben zu Lauten sowie die Verbindung von Orthographie, Phonologie und Semantik. Das ventrale Lesesystem dient schließlich der schnellen, automatisierten Worterkennung. Auf struktureller Ebene zeigen sich bei Kindern mit einer LRS erwartungskonforme Defizite in der Konnektivität dieser und weiterer linkshemisphärischer, leserelevanter Areale (Rimrodt et al., 2010). Im Hinblick auf neuronale Aktivierungsunterschiede zwischen Kindern mit und ohne LRS kommen Überblicksarbeiten (z. B. Richlan et al., 2009) zu dem Schluss, dass bei einer LRS eine Unteraktivierung des dorsalen und ventralen Lesesystems, jedoch eine Überaktivierung des anterioren Lesesystems vorliegt. Es wird angenommen, dass die Unteraktivierung des dorsalen Lesesystems mit Schwierigkeiten bei der Buchstabe-Laut-Zuordnung einhergeht, während die Unteraktivierung des ventralen Lesesystems mit einer Störung des automatischen visuellen Worterkennens assoziiert ist. Die Überaktivierung des anterioren Lesesystems (z. B. durch verstärktes innerliches Artikulieren) entspricht dann dem Bemühen, die beschriebenen Defizite im dorsalen und ventralen Lesesystem zu kompensieren (Shaywitz & Shaywitz, 2005). Ähnlich wie bei der Dyskalkulie lässt sich für die LRS feststellen, dass systematische Interventionen zu einer Normalisierung zuvor abweichender neuronaler Aktivität während des Lesens führen (Barquero et al., 2014).

ADHS: Auch bei einer ADHS zeigen sich strukturelle Veränderungen des Gehirns. So konnte in einer groß angelegten Längsschnittstudie gezeigt werden, dass eine ADHS mit einer verzögerten Hirnentwicklung assoziiert ist und das Maximum der kortikalen Dicke 2–5 Jahre später erreicht wird als bei einer unbeeinträchtigten Kontrollgruppe (Shaw et al., 2007). Mehrere Studien konnten zudem übereinstimmend zeigen, dass eine ADHS mit einem geringeren Volumen in der grauen

Substanz in drei zentralen neuronalen Knotenpunkten einhergeht, die insbesondere in die Steuerung bzw. Hemmung von Verhalten involviert sind (Valera et al., 2007): (1) in Bereichen des präfrontalen sowie des anterioren cingulären Cortex, die für die Steuerung von Aufmerksamkeitsressourcen, Verhaltensplanung sowie die Verhaltensanpassung durch Feedback bedeutsam sind, (2) im Striatum, welches im Hinblick auf kognitive Flexibilität und motorische Planungsprozesse sowie auch Lernprozesse involviert ist, sowie (3) im Kleinhirn (Cerebellum), das vor allem für das motorische Feintuning grundlegend ist. In mehreren Meta-Analysen (z. B. Nakao et al., 2011) konnte zudem nahgewiesen werden, dass es auch eine neuronale Region gibt, die bei ADHS ein erhöhtes Volumen der grauen Substanz aufweist: der Precuneus. Dieser ist Teil des sog. Default-Mode-Netzwerkes, einer neuronalen Struktur, die im kognitiven Ruhezustand aktiv ist, bei der Lösung kognitiver Aufgaben aber deaktiviert wird. Personen mit ADHS scheinen während der Bearbeitung kognitiver Aufgaben Schwierigkeiten bei der Deaktivierung des Default-Mode Netzwerkes zu haben (Sonuga-Barke & Castellanos, 2007), was eine Erklärung für die bei ADHS häufig auftretende Unaufmerksamkeit bei der Aufgabenbearbeitung (Lapses of attention bzw. Aufmerksamkeitsabbrüche) darstellen kann. Allgemein zeigt sich bei ADHS reduzierte Hirnaktivität u. a. in fronto-striatalen Bereichen während der Bearbeitung kognitiver Aufgaben, z. B. bei der Bearbeitung von Inhibitionsaufgaben oder bei Arbeitsgedächtnisleistungen (Cortese et al., 2012). Auch bei der ADHS konnte gezeigt werden, dass Interventionen (die Gabe von Stimulanzien wie Methylphenidat) zu einer Normalisierung der neuronalen Aktivität während der Bearbeitung von kognitiven Aufgaben führt, indem die Aktivität des Default Mode-Netzwerkes besser unterdrückt wird (Rubia et al., 2009).

Komorbidität: Befunde zum Vergleich neuronaler Aktivierungsmuster von Kindern mit isolierten und kombinierten Lernstörungen liegen bislang nur vereinzelt vor. In einer Studie zum Vergleich von Kindern mit isolierter LRS, isolierter Dyskalkulie, komorbider LRS und Dyskalkulie sowie einer Kontrollgruppe konnte gezeigt werden, dass sich zwar alle drei Gruppen von Kindern mit Lernstörungen in ihrer Gehirnaktivität bei der Bearbeitung einer Subtraktionsaufgabe von der Kontrollgruppe unterschieden, jedoch untereinander nicht differenziert werden konnten (Peters et al., 2018). Kinder mit ADHS, LRS oder komorbider Ausprägung von LRS und ADHS waren im Vergleich zu einer Kontrollgruppe im Hinblick auf die neuronale Aktivität bei drei Aufgaben (Go-Nogo Task, phonologische Verarbeitung, Satzlesen) teilweise differenzierbar, allerdings war das Bild hier weitaus uneinheitlicher (Langer et al., 2019). Auch auf genetischer Ebene zeigten sich hohe Korrelationen genetischer Effekte für unterschiedliche Lernstörungen (Haworth et al., 2009), was auf eher geteilte, allgemeine genetische Einflüsse für die Genese verschiedener Lernstörungen (Lese- bzw. Rechenstörungen) hindeutet und auch deren häufiges komorbides Auftreten zum Teil erklären könnte. Im Gegensatz dazu wiesen in der Studie von Haworth et al. (2009) nicht-geteilte Umwelteinflüsse spezifische Effekte auf, was die Bedeutung von spezifischen Umweltfaktoren für die Ausprägung der konkreten Störungsphänotype unterstreicht.

3 Relevanz genetischer und neurologischer Befunde für die pädagogische Praxis

Die Relevanz genetischer und neurologischer Merkmale als ätiologische Faktoren in der Genese von Lernstörungen oder Verhaltensauffälligkeiten ist unbestritten. Doch welche Relevanz haben diese Forschungsansätze und die geschilderten Befunde für die pädagogische Praxis?

In diesem Zusammenhang ist zunächst das Forschungsfeld »Educational Neuroscience« zu nennen, das die Übersetzung und Verwertung neurowissenschaftlicher Erkenntnisse für die pädagogische Praxis sowie bildungspolitische Entscheidungen als ein zentrales Ziel hat (Thomas et al., 2019). Die Verwendung neurowissenschaftlicher Methoden hat z. B. dazu beigetragen, die Ursachen von Lernstörungen präziser zu verstehen und adäquate Interventionen zu entwickeln. Auch konnte gezeigt werden, dass neuronale Aktivierungsmuster während der Bearbeitung einer Leseaufgabe das Ansprechen auf eine Leseförderung vorhersagte, was durch verhaltensbasierte Maße nicht möglich war, d. h. neuronale Aktivierungsmuster können einen bedeutsamen prädiktiven Wert aufweisen (Hoeft et al., 2011). Auch wenn der Beitrag neurowissenschaftlicher Erkenntnisse zur konkreten pädagogischen Praxis kritisch diskutiert wird (Bowers, 2016) und das Forschungsfeld noch jung ist, kann insbesondere der Bereich der Lern- und Verhaltensstörungen von neurowissenschaftlichen Erkenntnissen profitieren.

Neben ihrer ätiologischen Bedeutung können genetische Faktoren auch eine wichtige prädiktive Rolle zur Prävention von Lernstörungen und Verhaltensauffälligkeiten spielen. Angesichts zunehmend einfacher Erfassbarkeit könnten genetische Informationen (z. B. polygenetische Risk Scores) verwendet werden, um frühzeitig Risikofaktoren auf individueller Ebene zu identifizieren und rechtzeitig mittels Prävention gegenzusteuern (Martschenko et al., 2019). Plausibel ist hier insbesondere die Kombination mit einfach erfassbaren verhaltensbasierten Daten wie Lernverlaufsdiagnostik (Shero et al., 2021). Der potenzielle Nutzen neurologischer sowie genetischer Information in pädagogischen Settings muss aber zwingend auch nach ethischen Maßstäben bewertet und mit Risiken ins Verhältnis gesetzt werden, um potenziellen Missbrauch und ungünstige Fehlinterpretationen der Ergebnisse (z. B. im Sinne einer deterministisch vorgezeichneten individuellen Entwicklung) zu vermeiden (Dar-Nimrod & Heine, 2011).

Jenseits der skizzierten Potenziale für die Interventionsplanung sind neurologische und genetische Modelle für Fachkräfte aus dem Bereich Schule hilfreich, um einen ganzheitlichen Blick auf Kinder mit Auffälligkeiten im Lernen oder Verhalten einzunehmen und diesen auch in Gesprächen mit Eltern und anderen Fachkräften vertreten zu können.

Literatur

Asbury, K. & Plomin, R. (2014). *G is for genes: The impact of genetics on education and achievement* (First edition). Understanding children's worlds: Vol. 13. Wiley Blackwell. https://doi.org/10.1002/9781118482766

Ashkenazi, S., Rosenberg-Lee, M., Tenison, C. & Menon, V. (2012). Weak task-related modulation and stimulus representations during arithmetic problem solving in children with developmental dyscalculia. *Developmental Cognitive Neuroscience, 2* Suppl 1, 152–166. https://doi.org/10.1016/j.dcn.2011.09.006

Barquero, L. A., Davis, N. & Cutting, L. E. (2014). Neuroimaging of reading intervention: A systematic review and activation likelihood estimate meta-analysis. *PloS One, 9*(1), e83668. https://doi.org/10.1371/journal.pone.0083668

Bowers, J. S. (2016). The practical and principled problems with educational neuroscience. *Psychological Review, 123,* 600–612. https://doi.org/10.1037/rev0000025

Cortese, S., Kelly, C., Chabernaud, C., Proal, E., Di Martino, A., Milham, M. P. & Castellanos, F. X. (2012). Toward systems neuroscience of ADHD: A meta-analysis of 55 fMRI studies. *The American Journal of Psychiatry, 169,* 1038–1055. https://doi.org/10.1176/appi.ajp.2012.11101521

Dar-Nimrod, I. & Heine, S. J. (2011). Genetic essentialism: On the deceptive determinism of DNA. *Psychological Bulletin, 137,* 800–818. https://doi.org/10.1037/a0021860

Hart, S. A., Little, C. & van Bergen, E. (2021). Nurture might be nature: Cautionary tales and proposed solutions. *Npj Science of Learning, 6,* 2–12. https://doi.org/10.1038/s41539-020-00079-z

Haworth, C. M., Kovas, Y., Harlaar, N., Hayiou-Thomas, M. E., Petrill, S. A., Dale, P. S. & Plomin, R. (2009). Generalist genes and learning disabilities: A multivariate genetic analysis of low performance in reading, mathematics, language and general cognitive ability in a sample of 8000 12-year-old twins. *Journal of Child Psychology and Psychiatry, 50*(10), 1318–1325. https://dx.doi.org/10.1111/j.1469-7610.2009.02114.x

Hoeft, F., McCandliss, B. D., Black, J. M., Gantman, A., Zakerani, N., Hulme, C., Lyytinen, H., Whitfield-Gabrieli, S., Glover, G. H., Reiss, A. L., & Gabrieli, J. D. E. (2011). Neural systems predicting long-term outcome in dyslexia. Proceedings of the National Academy of Sciences of the United States of America, 108, 361–366. https://doi.org/10.1073/pnas.1008950108

Isaacs, E. B., Edmonds, C. J., Lucas, A. & Gadian, D. G. (2001). Calculation difficulties in children of very low birthweight: A neural correlate. *Brain: A Journal of Neurology, 124,* 1701–1707. https://doi.org/10.1093/brain/124.9.1701

Iuculano, T., Rosenberg-Lee, M., Richardson, J., Tenison, C., Fuchs, L., Supekar, K. & Menon, V. (2015). Cognitive tutoring induces widespread neuroplasticity and remediates brain function in children with mathematical learning disabilities. *Nature Communications, 6,* 8453. https://doi.org/10.1038/ncomms9453

Jolles, D., Ashkenazi, S., Kochalka, J., Evans, T., Richardson, J., Rosenberg-Lee, M., Zhao, H., Supekar, K., Chen, T. & Menon, V. (2016). Parietal hyper-connectivity, aberrant brain organization, and circuit-based biomarkers in children with mathematical disabilities. *Developmental Science, 19,* 613–631. https://doi.org/10.1111/desc.12399

Kovas, Y. Haworth, C. M. A., Harlaar, N., Petrill, S. A., Dale, P. S., & Plomin, R. (2007). Overlap and specificity of genetic and environmental influences on mathematics and reading disability in 10-year-old twins. *Journal of Child Psychology and Psychiatry, 48,* 914–922. https://doi.org/10.1111/j.1469-7610.2007.01748.x

Langer, N., Benjamin, C., Becker, B. L. C. & Gaab, N. (2019). Comorbidity of reading disabilities and ADHD: Structural and functional brain characteristics. *Human Brain Mapping, 40,* 2677–2698. https://doi.org/10.1002/hbm.24552

Martschenko, D., Trejo, S. & Domingue, B. W. (2019). Genetics and Education: Recent Developments in the Context of an Ugly History and an Uncertain Future. *AERA Open, 5,* 1–15. https://doi.org/10.1177/2332858418810516

McGrath, L. M., Peterson, R. L., & Pennington, B. F. (2020). The Multiple Deficit Model: Progress, Problems, and Prospects. Scientific Studies of Reading. *The Official Journal of the Society for the Scientific Study of Reading, 24*, 7–13. https://doi.org/10.1080/10888438.2019.1706180

Mussolin, C., Volder, A. de, Grandin, C., Schlögel, X., Nassogne, M.-C. & Noël, M.-P. (2010). Neural correlates of symbolic number comparison in developmental dyscalculia. *Journal of Cognitive Neuroscience, 22*, 860–874. https://doi.org/10.1162/jocn.2009.21237

Nakao, T., Radua, J., Rubia, K. & Mataix-Cols, D. (2011). Gray matter volume abnormalities in ADHD: Voxel-based meta-analysis exploring the effects of age and stimulant medication. *The American Journal of Psychiatry, 168*, 1154–1163. https://doi.org/10.1176/appi.ajp.2011.11020281

Pennington, B. F. (2006). From single to multiple deficit models of developmental disorders. *Cognition, 101*, 385–413. https://doi.org/10.1016/j.cognition.2006.04.008

Pennington, B. F., McGrath, L. M., Rosenberg, J., Barnard, H., Smith, S. D., Willcutt, E. G., Friend, A., Defries, J. C. & Olson, R. K. (2009). Gene X environment interactions in reading disability and attention-deficit/hyperactivity disorder. *Developmental Psychology, 45*, 77–89. https://doi.org/10.1037/a0014549

Peters, L., Bulthé, J., Daniels, N., op de Beeck, H. & de Smedt, B. (2018). Dyscalculia and dyslexia: Different behavioral, yet similar brain activity profiles during arithmetic. *NeuroImage. Clinical, 18*, 663–674. https://doi.org/10.1016/j.nicl.2018.03.003

Peters, L. & de Smedt, B. (2018). Arithmetic in the developing brain: A review of brain imaging studies. *Developmental Cognitive Neuroscience, 30*, 265–279. https://doi.org/10.1016/j.dcn.2017.05.002

Peterson, R. L., Boada, R., McGrath, L. M., Willcutt, E. G., Olson, R. K., & Pennington, B. F. (2017). Cognitive Prediction of Reading, Math, and Attention: Shared and Unique Influences. *Journal of Learning Disabilities, 50*, 408–421. https://doi.org/10.1177/0022219415618500

Pugh, K. R., Mencl, W. E., Jenner, A. R., Katz, L., Frost, S. J., Lee, J. R., Shaywitz, S. E., & Shaywitz, B. A. (2000). Functional neuroimaging studies of reading and reading disability (developmental dyslexia). *Mental Retardation and Developmental Disabilities Research Reviews, 6*, 207–213. https://doi.org/10.1002/1098-2779(2000)6:3%3C207::AID-MRDD8%3E3.0.CO;2-P

Richlan, F., Kronbichler, M. & Wimmer, H. (2009). Functional abnormalities in the dyslexic brain: A quantitative meta-analysis of neuroimaging studies. *Human Brain Mapping, 30*, 3299–3308. https://doi.org/10.1002/hbm.20752

Rimrodt, S. L., Peterson, D. J., Denckla, M. B., Kaufmann, W. E. & Cutting, L. E. (2010). White matter microstructural differences linked to left perisylvian language network in children with dyslexia. *Cortex, 46*, 739–749. https://doi.org/10.1016/j.cortex.2009.07.008

Rubia, K., Halari, R., Cubillo, A., Mohammad, A.-M., Brammer, M. & Taylor, E. (2009). Methylphenidate normalises activation and functional connectivity deficits in attention and motivation networks in medication-naïve children with ADHD during a rewarded continuous performance task. *Neuropharmacology, 57*, 640–652. https://doi.org/10.1016/j.neuropharm.2009.08.013

Shaw, P., Eckstrand, K., Sharp, W., Blumenthal, J., Lerch, J. P., Greenstein, D., Clasen, L., Evans, A., Giedd, J. & Rapoport, J. L. (2007). Attention-deficit/hyperactivity disorder is characterized by a delay in cortical maturation. *Proceedings of the National Academy of Sciences of the United States of America, 104*, 19649–19654. https://doi.org/10.1073/pnas.0707741104

Shaywitz, S. E. & Shaywitz, B. A. (2005). Dyslexia (specific reading disability). *Biological Psychiatry, 57*, 1301–1309. https://doi.org/10.1016/j.biopsych.2005.01.043

Shero, J., van Dijk, W., Edwards, A., Schatschneider, C., Solari, E. J. & Hart, S. A. (2021). The practical utility of genetic screening in school settings. *Npj Science of Learning, 6*, 12. https://doi.org/10.1038/s41539-021-00090-y

Sonuga-Barke, E. J. S., & Castellanos, F. X. (2007). Spontaneous attentional fluctuations in impaired states and pathological conditions: A neurobiological hypothesis. *Neuroscience and Biobehavioral Reviews, 31*, 977–986. https://doi.org/10.1016/j.neubiorev.2007.02.005

Thomas, M. S. C., Ansari, D. & Knowland, V. C. P. (2019). Annual Research Review: Educational neuroscience: Progress and prospects. *Journal of Child Psychology and Psychiatry, 60*, 477–492. https://doi.org/10.1111/jcpp.12973

Valera, E. M., Faraone, S. V., Murray, K. E. & Seidman, L. J. (2007). Meta-analysis of structural imaging findings in attention-deficit/hyperactivity disorder. *Biological Psychiatry, 61*, 1361–1369. https://doi.org/10.1016/j.biopsych.2006.06.011

Vogel, S. E., & Smedt, B. de (2021). Developmental brain dynamics of numerical and arithmetic abilities. *Npj Science of Learning, 6*, 22. https://doi.org/10.1038/s41539-021-00099-3

World Health Organization (2019). International Statistical Classification of Diseases and Related Health Problems (11th ed.). https://icd.who.int/

Selbstregulation im Kontext von Lern- und Verhaltensschwierigkeiten

Katja Mackowiak

1 Einleitung

Die Fähigkeit zur Selbstregulation gilt als zentrale Kompetenz und wesentlicher Resilienzfaktor über die gesamte Lebensspanne (Klotz, 2017; Moffitt et al., 2011; Perels et al., 2020). Kinder müssen lernen, ihr eigenes Handeln, ihre Wünsche, Ziele und Impulse mit den Erwartungen ihrer Umwelt in Einklang zu bringen (von Suchodoletz, 2008). In einer Zeit enormer gesellschaftlicher Veränderungen, in der eine Fülle von mehr oder weniger relevantem und zuverlässigem Wissen verfügbar ist, das zudem schnell an Aktualität verliert, wird zudem die Notwendigkeit selbstregulierten und lebenslangen Lernens offenkundig (Deing, 2019). In allen Bildungsbereichen werden Lerntätigkeiten gefordert, in denen ohne Anleitung gelernt wird. Die Förderung dieser Fähigkeit gehört zu den wichtigsten Aufgaben institutioneller Bildung (Perels et al., 2020). Im Beitrag sollen das Konzept der Selbstregulation sowie dessen Relevanz vorgestellt und Einschränkungen bei Kindern und Jugendlichen mit Lern- und Verhaltensschwierigkeiten skizziert werden.

2 Selbstregulation – Begriffsklärung

Selbstregulation gilt als komplexes Konstrukt und wird mit einer Fülle von Begriffen assoziiert, z. B. Selbststeuerung, Selbstmanagement, Selbstkontrolle (Montroy et al., 2016; Ottoe et al., 2015). Teilweise werden diese synonym verwendet, teilweise betonen sie spezifische Aspekte der Selbstregulation. Burman und Kolleg*innen (2015) untersuchten die Bedeutung des Konzepts und kamen zu dem Schluss: »There is a problem with self-regulation. The concept is extremely popular, but its definition is ambiguous (S.1507).«

Die Definitionen können vor allem daraufhin unterschieden werden, ob sie sich auf Selbstregulationsfähigkeiten allgemein oder auf solche im Kontext von (schulischen) Lernprozessen beziehen. Eine allgemeine Definition versteht unter *Selbstregulation* die Fähigkeit, die eigenen Gedanken, Gefühle, Motivationen und Handlungen bewusst zu steuern und ggfs. anzupassen, um ein bestimmtes Ziel zu erreichen oder den Anforderungen einer Situation gerecht zu werden (Deing, 2019). *Selbstreguliertes Lernen* kann als ein Spezialfall der Selbstregulation gesehen werden

(Lohaus & Glüer, 2016). Betont wird hierbei der individuelle Lernprozess, an dem sowohl (meta-)kognitive als auch emotional-motivationale Prozesse beteiligt sind (Perels et al., 2020). Selbstregulation ist immer dann notwendig, wenn keine gewohnten Handlungsmuster zur Verfügung stehen oder diese nicht zielführend sind (z. B. wenn es um die Bewältigung neuer Aufgaben und Situationen geht, wenn eine Zielerreichung blockiert ist oder notwendige Kompetenzen fehlen, wenn es einen Konflikt zwischen verschiedenen Handlungsmöglichkeiten gibt) (Kanfer et al., 2012).

Im Zusammenhang mit der Selbstregulation werden zudem häufig *Exekutive Funktionen* genannt. Auch hierbei handelt es sich um ein mehrdimensionales Konstrukt, das große Überschneidungen mit der Selbstregulation aufweist. Drechsler (2007) definiert exekutive Funktionen beispielsweise als »Regulations- und Kontrollmechanismen [...], die ein zielorientiertes und situationsangepasstes Handeln ermöglichen (S. 233)«. Eine Abgrenzung zur Selbstregulation ist bei dieser Definition kaum möglich, zumal verschiedene Autor*innen neben den sogenannten kognitiven (»cold«) exekutiven Funktionen auch emotions- und motivationsbezogene (»hot«) Regulationskompetenzen[2] darunter fassen (Holodynski et al., 2013; Klotz, 2017). Diamond (2013) grenzt in ihrem Übersichtsartikel beide Konzepte dahingehend ab, dass Selbstregulation auf die Regulation der eigenen Emotionen abzielt, während sich exekutive Funktionen stärker auf kognitive Prozesse sowie das Handeln beziehen. Allerdings wird diese Unterscheidung nicht durchgängig genutzt (Klotz, 2017).

Im Folgenden soll der Versuch unternommen werden, die verschiedenen Facetten der Selbstregulation separat zu beschreiben, um die manchmal verwirrende Begriffsvielfalt und Überlappung der Konzepte (Dent, 2013) etwas zu klären. Außerdem werden Besonderheiten bei Kindern und Jugendlichen mit Lern- und Verhaltensschwierigkeiten diskutiert; da die Befundlage sehr umfangreich und die Zielgruppe sehr heterogen ist, werden jeweils einige markante Befunde vorgestellt.

3 Facetten der Selbstregulation

In den meisten Situationen, in denen Selbstregulation gefordert wird, bestehen enge Wechselwirkungen zwischen Emotionen, Motivationen, Kognitionen und Verhalten (Lohaus & Glüer, 2016). In Anlehnung an Dent (2013) werden folgende Facetten der Selbstregulation unterschieden (vgl. Abb. 1).

---

2 Diese werden in der Literatur auch unter dem Begriff »effort control« zusammengefasst (Klotz, 2017)

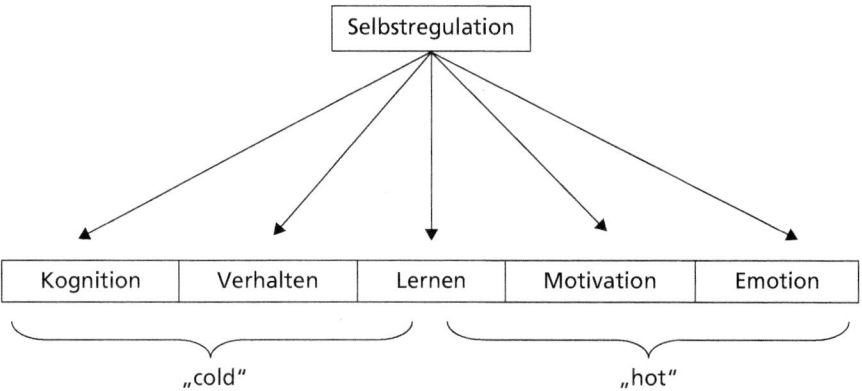

Abb. 1: Facetten der Selbstregulation (in Anlehnung an Dent, 2013, S. 5)

Kognitive Regulation

Zentrale Fähigkeiten im Bereich der kognitiven Regulation werden häufig unter dem Begriff *exekutive Funktionen* zusammengefasst. Sie beinhalten verschiedene Komponenten, die auf einen basalen bereichsübergreifenden Mechanismus zurückzuführen sind, weswegen auch von der »unity and diversity of executive functions« (Miyake et al., 2000, S. 88) gesprochen wird. Im Zentrum dieser »kalten« Kognitionen steht die Verarbeitung abstrakter Probleme bzw. affektiv neutraler Inhalte (Klotz, 2017). Nach dem empirisch bestätigten Modell von Miyake et al. (2000) werden drei Komponenten differenziert: Inhibition, Updating und Shifting.

Bei der *Inhibition* geht es darum, automatische und dominante Reaktionen, aber auch Aufmerksamkeits- sowie kognitive Prozesse zu hemmen bzw. zu stoppen, wenn dies in einer Situation notwendig ist. Damit können impulsives Handeln, die Fokussierung irrelevanter Informationen oder das Verharren in dysfunktionalen Gedanken (Grübeln) unterbunden werden. Das *Updating* ist eng mit dem Arbeitsgedächtnis (nach Baddley, 1986) assoziiert und umfasst die Fähigkeit, Informationen aufrechtzuerhalten und zu aktualisieren; es geht also um eine aktive Informationsverarbeitung und Überwachung des Arbeitsgedächtnisses. Beim *Shifting* ist ein flexibler Wechsel zwischen Aufgaben, Strategien oder mentalen Repräsentationen gefordert; hier spielen Aufmerksamkeitsprozesse eine wesentliche Rolle (Diamond, 2013; Gawrilow et al., 2011; Klotz, 2017; Schuchardt & Mähler, 2016). Exekutive Funktionen tragen zu einer funktionalen Handlungssteuerung bei, sie erleichtern Problemlöseprozesse und unterstützen die Zielerreichung (Whit et al., 2013).

Viele Studien liefern Hinweise darauf, dass Kinder mit *Lern und Verhaltensschwierigkeiten* in den exekutiven Funktionen beeinträchtigt sind. Eine Metaanalyse von Schoemaker und Kolleg*innen (2013) konnte bereits im Vorschulalter einen Zusammenhang zwischen Defiziten in den exekutiven Funktionen und verschiedenen externalisierenden Verhaltensauffälligkeiten nachweisen. Hierbei war vor allem für die Impulskontrolle (Inhibition) eine mittlere Effektstärke zu verzeichnen, weniger deutlich fielen die Befunde im Bereich des Arbeitsgedächtnisses (Updating) und der kognitiven Flexibilität (Shifting) aus. In einer Studie von Sjöwall et al. (2013) wurde die Impulskontrolle ebenfalls als relevantester Faktor bei Kindern mit ADHS angegeben. Das Arbeitsgedächtnis scheint insofern betroffen zu sein, als Probleme in der sequenziellen Informationsverarbeitung bestehen; in der Folge werden Gedächtnisinhalte weniger gut in den Langzeitspeicher überführt (Lauth & Vogel, 2012). Bzgl. der kognitiven Flexibilität fallen die Befunde weniger eindeutig aus und scheinen mit der Aufgabenart assoziiert (Hampel et al., 2009). Bei Kindern mit aggressiven und dissozialen Verhaltensproblemen können vor allem Defizite in der sozial-kognitiven Informationsverarbeitung (Updating) nachgewiesen werden (Beelmann & Rabe, 2007). Sie zeigen eine größere Sensibilität und bessere Gedächtnisleistungen für aggressive Hinweisreize; in sozialen Interaktionen beachten sie oft nur einzelne und nicht alle verfügbaren Informationen. Schuchardt und Mähler (2016) liefern einen Überblick über die heterogene Befundlage bei Kindern mit verschiedenen Formen von Lernschwierigkeiten. Sie kommen zu dem Schluss, dass bei diesen Kindern vor allem Probleme in der simultanen Verarbeitung und dem Verfügbarhalten von Informationen (Updating) vorliegen, weniger bzgl. Inhibition und Flexibilität.[3]

Verhaltensregulation

Die Fähigkeit, das eigene Verhalten zu regulieren, bezieht sich grundlegend darauf, erwünschtes Verhalten zu zeigen und unerwünschtes Verhalten zu unterdrücken, um eigene Ziele zu erreichen, den Anforderung einer Situation oder den Erwartungen der beteiligten Interaktionspartner gerecht zu werden (von Suchodoletz, 2008). Hierzu zählen etwa regelkonformes Verhalten oder die Fähigkeit zum Belohnungsaufschub (»delay of gratification«), welche darauf abzielt, auf eine unmittelbare Belohnung/Verstärkung zu verzichten und stattdessen so zu handeln, dass in der Zukunft positivere Konsequenzen erreicht werden (Mischel et al., 1989).

Kinder mit *Lern- und Verhaltensschwierigkeiten* zeigen unterschiedliche Probleme bei der Regulation des eigenen Verhaltens. Bei Kindern mit ADHS ist impulsives Handeln ein Kardinalsymptom ihrer Störung. Sie können vor allem in fremdbestimmten Situationen seltener planvoll und strategisch vorgehen und bringen sie sich dadurch auch in gefährliche Situationen (z. B. beim Toben oder im Straßenverkehr) (Lauth & Vogel, 2012; Schramm, 2016). Kinder mit oppositionellem und aggressivem Verhalten zeigen ebenfalls geringere Kompetenzen in der Verhaltensregulation (Rademacher & Koglin, 2020), was möglichweise über Defizite in der Ärgerregulierung zu erklären ist (Ersan, 2019). Aggressive und impulsive Reaktionsmuster werden bevorzugt ausgewählt, was u. a. an einem eingeschränkten Handlungsrepertoire liegt (Beelmann & Rabe, 2007). Kinder mit Lernschwierigkeiten können in Folge gehäufter Misserfolgserfahrungen in der Schule und eines

---

3 Die Autorinnen betonen, dass die Befundlage für Lese-Rechtschreibstörungen eindeutiger ausfällt als für Rechenstörungen und dass Komorbiditäten (z. B. mit ADHS) bei den Analysen unbedingt berücksichtigt werden müssen.

daraus resultierenden geringen Selbstwertes sowie sozialer Ausgrenzungsprozesse in der Klasse Verhaltensprobleme entwickeln (Börnert-Ringleb et al., 2019).

Motivationsregulation

Die motivationale Facette der Selbstregulation bezieht sich vor allem auf die Initiierung und Aufrechterhaltung zielgerichteten Verhaltens (Dent, 2013). Aufgabenstellungen und Lernziele werden oft durch andere (z. B. Eltern, Lehrkräfte) gesetzt und müssen für Kinder nicht attraktiv sein. Die Bereitschaft, sich dennoch mit diesen Inhalten zu beschäftigen, hängt von vielen Faktoren ab: von Merkmalen der Aufgabe (z. B. Schwierigkeit), der Situation (z. B. mögliche Störquellen) und persönlichen Merkmalen (z. B. Anstrengungsbereitschaft) (Perels et al., 2020). Selbstwirksamkeitsüberzeugungen spielen in diesem Zusammenhang eine wesentliche Rolle: sie wirken sich auf die Zielsetzung und Bindung an gesetzte Ziele aus, bei der Umsetzung zielgerichteter Handlungen haben sie Einfluss auf die Anstrengungsbereitschaft und Ausdauer auch angesichts auftretender Schwierigkeiten und sie führen zu selbstwertdienlichen Ursachenzuschreibung für das erzielte Ergebnis (Bandura 1994; Barysch, 2016). Volitionale Strategien, welche das zielgerichtete Handeln gegen äußere (z. B. Ablenkung) oder innere Widerstände (z. B. fehlendes Interesse, Frustration) abschirmen, tragen dazu bei, die Motivation aufrechtzuerhalten (Schmitz & Wiese, 2006).

Kinder mit *Lern- und Verhaltensschwierigkeiten* können ihre Motivation oft nicht angemessen regulieren. Insbesondere in fremdbestimmten Situationen müssen u. U. Ziele verfolgt werden, die Anstrengung und Ausdauer erfordern und nicht unmittelbar zu einem Erfolg führen. Sonuga-Barke (2002) formulierte für Kinder mit ADHS – unabhängig von der Inhibitionskontrolle – einen motivationalen Stil, der sich in einer ausgeprägten Abneigung gegen Belohnungsverzögerungen (»delay aversion«) äußert. Kinder mit oppositionellem oder aggressivem Verhalten neigen zu einer geringen Frustrationstoleranz und reagieren bei auftretenden Schwierigkeiten und Misserfolg oft unangemessen heftig (Freiberger, 2020). Insbesondere in uneindeutigen Situationen werden dem Interaktionspartner feindselige Absichten unterstellt (»hostile attribution bias«, Martinelli et al., 2018). Außerdem schreiben sie aggressivem Verhalten eine höhere Erfolgswahrscheinlichkeit beim Erreichen der angestrebten Ziele zu, die positiven Konsequenzen aggressiven Verhaltens werden über-, die negativen unterschätzt (Beelmann & Rabe, 2007). Kinder mit Lernschwierigkeiten erleben häufig Misserfolge, obwohl sie sich vielfach anstrengen. Wenn Leistungen als nicht ausreichend bewertet werden, kann dies zu Frustration, Angst vor Misserfolg, zu einer geringeren Anstrengungsbereitschaft bis hin zu Vermeidungsverhalten führen (Lohaus et al., 2007).

Emotionsregulation

Emotionsregulation wird nach Thompson (1994) als Fähigkeit verstanden, Emotionen in ihrer Häufigkeit, Intensität, Qualität sowie in ihrem Ausdruck und Verlauf modifizieren zu können, um bestimmte Ziele zu erreichen oder sozialen Anforderungen gerecht zu werden. Dabei können interne (emotionales Erleben inkl. physiologischer Reaktionen) und externe Prozesse (Emotionsausdruck) reguliert werden (Stegge & Meerum Terwogt, 2007). Holodynski et al. (2013) sprechen von *reflexiver Emotionsregulation*, wenn diese willentlich und zielgerichtet geschieht sowie mit Anstrengung verbunden ist, und formulieren dafür notwendige Kompetenzen (unter anderem ein Repertoire an funktionalen Regulationsstrategien).

Die empirischen Befunde liefern Hinweise auf Defizite in der Emotionsregulation bei *Kindern mit Lern- und Verhaltensschwierigkeiten.* So betonen Gawrilow et al. (2011), dass Kinder mit ADHS Probleme haben, mit emotional-motivational geprägten Anforderungen im Alltag umzugehen. Studien, in denen das Verhalten dieser Kinder nach einem frustrierenden Erlebnis untersucht wurde, kommen zu dem Schluss, dass ihnen die Regulation negativer Emotionen weniger gut gelingt. Selbst wenn sie dazu aufgefordert werden, können sie ihre negativen Emotionen nur unzureichend verbergen und nutzen seltener adaptive Regulationsstrategien (Schmitt et al., 2012; Walcott & Landau 2004). Insbesondere bei der Ärgerregulierung spielt die Impulskontrolle eine besondere Rolle, weil Ärger dazu verleitet, die Quelle des Ärgers (mehr oder weniger sozial angemessen) zu beseitigen. Emotionsregulation scheint eine wichtige Funktion dabei zu haben, ob Ärger zu aggressivem Verhalten führt oder nicht (Ersan 2019). Insgesamt weisen die Befunde darauf hin, dass aggressives Verhalten im Verlauf der Kindheit sinkt, wenn die Fähigkeit zu Emotionsregulation zunimmt (Ersan, 2019). Kinder und Jugendliche, die zu oppositionellem oder aggressivem Verhalten tendieren, zeigen hier Defizite und können ihren Ärger oft nicht regulieren (Dunsmore et al., 2013). Bei Kindern mit Lernschwierigkeiten treten ebenfalls häufig Schwächen in der Emotionsregulation auf, die allerdings auch als Folge der Lernprobleme und Misserfolgserfahrungen interpretiert werden können (Gabriel, 2020).

Selbstreguliertes Lernen

Das selbstregulierte Lernen stellt einen eigenen Forschungsbereich dar, der sich schwerpunktmäßig auf schulische Lernprozesse, aber auch auf die Fähigkeit zum selbstbestimmten lebenslangen Lernen konzentriert (Deing, 2019). Beim aktiven und konstruktiven Erwerb von Wissen und Fähigkeiten geht es um die Auswahl geeigneter Lernziele, die Aktivierung des eigenen (Vor-)Wissens sowie darum, den eigenen Lernprozess zu planen, zu überwachen, zu steuern und zu reflektieren. Dabei spielen alle bisher beschriebenen Facetten der Selbstregulation und insbesondere metakognitive Komponenten eine wesentliche Rolle (Perels et al., 2020).

In der Zusammenschau von unterschiedlichen Modellen[4], die zur Konzeptualisierung des selbstregulierten Lernens existieren, können folgende Prozessschritte differenziert werden: 1. Zielsetzung und Planung; 2. Durchführung und Monitoring; 3. Reflexion und Bewertung (Mackowiak & Beckerle, 2016). Im Folgenden werden nur die metakognitiven Prozesse, die kennzeichnend für selbstreguliertes

---

4 Unterschieden werden Komponenten-/Schichtenmodelle und Prozessmodelle sowie Kombinationen aus beiden Ansätzen (Perels et al., 2020).

Lernen sind, beschrieben; auf die beteiligten emotional-motivationalen Prozesse während des Lernens wird nicht erneut eingegangen.

Zielsetzung und Planung

Vor dem eigentlichen Handeln geht es beim Lernen zunächst darum, eine Aufgabe oder Fragestellung zu verstehen und ein Lernziel zu formulieren oder zu übernehmen. Anschließend muss das weitere Vorgehen geplant werden: welche Herangehensweise eignet sich, um die Aufgabe zu lösen, welche Informationen werden dazu noch benötigt und welche Ressourcen und Mittel stehen zur Verfügung? Hilfreich ist dabei die Nutzung des Vorwissens (z. B. zu Art und Inhalt der Aufgabe sowie zu möglichen Strategien bei der Aufgabenbearbeitung) (Mackowiak & Beckerle, 2016).

Kinder und Jugendliche mit *Lern- und Verhaltensschwierigkeiten* tun sich oft schwer, Ziele zu übernehmen, selbst gesetzte Ziele können dagegen leichter formuliert werden (Schramm, 2016). Für impulsive Kinder und Jugendliche sowie für Kinder mit Lernschwierigkeiten stellen Planungsprozesse eine Herausforderung dar, häufig wird unüberlegt begonnen, ohne das Vorgehen vorab zu durchdenken, damit sind Fehler und Misserfolge vorprogrammiert. Langfristig kann das dazu führen, bestimmte Arbeitsaufträge komplett zu verweigern (Grünke, 2006; Frölich et al., 2021).

Durchführung und Beobachtung

Während der Bearbeitung einer Aufgabe oder Problemstellung ist eine intensive Auseinandersetzung mit dem Lerngegenstand erforderlich, die mit unterschiedlichen Lernaktivitäten verbunden ist. Die in der Planungsphase entwickelten Lösungsschritte werden ausgeführt und führen im besten Fall vom Ist- zum Sollzustand. Hilfreich sind dabei Lernstrategien, die entweder bereichsübergreifend (z. B. Zerlegen einer Aufgabe in Teilaufgaben, Prüfen von Zwischenergebnissen) oder fachspezifisch sind (z. B. Einsatz von Lesestrategien) (Perels et al., 2020). Entscheidend für den Lernfolg während dieser Handlungsphase ist die kontinuierliche Beobachtung des Lernprozesses. Sollte die Zielannäherung nicht gelingen, ist eine erneute Planung notwendig, in einem rekursiven Prozess sind weitere Lösungsideen zu entwickeln, zu erproben und ggfs. anzupassen (Otto et al., 2015).

Die Überwachung, Steuerung und eventuelle Anpassung des eigenen Lernens (Monitoring) setzt metakognitive Strategien voraus, welche bei Kindern und Jugendlichen mit *Lern- und Verhaltensschwierigkeiten* häufig nicht vorliegen bzw. welche sie nicht konsequent einsetzen, (Grünke, 2006; Lauth & Vogler, 2013).

Reflexion und Bewertung

Zum Abschluss eines Lernprozesses ist dieser zu reflektieren und zu bewerten. Hierbei kann sowohl die Quantität als auch die Qualität des Prozesses und der Ergebnisse eingeschätzt werden: welche Lösungsansätze haben sich als sinnvoll erwiesen, was fiel besonders schwer, ist das ursprünglich gesetzte Ziel vollständig erreicht worden? In diesem Schritt geht es vor allem darum, aus dem Lernprozess die richtigen Schlüsse für zukünftiges Lernen zu ziehen (Deing, 2019; Mackowiak & Beckerle, 2016).

Selbstbewertungen sowie das Ableiten von Konsequenzen sind für Kinder und Jugendliche mit *Lern- und Verhaltensschwierigkeiten* herausfordernd, zumal die erreichten Resultate oft nicht dem angestrebten Ziel entsprechen (Gawrilow, 2012; Matthes, 2009).

4 Selbstregulation – Relevanz für die (schulische) Entwicklung von Kindern und Jugendlichen

Der Fähigkeit zur Selbstregulation wird unter anderem deshalb eine solche Bedeutung zugeschrieben, weil sie eng mit der Entwicklung von (außer-)schulischen Kompetenzen sowie psychischen Auffälligkeiten assoziiert ist. Dies zeigen Studien und Metaanalysen, in denen positive Zusammenhänge zwischen der kindlichen Selbstregulation und diversen Leistungsmaßen sowie sozial-emotionalen Kompetenzen einerseits und negative Zusammenhänge mit externalisierenden und internalisierenden Problemen andererseits nachgewiesen wurden (Dent, 2013; Robson et al., 2020; Smithers et al., 2018). Eine Längsschnittstudie von Moffitt und Arbeitsgruppe (2011), in der eine Kohorte von fast 1.000 Personen von der Geburt bis zum Erwachsenenalter mehrfach untersucht wurden, kam zu dem Ergebnis, dass frühe Selbstregulationsfähigkeiten einen langfristigen und positiven Einfluss auf schulische, psychische, gesundheitsbezogene und ökonomische Parameter haben und zwar unabhängig von der kindlichen Intelligenz und dem sozioökonomischen Status.

Diese Studienlage demonstriert eindrücklich, dass Selbstregulationsfähigkeiten in der Entwicklung von Kindern eine wesentliche Rolle spielen und es sich lohnt, diese frühzeitig zu fördern. Metaanalysen liefern zudem Hinweise, dass Interventionen zur Verbesserung der Selbstregulationsfähigkeit erfolgreich sein können (Pandey et al., 2018; Reid et al., 2005); gleiches gilt für die Förderung selbstregulierten Lernens (Dignath & Büttner, 2008).

Literatur

Baddeley, A. D. (1986). *Working memory*. University Press.
Bandura, A. (1994). Self-efficacy. In V. S. Ramachaudran (Hrsg.), *Encyclopedia of human behavior* (Vol. 4, S. 71–81). Academic Press.

Soziale Kontextfaktoren

Bodo Przibilla & Friedrich Linderkamp

Die Bedeutsamkeit sozialer Kontextfaktoren für die Lern- und Verhaltensentwicklung ist unbestritten (Sameroff, 2010). Lern- und Verhaltensprobleme sind mit Problemen der (sozial)-kognitiven Informationsverarbeitung verbunden und werden nach aktuellen Erklärungsmodellen durch sozial vermittelte Lernprozesse erworben (vgl. Ittel et al., 2014; Lemerise & Arsenio, 2000). Die Lern- und Verhaltensentwicklung vollzieht sich entlang der wiederholten, aktiven und sozialen Auseinandersetzung mit Lerngegenständen, -kontexten und -situationen, die wiederum in umfassendere ökologische Subsysteme (bspw. die Familie oder Schule) eingebettet sind (Bronfenbrenner, 2005; Sameroff, 2010). Langzeitstudien belegen die Bedeutsamkeit psychosozialer Faktoren für die Resilienzentwicklung (Hohm et al., 2017) sowie zum Verständnis der Entwicklung und Aufrechterhaltung von Lern- und Verhaltensschwierigkeiten (Zohsel et al., 2017).

Soziale Kontextfaktoren lassen sich nach sozial-ökologischem Entwicklungsverständnis genesteten und aufeinander bezogenen Bezugssystemen zuordnen (Bronfenbrenner, 2005):

- *Makrosystemische Faktoren* umfassen gesellschaftliche Normen, formelle institutionelle Rahmungen sowie informell-ideologische Aspekte wie Einstellungen und Sichtweisen im kulturellen, sozialen und historischen Zusammenhang.
- *Exosystemische Faktoren* umfassen lokale, regionale oder landesweite politische Bedingungen, die Güter- und Reichtumsverteilung sowie Merkmale des Schul- und Bildungssystems.
- *Mesosystemische Faktoren* umfassen Interaktions- und Kommunikationsprozesse zwischen unterschiedlichen Mikrosystemen, bspw. durch Austausch zwischen Schule, Familie und anderen Subsystemen.
- *Mikrosystemische Faktoren* beeinflussen Lern- und Entwicklungsprozesse in unterschiedlichen Settings, in denen sich Individuen physisch bewegen und rollenabhängig sozial interagieren, bspw. in der Familie oder in der Schule.

Es ist davon auszugehen, dass vielfältige soziale Faktoren unterschiedlicher Bezugssysteme sowie deren Interaktionen die multifaktorielle Entstehung von Problemen im Lernen und Verhalten mit beeinflussen. Insbesondere Kontextfaktoren der Mikrosysteme Schule und Familie stehen in direktem Zusammenhang mit sozial-kognitiven Lern- und Entwicklungsprozessen, die mit der Genese und Aufrechterhaltung von Lern- und Verhaltensschwierigkeiten im Schulalter zusammenhängen.

Sonuga-Barke, E. J. S. (2002). Psychological heterogenity in AD/HD – a dual pathway model of behaviour and cognition. *Behavioural Brain Research, 130*(1–2), 29–36.

Stegge, H. & Meerum Terwogt, M. (2007). Awareness and regulation of emotion in typical and atypical development. In J. J. Gross (Ed.), *Handbook of emotion regulation* (S. 269–286). Guilford.

Thompson, R. A. (1994). Emotion regulation: A theme in search of definition. *Monographs of the Society for Research in Child Development, 59*(2/3), 25–52.

Von Suchodoletz, A. (2008). *Die Entwicklung von Selbstregulation im Übergang vom Kindergarten in die Schule: Die Rolle von mütterlicher Erziehung und kindlichem Temperament* (Dissertation). Universität Konstanz.

Walcott, C. M. & Landau, S. (2004). The relation between disinhibition and emotion regulation in boys with attention deficit hyperactive disorder. *Journal of Clinical Child and Adolescent Psychiatry, 33*(4), 772–782.

White, B. A., Jarrett, M. A. & Ollendick, T. H. (2013). Self-regulation deficits explain the link between reactive aggression and internalizing and externalizing behavior problems in children. *Journal of Psychopathology and Behavioral Assessment, 35*(1), 1–9.

Mackowiak, K. & Beckerle, C. (2016). Unterstützung des Lernprozesses im Kontext von ADHS. In K. Mackowiak & S. A. Schramm (Hrsg.), *ADHS und Schule. Grundlagen, Unterrichtsgestaltung, Kooperation und Intervention* (S. 70–96). Kohlhammer.

Martinelli, A., Ackermann, K., Bernhard, A., Freitag, C. M. & Schwenck, C. (2018). Hostile attribution bias and aggression in children and adolescents: A systematic literature review on the influence of aggression subtype and gender. *Aggression and Violent Behavior, 39*, 25–32.

Matthes, G. (2009). *Individuelle Lernförderung bei Lernstörungen: Verknüpfung von Diagnostik, Förderplanung und Unterstützung des Lernens.* Kohlhammer.

Mischel, W., Shoda, Y. & Rodriguez, M. I. (1989). Delay of gratification in children. *Science, 244*(4907), 933–938.

Miyake, A., Friedman, N. P., Emerson, M. J., Witzki, A. H., Howerter, A. & Wager, T. D. (2000). The unity and diversity of executive functions and their contributions to complex »Frontal Lobe« tasks: A latent variable analysis. *Cognitive Psychology, 41*(1), 49–100.

Moffitt, T. E., Arseneault, L., Belsky, D., Dickson, N., Hancox, R. J., Harrington, H., ... & Caspi, A. (2011). A gradient of childhood self-control predicts health, wealth, and public safety. *Proceedings of the national Academy of Sciences, 108*(7), 2693–2698.

Montroy, J. J., Bowles, R. P., Skibbe, L. E., McClelland, M. M. & Morrison, F. J. (2016). The development of self-regulation across early childhood. *Developmental Psychology, 52*(11), 1744–1762.

Otto B., Perels F. & Schmitz B. (2015). Selbstreguliertes Lernen. In H. Reinders, H. Ditton, C. Gräsel & B. Gniewosz (Hrsg.), *Empirische Bildungsforschung* (S. 41–53). VS Verlag für Sozialwissenschaften.

Pandey, A., Hale, D., Das, S., Goddings, A. L., Blakemore, S. J. & Viner, R. M. (2018). Effectiveness of universal self-regulation–based interventions in children and adolescents: A systematic review and meta-analysis. *JAMA Pediatrics, 172*(6), 566–575.

Perels F., Dörrenbächer-Ulrich L., Landmann M., Otto B., Schnick-Vollmer K., Schmitz B. (2020). Selbstregulation und selbstreguliertes Lernen. In E. Wild & J: Möller (Hrsg.), *Pädagogische Psychologie* (S. 45–65). Springer.

Rademacher, A. & Koglin, U. (2019). Selbstregulation als Mediator für den Zusammenhang zwischen Erziehung und der Entwicklung von Verhaltensproblemen und sozial-emotionalen Kompetenzen bei Grundschulkindern. *Kindheit und Entwicklung, 29*(1), 21–29.

Reid, R., Trout, A. L. & Schartz, M. (2005). Self-regulation interventions for children with attention deficit/hyperactivity disorder. *Exceptional Children, 71*(4), 361.

Robson, D. A., Allen, M. S. & Howard, S. J. (2020). Self-regulation in childhood as a predictor of future outcomes: A meta-analytic review. *Psychological Bulletin, 146*(4), 324–354.

Schmitt, K., Gold, A. & Rauch, W. A. (2012). Defizitäre adaptive Emotionsregulation bei Kindern mit ADHS. *Zeitschrift für Kinder- und Jugendpsychiatrie und Psychotherapie, 40*(2), 95–103.

Schmitz, B. & Wiese, B. S. (2006). New perspectives for the evaluation of training sessions in self-regulated learning: Time-series analyses of diary data. *Contemporary Educational Psychology, 31*(1), 64–96.

Schoemaker, K., Mulder, H., Deković, M. & Matthys, W. (2013). Executive functions in preschool children with externalizing behavior problems: A meta-analysis. *Journal of Abnormal Child Psychology, 41*(3), 457–471.

Schramm, S. A. (2016). Störungsbild ADHS. In K. Mackowiak & S. A. Schramm (Hrsg.), *ADHS und Schule. Grundlagen, Unterrichtsgestaltung, Kooperation und Intervention* (S. 13–36). Kohlhammer.

Schuchardt, K. & Mähler, C. (2016). Exekutive Funktionen bei Kindern mit Lernstörungen. *Praxis der Kinderpsychologie und Kinderpsychiatrie, 65*(6), 389–405.

Sjöwall, D., Roth, L., Lindqvist, S. & Thorell, L. B. (2013). Multiple deficits in ADHD: executive dysfunction, delay aversion, reaction time variability, and emotional deficits. *Journal of Child Psychology and Psychiatry, and Allied Disciplines, 54*(6), 619.

Smithers, L. G., Sawyer, A. C., Chittleborough, C. R., Davies, N. M., Smith, G. D. & Lynch, J. W. (2018). A systematic review and meta-analysis of effects of early life non-cognitive skills on academic, psychosocial, cognitive and health outcomes. *Nature Human Behaviour, 2*(11), 867–880.

Barysch, K. N. (2016). Selbstwirksamkeit. In D. Frey (Hrsg.), *Psychologie der Werte* (S. 201–211). Springer.

Beelmann, A. & Raabe, T. (2007). *Dissoziales Verhalten von Kindern und Jugendlichen: Erscheinungsformen, Entwicklung, Prävention und Intervention*. Hogrefe.

Börnert-Ringleb, M., Kuhr, L. & Pavic, A. (2019). Zum Zusammenhang von Lernschwierigkeiten und Verhaltensproblemen in der Schule: Wirkmodelle und Ansätze. *Potsdamer Zentrum für empirische Inklusionsforschung (ZEIF)*, 2. Verfügbar unter https://www.uni-potsdam.de/de/inklusion/zeif/fachportal.html

Burman, J. T., Green, C. D. & Shanker, S. (2015). On the meanings of self-regulation: Digital humanities in service of conceptual clarity. *Child Development, 86*(5), 1507–1521.

Deing P. (2019). Selbstreguliertes Lernen. Theoretische Grundlagen und Förderempfehlungen. In S. Rietmann & P. Deing (Hrsg.), *Psychologie der Selbststeuerung* (S. 319–345). Springer VS.

Dent, A. L. (2013). *The relation between self-regulation and academic achievement: A meta-analysis exploring variation in the way constructs are labeled, defined, and measured*. Duke University.

Diamond, A. (2013). Executive functions. *Annual Review of Psychology, 64*, 135–168.

Dignath, C. & Büttner, G. (2008). Components of fostering self-regulated learning among students. A meta-analysis on intervention studies at primary and secondary school level. *Metacognition and Learning, 3*(3), 231–264.

Drechsler, R. (2007). Exekutive Funktionen. *Zeitschrift für Neuropsychologie, 18*(3), 233–248.

Dunsmore, J. C., Booker, J. A. & Ollendick, T. H. (2013). Parental emotion coaching and child emotion regulation as protective factors for children with oppositional defiant disorder. *Social Development, 22*(3), 444–466.

Ersan, C. (2019). Physical aggression, relational aggression and anger in preschool children: The mediating role of emotion regulation. *The Journal of General Psychology, 147*(1), 18–42.

Freiberger D. (2020). *Training der Impulskontrolle*. Springer.

Frölich, J., Döpfner, M. & Banaschewski, T. (2021). *ADHS in Schule und Unterricht. Pädagogisch-didaktische Ansätze im Rahmen des multimodalen Behandlungskonzepts*. Kohlhammer.

Gabriel, T. (2020). Die Rolle von Emotionen und Emotionsregulation beim schulischen Lernen. *Zentrum für empirische Inklusionsforschung (ZEIF), 10*. Verfügbar unter: https://www.uni-potsdam.de/de/inklusion/zeif/fachportal.html

Gawrilow, C. (2012). *Lehrbuch ADHS*. Reinhardt UTB.

Gawrilow, C., Schmitt, K. & Rauch, W. (2011). Kognitive Kontrolle und Selbstregulation bei Kindern mit Aufmerksamkeitsdefizit-/Hyperaktivitätsstörungen. *Kindheit und Entwicklung, 20*(1), 41–48.

Grünke, M. (2006). Zur Effektivität von Fördermethoden bei Kindern und Jugendlichen mit Lernstörungen: Eine Synopse vorliegender Metaanalysen. *Kindheit und Entwicklung, 15*(4), 239–254.

Hampel, P., Petermann, F. & Desman, C. (2009). Exekutive Funktionen bei Jungen mit Aufmerksamkeitsdefizit-/ Hyperaktivitätsstörung im Kindesalter. *Kindheit und Entwicklung, 18*(3), 144–152.

Holodynski, M., Hermann, S. & Kromm, H. (2013). Entwicklungspsychologische Grundlagen der Emotionsregulation. *Psychologische Rundschau, 64*(4) 197–207.

Kanfer, F., Reinecker, H.S. & Schmelzer, D. (2012). *Selbstmanagement-Therapie. Ein Lehrbuch für die Klinische Praxis*. Springer.

Klotz, N. D. (2017). *Die Auswirkung vorschulischer Selbstregulation auf das Verhalten und die Schulleistungen von Grundschülern* (Dissertation). Justus-Liebig-Universität Gießen.

Lauth, G. W. & Vogel, M. (2012). Praxisrelevante Erkenntnisse zu ADHS für den Schulalltag. In C. Fischer, C. Fischer-Ontrup, M. Veber & U. Westphal (Hrsg.), *Individuelle Förderung: Lernschwierigkeiten als schulische Herausforderung* (S. 87–106). Lit.-Verlag.

Lohaus, A.& Glüer, M. (2016). Selbstregulation bei Kindern im Rahmen der Entwicklungs- und Erziehungspsychologie. In B. Kracke & P. Noack (Hrsg.), *Handbuch Entwicklungs- und Erziehungspsychologie* (S. 101–116), Springer.

Lohaus, A., Domsch, H. & Fridrici, M. (2007). *Stressbewältigung für Kinder und Jugendliche*. Springer.

1 Exo- und Makrosystemische Einflussfaktoren

Einflussfaktoren der Exo- und Makroebene geben insbesondere Aufschluss über das Risiko des Auftretens von Lern- und Verhaltensschwierigkeiten auf Populationsebene. So zeigen Studien, dass das Risiko zur Entwicklung schulischer Lern- und Leistungsprobleme sowie von Verhaltensproblemen für Schüler*innen aus ungünstigen sozio-ökonomischen Verhältnissen erhöht ist (Ditton & Maaz, 2011; Esser & Schmidt, 2017; Peverill et al., 2021). Sozio-kulturelle Ungleichheiten, wie die Verfügbarkeit und Nutzung regionaler (Bildungs-)Angebote oder Kompetenzunterschiede in Bezug auf die Unterrichtssprache, hängen mit Bildungs- und Schulerfolg zusammen und deuten auf ein erhöhtes Risiko für schulische Misserfolgserlebnisse für Schüler*innen mit Migrationshintergrund hin.

Kontextfaktoren der Exo- und Makroebene sind jedoch allenfalls indirekt und distal mit der Entstehung individueller Lern- und Verhaltensproblemen assoziiert. Sie bilden den Rahmen für meso-systemische Bezüge und beeinflussen oder determinieren die mikrosystemischen Kontexte, in denen sich direkte soziale Interaktionen und individuelle Lern- und Entwicklungsprozesse vollziehen.

2 Mesosystemische Einflussfaktoren

Kooperations- und Kommunikationsbeziehungen zwischen Mikrosystemen (bspw. der Familie, Schule und außerschulischen Hilfesystemen) scheinen insbesondere für die Prävention von (klinisch bedeutsamen) Verhaltensproblemen bei indizierten Risikogruppen relevant zu sein. Im Zusammenhang mit der Entstehung von aggressivem Problemverhalten im Jugendalter profitieren Schüler*innen aus sozioökonomisch schwachen Verhältnissen von Kooperationsbeziehungen mit außerschulischen Hilfesystemen (Orri et al., 2019). Kooperationen mit Jugendhilfemaßnahmen erweisen sich als hoch wirksam zur Reduktion allgemeiner Problembelastungen und expansiver Verhaltensprobleme und zwar sowohl in Ein-Eltern- als auch in traditionellen Familienstrukturen (Petermann et al., 2010). Auch wenn die Relevanz von Kommunikations- und Kooperationsbeziehungen zwischen Eltern, außerschulischen und therapeutischen Hilfesystemen bezogen auf die Behandlung von klinischen Störungsbildern wie auch im Kontext erfolgreicher schulischer Inklusion hervorgehoben wird (Melzer et al., 2015; Petermann et al., 2010), ist die empirische Befundlage zum spezifischen Einfluss derartiger Beziehungen auf die individuelle Entwicklung von Schwierigkeiten wenig aussagekräftig.

Forschungsarbeiten zu Kooperations- und Kommunikationsbeziehungen, die das Mikrosystem Schule betreffen, fokussieren mehrheitlich multiprofessionelle Kooperationen zwischen Lehrpersonen. Hinsichtlich Schüler*innen mit Problemen im Verhalten und Lernen werden multiprofessionelle Kooperationen zwischen Regel- und Sonderpädagog*innen in ihrem Zusammenhang mit der Qualität inklusiver schulischer Förderung betrachtet (eine Übersicht deutschsprachiger Studien findet sich bei Fischer et al., 2017). Der Stellenwert von Kooperationsbeziehungen wird dabei insbesondere bezogen auf die Professionalisierung und Kompetenzentwicklung von Lehrpersonen hervorgehoben (Gräsel et al., 2006); auf Schüler*innenebene lassen sich Effekte auf Schulerfolg, Lern- und Verstehensleistungen identifizieren (Vangrieken et al., 2015). Trotz der wiederum wenig aussagekräftigen Befundlage zum Zusammenhang von Lehrkraftkooperationen mit der Entstehung und Aufrechterhaltung individueller Lern- und Verhaltensprobleme (Trumpa et al., 2016) ist davon auszugehen, dass sich gelingende multiprofessionelle Kooperationen indirekt und protektiv auf individuelle Problementwicklungen auswirken (Ritter et al., 2020).

3 Mikrosystemische Einflussfaktoren in Familie und Schule

Individuelle Lern- und Entwicklungsprozesse vollziehen sich insbesondere in den Mikrosystemen Familie und Schule sowie im Kontext sozialer Beziehungen zu Peers in schulischen oder außerschulischen Kontexten (Bronfenbrenner, 2005; Sameroff, 2010).

(Frühe) Eltern-Kind-Beziehungen bilden die Basis für den Aufbau von Resilienz gegenüber psychosozialen Belastungen (Hohm et al., 2017). Der Lernerfolg und die soziale Entwicklung von Kindern werden im Entwicklungsverlauf maßgeblich durch unterstützendes Erziehungsverhalten und positive Interaktionen im familiären Kontext beeinflusst. Emotional feinfühliges und unterstützendes Erziehungsverhalten begünstigt die Entwicklung von Kompetenzen zur Emotionsregulation und wirkt damit protektiv gegenüber der Entstehung von Verhaltensproblemen (Burke et al., 2008; Shortt et al., 2010). Kompetenzen zur Emotionsregulation stehen wiederum im engen Zusammenhang mit Prozessen der Lernentwicklung (Gold et al., 2017), so dass die Qualität der frühen Eltern-Kind-Beziehung vermutlich indirekt mit der Entstehung von Lernschwierigkeiten assoziiert ist.

Bindungsrepräsentationen mit relevanten Bezugspersonen, die durch frühe Bindungserfahrungen erworben werden, wirken als kognitive Schemata (innere Arbeitsmodelle) für soziale Beziehungen im Entwicklungsverlauf. Sichere Bindungsmodelle erhöhen die Resilienz, während unsichere Bindungsrepräsentationen als bestätigte Risikofaktoren für die Entwicklung vielfältiger Lern- und Verhaltensschwierigkeiten gelten (Al-Yagon, 2003; Bowlby, 1982; Seiffge-Krenke, 2009). Empirische Befunde weisen auf deutliche Zusammenhänge zwischen verhaltensbezogenen emotionalen und kognitiven Kompetenzen (Emotionsregulation, Soziale Informationsverarbeitung), Lernschwierigkeiten und unsicheren Bindungserfahrungen insbesondere bei Jungen hin (Bauminger & Kimhi-Kind, 2008).

Ungünstiges *Erziehungs- und Interaktionsverhalten in* der Familie begünstigt die Entwicklung von Lern- und Verhaltensproblemen bzw. trägt zu deren Stabilisierung bei, z. B. durch intermittierende Verstärkungsprozesse. Ein emotional hoch aufgeladener familiärer Interaktionsstil, der durch kritische (oder gar feindselige) Haltungen und/oder emotionales Überengagement gekennzeichnet ist, gilt als prognostischer Indikator für die Entstehung einer Vielzahl klinisch-relevanter Störungsbilder – darunter externalisierende und internalisierende Störungen sowie generalisierte und überdauernde Lernstörungen (Peris, 2015). In der Schuleingangsphase ist elterliche Überfürsorge (aufopferndes und überprotektives Erziehungsverhalten) besonders mit der Entwicklung externalisierenden Problemverhaltens assoziiert (Khafi et al., 2015). Unterschiede in der Qualität des Erziehungsverhaltens können in diesem Zusammenhang sowohl auf personenbezogene Merkmale von Kindern und Bezugspersonen (bspw. individuelles Temperament, psychische Belastung) als auch auf situative Merkmale (bspw. familiäre Notlagen und außergewöhnliche Belastungssituationen) zurückgeführt werden, die das familiäre Mikrosystem beeinflussen.

Veränderungen der Familienstruktur (z. B. durch Trennung) begünstigen gesundheitliches Risikoverhalten im Jugendalter (Rattay et al., 2018) und können vor dem Hintergrund aktueller Diathese-Stress-Modelle als auslösende Faktoren für die Erstmanifestation von Lern- und Verhaltensschwierigkeiten in der Schule aufgefasst werden. Die Beziehungsqualität und Familiendynamik vermitteln nach aktueller Studienlage den Zusammenhang zwischen spezifischen Belastungsfaktoren, die auf das familiäre Mikrosystem wirken (bspw. Familie-Beruf- Konflikte), und kindlichem Problemverhalten (Vieira et al., 2016). Die Qualität sozialer Interaktionsprozesse wird auf Grundlage des aktuellen Forschungsstandes maßgeblich durch elternbezogene Variablen beeinflusst.

Insbesondere die subjektive *Belastung von Eltern* (*parental stress*) gilt als Prädiktor für ungünstiges Erziehungsverhalten (Abidin, 1997). Das Ausmaß elterlicher Belastung vermittelt, ob und inwieweit Eltern bei der Bewältigung alltäglicher Aufgaben (*daily hassles*) oder außergewöhnlicher Belastungssituationen verfügbare Ressourcen abrufen und nutzen (z. B. eigene Erziehungskompetenzen, kognitive Bewältigungsstrategien und soziale Unterstützung). Zusammenhänge zwischen Verhaltensproblemen von Müttern und ihren Kindern werden z. T. vollständig durch den Grad subjektiv wahrgenommener Belastung moderiert (Weijers et al., 2018). Barak-Levy und Atzaba-Poria (2020) kommen im Erziehungskontext lernbeeinträchtigter Kinder ebenfalls zu dem Befund, dass die subjektiv erlebte Belastung von Eltern den Einfluss proximaler Einflussfaktoren (bspw. der Erziehungskompetenz, elterliche Depressivität) in erheblichem Maße vermittelt.

Positive *Beziehungen mit Peers* gelten als Schutzfaktor im Entwicklungsverlauf. Die Anzahl der Freund*innen hängt positiv mit der Bildung von lern- und verhaltensrelevanten Faktoren wie Selbstwirksamkeitserwartungen und Selbstkonzept im Schulalter zusammen (Hohm et al., 2017). Negative Peer-Einflüsse werden häufig auf Kommunikations-, Interaktions- und Verstärkungsprozesse innerhalb dyadischer Beziehungen auf Peer-Ebene zurückgeführt (Müller et al., 2020). Im schulischen Kontext werden Peer-Beziehungen häufig über das Konstrukt der sozialen Partizipation konzeptualisiert (Koster et al., 2009). Für Schüler*innen mit Lern- und

Verhaltensschwierigkeiten wurde vielfach nachgewiesen, dass ein erhöhtes Risiko sozialer Ausgrenzung besteht (Avramidis et al., 2017; Schürer, 2021). Die Abhängigkeit von Ausgrenzungsphänomenen und Lernleistungen wird in diesem Zusammenhang vielfach durch soziale Vergleichs- und Referenzierungsprozesse innerhalb der bestehenden Lerngruppen erklärt (Huber & Wilbert, 2012).

Die Entwicklung von Verhaltensproblemen in der Schule scheint darüber hinaus eng mit der *Komposition der Lerngruppe* assoziiert zu sein. Es bestehen direkte und geschlechtsspezifische Effekte zwischen dem Niveau externalisierender und internalisierender Verhaltensweisen auf Gruppenebene und der individuellen Ausprägung von Verhaltensproblemen: Für externalisierende Schwierigkeiten zeigen sich positive Zusammenhänge zwischen der aggregierten Einschätzung dissozialen Verhaltens auf Gruppenebene und der Entwicklung von Verhaltensproblemen vor und während der Schuleingangsphase (Mercer et al., 2009). Nach der Grundschule scheint dieser Zusammenhang vor allem für Jungen bedeutsam zu sein (Müller et al., 2016). Für die Entwicklung internalisierender Verhaltensprobleme konnten ähnliche Befundmuster allein für Schülerinnen in Relation zur Ausprägung von Problemverhalten unter gleichgeschlechtlichen Peers nachgewiesen werden (Müller et al., 2020). Zur Erklärung solcher Zusammenhänge wird für internalisierendes Verhalten angenommen, dass dieser Effekt auf intensive und wiederholte Problemgespräche zwischen Peers (*Korumination*) zurückzuführen ist (Hankin et al., 2010), während für externalisierende Probleme problembegünstigende Normen (z.B. zur Regeleinhaltung) und soziale Verstärkungsprozesse im Kreis dissozialer Peers zur Erklärung herangezogen werden (Farmer et al., 2007).

Das *Schul- und Klassenklima*, verstanden als subjektiv wahrgenommene Konfiguration bedeutsamer Merkmale der schulischen Umwelt, umfasst individuelle oder kollektive Wahrnehmungen von sozialen Beziehungen, Erfahrungen, Prozessen und Interaktionen zwischen Schüler*innen und Lehrkräften (Eder, 2018). Die Relevanz des Klassenklimas für die individuelle schulische Lern- und Verhaltensentwicklung ist unbestritten: Studien belegen mehrheitlich, dass soziale Partizipation, Akzeptanz und Lernerfolg von Risikoschüler*innen mit der Qualität des Klassenklimas zusammenhängen (Hamre & Pianta, 2005; Huber & Wilbert, 2012; Krawinkel et al., 2017). Die Entwicklung von (internalisierenden) Verhaltensschwierigkeiten wird in der Sekundarstufe durch negatives (individuell und kollektiv erfasstes) Klassenklima begünstigt (Bilz, 2020).

Kompetenzen, Eigenschaften und Verhaltensweisen von Lehrpersonen hängen vermittelt über Indikatoren der Unterrichtsqualität (z.B. dem Grad an kognitiver Aktivierung, Lernunterstützung und Klassenführung) mit affektiv-motivationalen und akademischen Lernleistungen von Schüler*innen zusammen (Kunter et al., 2013). Vor diesem Hintergrund sind insbesondere soziale Interaktionen zwischen Schüler*innen und Lehrkräften hervorzuheben, die mit der Entwicklung von Lern- und Verhaltensschwierigkeiten im Zusammenhang stehen. Explorative Befunde deuten darauf hin, dass die Art und Weise, wie Lehrpersonen mit Schüler*innen kommunizieren, auf die Kompetenzentwicklung im akademischen Lernen Einfluss nimmt (Xin et al., 2020). Die Lern- und Verhaltensentwicklungen (z.B. in Bezug auf das Selbstwertgefühl und Selbstvertrauen) variiert einerseits in Abhängigkeit von der Zeit, die Lehrkräfte mit Schüler*innen interagieren (Grobler & Wessels, 2020).

Andererseits ist die Qualität der Interaktionen mit Lehrkräften (bspw. durch Feedback und Bewertung) mit sozialen Ausgrenzungsphänomenen und der Lernentwicklung im Klassenkontext assoziiert (Huber, 2011).

4 Implikationen

Basierend auf aktuellen bio-psycho-sozialen Entwicklungsmodellen wurden in diesem Kapitel ausgewählte soziale Kontextfaktoren unterschiedlicher sozio-ökonomischer Bezugssysteme dargestellt, die mit der Entstehung und Aufrechterhaltung von Schwierigkeiten im Lernen und Verhalten zusammenhängen. Dabei wurde ein Schwerpunkt auf Faktoren der mikro-systemischen Ebene gelegt, da davon ausgegangen werden kann, dass derartige Faktoren im höheren Ausmaß mit kognitivbehavioral begründeten Lern- und Entwicklungsprozessen assoziiert sind, als distale soziale Kontextmerkmale der exo- und makrosystemischen Ebenen.

Obwohl mittlerweile zahlreiche empirische Belege existieren, die die Bedeutung der dargestellten Kontextfaktoren im Kontext der Prävention und Intervention bei Lern- und Verhaltensschwierigkeiten hervorheben, zeigt sich, dass die Mechanismen, mit denen soziale Kontextbedingungen auf Problementwicklungen einwirken, komplex und bislang nicht eindeutig quantifizierbar sind. Dies mag unter anderem mit den hohen forschungsmethodischen Anforderungen verbunden sein, die erforderlich sind, um spezifische und vermittelte Effekte sozialer Kontextfaktoren sowie Interaktionseffekte zwischen kontext- und individuumsbezogenen Faktoren unter Berücksichtigung der beschriebenen sozio-ökonomischen Bezugssysteme nachzuweisen.

Für die Förderung von Schüler*innen mit Lern- und Verhaltensschwierigkeiten sprechen die dargestellten Befunde dafür, dass soziale Kontextfaktoren sowohl mit Risiken verbunden sein können, jedoch ebenfalls aussichtsreiche Ansatzpunkte für mögliche Präventions- und Interventionsansätze darstellen.

Für die Forschung ergeben sich sowohl inhaltliche als auch methodische Implikationen: Zum einen sollten zukünftige Studien inhaltlich detaillierter darauf angelegt werden, die Prozesse sozialer Lern- und Verhaltensbeeinflussung im Zusammenhang mit der Entstehung subklinischer Schwierigkeiten nachzuvollziehen. Zum anderen sollten Studien dem komplexen Zusammenhang zwischen sozialen Kontextfaktoren durch methodische Berücksichtigung der Abhängigkeiten zwischen sozio-ökonomischen Systemebenen (bspw. durch mehrebenenanalytische Forschungsdesigns) Rechnung tragen.

Literatur

Abidin, R. R. (1997). Parenting Stress Index: A measure of the parent–child system. *Evaluating stress: A book of resources.* (S. 277–291). Scarecrow Education.

Al-Yagon, M. (2003). Children at Risk for Learning Disorders: Multiple Perspectives. *Journal of Learning Disabilities, 36*(4), 318–335. https://doi.org/10.1177/00222194030360040401

Avramidis, E., Strogilos, V., Aroni, K. & Kantaraki, C. T. (2017). Using sociometric techniques to assess the social impacts of inclusion: Some methodological considerations. *Educational Research Review, 20,* 68–80. https://doi.org/10.1016/j.edurev.2016.11.004

Barak-Levy, Y. & Atzaba-Poria, N. (2020). A mediation model of parental stress, parenting, and risk factors in families having children with mild intellectual disability. *Research in developmental disabilities, 2020*(3), 1–13. https://doi.org/10.1016/j.ridd.2020.103577

Bauminger, N. & Kimhi-Kind, I. (2008). Social Information Processing, Security of Attachment, and Emotion Regulation in Children With Learning Disabilities. *Journal of Learning Disabilities, 41*(4), 315–332. https://doi.org/10.1177/0022219408316095

Bilz, L. (2020). Die Bedeutung des Klassenklimas für internalisierende Auffälligkeiten von 11- bis 15-Jährigen. Selbstkognitionen als Vermittlungsvariablen. *Psychologie in Erziehung und Unterricht, 2013*(16), 282–294. https://doi.org/10.2378/peu2013.art06d

Bowlby, J. (1982). Attachment and loss: Retrospect and prospect. *American Journal of Orthopsychiatry, 52*(4), 664–678. https://doi.org/10.1111/j.1939-0025.1982.tb01456.x

Bronfenbrenner, U. (Hrsg.). (2005). *Making human beings human: bioecological perspectives on human development.* Thousand Oaks: Sage Publications.

Burke, J. D., Pardini, D. A. & Loeber, R. (2008). Reciprocal Relationships Between Parenting Behavior and Disruptive Psychopathology from Childhood Through Adolescence. *Journal of Abnormal Child Psychology, 36*(5), 679–692. https://doi.org/10.1007/s10802-008-9219-7

Ditton, H. & Maaz, K. (2011). Sozioökonomischer Status und soziale Ungleichheit. In H. Reinders, H. Ditton, C. Gräsel & B. Gniewosz (Hrsg.), *Empirische Bildungsforschung* (S. 193–208). VS Verlag für Sozialwissenschaften. https://doi.org/10.1007/978-3-531-93021-3_17

Eder, F. (2018). Schul- und Klassenklima. In D.H. Rost, J.R. Sparfeldt & S.R. Buch (Hrsg.), *Handwörterbuch Pädagogische Psychologie* (5., überarbeitete und erweiterte Aufl., S. 696–707). Psychologie Verlags Union.

Esser, G. & Schmidt, M. H. (2017). Die Mannheimer Risikokinderstudie: Idee, Ziele und Design. *Kindheit und Entwicklung, 26*(4), 198–202. https://doi.org/10.1026/0942-5403/a000232

Farmer, T. W., Xie, H., Cairns, B. D. & Hutchins, B. C. (2007). Social synchrony, peer networks, and aggression in school. In P.H. Hawley, T.D. Little & P.C. Rodkin (Hrsg.), *Aggression and adaptation: The bright side to bad behavior.* (S. 209–233). Lawrence Erlbaum Associates Publishers.

Fischer, E., Preiß, H. & Quandt, J. (2017). *Kooperation – der Schlüssel für Inklusion!? Studien zur Zusammenarbeit zwischen Lehrkräften allgemeiner Schulen und Lehrkräften für Sonderpädagogik* (Lehren und Lernen mit behinderten Menschen) (1. Auflage.). ATHENA.

Gold, A., Hasselhorn, M. & Schneider, S. (2017). *Pädagogische Psychologie* (Erfolgreiches Lernen und Lehren). W. Kohlhammer Verlag. Verfügbar unter: http://www.content-select.com/index.php?id=bib_view&ean=9783170319776

Gräsel, C., Fußangel, K. & Pröbstel, C. (2006). Lehrkräfte zur Kooperation anregen – eine Aufgabe für Sisyphos? *Zeitschrift für Pädagogik, 52*(2), 205–219.

Grobler, H. B. & Wessels, D. (2020). Hear Their Voices: Self-configuration Experiences of Learners with Mild Learning Difficulties within the Learner–Teacher Relationship. *International Journal of Disability, Development and Education, 67*(3), 243–262. https://doi.org/10.1080/1034912X.2018.1499878

Hamre, B. K. & Pianta, R. C. (2005). Can Instructional and Emotional Support in the First-Grade Classroom Make a Difference for Children at Risk of School Failure? *Child Development, 76*(5), 949–967. https://doi.org/10.1111/j.1467-8624.2005.00889.x

Hankin, B. L., Stone, L. & Ann Wright, P. (2010). Corumination, interpersonal stress generation, and internalizing symptoms: Accumulating effects and transactional influences in a multiwave study of adolescents. *Development and Psychopathology, 22*(1), 217–235. https://doi.org/10.1017/S0954579409990368

Hohm, E., Laucht, M., Zohsel, K., Schmidt, M. H., Esser, G., Brandeis, D. et al. (2017). Resilienz und Ressourcen im Verlauf der Entwicklung: Von der frühen Kindheit bis zum Erwachsenenalter. *Kindheit und Entwicklung, 26*(4), 230–239. https://doi.org/10.1026/0942-5403/a000236

Huber, C. (2011). Lehrerfeedback und soziale Integration. Wie soziale Referenzierungsprozesse die soziale Integration in der Schule beeinflussen könnten., Paralleltitel: Teacher's feedback and social integration: is there a link between social referencing theory and social integration in school. *Empirische Sonderpädagogik, 3*(1), 20–36.

Huber, C. & Wilbert, J. (2012). Soziale Ausgrenzung von Schülern mit sonderpädagogischem Förderbedarf und niedrigen Schulleistungen im gemeinsamen Unterricht. *Empirische Sonderpädagogik, 4*(2), 147–165.

Ittel, A., Raufelder, D. & Scheithauer, H. (2014). Soziale Lerntheorien. In L. Ahnert (Hrsg.), *Theorien in der Entwicklungspsychologie* (S. 330–353). Springer Berlin Heidelberg. https://doi.org/10.1007/978-3-642-34805-1_13

Kemper, T. & Weishaupt, H. (2011). Region und soziale Ungleichheit. In H. Reinders, H. Ditton, C. Gräsel & B. Gniewosz (Hrsg.), *Empirische Bildungsforschung* (S. 209–219). VS Verlag für Sozialwissenschaften. https://doi.org/10.1007/978-3-531-93021-3_18

Khafi, T. Y., Yates, T. M. & Sher-Censor, E. (2015). The meaning of emotional overinvolvement in early development: Prospective relations with child behavior problems. *Journal of Family Psychology, 29*(4), 585–594. https://doi.org/10.1037/fam0000111

Koster, M., Nakken, H., Pijl, S. J. & van Houten, E. (2009). Being part of the peer group: a literature study focusing on the social dimension of inclusion in education. *International Journal of Inclusive Education, 13*(2), 117–140. https://doi.org/10.1080/13603110701284680

Krawinkel, S., Südkamp, A. S. & Tröster, H. (2017). Soziale Partizipation in inklusiven Grundschulklassen: Bedeutung von Klassen- und Lehrkraftmerkmalen. *Empirische Sonderpädagogik, 9*(3), 277–295. https://doi.org/10.25656/01:15172

Kunter, M., Klusmann, U., Baumert, J., Richter, D., Voss, T. & Hachfeld, A. (2013). Professional competence of teachers: Effects on instructional quality and student development. *Journal of Educational Psychology, 105*(3), 805–820. https://doi.org/10.1037/a0032583

Lemerise, E. A. & Arsenio, W. F. (2000). An Integrated Model of Emotion Processes and Cognition in Social Information Processing. *Child Development, 71*(1), 107–118. https://doi.org/10.1111/1467-8624.00124

Melzer, C., Hillenbrand, C., Sprenger, D. & Hennemann, T. (2015). Aufgaben von Lehrkräften in inklusiven Bildungssystemen–Review internationaler Studien. *Erziehungswissenschaft, 26*(2), 61–80. https://doi.org/10.3224/ezw.v26i2.21070

Mercer, S. H., McMillen, J. S. & DeRosier, M. E. (2009). Predicting change in children's aggression and victimization using classroom-level descriptive norms of aggression and prosocial behavior. *Journal of school psychology, 47*(4), 267–289. https://doi.org/10.1016/j.jsp.2009.04.001

Müller, C. M., Hofmann, V. & Arm, S. (2016). Susceptibility to Classmates' Influence on Delinquency During Early Adolescence. *The Journal of Early Adolescence, 37*(9), 1–33. https://doi.org/10.1177/0272431616653475

Müller, C. M., Hofmann, V. & Arm, S. (2020). Peereinfluss auf die Entwicklung internalisieren- den Verhaltens in der Schule: Klassen- und geschlechtsspezifische Effekte. *Empirische Sonderpadagogik, 12*(2), 91–111.

Orri, M., Tremblay, R. E., Japel, C., Boivin, M., Vitaro, F., Losier, T. et al. (2019). Early childhood child care and disruptive behavior problems during adolescence: a 17-year population-based propensity score study. *Journal of Child Psychology and Psychiatry, 60*(11), 1174–1182. https://doi.org/10.1111/jcpp.13065

Peris, T. S. (2015). Parental Expressed Emotion and Youth Psychopathology: New Directions for an Old Construct. *Child Psychiatry Hum Dev*, 12.

Petermann, F., Petermann, U. & Rücker, S. (2010). Differenzielle Wirksamkeit der Jugendhilfe: Traditionelle und zerbrochene Familien im Vergleich. *Praxis der Kinderpsychologie und Kinderpsychiatrie*, *59*(4), 253–265. https://doi.org/10.13109/prkk.2010.59.4.253

Peverill, M., Dirks, M. A., Narvaja, T., Herts, K. L., Comer, J. S. & McLaughlin, K. A. (2021). Socioeconomic status and child psychopathology in the United States: A meta-analysis of population-based studies. *Clinical Psychology Review*, *83*, 101933. https://doi.org/https://doi.org/10.1016/j.cpr.2020.101933

Rattay, P., von der Lippe, E., Mauz, E., Richter, F., Hölling, H., Lange, C. et al. (2018). Health and health risk behaviour of adolescents—Differences according to family structure. Results of the German KiGGS cohort study. *PloS one*, *13*(3), e0192968. https://doi.org/10.1371/journal.pone.0192968

Ritter, R., Wehner, A., Lohaus, G. & Krämer, P. (2020). Effect of same-discipline compared to different-discipline collaboration on teacher trainees' attitudes towards inclusive education and their collaboration skills. *Teaching and Teacher Education*, *87*, 102955. https://doi.org/10.1016/j.tate.2019.102955

Sameroff, A. (2010). A Unified Theory of Development: A Dialectic Integration of Nature and Nurture. *Child Development*, *81*(1), 6–22. https://doi.org/10.1111/j.1467-8624.2009.01378.x

Schürer, S. (2021). Soziale Partizipation von Kindern mit sonderpädagogischem Förderbedarf in den Bereichen Lernen und emotional-soziale Entwicklung in der allgemeinen Grundschule. Ein Literaturreview. *Empirische Sonderpadagogik*, *12*(4), 295–319. https://doi.org/10.25656/01:21613

Seiffge-Krenke, I. (2009). *Psychotherapie und Entwicklungspsychologie: Beziehungen: Herausforderungen, Ressourcen, Risiken* (2., vollständig überarbeitete Auflage.). Springer.

Shortt, J. W., Stoolmiller, M., Smith-Shine, J. N., Mark Eddy, J. & Sheeber, L. (2010). Maternal emotion coaching, adolescent anger regulation, and siblings' externalizing symptoms: Maternal emotion coaching, difficulty regulating anger, and externalizing behavior. *Journal of Child Psychology and Psychiatry*, *51*(7), 799–808. https://doi.org/10.1111/j.1469-7610.2009.02207.x

Stanat, P. & Edele, A. (2011). Migration und soziale Ungleichheit. In H. Reinders, H. Ditton, C. Gräsel & B. Gniewosz (Hrsg.), *Empirische Bildungsforschung* (S. 181–192). VS Verlag für Sozialwissenschaften. https://doi.org/10.1007/978-3-531-93021-3_16

Trumpa, S., Franz, E.-K. & Greiten, S. (2016). Forschungsbefunde zur Kooperation von Lehrkräften. *Die Deutsche Schule. Zeitschrift für Erziehungswissenschaft, Bildungspolitik und pädagogische Praxis*, *108*(1), 80–92.

Vangrieken, K., Dochy, F., Raes, E. & Kyndt, E. (2015). Teacher collaboration: A systematic review. *Educational Research Review*, *15*, 17–40. https://doi.org/10.1016/j.edurev.2015.04.002

Vieira, J. M., Matias, M., Ferreira, T., Lopez, F. G. & Matos, P. M. (2016). Parents' work-family experiences and children's problem behaviors: The mediating role of the parent–child relationship. *Journal of Family Psychology*, *30*(4), 419–430. https://doi.org/10.1037/fam0000189

Weijers, D., van Steensel, F. J. A. & Bögels, S. M. (2018). Associations between Psychopathology in Mothers, Fathers and Their Children: A Structural Modeling Approach. *Journal of Child and Family Studies*, *27*(6), 1992–2003. https://doi.org/10.1007/s10826-018-1024-5

Xin, Y. P., Chiu, M. M., Tzur, R., Ma, X., Park, J. Y. & Yang, X. (2020). Linking Teacher–Learner Discourse With Mathematical Reasoning of Students With Learning Disabilities: An Exploratory Study. *Learning Disability Quarterly*, *43*(1), 43–56. https://doi.org/10.1177/0731948719858707

Zohsel, K., Hohm, E., Schmidt, M. H., Brandeis, D., Banaschewski, T. & Laucht, M. (2017). Langfristige Folgen früher psychosozialer Risiken: Child Behavior Checklist-Dysregulationsprofil als vermittelnder Faktor. *Kindheit und Entwicklung*, *26*(4), 203–209. https://doi.org/10.1026/0942-5403/a000233

Wertschätzung kultureller Vielfalt und Abbau sozialer Ungerechtigkeiten als Schutzfaktoren gegen Lern- und Verhaltensschwierigkeiten

Miriam Schwarzenthal, Sharleen Pevec & Linda Juang

»Mit der wachsenden sozio-kulturellen Vielfalt und den damit verbundenen Anforderungen an eine gleichberechtigte Teilhabe aller in jedem Bereich des gesellschaftlichen Lebens sind die interkulturelle Öffnung und der Abbau struktureller Diskriminierung zu besonderen Herausforderungen geworden. Schulen stehen vor der Aufgabe, allen Kindern und Jugendlichen unabhängig von ihrer Herkunft umfassende Teilhabe an Bildung und Chancen für den größtmöglichen Bildungserfolg zu eröffnen [...]« (Kultusministerkonferenz, 2013, S. 2).

Deutschland ist das Zuhause von Menschen mit verschiedensten Migrationsbiografien, ethnischen Zugehörigkeiten und kulturellen Identifikationen[5]. Im Kontext zunehmender Diversität ist eine zentrale Aufgabe von Lehrkräften, allen Kindern und Jugendlichen eine chancengerechte Bildung zu ermöglichen. Trotz dieser Zielsetzung liegen in Deutschland lern- und verhaltensbezogene Disparitäten entlang von Differenzlinien wie der familiären Zuwanderungsgeschichte und kulturellen/ethnischen Zugehörigkeiten vor. Diese Disparitäten werden im öffentlichen Diskurs und in der Bildungsforschung häufig auf Aspekte innerhalb der Schüler*innen und ihrer Familien zurückgeführt, z. B. auf den sozioökonomischen Status oder auf Sprachkenntnisse. Eine alleinige Fokussierung auf Risikofaktoren innerhalb von Schüler*innen und ihren Familien bringt eine Defizitorientierung mit sich, bei der die Einflüsse des sozialen Kontextes sowie Stärken von Individuen, Familien und Gruppen außer Acht gelassen werden.

Das Ziel dieses Kapitels ist es, bei der Erklärung von Lern- und Verhaltensschwierigkeiten im Kontext zuwanderungsbedingter und kultureller/ethnischer Vielfalt eine ressourcenorientierte Perspektive auf Schüler*innen und ihre Familien zu vertreten und zudem Faktoren in verschiedenen Kontexten zu berücksichtigen. So wenden wir uns nach einem kurzen Überblick über häufig diskutierte Risikofaktoren im Kontext der Familien (sozioökonomischer Status, Sprache) Risikofaktoren im schulischen und gesellschaftlichen Kontext zu (Diskriminierung), die zur Entstehung von Lern- und Verhaltensschwierigkeiten beitragen können. Anschließend stellen wir mögliche Schutzfaktoren im familiären, schulischen und gesellschaftlichen Kontext vor (Wertschätzung kultureller Vielfalt und ein Abbau sozialer Ungerechtigkeit) und zeigen konkrete Handlungsmöglichkeiten für Lehrkräfte auf.

---

5 Wir verstehen kulturelle Zugehörigkeiten als dynamische und subjektiv konstruierte Zugehörigkeiten, welche ein wichtiger Bestandteil der Identitäten von Individuen sind. Um zu berücksichtigen, dass Diskriminierung in vielen Fällen nicht entlang subjektiver kultureller Identitäten, sondern anhand der zugeschriebenen Zugehörigkeit zu ethnischen Gruppen stattfindet (z.B. basierend auf Aussehen oder Herkunft einer Person), sprechen wir in diesem Kapitel auch von ethnischen Gruppenzugehörigkeiten.

1 Lern- und Verhaltensschwierigkeiten entlang der Differenzlinien familiäre Zuwanderungsgeschichte und kulturelle/ethnische Zugehörigkeit

Wenn in Deutschland von Lern- und Verhaltensschwierigkeiten an vielfältigen Schulen gesprochen wird, fällt häufig der Begriff »Migrationshintergrund«. Die offizielle Definition dieses Begriffs basiert auf dem Geburtsland oder der Staatsbürgerschaft einer Person und/oder ihrer Eltern. Die Gruppe der Menschen, die hiernach einen »Migrationshintergrund« haben, umfasst ca. ein Viertel der deutschen Bevölkerung und schließt Menschen aus verschiedensten Zuwanderergenerationen und Herkunftsländern ein (Statistisches Bundesamt, 2020). Im öffentlichen Diskurs wird der Begriff »Migrationshintergrund« jedoch hauptsächlich verwendet, um Menschen zu beschreiben, die nicht als »deutscher Herkunft« wahrgenommen werden, z.B. solche mit türkischer oder arabischer Herkunft, Muslim*innen oder Schwarze und People of Color (Elrick & Schwartzman, 2015). Da der Begriff »Migrationshintergrund« Nachkommen von Zugewanderten für Generationen als »andere« klassifiziert, empfahl eine Expert*innenkommission der Bundesregierung kürzlich, den Begriff durch »Zugewanderte und deren (direkte) Nachkommen« zu ersetzen (Fachkommission Integrationsfähigkeit, 2021). Zur leichteren sprachlichen Handhabbarkeit verwenden wir in diesem Kapitel den Begriff Schüler*innen mit direkter familiärer Zuwanderungsgeschichte, um selbst zugewanderte Schüler*innen sowie direkte Nachkommen von Zugewanderten zu bezeichnen.

In Deutschland variieren Lern- und Verhaltensschwierigkeiten entlang der Differenzlinien direkte familiäre Zuwanderungsgeschichte und kulturelle/ethnische Zugehörigkeiten. Wir verstehen hierbei Lern- und Verhaltensschwierigkeiten nicht als kategoriale Merkmale, sondern als Kontinuen und berücksichtigen zudem Indikatoren für positive Entwicklung. Somit betrachten wir in Bezug auf lernbezogene Aspekte z.B. Schulleistungen, und in Bezug auf verhaltensbezogene Aspekte sowohl externalisierende (z.B. Störverhalten in der Schule) als auch internalisierende Aspekte (z.B. Wohlbefinden).

Der sogenannte PISA-Schock 2001 wurde u.a. dadurch ausgelöst, dass die Studie signifikante Leistungsdisparitäten entlang der direkten familiären Zuwanderungsgeschichte aufzeigte. Diese Disparitäten bestehen heute noch fort, auch wenn sie sich leicht verringert haben. Kinder und Jugendliche mit direkter familiärer Zuwanderungsgeschichte sind zudem an Hauptschulen über- und an Gymnasien unterrepräsentiert (SVR-Forschungsbereich, 2016, 2020). Diese Disparitäten variieren abhängig von der Zuwanderungsgeneration und der ethnischen Gruppenzugehörigkeit (Kristen & Granato, 2007; SVR-Forschungsbereich, 2020). Zudem zeigen Kinder und Jugendliche mit direkter familiärer Zuwanderungsgeschichte in Europa verstärkt internalisierende (z.B. depressive Symptomatik) und externalisierende Verhaltensschwierigkeiten (z.B. Verhaltensprobleme im Schulsetting) im Vergleich zu Kindern und Jugendlichen ohne direkte familiäre Zuwanderungsgeschichte (für eine Metaanalyse, s. Dimitrova et al., 2016). Doch wie lassen sich diese lern- und verhaltensbezogenen Disparitäten erklären?

2 Erfahrungen, die mit familiärer Zuwanderungsgeschichte und kulturellen/ethnischen Zugehörigkeiten einhergehen, als Risiko- und Schutzfaktoren

Risikofaktoren

Faktoren im Kontext der Familie: sozioökonomischer Status und Sprache

Lernbezogene Disparitäten im Kontext migrationsbedingter Vielfalt werden in Deutschland häufig auf den sozioökonomischen Status sowie auf sprachliche Faktoren zurückgeführt. So geht eine direkte familiäre Zuwanderungsgeschichte oft mit einem niedrigeren sozioökonomischen Status und niedrigeren elterlichen Bildungsabschlüssen einher, welche wiederum mit geringeren Schulleistungen zusammenhängen (Autorengruppe Bildungsberichterstattung, 2016; SVR-Forschungsbereich, 2016). Leistungsunterschiede zwischen Jugendlichen mit und ohne direkte familiäre Zuwanderungsgeschichte verringern sich oder verschwinden, wenn Aspekte wie der Berufsstatus der Eltern und die elterliche Bildungsdauer berücksichtigt werden (Kristen & Granato, 2007; SVR-Forschungsbereich, 2016, 2020).

Ein zweiter möglicher Erklärungsfaktor ist die Sprache. So sprechen mehr als die Hälfte der unter 6-jährigen Kinder, deren beide Eltern zugewandert sind, zu Hause kein oder wenig Deutsch. Dieser Anteil ist jedoch weitaus geringer bei Kindern der dritten Zuwanderergeneration (10%) (Autorengruppe Bildungsberichterstattung, 2016). Je mehr Deutsch im Haushalt gesprochen wird, desto höher ist die Lesekompetenz in der deutschen Sprache, welche wiederum eng mit Schulleistungen sowie mit der Chance, ein Gymnasium zu besuchen, zusammenhängt (SVR-Forschungsbereich, 2016, 2020). Hierbei soll jedoch auch betont werden, dass viele Kinder und Jugendliche mit direkter familiärer Zuwanderungsgeschichte bilingual oder multilingual aufwachsen und somit wertvolle Kompetenzen besitzen. Diese werden im schulischen Kontext jedoch nicht immer wertgeschätzt, vor allem wenn die Schüler*innen z.B. Türkisch oder Arabisch sprechen (Binanzer & Jessen, 2020).

Faktoren im Kontext der Schule und der Gesamtgesellschaft: interpersonale, institutionelle und strukturelle Diskriminierung

Neben dem sozioökonomischen Status und deutschen Sprachkenntnissen spielen interpersonale, institutionelle und strukturelle Diskriminierung eine wichtige Rolle für Lernen und Verhalten von Jugendlichen mit direkter familiärer Zuwanderungsgeschichte bzw. aus minorisierten kulturellen/ethnischen Gruppen. Viele Lehrkräfte und Lehramtsstudierende in Deutschland haben negative Stereotype gegenüber Schüler*innen mit direkter familiärer Zuwanderungsgeschichte (z. B. hinsichtlich der Kompetenz, des Sozialverhaltens oder der Kultur), v. a. gegenüber solchen mit türkischem Hintergrund (Froehlich et al., 2016). Diese Stereotype äußern sich u. a. in ihren Erklärungen für Schüler*innenverhalten (Froehlich et al., 2016) und in ihrer Notenvergabe (Sprietsma, 2013), meist zum Nachteil von türkischstämmigen Schüler*innen. Bezüglich der Empfehlungen für die weiterführenden Schulen liegen divergierende Befunde vor (Glock et al., 2013; Sprietsma, 2013; SVR-Forschungsbereich, 2016).

Stereotype und Diskriminierung im Schulkontext sind nicht nur Ergebnisse von Merkmalen individueller Lehrkräfte, sondern Ausdrücke eines gesellschaftlich verankerten Rassismus. Dieser ist dadurch gekennzeichnet, dass soziale Gruppen erschaffen (z. B. die »Deutschen« vs. die »Migrant*innen«) und in eine Hierarchie gebracht werden. Diese Konstruktionen werden u. a. dazu verwendet, Vorstellungen von (Nicht-)Zugehörigkeit zu legitimieren. So berichten Angehörige minorisierter ethnischer Gruppen in Deutschland, häufig die Erfahrung gemacht zu haben, dass Lehrkräfte und andere Personen sie als »Ausländer*in« ansehen, obwohl sie möglicherweise in Deutschland geboren und aufgewachsen sind und/oder sich als Deutsche identifizieren (Juang et al., 2021; Karabulut, 2020).

Stereotype von Lehrkräften sowie die Vermittlung von »Nicht-Zugehörigkeit« können Lernen und Verhalten von Schüler*innen negativ beeinflussen. So besagt das Konzept der Stereotypenbedrohung, dass die Aktivierung negativer Stereotype in Leistungssituationen die Leistung negativ stereotypisierter Personen beeinträchtigen kann (Froehlich et al., 2018; Steele, 1997). Darüber hinaus hängen Diskriminierungserlebnisse sowie die Erfahrung, als »Ausländer*in« und »nicht-zugehörig« betrachtet zu werden, bei Schüler*innen mit direkter familiärer Zuwanderungsgeschichte mit einer schlechteren sozioemotionalen und akademischen Adaption zusammen (Juang et al., 2021; Kunyu et al., 2020).

Ein großer Teil von Diskriminierung äußert sich nicht in Handlungen von Einzelpersonen, sondern in als »normal« empfundenen Normen, Regeln und Routinen von Personen in Institutionen – der sogenannten institutionellen Diskriminierung. So vertreten Schulen Normalitätserwartungen in Bezug auf Schul- und Sprachfähigkeiten, die in erster Linie Kindern der christlich sozialisierten Mittelschicht entsprechen und Kinder aus minorisierten kulturellen/ethnischen Gruppen sowie Kinder aus Familien mit niedrigerem sozioökonomischen Status benachteiligen. In Deutschland äußert sich institutionelle Diskriminierung z. B. dadurch, dass Kinder mit direkter familiärer Zuwanderungsgeschichte häufiger auf Förderschulen für den Förderschwerpunkt Lernen verwiesen werden. Ergänzend umfasst die sogenannte strukturelle Diskriminierung die historische und sozialstrukturelle Verdichtung von

Diskriminierungen, die nicht mehr klar auf bestimmte Institutionen zurückgeführt werden können. Diese äußert sich z. B. in ungleicher Ressourcenverteilung und mangelnder Repräsentation bestimmter Gruppen sowie in stereotypisierenden Diskursen (Gomolla, 2017). Beispielsweise wird Migration und Diversität in deutschen Lehrplänen und Schulbüchern primär als krisenhaft und herausfordernd und nicht als Normalfall dargestellt (Mercator Forum Migration und Demokratie (MIDEM), 2021; Niehaus et al., 2015).

Schutzfaktoren

Faktoren im Kontext der Familie: kulturelle Identität

Diskriminierungserfahrungen können u. a. dadurch zu Lern- und Verhaltensschwierigkeiten führen, da sie eine Bedrohung der eigenen Identität darstellen. Umgekehrt kann eine Stärkung der kulturellen Identität Lern- und Verhaltensprobleme reduzieren bzw. vor den negativen Konsequenzen identitätsbedrohender Erlebnisse schützen. Insbesondere das Jugendalter ist eine wichtige Phase für die Entwicklung der eigenen Identität, welche auch die kulturelle Identität umfasst (Erikson, 1968). Obwohl alle Schüler*innen eine eigene kulturelle Identität haben, wird diese von Jugendlichen mit direkter familiärer Zuwanderungsgeschichte häufiger bzw. stärker wahrgenommen als von Jugendlichen ohne direkte familiäre Zuwanderungsgeschichte (Phinney, 1989).

Soziale Gruppenzugehörigkeiten wie z. B. die kulturelle Identität können Jugendlichen Orientierung und Stabilität geben und als Quelle der Anerkennung dienen (Tajfel & Turner, 1986). Eine aktive Exploration der eigenen kulturellen Identität unterstützt Jugendliche dabei, sich über die eigene kulturelle Identität klarzuwerden. Die positiven Zusammenhänge der Auseinandersetzung und Identifikation mit der familiären Herkunftskultur auf sozio-emotionale und akademische Adaption sind in den USA bereits durch Meta-Analysen belegt (Rivas-Drake et al., 2014). Ähnliche Tendenzen zeigen sich zumindest bezüglich der sozio-emotionalen Adaption auch in Untersuchungen mit türkischstämmigen Jugendlichen in Deutschland (Schotte et al., 2018). Darüber hinaus hat sich im deutschen Kontext herausgestellt, dass eine gefestigte kulturelle Identität die negativen Auswirkungen von Diskriminierung auf sozio-emotionale und akademische Adaption abmildern kann (Kunyu et al., 2020).

Faktoren im Kontext der Schule und der Gesamtgesellschaft: Wertschätzung kultureller Vielfalt und Abbau sozialer Ungerechtigkeit

Im Kontext der Schulen und der Gesamtgesellschaft nehmen wir als zentrale Schutzfaktoren zur Prävention von Lern- und Verhaltensschwierigkeiten die Wertschätzung kultureller Vielfalt und den Abbau sozialer Ungerechtigkeit in den Blick. Ähnliche Aspekte wurden bereits von der Kultusministerkonferenz in ihrem Beschluss zur interkulturellen Bildung und Erziehung in der Schule hervorgehoben (Kultusministerkonferenz, 2013).

Lehrkräfte: positive Beziehungen und Intervenieren bei Diskriminierung

Auf der Seite der Lehrkräfte haben sich sowohl positive Beziehungen zu den Schüler*innen als auch ein aktives Eingreifen bei Diskriminierung als relevante Faktoren zur Prävention von Lern- und Verhaltensschwierigkeiten erwiesen. So hängt eine höhere wahrgenommene Unterstützung durch Lehrkräfte nicht nur mit einer erhöhten Wahrscheinlichkeit zusammen, die Schule nicht abzubrechen (Baysu & Phalet, 2012), sondern kann auch die negativen Effekte von Diskriminierung auf Selbstwert und schulisches Engagement abmildern (Civitillo et al., 2021). Wenn Schüler*innen berichten, dass ihre Lehrkräfte eingreifen, wenn diskriminierende Vorfälle in der Schule vorkommen, berichten sowohl Schüler*innen aus minorisierten als auch aus nicht-minorisierten Gruppen von weniger Diskriminierung und rassistischer Viktimisierung (Verkuyten & Thijs, 2002).

Klassen- bzw. Schulklima

Schulen können durch die Gestaltung des Klassen- bzw. Schulklimas verschiedene Ansätze zum Umgang mit kultureller/ethnischer Vielfalt verfolgen, welche differenzielle Effekte auf Lernen und Verhalten von Schüler*innen haben (Schachner et al., 2021). Ansätze von *Gleichberechtigung und Inklusion* basieren auf der Kontakthypothese des Sozialpsychologen Gordon Allport, nach der Kontakt Vorurteile zwischen Mitgliedern verschiedener Gruppen reduzieren kann, wenn diese einen gleichen Status haben, gemeinsame Ziele aufweisen, kooperieren und der Kontakt von Autoritäten unterstützt wird (Allport, 1954). Schulen, die diesen Ansatz verfolgen, fördern z. B. durch kooperative Lernformen gemeinsame Ziele und Zusammenarbeit zwischen Schüler*innen verschiedener kultureller/ethnischer Hintergründe (Schachner et al., 2021). Ein solcher Ansatz hängt sowohl bei Schüler*innen mit als auch ohne direkte familiäre Zuwanderungsgeschichte mit höheren Schulzugehörigkeitsgefühlen zusammen, welche wiederum mit höherer Schulleistung, akademischem Selbstkonzept und Lebenszufriedenheit zusammenhängen (Schachner et al., 2019). Allerdings kann *Gleichberechtigung und Inklusion* auch mit »Farbenblindheit« einhergehen, d. h. einer Ausblendung kultureller/ethnischer Zugehörigkeiten, welche dazu führen kann, dass wichtige Teile der (kulturellen) Identitäten der Schüler*innen vernachlässigt werden und strukturelle Ungerechtigkeiten, wie z. B. Rassismus, nicht thematisiert werden (Schachner et al., 2021).

Hier knüpfen Ansätze des *kulturellen Pluralismus* an (z. B. Banks, 2015). Diese gehen davon aus, dass die kulturellen/ethnischen Identitäten von Menschen wertgeschätzt werden sollten. Schulen, die diesen Ansatz verfolgen, ermutigen Schüler*innen z. B., sich mit ihren eigenen Herkunftskulturen und mit denen ihrer Mitschüler*innen auseinanderzusetzen (Schachner et al., 2021). Pluralistische Ansätze hängen bei Jugendlichen mit und ohne direkte familiäre Zuwanderungsgeschichte mit höheren Schulzugehörigkeitsgefühlen und besseren Noten zusammen (Celeste et al., 2019; Schachner et al., 2019). Ein starker Fokus auf kulturelle Variationen kann jedoch auch Stereotype und Diskriminierung fördern

(Schwarzenthal et al., 2018) und dazu führen, dass strukturelle Ungerechtigkeiten ausgeblendet werden (Mecheril et al., 2010). Um dies zu vermeiden, ist es auch wichtig, dass in Bildungskontexten eine aktive Auseinandersetzung mit sozialer Ungerechtigkeit stattfindet. Basierend auf dem Konzept der *Conscientização (kritisches Bewusstsein)* des brasilianischen Pädagogen und Philosophen Paulo Freire (1970/2018) regen Schulen mit einem Ansatz des *kritischen Bewusstseins* Jugendliche dazu an, sich aktiv mit sozialen Ungerechtigkeiten in der Gesellschaft auseinanderzusetzen (Schwarzenthal et al., 2021). Befunde aus US-amerikanischen Studien legen nahe, dass dieser Ansatz das kritische Bewusstsein von Jugendlichen fördern kann, welches wiederum mit einer besseren akademischen Adaption zusammenhängt (Heberle et al., 2020).

Trotz der Forderungen der Kultusministerkonferenz und trotz der empirischen Befunde zu den positiven Effekten dieser Ansätze findet eine Wertschätzung kultureller Vielfalt und ein Abbau sozialer Ungerechtigkeit an vielen deutschen Schulen bisher nur in Ansätzen oder oberflächlich statt (Hüpping & Büker, 2014). Somit sind nicht nur weitere Entwicklungen im Bereich einzelner Schulen notwendig, sondern auch Veränderungen im gesamten Bildungssystem, wie z. B. eine systematische Vorbereitung auf den Umgang mit heterogenen Klassen in der Lehramtsausbildung (OECD, 2019) oder eine ressourcenorientierte Darstellung kultureller Vielfalt in Curricula und Schulbüchern (Mercator Forum Migration und Demokratie (MIDEM), 2021; Niehaus et al., 2015).

3 Konkrete Handlungsmöglichkeiten

Die Erkenntnisse zu kultureller Identität als Ressource für die sozio-emotionale und akademische Adaptation von Jugendlichen mit familiärer Zuwanderungsgeschichte gaben den Anlass für die Entwicklung einer Schulintervention zur Förderung der kulturellen Identitätsexploration in den USA. Das *Identity Project* (Umaña-Taylor et al., 2018) ist ein achtwöchiges Programm zur Auseinandersetzung und Erforschung der eigenen kulturellen Identität von Neuntklässler*innen. Mit dem *Identitätsprojekt* wurde die Originalintervention ins Deutsche übersetzt, an die hiesigen (migrations) geschichtlichen Gegebenheiten angepasst und anschließend mit Siebtklässler*innen durchgeführt und evaluiert (Juang et al., 2020).

Im Rahmen des Projektes gilt es zunächst, kulturelle Identität als einen Aspekt der allgemeinen Identität darzustellen, sodass alle Schüler*innen ein Verständnis dafür entwickeln können, dass auch sie eine kulturelle Identität haben. Dies geschieht konkret, indem sie über die eigenen familiären Traditionen, Symbole und Rituale nachdenken und die Bedeutsamkeit für die eigene kulturelle Identität beleuchten, und sich über die kulturellen Identitäten der Mitschüler*innen austauschen. Hierbei werden einerseits das Feststellen von Gemeinsamkeiten (inbesondere zwischen Gruppen) angestrebt als auch andererseits Einzigartigkeiten (insbesondere innerhalb von Gruppen) herausgestellt. Zudem wird erläutert, dass die kulturelle

Identität ein Teil der sozialen Identität ist, welche sich aus der Mitgliedschaft in sozialen Gruppen ergibt. Dies ebnet die Grundlage dafür, im Klassenverband über Stereotype und Diskriminierung basierend auf Gruppenzugehörigkeiten nachzudenken und sensible Diskussionen über Diskriminierungserfahrungen in Deutschland zu führen. Hierbei werden Erlebnisse aus der Gegenwart mit einem Blick in die migrationsgeschichtliche Vergangenheit ergänzt. Zudem wird, ganz im Sinne der Kontakthypothese, stets darauf geachtet, dass Schüler*innen mit verschiedenen kulturellen/ethnischen Zugehörigkeiten zusammenarbeiten. Erste empirische Ergebnisse unterstützen die Annahme, dass das Identitätsprojekt die Exploration der kulturellen Identität fördert als auch Einfluss auf das kulturelle Diversitätsklima nimmt (Juang et al., 2020).

4 Fazit

Trotz des erklärten Ziels der Kultusministerkonferenz (2013), allen Kindern und Jugendlichen unabhängig von ihrer Herkunft Chancen für den größtmöglichen Bildungserfolg zu eröffnen, bestehen in Deutschland lern- und verhaltensbezogene Disparitäten entlang von Differenzlinien wie der direkten familiären Zuwanderungsgeschichte sowie der kulturellen/ethnischen Herkunft fort. In diesem Kapitel haben wir eine ressourcenorientierte Perspektive auf Schüler*innen und deren Familien eingenommen und zudem Risiko- und Schutzfaktoren im schulischen und gesellschaftlichen Kontext betrachtet. So kann Diskriminierung auf verschiedenen Ebenen zu Lern- und Verhaltensschwierigkeiten beitragen, während eine Betrachtung kultureller Identitäten als Ressource sowie ein aktiver Abbau sozialer Ungerechtigkeit (z.B. durch individuelle Lehrkräfte und das Klassenklima) mit geringeren Lern- und Verhaltensschwierigkeiten zusammenhängen. Hierzu können Lehrkräfte auf konkrete Interventionsprogramme wie z.B. das vorgestellte *Identitätsprojekt* zurückgreifen.

Literatur

Allport, G. W. (1954). *The nature of prejudice*. Perseus Books.
Autorengruppe Bildungsberichterstattung. (2016). *Bildung in Deutschland 2016.* https://www.bildungsbericht.de/de/bildungsberichte-seit-2006/bildungsbericht-2016/pdf-bildungsbericht-2016/bildungsbericht-2016
Banks, J. A. (2015). *Cultural diversity and education* (6 ed.). Routledge.
Baysu, G., & Phalet, K. (2012). Staying on or dropping out? The role of intergroup friendship and perceived teacher support in minority and nonminority school careers. *Teachers College Record, 114*, 1–25.

Binanzer, A., & Jessen, S. (2020). Mehrsprachigkeit in der Schule – aus der Sicht migrationsbedingt mehrsprachiger Jugendlicher. *Zeitschrift für Interkulturellen Fremdsprachenunterricht, 25,* 221–252.

Celeste, L., Baysu, G., Phalet, K., Meeussen, L. & Kende, J. (2019). Can school diversity policies reduce belonging and achievement gaps between minority and majority youth? Multiculturalism, colorblindness, and assimilationism assessed. *Personality and Social Psychology Bulletin, 45*(11), 1603–1618.

Civitillo, S., Gobel, K., Preusche, Z. & Jugert, P. (2021). Disentangling the effects of perceived personal and group ethnic discrimination among secondary school students: The protective role of teacher-student relationship quality and school climate. *New Directions for Child and Adolescent Development, 177,* 77–99.

Dimitrova, R., Chasiotis, A. & van de Vijver, F. (2016). Adjustment outcomes of immigrant children and youth in Europe. *European Psychologist, 21*(2), 150–162.

Elrick, J. & Schwartzman, L. F. (2015). From statistical category to social category: organized politics and official categorizations of ›persons with a migration background‹ in Germany. *Ethnic and Racial Studies, 38*(9), 1539–1556.

Erikson, E. H. (1968). *Identity, youth, and crisis.* Norton

Fachkommission Integrationsfähigkeit. (2021). Gemeinsam die Einwanderungsgesellschaft gestalten. https://www.fachkommission-integrationsfähigkeit.de/resource/blob/1786706/1787474/fb4dee12f1f2ea5ce3e68517f7554b7f/bericht-de-data.pdf?download=1

Freire, P. (1970/2018). *Pedagogy of the oppressed.* Bloomsbury.

Froehlich, L., Martiny, S. E., Deaux, K. & Mok, S. Y. (2016). »It's their responsibility, not ours«. Stereotypes about competence and causal attributions for immigrants' academic underperformance. *Social Psychology, 47*(2), 74–86.

Froehlich, L., Mok, S. Y., Martiny, S. E. & Deaux, K. (2018). Stereotype threat-effects for Turkish-origin migrants in Germany: Taking stock of cumulative research evidence. *European Educational Research Journal,* 1–25.

Glock, S., Krolak-Schwerdt, S., Klapproth, F. & Böhmer, M. (2013). Beyond judgment bias: How students' ethnicity and academic profile consistency influence teachers' tracking judgments. *Social Psychology of Education, 16*(4), 555–573.

Gomolla, M. (2017). Direkte und indirekte, institutionelle und strukturelle Diskriminierung. In A. Scherr, A. El Mafalaani, & G. Yüksel (Eds.), *Handbuch Diskriminierung* (S. 133–156). Springer.

Heberle, A. E., Rapa, L. J. & Farago, F. (2020). Critical consciousness in children and adolescents: A systematic review, critical assessment, and recommendations for future research. *Psychological Bulletin, 146*(6), 525–551.

Hüpping, B., & Büker, P. (2014). The development of intercultural pedagogy and its influences on primary schools: conclusions and perspectives. *Intercultural Education, 25,* 1–13.

Juang, L., Schwarzenthal, M., Moffitt, U., & Vietze, J. (2021). »No, where are you really from?« Testing the Foreigner Objectification scale (FOB) for minority adolescents in Germany. *Zeitschrift für Entwicklungspsychologie und Pädagogische Psychologie. 53,* 82–93. https://doi.org/10.1026/0049-8637/a000242

Juang, L. P., Schachner, M. K., Pevec, S., & Moffitt, U. (2020). The Identity Project intervention in Germany: Creating a climate for reflection, connection, and adolescent identity development. *New Directions for Child and Adolescent Development, 2020*(173), 65–82.

Karabulut, A. (2020). *Rassismuserfahrungen von Schüler*innen: Institutionelle Grenzziehungen an Schulen.* Springer.

Kristen, C., & Granato, N. (2007). The educational attainment of the second generation in Germany: Social origins and ethnic inequality. *Ethnicities, 7,* 343–366.

Kultusministerkonferenz. (2013). *Interkulturelle Bildung und Erziehung in der Schule.* http://www.kmk.org/fileadmin/Dateien/veroeffentlichungen_beschluesse/1996/1996_10_25-Interkulturelle-Bildung.pdf

Kunyu, D., Juang, L. P., Schachner, M. K. & Schwarzenthal, M. (2020). Discrimination among youth of immigrant descent in Germany. Do school and cultural belonging weaken links to negative socio-emotional and academic adjustment? *Zeitschrift für Entwicklungspsychologie und Pädagogische Psychologie, 52*(3–4), 88–102.

Mecheril, P., do Mar Castro Varela, M., Dirim, I., Kalpaka, A. & Melter, C. (2010). *Migrationspädagogik*. Beltz.

Mercator Forum Migration und Demokratie (MIDEM). (2021). *Lehrplanstudie Migration und Integration*. https://forum-midem.de/cms/data/fm/user_upload/Projekte/MIDEM_Lehrplanstudie_web.pdf

Niehaus, I., Hoppe, R., Otto, M. & Georgi, V. B. (2015). *Schulbuchstudie Migration und Integration*. https://repository.gei.de/handle/11428/65

OECD. (2019). TALIS 2018 Results (Volume I): Teachers and school leaders as lifelong learners. TALIS, OECD Publishing. https://doi.org/10.1787/1d0bc92a-en

Phinney, J. S. (1989). Stages of ethnic identity in minority group adolescents. *Journal of Early Adolescence*, 9, 34–49.

Rivas-Drake, D., Syed, M., Umaña-Taylor, A., Markstrom, C., French, S., Schwartz, S. J., Lee, R., Ethnic & Racial Identity in the 21st Century Study, G. (2014). Feeling good, happy, and proud: a meta-analysis of positive ethnic-racial affect and adjustment. *Child Development*, 85(1), 77–102.

Schachner, M. K., Schwarzenthal, M., Moffitt, U., Civitillo, S. & Juang, L. (2021). Capturing a nuanced picture of classroom cultural diversity climate: Multigroup and multilevel analyses among secondary school students in Germany. *Contemporary Educational Psychology*, 65.

Schachner, M. K., Schwarzenthal, M., van de Vijver, F. J. R., & Noack, P. (2019). How all students can belong and achieve: Effects of the cultural diversity climate amongst students of immigrant and nonimmigrant background in Germany. *Journal of Educational Psychology*, 111(4), 703–716.

Schotte, K., Stanat, P., & Edele, A. (2018). Is integration always most adaptive? The role of cultural identity in academic achievement and in psychological adaptation of immigrant students in Germany. *Journal of Youth and Adolescence*, 47(1), 16–37.

Schwarzenthal, M., Juang, L., Moffitt, U., & Schachner, M. (2022). Critical consciousness socialization at school: Classroom climate, perceived societal Islamophobia, and civic engagement among adolescents. *Journal of Research on Adolescence*, 1-18. DOI: 10.1111/jora.12713

Schwarzenthal, M., Schachner, M. K., Van de Vijver, A. J. R. & Juang, L. P. (2018). Equal but different: Effects of equality/inclusion and cultural pluralism on intergroup outcomes in multiethnic classrooms. *Cultural Diversity and Ethnic Minority Psychology*, 24(2), 260–271.

Sprietsma, M. (2013). Discrimination in grading: experimental evidence from primary school teachers. *Empirical Economics*, 45(1), 523–538.

Statistisches Bundesamt. (2020). *Bevölkerung mit Migrationshintergrund 2019 um 2,1% gewachsen: schwächster Anstieg seit 2011*. www.destatis.de/DE/Presse/Pressemitteilungen/2020/07/PD20_279_12511.html

Steele, C. M. (1997). A threat in the air: How stereotypes shape intellectual identity and performance. *American Psychologist*, 52, 613–629.

SVR-Forschungsbereich. (2016). *Doppelt benachteiligt? Kinder und Jugendliche mit Migrationshintergrund im deutschen Bildungssystem. Eine Expertise im Auftrag der Stiftung Mercator*. www.svr-migration.de/wp-content/uploads/2017/07/SVR-FB_Doppelt_benachteiligt.pdf

SVR-Forschungsbereich. (2020). *Ungleiche Bildungschancen. Fakten zur Benachteiligung von jungen Menschen mit Migrationshintergrund im deutschen Bildungssystem*. www.svr-migration.de/publikationen/ungleiche_bildungschancen

Tajfel, H. & Turner, J. C. (1986). The social identity theory of intergroup behaviour. In S. Worchel & W. G. Austin (Eds.), *Psychology of intergroup relations* (S. 7–24). Nelson-Hall.

Umaña-Taylor, A. J., Kornienko, O., Douglass Bayless, S. & Updegraff, K. A. (2018). A universal intervention program increases ethnic-racial identity exploration and resolution to predict adolescent psychosocial functioning one year later. *Journal of Youth and Adolescence*, 47, 1–15.

Verkuyten, M., & Thijs, J. (2002). Racist victimization among children in The Netherlands: the effect of ethnic group and school. *Ethnic and Racial Studies*, 25(2), 310–331.

Unterrichtsqualität

Andreas Gold & Dorothea Krampen

Lotta Anderson (2020) hat im Rahmen einer Online-Umfrage in Schweden 1799 Eltern von Kindern mit einer Autismus-Spektrum-Störung (ASS) nach dem Ausmaß der unterrichtlichen Unterstützung gefragt, das ihren Kindern in der Schule zukommt. In Schweden werden Kinder mit einer ASS-Diagnose entweder in Sonderschulen oder inklusiv unterrichtet. Vor allem im inklusiven Setting vermissten die Eltern die eigentlich notwendige kognitive und sozial-emotionale Unterstützung ihrer Kinder und sie beklagten eine zu geringe Anpassung des unterrichtlichen Vorgehens an deren besondere Bedürfnisse. Ein hohes Ausmaß an Schulabsentismus war die Folge. Mehr als die Hälfte der Eltern gab an, dass ihre Kinder – auch ohne krank zu sein – gelegentlich zuhause blieben, weil sie in der Schule »nicht gut behandelt« würden. Die Eltern sehen hier eine Mitverantwortung der Lehrpersonen. Nicht immer waren diese offenbar in der Lage, den besonderen Bedürfnissen der ASS-Kinder gerecht zu werden.

An der Universität von Tallahassee ist in einer Längsschnittstudie die Entwicklung der Lesekompetenz von mehr als 800 Kindern untersucht worden, die entweder eineiige (EZ) oder zweieiige Zwillinge (ZZ) waren (Taylor et al., 2010). Im ersten Fall ist deren genetische Übereinstimmung perfekt, im anderen Fall liegt die genetische Ähnlichkeit bei 50 Prozent. Man geht davon aus, dass genetische Faktoren in erheblichem Maße die Entwicklung der Lesekompetenz prägen und mithin auch für die Ausbildung von Lesestörungen mitverantwortlich sind. Bei den hier untersuchten Zwillingen korrelierten die Leistungsentwicklungen im Lesen zu $r = .84$ (EZ) bzw. $r = .59$ (ZZ). Wirksam werden die genetischen Faktoren aber erst, wenn es schulische und außerschulische Lernumwelten gibt, in denen das Lesen gelehrt bzw. gefördert wird. In der Zwillingsstudie wurde die schulische Lernumwelt genauer in den Blick genommen, und zwar als »geteilte unterrichtliche Lernumwelt«, wenn die Zwillinge dieselbe Klasse besuchten und denselben Unterricht erhielten oder als »nicht geteilte unterrichtliche Lernumwelt«, wenn das nicht der Fall war. Als Ausweis der Unterrichtsqualität wurde der mittlere Leistungsfortschritt in einer Klasse betrachtet. Die entscheidende Frage war: Wie entwickeln sich die Lesekompetenzen der Zwillinge bei unterschiedlichen Lehrpersonen? Was bewirkt die Qualität des Unterrichts, also die unterschiedlich gute Lernumwelt, im Zusammenspiel mit den vorhandenen Anlagen? Wie bei ihren Klassenkameradinnen und -kameraden hing auch bei den Zwillingen die individuelle Leistungsentwicklung mit der erfahrenen Unterrichtsqualität zusammen. Interessant war jedoch Folgendes: Je schlechter die Unterrichtsqualität war, desto weiter blieben die Schülerinnen und Schüler in ihren Leistungen hinter dem aufgrund ihrer Begabung eigentlich Möglichen zurück. Für Kinder mit ungünstigen individuellen Lernvoraussetzungen ist das besonders nachteilig, weil sie auf diese Weise Mindeststandards nicht erreichen können. Aber auch Kinder mit besonders guten Lernvoraussetzungen werden nicht an ihr Optimum geführt. Egalisierendes Mittelmaß ist hier die Folge einer unzureichenden Unterrichtsqualität.

Die Qualität des Unterrichts hat Einfluss auf das Ausmaß des Lernerfolgs und auf das Wohlbefinden in der Schule. Ob sich im Umkehrschluss eine mangelnde Unterrichtsqualität als »didaktogene« Ursache von Lern- und Verhaltensschwierigkeiten in der Schule ausmachen lässt, ist das Thema dieses Beitrags. Zunächst geht es um eine genauere Umschreibung und Präzisierung der Unterrichtsqualität. Ein hohes Maß an Adaptivität und Maßnahmen individueller Förderung stehen für qualitativ guten Unterricht. Für Kinder mit Lernrisiken ist es besonders wichtig, dass sie gut unterrichtet werden. Unterricht wird von Lehrerinnen und Lehrern gemacht. Mit ihren erworbenen professionellen Kompetenzen tragen sie dazu bei, dass Lern- und Verhaltensschwierigkeiten gar nicht erst aufkommen. Sie wissen aber auch, wie sie mit solchen Schwierigkeiten umzugehen haben. Neben den Lehrpersonen und dem von ihnen verantworteten Unterricht gibt es weitere schulische Einflussgrößen, die das Auftreten und Aufrechterhalten von Lern- und Verhaltensschwierigkeiten begünstigen können. Eine problematische Zusammensetzung von Schulklassen sowie ein ungünstiges Lern- und Entwicklungsmilieu in einzelnen Schulen und Schularten können solche Einflussgrößen sein. Wo ungünstige Lernvoraussetzungen und nachteilige Schulkontextbedingungen zusammentreffen, werden vorhandene Bildungsungleichheiten zusätzlich verstärkt.

1 Unterricht und Lernerfolg

Aus pädagogisch-psychologischer Sicht spielen Defizite und Dysfunktionen individueller Lernvoraussetzungen die entscheidende Rolle bei der Genese von Lernschwierigkeiten (Gold, 2018). Familiäre Risikolagen und kulturelle Einflussfaktoren, die sich ungünstig auf die Lernentwicklung von Kindern und Jugendlichen auswirken können, treten hinzu. Aus bildungssoziologischer Sicht bedarf die Individuumzentrierung der Psychologie einer Ergänzung, die systemische und soziale Bedingungsfaktoren mit beachtet. Hier kommen auch die Bildungsinstitutionen ins Spiel. Denn natürlich nehmen Schule und Unterricht großen Einfluss auf die Entwicklung schriftsprachlicher und mathematischer Kompetenzen – um nur die wichtigsten Kulturtechniken zu nennen –, auch wenn die individuellen Lernpotenziale ihre Einflussmöglichkeiten restringieren. Schule und Unterricht sind also ebenfalls in den Blick zu nehmen, wenn es um die Ursachen von Lernschwierigkeiten geht. Zumal der Schulunterricht ausdrücklich die Vermittlung und Aneignung von Kenntnissen und Fertigkeiten zum Ziel hat.

Wie stark Merkmale des Unterrichts mit dem Ausmaß des Lernerfolgs der Schülerinnen und Schüler assoziiert sind, hat die empirische Lehr-Lern-Forschung in den vergangenen Dekaden gezeigt (zusammenfassend: Hasselhorn & Gold, 2017;

Lipowsky, 2020). John Hattie (2013; Hattie & Zierer, 2018) hat die gewonnenen Erkenntnisse metaanalytisch auf den Punkt gebracht. In Bezug auf den Unterricht und die Lehr-Lern-Prozesse im engeren Sinn kommt es demnach vor allem auf geeignete Rückmeldungen (Feedback), auf kontinuierliche Lernverlaufsbewertungen (formative Evaluation) sowie auf ausreichende Phasen zunächst angeleiteten und später selbstständigen Übens an. Und was die Lehrmethoden betrifft, so gelten Formen der direkten Instruktion in Kombination mit kooperativen Methoden als vorteilhaft. Allerdings hängt es von der Professionalität der Lehrperson ab, wie wirksam diese Erfolgsfaktoren letztlich sind.

Jenseits der Hattie-Ranglisten lassen sich die Erkenntnisse der Lehr-Lern-Forschung zu drei zentralen Qualitätsdimensionen des Unterrichts verdichten (Gold, 2015; Lipowsky, 2020). Entscheidend für den Lernerfolg sind demnach (1) eine gelingende kognitive Aktivierung, (2) eine konstruktive Unterstützung der individuellen Lernprozesse sowie (3) eine möglichst effiziente Klassenführung. Oft werden diese Dimensionen als Tiefenstrukturen der Unterrichtsqualität bezeichnet, um sie von den Oberflächen- oder Sichtstrukturen des Unterrichts abzuheben, die leichter zu erkennen sind. Unschwer sichtbar sind etwa die im Unterricht gewählten Sozialformen oder die eingesetzte Lehrmethode. In den weniger offensichtlichen Tiefenstrukturen der Unterrichtsqualität drückt sich hingegen aus, wie die Lehrpersonen mit dem Lernstoff und mit ihren Schülerinnen und Schülern umgehen: In welchem Maße es ihnen gelingt, die Kinder und Jugendlichen durch ihre Fragen und Ausführungen zum Nachdenken anzuregen und zum Problemlösen herauszufordern, ob sie die notwendigen Hilfen und geeigneten Rückmeldungen geben, ob sie für ausreichende Lernzeiten sorgen und wie sie auf Fehler reagieren. Aber auch, ob sie ihren Unterricht gut vorbereiten und störungsfrei gestalten. Je besser dies alles den Lehrpersonen gelingt, desto besser lernen die Kinder und Jugendlichen.

Kinder mit weniger umfangreichen Vorkenntnissen und mit unzureichenden sprachlichen Kompetenzen profitieren in höherem Maße von einer effizienten Klassenführung und von einer konstruktiven Unterstützung des Lernens (Seiz et al., 2016). Verwunderlich ist das nicht, weil gerade solche Kinder in besonderer Weise einer störungsfreien Lernumgebung bedürfen, die den Anteil effektiver Lernzeit maximiert, sowie einer individuellen Zuwendung, die ihrer ungünstigeren Lernausgangslage adaptiv Rechnung trägt. Im Umkehrschluss gilt: Wo Kinder und Jugendliche mit Lernrisiken oder mit Lernschwierigkeiten solche Unterstützungen nicht erfahren, ist mit einer Verfestigung ihrer Problemlagen zu rechnen. Bloom (1976) und Carroll (1963) haben bereits früh darauf hingewiesen, dass es zwangsläufig zu Lernschwierigkeiten führen müsse, wenn man das unterrichtliche Vorgehen und die angebotenen Lernzeiten nicht an die unterschiedlichen Lernfähigkeiten der Kinder anpasse. Bei gleichen Lernzeiten für alle, so schätzte Bloom, werde nur ein gutes Drittel der Schülerinnen und Schüler einer »normalen« Klasse erfolgreich lernen. Bei vielen anderen würden Leistungsdefizite kumulieren, weil ihnen weniger Lernzeit zugestanden werde, als sie eigentlich benötigten. Lernzeit- und lehrmethodenadaptive Maßnahmen können hier Abhilfe schaffen. Aber auch an lernzieladaptiven Entscheidungen, also an einem zieldifferenten Unterricht, wird man nicht vorbeikommen, wenn die Lernvoraussetzungen in einer Klasse besonders heterogen sind (Hasselhorn & Gold, 2017).

Aus kognitionspsychologischer Sicht lassen sich Lernschwierigkeiten als Folge kumulierter mentaler Überforderungen auffassen. Die Cognitive Load Theory (CLT) geht davon aus, dass es aufgrund der bekanntermaßen begrenzten Verarbeitungskapazitäten des Arbeitsgedächtnisses zu einer Überforderung der Lernerinnen und Lerner kommt, wenn die (didaktische) Gestaltung einer Lernumgebung und die (inhaltliche) Komplexität einer Lernaufgabe in Relation zu den individuellen Ressourcen zu anspruchsvoll sind (van Merrienboer et al., 2003). Oft hängt es mit der Art der Präsentation oder mit der Geschwindigkeit des unterrichtlichen Vorgehens zusammen, wie schwierig eine Lernanforderung ist. Nicht selten werden durch eine unpassende Art der Präsentation ineffektive (überflüssige) mentale Belastungen erzeugt. Gut vorstrukturierte, kontingent und kohärent präsentierte Informationen sind hingegen mental weniger beanspruchend. Aber natürlich hängt es ganz entscheidend von dem vorhandenen Vorwissen ab, wie leicht Neues gelernt werden kann. Die Kunst des pädagogischen Vorgehens besteht darin, beim Planen und Gestalten des Unterrichts darauf zu achten, dass die Grenzen der Belastbarkeit des Arbeitsgedächtnisses nicht überschritten werden – und zwar mit Blick auf die individuellen Lernfähigkeiten aller Schülerinnen und Schüler. Damit die Leistungsschwächeren nicht überfordert werden, müssen sie leichtere Aufgaben erhalten, die an ihre Lernfähigkeiten angepasst sind und ihnen Lernfortschritte ermöglichen.

Im Begriff der unterrichtlichen Adaptivität lässt sich die pädagogische Notwendigkeit einer hinreichenden Differenzierung von Lernanforderungen, methodischem Vorgehen und gewährten Lernzeiten mit Blick auf die Schülerinnen und Schüler mit ihren heterogenen Lernfähigkeiten gut bündeln. Ähnlich wird der Begriff der individuellen Förderung verwendet, wenn es um die notwendigen Anpassungen der Lernangebote und didaktischen Konzepte an die unterschiedlichen Lernvoraussetzungen der Kinder und Jugendlichen geht (Borsch, 2018). Auch der in sonderpädagogischen Zusammenhängen weit verbreitete Response-to-Intervention-(RTI-)Ansatz der gestuften Lernhilfen ist hier zu nennen (Hartke, 2017). Es gibt eine Vielzahl empirischer Befunde, die für die Lernwirksamkeit einer unterrichtlichen Anpassung von Lernziel, Lernzeit und/oder Lehrmethode an die Lernvoraussetzungen der Kinder und Jugendlichen sprechen (Gold, 2018). Auf der anderen Seite kann eine mangelnde unterrichtliche Adaptivität dazu beitragen, dass Lernschwierigkeiten entstehen oder aufrechterhalten werden.

Es ist wichtig zu betonen, dass eine mangelnde unterrichtliche Adaptivität nicht allein für die Lern- und Verhaltensschwierigkeiten von Kindern und Jugendlichen verantwortlich zu machen ist. Sie erschwert aber das Lernen. Bei ungünstigen Lernvoraussetzungen kann sie im Sinne einer »unterlassenen Hilfeleistung« das Fass zum Überlaufen bringen. Denn wenn die individuellen Lernfähigkeiten bereits vermindert sind, bedarf es erst recht einer Anpassung des pädagogischen Vorgehens an die besonderen Bedürfnisse. Auch wenn Lern- und Verhaltensschwierigkeiten bereits existieren, ist ein adaptives unterrichtliches Vorgehen dringend notwendig.

2 Professionelle Kompetenzen von Lehrpersonen

Gute Lehrerinnen und Lehrer verfügen über professionelle Kompetenzen zur Bewältigung der unterrichtlichen Anforderungen. Dazu gehören professionelles Wissen und Können, professionelle Werte und Einstellungen, eine hohe Selbstwirksamkeitserwartung sowie die Fähigkeit, effektiv mit den eigenen Ressourcen haushalten zu können (Kunter et al., 2020). Erfolgreiches pädagogisches Handeln resultiert aus solchen Kompetenzen. Für einen professionellen Umgang mit Lernschwierigkeiten ist es etwa notwendig, individuelle Lernvoraussetzungen mittels geeigneter diagnostischer Methoden festzustellen, um gegebenenfalls Maßnahmen individueller Förderung gezielt planen, einleiten oder delegieren zu können. Notwendig ist auch, dass die Möglichkeiten der lernprozessbegleitenden (formativen) Diagnostik genutzt werden, damit einzelne Kinder und Jugendliche nicht unbemerkt zurückbleiben. Fertigkeiten zur Konfliktbewältigung in Klassen und Schulen, zur Kommunikation (auch mit Eltern) und zur Kooperation in multiprofessionellen Teams kommen dazu. Das kann man lernen. Die Kultusministerkonferenz (KMK, 2004, 2014) hat in ihren Standards für die Lehrerbildung die dazu erforderlichen pädagogischen Basiskompetenzen für den Umgang mit Heterogenität und mit Lernschwierigkeiten in diesem Sinne skizziert. Hattie und Zierer (2018) heben zusätzlich zu dem bereits Gesagten die Bedeutsamkeit der Klarheit und der Glaubwürdigkeit der Lehrperson hervor.

Lehrerinnen und Lehrer vermitteln nicht nur Lerninhalte, sondern nehmen auch als Persönlichkeiten Einfluss auf das Lernen und Verhalten ihrer Schülerinnen und Schüler. Unterricht beinhaltet eine Beziehungsebene. Gerade im Zuge der pandemiebedingten Zeiten des längeren Distanzunterrichts waren Aufbau und Aufrechterhalten einer solchen Beziehungsebene besonders nötig. Nicht immer ist das offenbar gelungen (Helm et al., 2021).

Lernprozesse sind wirksamer, wenn die Lehrer-Schüler-Beziehung stimmt. Vertrauen und Zutrauen, Fürsorge und Wohlwollen sowie Geborgenheit und soziale Einbettung sollten die pädagogischen Interaktionen kennzeichnen (Hattie & Zierer, 2018). Cornelius-White (2007) hat eine Metaanalyse zur Wirksamkeit der Schülerorientierung von Unterricht vorgelegt. Das Wertschätzen von Schülerbeiträgen (unabhängig von ihrer Richtigkeit), das Anerkennen und Berücksichtigen von Unterschieden zwischen den Schülerinnen und Schülern, die Ermutigung zum kritischen und kreativen Denken sowie das Herausstellen des Prozesshaften des Lernens (anstelle seiner Produktorientierung) sind demnach wesentlich für den Aufbau einer positiven Lehrer-Schüler-Beziehung. Empfundene Wärme und erfahrener Respekt wirken sich positiv auf das Autonomieerleben und auf die Lernmotivation der Kinder und Jugendlichen aus sowie auf ihre Lernleistungen. Wenn die Beziehungsebene gestört ist, können die Lernmotivation und die Leistungsentwicklung beeinträchtigt sein. Gestörte Lehrer-Schüler-Beziehungen können aber auch Stress bei den Lehrpersonen auslösen und somit deren Gesundheit berühren.

Ein erhöhtes Belastungs- und Beanspruchungserleben auf Seiten der Lehrpersonen kann problematische Verhaltensänderungen nach sich ziehen, wie z. B. ein ungeduldiges oder wenig wertschätzendes Verhalten den Schülerinnen und Schülern gegenüber, ein vermindertes Engagement und auch eine weniger gründliche Unterrichtsvorbereitung. Empirische Studien haben gezeigt, dass die Unterrichtsqualität bei Lehrerinnen und Lehrern mit erhöhtem Beanspruchungserleben und mit ungünstigen Bewältigungsmustern tatsächlich leidet – und dass dies mit geringeren Leistungen seitens der Schülerinnen und Schüler einhergehen kann (Klusmann et al., 2008). Problematisch ist das insbesondere deshalb, weil die emotional erschöpften Lehrkräfte vor allem unter erschwerten Bedingungen – also in Klassen mit einem hohen Anteil an Kindern mit ungünstigen Lernvoraussetzungen – die notwendigen Ressourcen zur individuellen Förderung nicht mehr mobilisieren können (Klusmann et al., 2016). Aus Studien zur Lehrergesundheit ist zudem bekannt, dass Probleme mit der Klassenführung als äußerst belastend erlebt werden (Thiel, 2016).

Allgemein gilt die Fähigkeit zur Selbstregulation, also ein professioneller Umgang mit den eigenen Ressourcen, als wichtige Voraussetzung professionellen pädagogischen Handelns. Gerade im Lehrberuf besteht sonst die Gefahr, dass ein hohes Beanspruchungserleben in Kombination mit ungünstigen Bewältigungsmustern das Wohlbefinden und die Gesundheit von Lehrpersonen nachhaltig beeinträchtigen kann (Klusmann & Waschke, 2018). Ungünstig sind etwa eine Tendenz zur Selbstüberforderung, gekennzeichnet durch ein besonders großes Engagement bei gleichzeitig verminderter Erholungs- und Widerstandsfähigkeit, sowie eine Neigung zur Resignation, mit nur noch schwachem Engagement, ebenfalls gepaart mit einer geringen Widerstandsfähigkeit. Notwendig ist eine Balance zwischen Engagement und Distanz (Türktorun et al., 2020). Guten Unterricht können Lehrerinnen und Lehrer jedenfalls nur dann halten, wenn sie gesund bleiben. Erlernbare Fertigkeiten zur Verhaltens- und Emotionskontrolle und Techniken im Umgang mit negativen Emotionen helfen dabei (Klusmann & Waschke, 2018).

3 Schul- und Schulklasseneffekte

Den strukturellen Faktorenbündeln »Schule« und »Klassenzimmer« misst John Hattie nur geringe Bedeutsamkeit für den Lernerfolg zu (Hattie & Zierer, 2018). Das ist korrekt und ist es auch wieder nicht. Richtig ist zwar, dass es weniger darauf ankommt, wo ein Kind unterrichtet wird, als vielmehr wie. Spätestens seit aus der Arbeitsgruppe um Jürgen Baumert über Institutions- und Kompositionseffekte in den Sekundarschulen berichtet wurde, wissen wir allerdings auch, dass es für die Leistungsentwicklung der Kinder und Jugendlichen durchaus von Bedeutung sein kann, an welcher Schule sie unterrichtet werden und wie ihre Klasse zusammengesetzt ist (Baumert et al., 2009; Stanat et al., 2010; Walter & Stanat, 2008). Denn es gibt »Problem- oder Brennpunktschulen« mit einer Häufung von Kindern und Jugendlichen aus familiären Risikolagen und mit einem niedrigen Leistungs- und Fähigkeitsniveau sowie mit einem hohen Anteil nichtdeutscher Muttersprachlerinnen und -sprachler. Solche Besonderheiten der sozialen, leistungsbezogenen oder ethnischen Zusammensetzung der Schülerschaft werden als Kompositionsmerkmale bezeichnet. Bei einer Kumulation »negativer« Kompositionsmerkmale kann es auch bei Kindern und Jugendlichen mit eher guten Lernvoraussetzungen zu einer vergleichsweise ungünstigen Leistungsentwicklung kommen.

Die Häufung negativer Kompositionsmerkmale beeinträchtigt aber nicht nur die Kinder und Jugendlichen mit guten Lernvoraussetzungen. Kompositionseffekte, die insbesondere aus dem Sekundarschulbereich berichtet werden, benachteiligen mehr noch die Kinder und Jugendlichen mit weniger guten Lernvoraussetzungen und mit einer familiären Risikolage – und zwar ein weiteres Mal. Zum Nachteil einer geringeren elterlichen Lernunterstützung kommt hinzu, dass sie häufiger Schulen und Schulklassen besuchen, die ungünstigere Rahmenbedingungen und einen weniger verlässlichen Unterricht aufweisen. So berichten etwa Helbig und Nikolai (2019) am Beispiel Berlins über eine schwächere Unterrichtsabdeckung in solchen Problemschulen.

Besonders problematisch mit Blick auf die Bildungsgerechtigkeit ist folgender Umstand: Je ungünstiger die soziale Zusammensetzung der Schülerschaft ist, desto höher ist auch der Anteil von Quereinsteigerinnen und -einsteigern unter den Lehrkräften. Eher hätte man erwartet, dass an den schwierigsten Schulen die erfahrensten Lehrerinnen und Lehrer unterrichten. Stattdessen weisen die sozial am stärksten benachteiligten Schulen – so zumindest die Studie aus Berlin – zugleich die ungünstigsten Rahmenbedingungen auf, was die Qualifikation ihres Lehrpersonals betrifft (Helbig & Nikolai, 2019; Richter & Zorn, 2019). Dabei bedürften gerade die bereits mehrfach benachteiligten Kinder eines qualitativ besonders hochwertigen Unterrichts.

Auf Kompositionsmerkmale ganz anderer Art verweist der vor allem im Hinblick auf die Selbstkonzeptentwicklung berichtete Bezugsgruppeneffekt (z. B. Köller, 2004). Kinder und Jugendliche in leistungsstärkeren Schulklassen würden demnach im Vergleich zu ähnlich lernfähigen Kindern und Jugendlichen in leistungsschwächeren Klassen aufgrund der ungünstigeren sozialen Vergleichsprozesse zu weniger vorteilhaften Einschätzungen ihrer eigenen Fähigkeiten gelangen. Sie würden sich dann auch weniger zutrauen. Mit negativen Auswirkungen auf die Kompetenzentwicklung muss das nicht unbedingt verbunden sein. Denn in den leistungsstärkeren Klassen könnte auch mehr gelernt werden, jedenfalls dann, wenn die individuelle Lern- und Leistungsmotivation durch eine ungünstigere Selbstkonzeptentwicklung nicht beeinträchtigt wird (Becker & Birkelbach, 2017).

Neben den Kompositions- gibt es Institutionsmerkmale von Schulen bzw. Schularten. Zu den Institutionsmerkmalen zählt etwa der Umstand, dass Schulen und Schularten der Sekundarstufe durch unterschiedliche Lernmilieus gekennzeichnet sind, die durch ihren jeweiligen Anforderungscharakter, durch ihre Curricula und Didaktiken sowie durch die Ausbildung und das Selbstverständnis der jeweiligen Lehrpersonen im Kollegium definiert sind. In gegliederten Systemen wie dem deutschen gehen mit den unterschiedlichen Schularten unterschiedliche schulische Lern- und Entwicklungsumwelten einher. Baumert et al. (2009) sprechen in diesem Zusammenhang mit Blick auf die Schülerinnen und Schüler von schulmilieubedingten differenziellen Entwicklungschancen. Institutionseffekte liegen vor, wenn Kinder vergleichbaren Leistungsvermögens in unterschiedlichen Schularten unterschiedliche Entwicklungsverläufe zeigen (Köller & Baumert, 2001). Infolge einer halbwegs leistungs- und fähigkeitsbezogenen Homogenisierung der Schülerschaft sind in der Sekundarstufe Kompositions- und Institutionseffekte allerdings in erheblichem Maße konfundiert. Denn in den Gymnasien, in denen die Lernanforderungen anspruchsvoller und vielleicht auch leistungsförderlicher sind, befinden sich vermehrt sowohl die vergleichsweise leistungsfähigeren Jugendlichen als auch diejenigen, die seltener von familiären Risikolagen betroffen sind. Baumert et al. (2009) halten die Institutionseffekte für gravierender als die Kompositionseffekte.

Auch in Inklusionszusammenhängen wird über Schul- und Schulklasseneffekte diskutiert. Dort geht es um die Frage, ob Schülerinnen und Schüler mit sonderpädagogischem Förderbedarf an separaten Förder- oder an Regelschulen besser aufgehoben sind. Im Hinblick auf die Leistungsentwicklung häufen sich die Hinweise darauf, dass sich an den Regelschulen sowohl das Entwicklungsmilieu (im Sinne eines Institutionseffekts) als auch die Klassenzusammensetzung (im Sinne eines Kompositionseffekts) günstig auswirken (Kocaj et al., 2017). Bezogen auf die Entwicklung von Selbstkonzept, Lernfreude und Lernmotivation sind die Ergebnisse indes uneinheitlich. Zu beachten ist allerdings, dass die vorliegenden Studien mit einer Reihe methodologischer Problemlagen konfrontiert sind. Nur wenig ist darüber bekannt, wie sich unter Inklusionsbedingungen die Leistungen und das Selbstkonzept von Kindern ohne sonderpädagogischen Förderbedarf entwickeln (Gold, 2018).

Eine mögliche Antwort auf Schuleffekte ist das Ertüchtigen von Brennpunktschulen. Mit der 2021 neu aufgelegten Programmlinie »Schule macht stark« zielt eine Bund-Länder-Initiative auf eine Veränderung der Situation an Schulen in sozial schwierigen Lagen (https://www.schule-macht-stark.de). Insgesamt 200 Schulen nehmen am Programm teil. Gemeinsam mit den Lehrpersonen und Schulleitungen entwickeln Wissenschaftlerinnen und Wissenschaftler aus Universitäten und weiteren Forschungseinrichtungen neue Strategien und Ansätze für den Unterricht und für den Schulalltag, die auf die besonderen Bedürfnisse vor Ort ausgerichtet sind. Als notwendige Beiträge zur Schulentwicklung und zu mehr Bildungsgerechtigkeit sind Initiativen wie »Schule macht stark« unverzichtbar.

Literatur

Anderson, L. (2020). Schooling for pupils with Autism Spectrum Disorder: Parents' perspectives. *Journal of Autism and Developmental Disorders, 50*, 4356–4366. doi: 10.1007/s10803-020-04496-2.

Baumert, J., Maaz, K., Stanat, P. & Watermann, R. (2009). Schulkomposition oder Institution – was zählt? Schulstrukturen und die Entstehung schulformspezifischer Entwicklungsverläufe. *Die Deutsche Schule, 101*, 33–46.

Becker, D. & Birkelbach, K. (2017). Bildungsungleichheit durch Schul- und Klasseneffekte. In R. Becker (Hrsg.), *Lehrbuch der Bildungssoziologie* (S. 179–210). Springer.

Bloom, B. S. (1976). *Human characteristics and school learning.* McGraw-Hill.
Borsch, F. (2018). *Alle lernen gemeinsam! Pädagogisch-psychologisches Wissen für den inklusiven Unterricht.* Vandenhoeck & Ruprecht.
Carroll, J. B. (1963). A model of school learning. *Teacher College Record, 64,* 723–733 (deutsch 1972: Lernerfolg für alle. *Westermanns Pädagogische Beiträge, 24,* 7–12).
Cornelius-White, J. (2007). Learner-centered teacher-student relationships are effective: A meta-analysis. *Review of Educational Research, 77,* 113–143. doi: 10.3102/003465430298563
Gold, A. (2015). *Guter Unterricht. Was wir wirklich darüber wissen.* Vandenhoeck & Ruprecht.
Gold, A. (2018). *Lernschwierigkeiten. Ursachen, Diagnostik, Intervention* (2. Aufl.). Kohlhammer.
Hartke, B. (Hrsg.) (2017). *Handlungsmöglichkeiten Schulische Inklusion.* Kohlhammer.
Hasselhorn, M. & Gold, A. (2017). *Pädagogische Psychologie. Erfolgreiches Lernen und Lehren.:* Kohlhammer.
Hattie, J. (2013). *Lernen sichtbar machen.* Schneider.
Hattie, J. & Zierer, K. (2018). *Visible Learning: Auf den Punkt gebracht.* Schneider.
Helbig, M. & Nikolai, R. (2019). Bekommen die sozial benachteiligsten Schüler*innen die »besten« Schulen? Eine explorative Studie über den Zusammenhang von Schulqualität und sozialer Zusammensetzung von Schulen am Beispiel Berlins (WZB Discussion Paper P-2019–002). Wissenschaftszentrum Berlin für Sozialforschung. Verfügbar unter: https://bibliothek.wzb.eu/pdf/2019/p19-002.pdf [04.05.2021].
Helm, C., Huber, S. & Loisinger, T. (2021). Was wissen wir über schulische Lehr-Lern-Prozesse im Distanzunterricht während der Corona-Pandemie? – Evidenz aus Deutschland, Österreich und der Schweiz. *Zeitschrift für Erziehungswissenschaft, 24,* 237–311. doi: 10.1007/s11618-021-01000-z
Klusmann, U., Kunter, M., Trautwein, U., Lüdtke, O. & Baumert, J. (2008). Teachers' occupational well-being and the quality of instruction: The important role of self-regulatory patterns. *Journal of Educational Psychology, 100,* 702–715. doi: 10.1037/0022-0663.100.3.702
Klusmann, U., Richter, D. & Lüdtke, O. (2016). Teachers' emotional exhaustion is negatively related to students' achievement: Evidence from a large-scale assessment study. *Journal of Educational Psychology, 108,* 1193–1203. doi: 10.1037/edu0000125
Klusmann, U. & Waschke, N (2018). *Gesundheit und Wohlbefinden im Lehrerberuf.* Hogrefe.
KMK (2004/2014). *Standards für die Lehrerbildung: Bildungswissenschaften* (Beschluss der Kultusministerkonferenz).
Kocaj, A., Kuhl, P., Haag, N., Kohrt, P. & Stanat, P. (2017). Schulische Kompetenzen und schulische Motivation von Kindern mit sonderpädagogischem Förderbedarf an Förderschulen und an allgemeinen Schulen. In P. Stanat et al. (Hrsg.), *IQB-Bildungstrend 2016* (S. 302–315). Waxmann.
Köller, O. (2004). *Konsequenzen von Leistungsgruppierungen.* Münster: Waxmann.
Köller, O. & Baumert, J. (2001). Leistungsgruppierungen in der Sekundarstufe I. Ihre Konsequenzen für die Mathematikleistung und das mathematische Selbstkonzept der Begabung. *Zeitschrift für Pädagogische Psychologie, 15,* 99–110. doi: 10.1024//1010-0652.15.2.99
Kunter, M., Pohlmann, B. & Decker, A-T. (2020). Lehrkräfte. In E. Wild & J. Möller (Hrsg.), *Pädagogische Psychologie* (S. 269–288). Springer.
Lipowsky, F. (2020). Unterricht. In E. Wild & J. Möller (Hrsg.), *Pädagogische Psychologie* (S. 69–118). Springer.
Richter, D. & Zorn, D. (2019). Wo unterrichten Quereinsteiger/-innen? Eine Analyse zur Verteilung nicht regulär ausgebildeter Lehrkräfte am Beispiel der öffentlichen Schulen in Berlin. *SchulVerwaltung Spezial,* 4/2019, 168–172.
Seiz, J., Decristan, J., Kunter, M. & Baumert, J. (2016). Differenzielle Effekte von Klassenführung und Unterstützung für Schülerinnen und Schüler mit Migrationshintergrund? *Zeitschrift für Pädagogische Psychologie, 30,* 237–249. doi: 10.1024/1010-0652/a000186
Stanat, P., Schwippert, K. & Gröhlich, C. (2010). Der Einfluss des Migrantenanteils in Schulklassen auf den Kompetenzerwerb: Längsschnittliche Überprüfung eines umstrittenen Effekts. *Zeitschrift für Pädagogik, 56*(55. Beiheft), 147–164.
Taylor, J., Roehrig, A. D., Soden Hensler, B., Connor, C. M. & Schatschneider, C. (2010, April 23). Teacher quality moderates the genetic effect on early reading. *Science, 328,* 512–514. doi: 10.1126/science.1186149

Thiel, F. (2016). *Interaktion im Unterricht – Ordnungsmechanismen und Störungsdynamiken*. Budrich.

Türktorun, Y. Z., Weiher, G. M. & Horz, H. (2020). Psychological detachment and work-related rumination in teachers: A systematic review. *Educational Research Review, 31*, 100354. doi: 10.1016/j.edurev.2020.100354

Van Merrienboer, J. J. G., Kirschner, P. A. & Kester, L. (2003). Taking the load off a learner's mind: Instructional design for complex learning. *Educational Psychologist, 38*, 5–13. doi: 10.1207/S15326985EP3801_2

Walter, O. & Stanat, P. (2008). Der Zusammenhang des Migrantenanteils in Schulen mit der Lesekompetenz: Differenzierte Analysen der erweiterten Migrantenstichprobe von PISA 2003. *Zeitschrift für Erziehungswissenschaft, 11*, 84–105. doi: 10.1007/s11618-008-0005-7

Soziale Vergleichsprozesse in der Schule

Jannis Bosch

Die Erforschung sozialer Vergleichsprozesse und ihrer komplexen Einflüsse auf kognitive, soziale und emotionale Prozesse im gesamten schulischen Kontext ist ein wichtiger Baustein zur Weiterentwicklung der Institution Schule. Die Zielsetzung dieses Beitrags ist es dabei, einen groben Überblick über die in diesem Kontext relevanten Forschungsergebnisse, insbesondere im Hinblick auf die Schulpraxis und die differentiellen Effekte auf Kinder mit Lern- und Verhaltensschwierigkeiten, zu liefern. Auf Basis dieser Ergebnisse sollen dann einige Vorschläge für ein schulisches Umfeld, das einen dauerhaft erfolgreichen und emotional positiv besetzten Lernort für alle Schüler*innen darstellt, abgeleitet werden.

Die Schule prägt dabei auf verschiedenen Ebenen den Umgang mit sozialen Vergleichsinformationen. Ames (1992) hat drei schulbezogene Faktoren identifiziert, die den Umgang der Schüler*innen mit Lern- und Leistungssituationen prägen: die *Aufgabenstruktur* (welche praktische Bedeutsamkeit haben die Aufgaben?), die *Autoritätsstruktur* (wie sehr können die Schüler*innen an den Entscheidungsprozessen teilhaben?) und die *Evaluationsstruktur* (wie wird die Leistung der Schüler*innen bewertet?). Speziell die Evaluationsstruktur ist im Hinblick auf die Entwicklung des Umgangs der Schüler*innen mit sozialen Vergleichsprozessen von großer Bedeutung. Soziale Vergleichsprozesse können verschiedene kognitive, soziale und emotionale Funktionen erfüllen. Welche der vielfältigen Funktionen im schulischen Kontext in den Vordergrund gestellt werden, ist unter Anderem abhängig von der dort vorherrschenden Evaluationsstruktur. Um diese komplexen Zusammenhänge besser zu verstehen, ist es hilfreich, sich zunächst einmal die verschiedenen Funktionen sozialer Vergleichsprozesse genauer anzuschauen.

1 Die Funktionen sozialer Vergleichsprozesse

In einer für die Forschung zu sozialen Vergleichsprozessen bahnbrechenden Arbeit hat Festinger (1954) die Social Comparison Theory (SCT) postuliert. Mit einer Reihe von Hypothesen zum sozialen Vergleich hat er damit die theoretische Basis für die weitere Forschung zum sozialen Vergleich geliefert. Festinger geht davon aus, dass Menschen einen natürlichen Antrieb haben, ihre eigenen Fähigkeiten adäquat einzuschätzen (Hypothese 1). Sie greifen dabei auf soziale Vergleichsprozesse zurück, wenn sie keinen objektiven Vergleichsrahmen vorfinden (Hypothese 2).

Weiterhin haben Menschen eine Tendenz, sich mit ihnen ähnlichen Personen zu vergleichen (Hypothese 3). Die von Festinger beschriebene Bewertungsfunktion sozialer Vergleichsprozesse wird auch als *Evaluationsfunktion* bezeichnet.

Neben dieser Evaluationsfunktion konnten noch weitere Funktionen sozialer Vergleichsprozesse identifiziert werden: so beschreiben Butler (1992) und Dijkstra et al. (2008) noch die *Selbstverbesserungsfunktion* (self-improvement) und die *Erhöhungsfunktion* (self-enhancement). Die Selbstverbesserungsfunktion beschreibt den Versuch, im sozialen Vergleich von anderen Personen zu lernen und dadurch die eigene Leistung zu steigern. Die Erhöhungsfunktion hingegen beschreibt den Versuch, eine möglichst hohe Leistung nach außen zu präsentieren, um den sozialen Stand und die eigene Selbstwahrnehmung zu verbessern. Butler (1989) bezeichnet die zugehörigen Motive dabei als Lern- bzw. Leistungszielorientierung. Personen, die soziale Vergleiche zur Selbstverbesserung nutzen, führen verstärkt Aufwärtsvergleiche (also Vergleiche mit leistungsstärkeren Personen) durch. Die Annahme ist dabei, dass diese Orientierung an leistungsstärkeren Personen sowohl zu einem verstärkten Lerneffekt, aber auch zu einem verringerten Selbstkonzept führen kann. Im Gegensatz dazu wird bei der Erhöhungsfunktion eher der Abwärtsvergleich (also der Vergleich mit leistungsschwächeren Personen) gesucht, um das eigene Selbstkonzept zu erhöhen (Wills, 1981).

Tesser et al. (1988) haben daraus geschlossen, dass soziale Vergleichsprozesse zur Erreichung bzw. Aufrechterhaltung eines erstrebenswerten psychologischen Zustandes eingesetzt werden. Diese Grundidee haben sie in ihrem Selbstwerterhaltungsmodell (*Self-Evaluation Maintenance Model*) aufgegriffen. Laut den Autor*innen ist menschliches Verhalten stets auf die Erhaltung oder Verbesserung der Selbstbewertung ausgerichtet. Gleichzeitig nehmen die Autor*innen an, dass der Erhalt einer positiven Selbstbewertung eine wichtige Voraussetzung für eine positive Gemütslage ist. Auf Basis dieses Modells und weiterer Überlegungen stellten Gibbons et al. (1994) die Hypothese auf, dass Menschen als Reaktion auf selbstwertgefährdende Informationen neben dem Abwärtsvergleich noch zwei weitere Strategien zum Schutz des eigenen Selbstkonzepts nutzen: den temporalen Vergleich (also den Vergleich der aktuellen eigenen Leistung mit einer vergangenen Leistung) und die Abwertung der evaluierten Domäne. Um ihre Annahmen zu überprüfen, führten sie zwei Studien mit Jugendlichen in für sie neuen, herausfordernden akademischen Situationen durch: eine Gruppe Jugendlicher in einem Sommercamp für Hochbegabte und eine Gruppe von Studierenden in ihren ersten vier Studienwochen. Wie erwartet zeigten speziell die Teilnehmer*innen mit vergleichsweise niedrigen Leistungen eine Neigung zu Abwärtsvergleichen, eine erhöhte Frequenz an temporären Vergleichen und eine verringerte Bewertung der Wichtigkeit akademischer Leistungen. Diese Übergangsphasen, und natürlich auch die Schulzeit als Ganzes, haben einen bedeutenden Einfluss auf die Entwicklung sozialer Vergleichsprozesse und der Ziele, die mit Ihnen verfolgt werden (Dijkstra et al., 2008).

2 Soziale Vergleichsprozesse im Verlauf der Kindheit und Jugend

Soziale Vergleichsprozesse haben schon früh im Leben einen Einfluss auf das Verhalten. So konnte Butler (1998) zeigen, dass bereits Kinder im Alter von vier bis fünf Jahren dazu neigen, ihre Leistung mit der Leistung anderer Kinder zu vergleichen. Die Aufmerksamkeit der Kinder auf den sozialen Vergleich zieht sich dabei durch die komplette Schulzeit (Xiang et al., 2001). Dennoch zeigen sich im Entwicklungsverlauf Veränderungen in der Herangehensweise und Funktion dieser sozialen Vergleichsprozesse. So nimmt der Einfluss sozialer Vergleichsprozesse auf die Selbstbewertung der Schüler*innen über die Schulzeit stetig zu (Keil et al., 1990; Ruble et al., 1980).

Verschiedene Studien konnten außerdem zeigen, dass offene Formen des sozialen Vergleichs im Verlauf der Schulzeit abnehmen und nach und nach durch verstecktere Formen ersetzt werden (Frey & Ruble, 1985; Pomerantz et al., 1995). Pomerantz et al. (1995) argumentieren, dass dies unter anderem durch ein verstärktes Bewusstsein der positiven und negativen Effekte sozialer Vergleichsprozesse zustande kommt. So konnten sie in einer Längsschnittstudie über drei Schuljahre zeigen, dass die Abnahme offener Formen des sozialen Vergleichs mit einer verstärkt negativen Wahrnehmung dieser offenen Formen einhergeht. Zusätzlich konnten sie zeigen, dass subtile Formen des sozialen Vergleichs über denselben Zeitraum zunahmen und auch als für die Evaluationsfunktion hilfreicher eingeschätzt wurden.

Gleichzeitig verändern sich über die Schulzeit auch die Ziele, die mit sozialen Vergleichsprozessen verfolgt werden. Während Kinder im Vorschul- und jüngeren Grundschulalter noch eher dazu neigen, ihre Peers im Sinne der Selbstverbesserungsfunktion als Lernmodell zu beobachten, liegt der Fokus älterer Kinder stärker auf der eigenen Leistungsbewertung im Sinne der Evaluations- oder Erhöhungsfunktion (Dijkstra et al., 2008). Dabei gibt es Hinweise darauf, dass diese Verschiebung von der Selbstverbesserungs- in Richtung der Evaluationsfunktion durch die soziale Umgebung beeinflusst wird. So haben Butler und Ruzany (1993) Kinder aus Kibbutz- und Regelschulen befragt, aus welchem Grund sie während einer Aufgabe im Schulsetting zu ihren Mitschüler*innen herübergeschaut haben. Kinder aus der Kibbutz-Schule, in welcher explizit der Wert von Kooperation und nicht-kompetitiven Lernformen in den Vordergrund gestellt wird, gaben dabei wesentlich häufiger lernbezogene Gründe an als Kinder aus der Regelschule.

Zusammenfassend kommen Dijkstra et al. (2008) in ihrem Literaturreview zu dem Schluss, dass die auf Ziffernnoten und sozial-vergleichenden Leistungsbewertungen basierte Evaluationsstruktur der meisten schulischen Institutionen zu einem verstärkten Fokus auch der Schulkinder auf ebendiese Bereiche führt. Neben der Evaluationsstruktur scheint aber auch die Komposition der Klasse und die Schulform einen erheblichen Einfluss auf die Auswirkungen sozialer Vergleichsprozesse zu haben.

3 Schulische Referenzgruppeneffekte beim sozialen Vergleich

Die Erforschung der Referenzgruppeneffekte der akademischen Selbstbewertung im schulischen Kontext wurde bisher zumeist unter dem Label *Big-Fish-Little-Pond Effect* (BFLPE) durchgeführt. Marsh und Parker (1984) beobachteten dabei neben der erwartbaren positiven Assoziation zwischen individueller Leistung und Selbstkonzept der Schüler*innen noch einen negativen Zusammenhang zwischen der mittleren Leistung der jeweiligen Klasse mit dem individuellen Selbstkonzept der Schüler*innen. Diesen negativen Zusammenhang haben Marsh und Parker (1984) BFLPE getauft und als Hinweis darauf interpretiert, dass Schüler*innen ihre eigene akademische Leistung im Vergleich zu ihren Mitschüler*innen bewerten. Entsprechend führt eine gute schulische Leistung primär dann zu einer Verbesserung des Selbstkonzepts, wenn sie auch im klassen- bzw. schulinternen Vergleich eine hohe Position einnimmt.

Der BFLPE konnte sowohl im Hinblick auf das allgemeine akademische Selbstkonzept (Marsh, 1991; Marsh & Hau, 2003) gezeigt werden als auch auf domänenspezifische Selbstkonzepte wie das mathematische Selbstkonzept (Jonkmann et al., 2012; Wang, 2015), das naturwissenschaftliche Selbstkonzept (Jansen et al., 2015; Nagengast & Marsh, 2012) oder das sportliche Selbstkonzept (Trautwein et al., 2008). Der BFLPE konnte schon in frühen Schuljahren nachgewiesen werden (Schurtz et al., 2014) und zieht sich durch die komplette Schulzeit (Köller et al., 2000; Trautwein et al., 2006). Gleichzeitig konnten verschiedene Forschergruppen zeigen, dass sich der BFLPE nicht nur auf das Selbstkonzept auswirkt, sondern auch auf andere akademisch relevante Variablen wie die Testangst (Goetz et al., 2008), das akademische Interesse (Köller et al., 2000; Trautwein et al., 2006) und die akademischen Zielsetzungen (Marsh, 1991; Nagengast & Marsh, 2012).

Auch Schulnoten zeigen, wie beim BFLPE, einen positiven Zusammenhang zur individuellen Schulleistung und einen negativen Zusammenhang mit der durchschnittlichen Leistung aller Schüler*innen der Schule (Marsh & O'Mara, 2010; Schurtz et al., 2014; Trautwein et al., 2008; Vogl et al., 2018). Entsprechend bekommen Schüler*innen in leistungsstarken Schulen schlechtere Noten als Schüler*innen mit vergleichbaren Leistungen in leistungsschwachen Schulen. Trautwein et al. (2006) konnten weiterhin zeigen, dass Schüler*innen in Gymnasien, Realschulen und Hauptschulen vergleichbare Noten bekommen, obwohl sich das durchschnittliche Leistungsniveau zwischen den Schulformen erheblich unterscheidet. Diese Ergebnisse legen nahe, dass Lehrkräfte den sozialen Kontext mit in die Bewertung einbeziehen und Noten im Vergleich zu ihrer individuellen Referenzgruppe (also den Schüler*innen, die sie täglich erleben) vergeben. Zusätzlich haben verschiedene Forscher*innen Hinweise darauf gefunden, dass der BFLPE auf das akademische Selbstkonzept stark reduziert ist oder sogar komplett verschwindet, wenn Schulnoten als Kontrollvariable mit in das statistische Modell aufgenommen werden (Trautwein et al., 2006, 2008; Vogl et al., 2018). Das kann als Hinweis darauf verstanden werden, dass die schulische Evaluationsstruktur die Effekte des BFLPE verstärkt oder sogar für diese verantwortlich ist.

Die Ergebnisse zum BFLPE zeigen, dass der soziale Vergleich und die externe Evaluationsstruktur einen deutlichen Einfluss auf die Entwicklung verschiedener akademisch relevanter Persönlichkeitsmerkmale haben. Dies ist vor allem für (relativ zu ihrer Referenzgruppe) leistungsschwache Schüler*innen problematisch. Entsprechend stellt sich die Frage, inwieweit die Effekte des sozialen Vergleichs Kinder mit Lern- und Verhaltensschwierigkeiten differentiell beeinflussen und wie die jeweilige Schulform dabei eine Rolle spielt.

4 Differentielle Effekte sozialer Vergleichsprozesse auf Kinder mit Lern- und Verhaltensschwierigkeiten

Coleman (1983) hat in einer Studie die Selbst- und Fremdwahrnehmung des akademischen Selbstkonzepts einer Gruppe Sonderschüler*innen mit Lernschwierigkeiten mit der einer Gruppe Regelschüler*innen mit Lernschwierigkeiten verglichen. Dabei konnte er zeigen, dass die Sonderschüler*innen ihr Selbstkonzept höher einstuften als die Regelschüler*innen. Dieser Unterschied war aber nur im Selbsturteil zu finden. So zeigte sich, dass die Mütter der Sonderschüler*innen das Selbstkonzept ihrer Kinder eher unterschätzten, während die Mütter der Regelschüler*innen das Selbstkonzept ihrer Kinder eher überschätzten. Dies weist einerseits darauf hin, dass leistungsdifferenzierte Lerngruppen einen positiven Effekt auf das Selbstkonzept, speziell der Kinder mit Lernschwierigkeiten, haben können. Andererseits spricht die Unterschätzung des akademischen Selbstkonzepts durch die Mütter der Sonderschüler*innen auch dafür, dass das Label »Sonderschüler*in« sich negativ auf die Beurteilung durch andere Personen auswirken kann. Auch Kelly und Norwich (2004) konnten in einer Interviewstudie zeigen, dass Kinder mit leichten Lernschwierigkeiten in Sonderschulen mehr positive Selbstbeschreibungen ihrer akademischen Fähigkeiten äußern als solche in Regelschulen. Bei allgemeinen Selbstbeschreibungen zeigte sich allerdings kein Unterschied zwischen den Gruppen.

Grolnick und Ryan (1990) verglichen Selbst- und Fremdbewertungsurteile von Kindern mit Lernschwierigkeiten aus der Regelschule mit drei schulinternen Vergleichsgruppen: Kinder mit vergleichbarem IQ ohne diagnostizierte Lernschwierigkeiten, Kinder ohne Lernschwierigkeiten und Kinder mit schwachen akademischen Leistungen. Dabei fanden sie heraus, dass Kinder mit Lernschwierigkeiten ihre eigenen kognitiven Kompetenzen und ihre Autonomie geringer einschätzen als Kinder ohne Lernschwierigkeiten. Gleichzeitig nahmen Kinder mit Lernschwierigkeiten im Vergleich zu allen Vergleichsgruppen eher an, dass die Entwicklung ihrer kognitiven Kompetenzen von anderen Personen, wie z. B. Lehrkräften, kontrolliert wird. Renick und Harter (1989) konnten außerdem zeigen, dass Kinder mit Lernschwierigkeiten ihre eigenen Fähigkeiten unterschiedlich hoch einschätzten, je nachdem, ob sie sich mit den Schüler*innen ihrer Regelschulklasse verglichen oder mit anderen Kindern mit Lernschwierigkeiten. Erwartungsgemäß schätzten sie ihre Fähigkeiten im Vergleich mit anderen Kindern mit Lernschwierigkeiten höher ein als im Vergleich mit den Schüler*innen ihrer Regelschulklasse.

Dyson (2003) konnte in einer Studie, in der sie das globale und akademische Selbstkonzept von Kindern mit Lernschwierigkeiten mit dem ihrer ähnlich alten Geschwisterkinder verglich, keine Unterschiede finden. Allerdings wurden die Kinder mit Lernschwierigkeiten von ihren Eltern als weniger sozial kompetent eingeschätzt als ihre Geschwister. Die Eltern gaben außerdem an, dass ihre Kinder mit Lernschwierigkeiten im Vergleich zu ihren Geschwistern stärkere Verhaltensschwierigkeiten zeigten.

Während die spezifischen Effekte sozialer Vergleichsprozesse auf die Selbstbewertung von Kindern mit Lernschwierigkeiten also relativ gut untersucht und dokumentiert sind, gibt es bisher nur sehr wenig Forschung zu vergleichbaren Effekten auf Kinder mit Verhaltensschwierigkeiten. So konnten Hienonen et al. (2021) zwar zeigen, dass Kinder mit Sonderförderbedarf in Sonderschulen sowohl bessere Noten bekommen als auch eine stärkere Lernmotivation zeigen. Sie differenzierten dabei allerdings nicht zwischen den verschiedenen Arten des sonderpädagogischen Förderbereichs (z. B. Lernen und Verhalten).

5 Praktische Implikationen der Forschungsergebnisse zum sozialen Vergleich

Diese Ergebnisse zeigen, dass speziell Kinder mit Lernschwierigkeiten im stark auf sozialen Vergleich ausgerichteten Regelschulsystem keine guten Voraussetzungen für die Entwicklung einer positiven und motivierenden Einstellung zur Schule haben. Daraus könnte man den Schluss ziehen, dass das in der Vergangenheit vorherrschende nicht-inklusive System mit Sonder- und Regelschulen gegenüber der inklusiven Beschulung einige Vorteile bietet. Allerdings konnten verschiedene Studien zeigen, dass die inklusive Beschulung im Hinblick auf die Kompetenzentwicklung und soziale Teilhabe durchaus Vorteile bietet (Dessemontet et al., 2012; Szumski et al., 2017). Darüber hinaus konnte eine Meta-Analyse zeigen, dass die inklusive Beschulung auch für Kinder ohne Lern- oder Verhaltensschwierigkeiten Vorteile mit sich bringt (Szumski et al., 2017). Die Ergebnisse von Cooney et al. (2006) zeigen außerdem, dass Kinder mit Lernschwierigkeiten in regulären Schulen eher eine höhere Ausbildung anstreben als Kinder mit Lernschwierigkeiten in Sonderschulen. Im Hinblick auf die Etablierung eines inklusiven Schulsystems, welches soziale Teilhabe ermöglicht und außerdem die kognitive und emotionale Entwicklung aller Schüler*innen optimal fördert, ist eine inklusive Beschulung also von Vorteil für alle Lernenden. Darüber hinaus können aus den beschriebenen Befunden verschiedene Maßnahmen im Hinblick auf die Evaluationsstruktur der Schule abgeleitet werden.

Generell hat die bisherige Forschung klare Hinweise darauf geliefert, dass ein Fokus des Bildungssystems auf sozial-vergleichende Leistungsbewertung dazu führt, dass auch die Kinder sich zur Beurteilung ihrer eigenen Leistung auf einen sozialen Vergleichsrahmen beziehen. Dabei ist anzunehmen, dass dies speziell für Kinder mit schwachen akademischen Leistungen bzw. Lernschwierigkeiten negative Konsequenzen nach sich zieht (Dijkstra et al., 2008). Um dies zu vermeiden, schlägt Ames (1992) verschiedene Maßnahmen vor: einen Fokus der Lehrkraft auf Anstrengung und den eigenen Lernprozess anstelle von sozialen Vergleichen, die gezielte Entwicklung eines Gemeinschaftsgefühls der Klasse, die Nutzung intrinsisch motivierender Aufgaben und die Attribution positiver Lerneffekte auf Anstrengung und anstrengungsbasierte Lernstrategien.

Auch kooperative Lernformen können dabei helfen, die für leistungsschwache Schüler*innen negativen Effekte des sozialen Vergleichs abzumildern. So kommen McMaster und Fuchs (2002) in ihrem Literaturreview zum kooperativen Lernen zu dem Schluss, dass Kinder mit Lernschwierigkeiten besonders von kooperativen Lernformen profitieren, wenn diese individuelle Verantwortlichkeit innerhalb der Gruppe klar definieren. Belohnungen sollten dabei auf Gruppenebene vergeben werden und nicht im sozialen Vergleich.

Insgesamt gibt es in Hinblick auf den für alle Schüler*innen gewinnbringenden Einsatz sozialer Vergleichsprozesse im schulischen Kontext, speziell im Hinblick auf Schüler*innen mit Lernschwierigkeiten, noch einige Schwierigkeiten zu überwinden. Die Erforschung und Umsetzung von Maßnahmen, die im Sinne einer inklusiven schulischen Ausbildung allen Schüler*innen einen motivierten und positiv besetzten Schulalltag ermöglichen, sollte daher weiterhin vorangetrieben werden.

Literatur

Ames, C. (1992). Classrooms: Goals, structures, and student motivation. *Journal of Educational Psychology*, 84(3), 261–271. https://doi.org/10.1037/0022-0663.84.3.261

Butler, R. (1989). Mastery versus Ability Appraisal: A Developmental Study of Children's Observations of Peers' Work. *Child Development*, 60(6), 1350–1361.

Butler, R. (1992). What young people want to know when: Effects of mastery and ability goals on interest in different kinds of social comparisons. *Journal of Personality and Social Psychology*, 62(6), 934–943. https://doi.org/10.1037/0022-3514.62.6.934

Butler, R. (1998). Age Trends in the Use of Social and Temporal Comparison for Self-Evaluation: Examination of a Novel Developmental Hypothesis. *Child Development*, 69(4), 1054–1073. https://doi.org/10.1111/j.1467-8624.1998.tb06160.x

Butler, R., & Ruzany, N. (1993). Age and Socialization Effects on the Development of Social Comparison Motives and Normative Ability Assessment in Kibbutz and Urban Children. *Child Development*, 64(2), 532–543.

Coleman, J. M. (1983). Handicapped Labels and Instructional Segregation: Influences on Children's Self-Concepts versus the Perceptions of Others. *Learning Disability Quarterly*, 6(1), 3–11. https://doi.org/10.2307/1510857

Cooney, G., Jahoda, A., Gumley, A. & Knott, F. (2006). Young people with intellectual disabilities attending mainstream and segregated schooling: Perceived stigma, social comparison and future aspirations. *Journal of Intellectual Disability Research*, 50(6), 432–444. https://doi.org/10.1111/j.1365-2788.2006.00789.x

Dessemontet, R. S., Bless, G. & Morin, D. (2012). Effects of inclusion on the academic achievement and adaptive behaviour of children with intellectual disabilities: Effects of inclusion on children with ID. *Journal of Intellectual Disability Research*, 56(6), 579–587. https://doi.org/10.1111/j.1365-2788.2011.01497.x

Dijkstra, P., Kuyper, H., van der Werf, G., Buunk, A. P. & van der Zee, Y. G. (2008). Social Comparison in the Classroom: A Review. *Review of Educational Research*, 78(4), 828–879. https://doi.org/10.3102/0034654308321210

Dyson, L. L. (2003). Children with Learning Disabilities Within the Family Context: A Comparison with Siblings in Global Self-Concept, Academic Self-Perception, and Social Competence. *Learning Disabilities Research and Practice*, 18(1), 1–9. https://doi.org/10.1111/1540-5826.00053

Festinger, L. (1954). A Theory of Social Comparison Processes. *Human Relations*, 7(2), 117–140. https://doi.org/10.1177/001872675400700202

Frey, K. S. & Ruble, D. N. (1985). What children say when the teacher is not around: Conflicting goals in social comparison and performance assessement in the classroom. *Journal of Personality and Social Psychology*, 48(3), 550–562.

Gibbons, F. X., Benbow, C. P. & Gerrard, M. (1994). From top dog to bottom half: Social comparison strategies in response to poor performance. *Journal of Personality and Social Psychology*, 67(4), 638–652. https://doi.org/10.1037/0022-3514.67.4.638

Goetz, T., Preckel, F., Zeidner, M. & Schleyer, E. (2008). Big fish in big ponds: A multilevel analysis of test anxiety and achievement in special gifted classes. *Anxiety, Stress & Coping*, 21(2), 185–198. https://doi.org/10.1080/10615800701628827

Grolnick, W. S., & Ryan, R. M. (1990). Self-Perceptions, Motivation, and Adjustment in Children with Learning Disabilities: A Multiple Group Comparison Study. *Journal of Learning Disabilities*, 23(3), 177–184. https://doi.org/10.1177/002221949002300308

Hienonen, N., Hotulainen, R. & Jahnukainen, M. (2021). Outcomes of Regular and Special Class Placement for Students with Special Educational Needs – A Quasi-experimental Study. *Scandinavian Journal of Educational Research*, 65(4), 646–660. https://doi.org/10.1080/00313831.2020.1739134

Jansen, M., Scherer, R., & Schroeders, U. (2015). Students' self-concept and self-efficacy in the sciences: Differential relations to antecedents and educational outcomes. *Contemporary Educational Psychology*, 41, 13–24. https://doi.org/10.1016/j.cedpsych.2014.11.002

Jonkmann, K., Becker, M., Marsh, H. W., Lüdtke, O., & Trautwein, U. (2012). Personality traits moderate the Big-Fish–Little-Pond Effect of academic self-concept. *Learning and Individual Differences*, 22(6), 736–746. https://doi.org/10.1016/j.lindif.2012.07.020

Keil, L. J., McClintock, C. G., Kramer, R. & Platow, M. J. (1990). Children's use of social comparison standards in judging performance and their effects on self-evaluation. *Contemporary Educational Psychology*, 15(1), 75–91. https://doi.org/10.1016/0361-476X(90)90007-N

Kelly, N. & Norwich, B. (2004). Pupils' perceptions of self and of labels: Moderate learning difficulties in mainstream and special schools. *British Journal of Educational Psychology*, 74(3), 411–435. https://doi.org/10.1348/0007099041552297

Köller, O., Schnabel, K. U. & Baumert, J. (2000). Der Einfluß der Leistungsstärke von Schulen auf das fachspezifische Selbstkonzept der Begabung und das Interesse. *Zeitschrift für Entwicklungspsychologie und Pädagogische Psychologie*, 32(2), 70–80. https://doi.org/10.1026//0049-8637.32.2.70

Marsh, H. W. (1991). Failure of High-Ability High Schools to Deliver Academic Benefits Commensurate with Their Students' Ability Levels. *American Educational Research Journal*, 28(2), 445. https://doi.org/10.2307/1162948

Marsh, H. W. & Hau, K.-T. (2003). Big-fish-little-pond effect on academic self-concept. A cross-cultural (26-country) test of the negative effects of academically selective schools. *The American Psychologist, 58*(5), 364–376. https://doi.org/10.1037/0003-066X.58.5.364

Marsh, H. W. & O'Mara, A. J. (2010). Long-Term Total Negative Effects of School-Average Ability on Diverse Educational Outcomes: Direct and Indirect Effects of the Big-Fish-Little-Pond Effect. *Zeitschrift für Pädagogische Psychologie, 24*(1), 51–72. https://doi.org/10.1024/1010-0652/a000004

Marsh, H. W. & Parker, J. W. (1984). Determinants of student self-concept: Is it better to be a relatively large fish in a small pond even if you don't learn to swim as well? *Journal of Personality and Social Psychology, 47*(1), 213–231. https://doi.org/10.1037/0022-3514.47.1.213

McMaster, K. N., & Fuchs, D. (2002). Effects of Cooperative Learning on the Academic Achievement of Students with Learning Disabilities: An Update of Tateyama-Sniezek's Review. *Learning Disabilities Research and Practice, 17*(2), 107–117. https://doi.org/10.1111/1540-5826.00037

Nagengast, B. & Marsh, H. W. (2012). Big fish in little ponds aspire more: Mediation and cross-cultural generalizability of school-average ability effects on self-concept and career aspirations in science. *Journal of Educational Psychology, 104*(4), 1033–1053. https://doi.org/10.1037/a0027697

Pomerantz, E. M., Ruble, D. N., Frey, K. S., & Greulich, F. (1995). Meeting Goals and Confronting Conflict: Children's Changing Perceptions of Social Comparison. *Child Development, 66*(3), 723. https://doi.org/10.2307/1131946

Renick, M. J. & Harter, S. (1989). Impact of Social Comparisons on the Developing Self-Perceptions of Learning Disabled Students. *Journal of Educational Psychology, 81*(4), 631–638.

Ruble, D. N., Boggiano, A. K., Feldman, N. S. & Loebl, J. H. (1980). Developmental Analysis of the Role of Social Comparison in Self-Evaluation. *Developmental Psychology, 16*(2), 105–115.

Schurtz, I. M., Pfost, M., Nagengast, B., & Artelt, C. (2014). Impact of social and dimensional comparisons on student's mathematical and English subject-interest at the beginning of secondary school. *Learning and Instruction, 34*, 32–41. https://doi.org/10.1016/j.learninstruc.2014.08.001

Szumski, G., Smogorzewska, J., & Karwowski, M. (2017). Academic achievement of students without special educational needs in inclusive classrooms: A meta-analysis. *Educational Research Review, 21*, 33–54. https://doi.org/10.1016/j.edurev.2017.02.004

Tesser, A., Millar, M., & Moore, J. (1988). Some affective consequences of social comparison and reflection processes: The pain and pleasure of being close. *Journal of Personality and Social Psychology, 54*(1), 49–61. pdh. https://doi.org/10.1037/0022-3514.54.1.49

Trautwein, U., Gerlach, E., & Lüdtke, O. (2008). Athletic classmates, physical self-concept, and free-time physical activity: A longitudinal study of frame of reference effects. *Journal of Educational Psychology, 100*(4), 988–1001. https://doi.org/10.1037/0022-0663.100.4.988

Trautwein, U., Lüdtke, O., Marsh, H. W., Köller, O., & Baumert, J. (2006). Tracking, grading, and student motivation: Using group composition and status to predict self-concept and interest in ninth-grade mathematics. *Journal of Educational Psychology, 98*(4), 788–806. https://doi.org/10.1037/0022-0663.98.4.788

Vogl, K., Schmidt, I., & Preckel, F. (2018). The role of academic ability indicators in big-fish-little-pond effect research: A comparison study. *The Journal of Educational Research, 111*(4), 429–438. https://doi.org/10.1080/00220671.2017.1291485

Wang, Z. (2015). Examining big-fish-little-pond-effects across 49 countries: A multilevel latent variable modelling approach. *Educational Psychology, 35*(2), 228–251. https://doi.org/10.1080/01443410.2013.827155

Wills, T. A. (1981). Downward comparison principles in social psychology. *Psychological Bulletin, 90*(2), 245–271. https://doi.org/10.1037/0033-2909.90.2.245

Xiang, P., Lee, A., & Williamson, L. (2001). Conceptions of Ability in Physical Education: Children and Adolescents. *Journal of Teaching in Physical Education, 20*(3), 282–294. https://doi.org/10.1123/jtpe.20.3.282

Bullying-Prozesse bei Schüler*innen mit Lern- und Verhaltensschwierigkeiten

Pawel R. Kulawiak, Johanna Krull & Karolina Urton

1 Bedeutung sozialer Partizipation/Ausgrenzung für die Entwicklung von Schüler*innen

Aus psychologischer Sicht zählt der Wunsch nach sozialer Eingebundenheit zu den drei Grundbedürfnissen des Menschen und stellt eine wichtige Voraussetzung für Wohlbefinden, Gesundheit, intrinsische Motivation und damit für Lehr-/Lernprozesse dar (Deci & Ryan, 2000; Pellegrini et al., 2015). Die Schule gilt als bedeutsamer Ort für Kinder und Jugendliche, um soziale Beziehungen mit Peers einzugehen (Klicpera & Gasteiger-Klicpera, 2008). Positive Kontakte zu Mitschüler*innen, das Bilden von Freundschaften und das Gefühl der Zugehörigkeit zu einer Peergruppe werden fachdisziplinübergreifend als bedeutsam für die kognitive, moralische, sozial-emotionale Entwicklung von Heranwachsenden, ihre Identitätsentwicklung sowie die Bewältigung von normativen Lebensereignissen und Entwicklungsaufgaben angesehen (Siegler et al., 2016). Kinder und Jugendliche, die hingegen aktiv soziale Ausgrenzung oder keine Beachtung von Gleichaltrigen erfahren, zeigen häufig schlechtere Schulleistungen (Newcomb et al., 1993; Wentzel, 2011), eine geringere Konfliktlösekompetenz (Dodge et al., 2003), ein niedrigeres Selbstwertgefühl (Newcomb et al., 1993) sowie vermehrten Schulabsentismus und Schulabbruch (DeRosier et al., 1994). Zudem besteht das Risiko, dass bereits bestehende Schwierigkeiten im Lernen und Verhalten zunehmen (Siegler et al., 2016).

2 Soziale Partizipation/Ausgrenzung von Schüler*innen mit Lern- und Verhaltensschwierigkeiten in Schulen des Gemeinsamen Lernens

Mit Blick auf die Umsetzung eines inklusiven Schulsystems rückt auch die Frage nach der sozialen Partizipation von Schüler*innen mit sonderpädagogischem Förderbedarf (SPF) in den Fokus. Empirische Untersuchungen zeigen, dass Schüler*innen mit SPF deutlich häufiger von sozialer Ausgrenzung durch ihre Peers betroffen sind als Lernende ohne SPF (Avramidis, 2013; Crede et al., 2019; Lindsay, 2007). Eine Studie von Huber (2008) kam zu dem Ergebnis, dass knapp die Hälfte aller Kinder mit SPF sozial abgelehnt werden. Dies entspricht einem dreifach erhöhten Ausgrenzungsrisiko im Vergleich zu Lernenden ohne SPF.

Wenngleich die Befunde der letzten Jahre ein relativ eindeutiges Bild zur sozialen Ausgrenzung von Schüler*innen mit SPF in inklusiven Lerngruppen zeichnen, so gilt es zu berücksichtigen, dass die häufig verwendete dichotome förderschwerpunktübergreifende Kategorisierung – mit SPF vs. ohne SPF – der Komplexität der einzelnen Förderschwerpunkte nicht gerecht wird (Stein & Ellinger, 2018). Aus diesem Grund ist eine Betrachtung von Studien unumgänglich, die sich durch eine differenziertere Vorgehensweise auszeichnen und die verschiedenen Gruppen der Lernenden mit Lern- und Verhaltensschwierigkeiten explizit ausweisen.

Die aktuellen Untersuchungen zur sozialen Partizipation von Kindern mit Lern- und Verhaltensschwierigkeiten in Schulen des Gemeinsamen Lernens (gemeinsamer Unterricht für Schüler*innen mit und ohne SPF) deuten immer wieder darauf hin, dass insbesondere für diese Schüler*innen das Risiko für soziale Ausgrenzung sehr hoch ist (Kavale & Forness, 1996; Schürer, 2020; Stein & Ellinger, 2018). Dies zeigt sich für unterschiedliche Dimensionen sozialer Partizipation: Schüler*innen mit Lern- und Verhaltensschwierigkeiten fühlen sich weniger sozial inkludiert in die Klassengemeinschaft (Crede et al., 2019), sie werden weniger von ihren Mitschüler*innen akzeptiert und häufiger ausgegrenzt (Krull et al., 2014), sind weniger in Interaktionen mit Mitschüler*innen (Schwab, 2015) und in ein Netzwerk aus wechselseitigen Freundschaftsbeziehungen eingebunden (Hoffmann et al., 2020). Die vergleichende Betrachtung von Kindern mit Lernschwierigkeiten mit denen mit Verhaltensschwierigkeiten zeigt, dass Schüler*innen mit Verhaltensschwierigkeiten eher *aktiv* von ihren Gleichaltrigen ausgegrenzt werden (hohe Anzahl an Ablehnungen, geringe Anzahl an Zuneigungen), während Kinder mit Lernschwierigkeiten überwiegend von *passiver* Ausgrenzung betroffen sind (geringere Anzahl an Zuneigungen und Ablehnungen als Kinder mit Verhaltensschwierigkeiten) (Krull et al., 2014). Diese Befunde bleiben auch bei Berücksichtigung der Klassen- und Schulebene bestehen. Allerdings lassen sich hier einige ›Ausnahmeklassen und -schulen‹ identifizieren, in denen nur sehr geringe oder keine Unterschiede zwischen Kindern mit und ohne Lern- und Verhaltensschwierigkeiten ermittelt werden konnten. Diese Ergebnisse lassen einen Hinweis erkennen, dass es Faktoren in Lerngruppen und Institutionen gibt, die dieser negativen Tendenz entgegenwirken können (Krull et al., 2014).

3 Bullying

Eine spezifische Form sozialer Ausgrenzung stellt Bullying dar (im deutschsprachigen Raum auch als Mobbing bezeichnet). Bullying wird nach Olweus (2013) als eine negative soziale Handlung verstanden, die darauf ausgerichtet ist, einer anderen

Person absichtsvoll Schaden zuzufügen (Olweus, 2013). Die die Handlung initiierende Person wird als Bully (Täter*in) bezeichnet. Die geschädigte Person ist dementsprechend das Opfer von Bullying (engl. victim). Bullying-Erfahrungen aus der Perspektive der Opfer werden auch mit dem Begriff Viktimisierung umschrieben. Das Verhältnis zwischen viktimisierten Schüler*innen und Bullys ist durch ein Ungleichgewicht im Sinne einer Überlegenheit des Bullys geprägt (physische, psychische und/oder soziale Überlegenheit). Zudem richten sich die negativen sozialen Handlungen der Bullys wiederholt gegen die Schüler*innen und werden nicht provoziert, sondern erfolgen proaktiv. Ein*e Schüler*in kann jedoch auch beides zugleich sein, *Täter*in und Opfer* (engl. bully-victim). Da Bullying ein Gruppenphänomen ist, können nebst Bullys und viktimisierten Schüler*innen noch weitere relevante Schüler*innen-Typen identifiziert werden (Knauf et al., 2017): *Assistent*innen* beteiligen sich aktiv am Bullying, machen aber nicht den ersten Schritt. *Verstärker*innen* beteiligen sich nicht aktiv, aber verstärken die Bullys mit ihren Reaktionen (z. B. Lachen). *Außenstehende* ignorieren die Bullying-Situation oder distanzieren sich. *Verteidiger*innen* versuchen den viktimisierten Schüler*innen zu helfen. Die negativen sozialen Handlungen der Bullys können unterschiedliche Formen annehmen, wie z. B. physische Gewalt, verbale Attacken, indirekte sowie relationale Handlungen (z. B. lästern und Ausschluss von Gruppenaktivitäten) und Cyber-Bullying (z. B. Hasskommentare in sozialen Netzwerken).

Für das deutsche Schulsystem gibt es repräsentative Schätzungen zur Prävalenz von Bullying (PISA-Studie: OECD, 2017). Im Jahre 2015 berichteten 16 % der Schüler*innen, dass sie regelmäßig viktimisiert worden sind (OECD, 2017). Im Jahre 2018 waren es 23 % der Schüler*innen (OECD, 2019). In den untersuchten Schulen mit einer hohen Bullying-Prävalenz zeigen sich geringere akademische Leistungen (OECD, 2017), was auf einen Zusammenhang zwischen Bullying und einem wenig förderlichen Lernklima hindeuten kann. Zudem zeigen viktimisierte Schüler*innen ein niedrigeres allgemeines Wohlbefinden sowie ein geringeres Schulzugehörigkeitsgefühl (OECD, 2017).

4 Bullying in Schulen des Gemeinsamen Lernens

Die bisherigen Zahlen der repräsentativen Befragungen zum Thema Bullying an deutschen Schulen erlauben noch keine Rückschlüsse zur Beteiligung von Schüler*innen mit SPF an Bullying-Prozessen in Schulklassen des Gemeinsamen Lernens, da spezifische Förderbedarfe in den bisherigen Studien nicht adressiert wurden. Auch Bilz et al. (2018) konstatieren, dass für den deutschsprachigen Raum bisher keine Studien zu Bullying in inklusiven Schulsettings vorliegen. Der Umstand, dass Schüler*innen mit SPF häufig von ihren Peers ausgegrenzt werden, lässt aber die Frage aufkommen, ob Schüler*innen mit SPF auch überdurchschnittlich häufig von Bullying betroffen sind. Aufgrund des erhöhten Risikos sozialer Ausgrenzung stellt sich diese Frage insbesondere auch für die Gruppe der Schüler*innen mit Lern- und Verhaltensschwierigkeiten.

5 Bullying-Prozesse bei Schüler*innen mit Lern- und Verhaltensschwierigkeiten

Aufgrund des Mangels an deutschsprachigen Forschungsbefunden zum Thema Bullying in Schulen des Gemeinsamen Lernens lohnt sich ein Blick in die internationale Literatur. Eine Meta-Analyse internationaler Studien untersuchte das Viktimisierungs-Risiko für Schüler*innen mit unterschiedlichen Förderbedarfen (Lernen, Sprache, chronische Krankheiten, körperliche und motorische Beeinträchtigungen sowie psychische Verhaltensschwierigkeiten) und kommt zu dem Schluss, dass alle Untersuchungsgruppen ein erhöhtes Risiko der Viktimisierung aufzeigen (Sentenac et al., 2012). Allerdings zeigt sich in weiteren Studien für Schüler*innen mit Lern- und Verhaltensschwierigkeiten eine heterogene Befundlage. Während ein Großteil der Studien darauf hindeutet, dass Schüler*innen mit Lern- und/oder Verhaltensschwierigkeiten einem erhöhten Viktimisierungs-Risiko ausgesetzt sind (für eine Übersicht siehe Arseneault, 2018; Rose et al., 2011), erscheint eine differenzierte Betrachtung sinnvoll, da sich Hinweise auch dahingehend zeigen, dass einzelne Lern- und Verhaltensschwierigkeiten (oder auch eine Kombination von Lern- und Verhaltensschwierigkeiten) unterschiedlich stark mit dem Risiko, viktimisiert zu werden, zusammenhängen können. So zeigt beispielsweise eine Studie von Klomek et al. (2016), dass Schüler*innen mit kombinierten Lern- und Verhaltensschwierigkeiten (Lernschwierigkeiten und ADHS) übermäßig häufig von Bullying betroffen sind. Das Viktimisierungs-Risiko dezimiert sich hingegen, wenn nur Verhaltens- oder nur Lernschwierigkeiten vorliegen. Zudem zeigte sich in einer Studie von Kaukiainen et al. (2002) kein erhöhtes Viktimisierungs-Risiko für Schüler*innen mit Lernschwierigkeiten im Bereich des Lesens und Schreibens. Im Bereich Verhalten zeigten Luukkonen et al. (2010), dass internalisierende Verhaltensschwierigkeiten mit einem erhöhten Viktimisierungs-Risiko zusammenhängen können, was sich für externalisierendes Verhalten nicht ergab. Damit wird deutlich, dass die Befunde in Abhängigkeit von den untersuchten Schüler*innengruppen variieren. Weitere empirische Befunde deuten darauf hin, dass Schüler*innen mit Lern- und Verhaltensschwierigkeiten auch aktiv Bullying ausüben können (für eine Übersicht siehe Rose et al., 2011).

6 Risikofaktoren für Bullying-Prozesse bei Schüler*innen mit Lern- und Verhaltensschwierigkeiten

Internalisierende Verhaltensweisen (z. B. Ängstlichkeit oder sozialer Rückzug) werden als begünstigende Faktoren für Viktimisierung diskutiert (Rodkin & Hodges, 2003). Diese Verhaltensweisen erschweren positive Peer-Interaktionen, sodass Schüler*innen mit internalisierenden Verhaltensweisen oft sozial isoliert oder auch ausgegrenzt sind (Kulawiak et al., 2020). Die mangelnde Peergruppenanbindung kann diese Kinder aufgrund eines fehlenden ›Gruppenschutzes‹ zu leichten Opfern von Bullying machen, da die Bullys wenig Gegenwehr erwarten können (Rodkin & Hodges, 2003). Aufgrund ihrer internalisierenden Verhaltensweisen (z. B. Ängstlichkeit) fällt es den Schüler*innen schwerer, sich gegen die Attacken der Bullys zu schützen (Arseneault, 2018). Anderseits gibt es auch Erklärungsansätze dafür, dass von Schüler*innen mit internalisierenden Verhaltensproblemen Bullying-Handlungen ausgehen bzw. diese Schüler*innen Handlungen zeigen, die von den Peers als Bullying interpretiert werden können. So neigen Schüler*innen mit internalisierenden Verhaltensschwierigkeiten zur Fehlinterpretation von sozialen Interaktionen (wenn z. B. neutrale Handlungen von Mitschüler*innen als negativ wahrgenommen werden) (Luebbe et al., 2010). Zudem sind erhöhte Reizbarkeit und damit einhergehende aggressive Reaktionen häufige Begleiterscheinungen von internalisierenden Verhaltensschwierigkeiten (Chen et al., 2021). Diese können dann von den Peers in neutralen Peer-Interaktionen als aktives Bullying seitens der Schüler*innen mit internalisierenden Verhaltensweisen interpretiert werden.

Bullying selbst kann zu den externalisierenden Verhaltensweisen gezählt werden. So werden Impulsivität und Aggressivität als begünstigende Faktoren für aktives Bullying-Verhalten und Konflikte mit Peers diskutiert (Rodkin & Hodges, 2003). Andererseits können externalisierende Verhaltensweisen – wie Hyperaktivität und mangelnde Emotionsregulation – auch befördernde Faktoren für die Viktimisierung dieser Schüler*innen darstellen. So können Hyperaktivität und unpassende emotionale Reaktionen (z. B. Wutausbrüche) als negativ von den Peers wahrgenommen werden und Bullys zu entsprechenden negativen Handlungen provozieren (Arseneault, 2018; Rodkin & Hodges, 2003). Da Schüler*innen mit externalisierenden Verhaltensweisen ebenfalls häufig sozial ausgegrenzt und unbeliebt sind, kann es in Bullying-Situationen dazu kommen, dass die unbeteiligten Peers den Schüler*innen mit Verhaltensschwierigkeiten nicht zur Seite stehen und sie damit keinen Schutz der Gruppe erfahren. Soziale Ausgrenzung und Unbeliebtheit können daher direkte Vorstufen des Bullyings sein.

Weiterhin können Bullying-Prozesse bei den Opfern Stressreaktionen hervorrufen (Ouellet-Morin et al., 2011), welche externalisierende Reaktionen in Form von Reizbarkeit, Frustration und Aggressivität auslösen bzw. verstärken und in der Folge zu aktivem Bullying-Verhalten führen können (Konishi & Hymel, 2009). Diese Annahme würde auch erklären, wie Schüler*innen, die zunächst viktimisiert wurden, zu Bully-Victims werden können. Darüber hinaus werden Verhaltensschwierigkeiten im Sinne von Aggressionen gegenüber Peers auch als eine Reaktion auf eigene Lernschwierigkeiten diskutiert (Kokkinos & Antoniadou, 2013). So werden für Schüler*innen mit Lernschwierigkeiten Beeinträchtigungen der sozialen Kognition und daraus resultierend mangelnde oder auch inadäquate Sozialkompetenzen als Ursache der sozialen Ausgrenzung und Gewalterfahrung diskutiert (z. B. geringe Problemlösefähigkeiten in sozialen Situation, mangelnde Fähigkeit der Emotionserkennung, sprachlich-kommunikative Barrieren, usw.) (Kavale & Forness, 1996). Diese Beeinträchtigungen können zu Konflikten in Peerinteraktionen führen, die auch durch Überforderungen der Schüler*innen in sozialen Situationen bedingt sind und in der Folge aggressives Verhalten hervorrufen können (Hong & Espelage, 2012).

7 Lern- und Verhaltensschwierigkeiten als Ursache sowie Folge von Viktimisierung

Die bisher dargestellten Befunde basieren überwiegend auf Querschnittstudien. Zur Verdeutlichung der Wirkmechanismen, die das Entstehen und die Aufrechterhaltung von Bullying-Prozessen näher in den Blick nehmen, sind allerdings weitere Längsschnittstudien notwendig, die den folgenden Fragen hinsichtlich der Schüler*innen mit Lern- und Verhaltensschwierigkeiten nachgehen. Werden Schüler*innen mit Lern- und Verhaltensschwierigkeiten gezielt von ihren Peers viktimisiert? Treten die Lern- und Verhaltensschwierigkeiten in Folge der erlebten Viktimisierung auf? Mögliche Begründungszusammenhänge für die Entstehung von Bullying und Viktimisierung entsprechend der beiden Fragestellungen werden im Folgenden näher dargestellt.

8 Verhaltensschwierigkeiten als Ursache sowie Folge von Viktimisierung

Eine der grundlegenden Fragen besteht darin, ob Verhaltensschwierigkeiten der Viktimisierung vorausgehen oder deren Folge sind. Prinzipiell ist es möglich, dass Verhaltensschwierigkeiten schon vor der Viktimisierung vorhanden sind. Diese könnten dann einen Risikofaktor darstellen, wenn z. B. Schüler*innen aufgrund von Verhaltensschwierigkeiten in den Fokus der Bullys rücken. Auch die Entwicklung von Verhaltensschwierigkeiten kann im Zusammenhang mit einer Viktimisierung stehen. Erste Befunde aus Längsschnittstudien, die vorherige Verhaltensschwierigkeiten sowie relevante Kovariablen berücksichtigen, geben einen Hinweis darauf, dass Viktimisierung wesentlich zur Verstärkung bereits vorliegender Verhaltensschwierigkeiten beiträgt. Überdies treten Verhaltensschwierigkeiten schon vor den Bullying-Attacken auf, sodass Schüler*innen mit internalisierenden oder externalisierenden Verhaltensschwierigkeiten womöglich gezielt in den Fokus der Bullys rücken (für eine Übersicht siehe Arseneault, 2018; Arseneault et al., 2010; Kaltiala-Heino & Fröjd, 2011). Daher können Verhaltensschwierigkeiten sowohl als Ursache als auch als Folge von Bullying verstanden werden. Entgegen der bisherigen Befunde wäre aber auch denkbar, dass eine Intensivierung der Verhaltensschwierigkeiten unabhängig von der erlebten Viktimisierung (z. B. entwicklungsbedingt) oder durch außerschulische Faktoren (z. B. familiäre Probleme) erfolgt. Da insgesamt die Anzahl der Längsschnittstudien zu den Ursachen und Folgen von Bullying als gering eingeschätzt wird (Arseneault, 2018; Arseneault et al., 2010; Kaltiala-Heino & Fröjd, 2011), erscheint gerade weitere Forschung, hinsichtlich einer differenzierten Betrachtung der Entstehung und Aufrechterhaltung verschiedener Verhaltensschwierigkeiten im Zusammenhang mit Bullying notwendig.

9 Lernschwierigkeiten als Ursache sowie Folge von Viktimisierung

Lernschwierigkeiten (vor allem im Sinne niedriger Schulleistungen) werden ebenso als Ursache und Folge von Viktimisierung diskutiert (Kochenderfer & Ladd, 1996). In ihrer Meta-Analyse zeigten Nakamoto und Schwartz (2010), dass viktimisierte Schüler*innen niedrige Schulleistungen aufweisen. Es stellt sich auch hier die Frage, ob die Schüler*innen aufgrund ihrer niedrigen Schulleistungen viktimisiert werden oder ob ihre Schulleistungen im Zuge der Viktimisierung gesunken sind. Die bisher nur wenigen Längsschnittstudien geben Hinweise darauf, dass niedrige Schulleistungen infolge von Viktimisierung auftreten (aber nicht vice versa) (Juvonen et al., 2011; Ladd et al., 2017). Das Motiv der Selbstwertsteigerung mittels Bullying-Attacken wird dahingehend diskutiert, dass schulleistungsstärkere Schüler*innen gezielt in den Fokus leistungsschwächerer Bullys rücken können (Xiong et al., 2020). Angst vor der nächsten Viktimisierungs-Erfahrung sowie damit einhergehende Vermeidungsstrategien im Unterricht (inkl. Schulabsentismus) werden als nicht lernförderliche Faktoren und somit als ursächliche Faktoren einer niedrigen Schulleistung diskutiert. Die Annahme dieses Ursache-Wirkungszusammenhang begründet sich auch in dessen Reversibilität. So ließ sich zeigen, dass nach der Beendigung von Viktimisierung eine Schulleistungssteigerung wieder eintreten kann (Ladd et al., 2017). Ehemals viktimisierte Schüler*innen können sich daher, zumindest hinsichtlich der Schulleistung, von den negativen Folgen einer Viktimisierung erholen.

10 Fazit und Ausblick

Das Risiko sozialer Ausgrenzung für Schüler*innen mit Lern- und Verhaltensschwierigkeiten wurde bereits in zahlreichen Studien dokumentiert (Kavale & Forness, 1996; Schürer, 2020; Stein & Ellinger, 2018). Die Betrachtung der Beteiligung dieser Schüler*innen an Bullying-Prozessen hat allerdings bisher vergleichsweise wenig Beachtung erfahren (Bilz et al., 2018). Ein Blick in die internationale Forschungsliteratur gibt erste Hinweis darauf, dass Schüler*innen mit Lern- und Verhaltensschwierigkeiten sowohl Viktimisierung erfahren als auch selber Bullying-Handlungen ausführen (Arseneault, 2018; Rose et al., 2011). Längsschnittstudien deuten zudem darauf hin, dass Lern- und Verhaltensschwierigkeiten sowohl Ursache als auch Folge von Bullying-Erfahrungen sein können (Arseneault, 2018; Arseneault et al., 2010; Kaltiala-Heino & Fröjd, 2011). Neben einer differenzierten Untersuchung der Wirkmechanismen, die zur Entstehung und zur Aufrechterhaltung von Bullying-Prozessen im Zusammenhang mit Lern- und Verhaltensschwierigkeiten beitragen, ist es darüber hinaus von Bedeutung zu untersuchen, wie Bullying-Prozessen mit Blick auf Schüler*innen mit Lern- und Verhaltensschwierigkeiten entgegengewirkt werden kann, um damit auch ein höheres Maß an sozialer Partizipation zu ermöglichen. Dies erscheint insbesondere auch vor dem Hintergrund der Umsetzung eines inklusiven Schulsystems von Bedeutung, da laut Hascher (2017) soziale Partizipation sowohl als Wegbereiter als auch Maß gelungener schulischer Inklusion angesehen werden kann.

Da es sich bei Bullying um einen gruppendynamischen Prozess handelt (Knauf et al., 2017), ist es weiterhin von Bedeutung die Prozesse auf Klassenebene näher zu untersuchen. Die Betrachtung inklusiver Schulklassen zeigt einerseits, dass soziale Ausgrenzung von Schüler*innen mit Lern- und Verhaltensschwierigkeiten nicht in allen Klassen gleichermaßen erfolgt (Krull et al., 2014). Andererseits deuten erste Befunde darauf hin, dass in Klassen, in denen mehr Bullying gezeigt wird, auch mehr Schüler*innen ängstlich oder niedergeschlagen sind (Krull et al., 2022). Dies lässt sich möglicherweise damit in Zusammenhang bringen, dass nicht nur eigene Bullyingerfahrungen sondern auch das Beobachten und Wissen um Bullying sich negativ auf die Entwicklung von Schüler*innen auswirken können (Låftman & Modin, 2017). Dies verdeutlicht, dass das Erleben von Bullying und die damit einhergehenden Auswirkungen auf die sozial-emotionale Entwicklung von Kindern und Jugendlichen auch dadurch bedingt sind, welche Schulklasse sie besuchen. Damit rückt die Bedeutung der Prozesse auf Klassenebene in den Fokus, welche insbesondere auch mit Blick auf Prävention und Intervention bei Bullying einen entscheidenden Ansatzpunkt darstellen. Hier gilt es laut Kärnä et al. (2011), die ›schweigende Mehrheit‹ der Klasse zu mobilisieren und diese zu ermutigen, aktiv gegen Bullying einzutreten. Darüber hinaus kommt auch den Lehrkräften eine entscheidende Rolle zu, da Bullying nur effektiv entgegengewirkt werden kann, wenn sie sich dieser Thematik langfristig und umfänglich annehmen (Menesini & Salmivalli, 2017).

Literatur

Arseneault, L. (2018). Annual Research Review: The persistent and pervasive impact of being bullied in childhood and adolescence: implications for policy and practice. *Journal of Child Psychology and Psychiatry*, 59(4), 405–421.

Avramidis, E. (2013). Self-concept, social position and social participation of pupils with SEN in mainstream primary schools. *Research Papers in Education*, 28(4), 421–442.

Bilz, L., Goldfriedrich, M., John, N., Fischer, S. M., Wachs, S. & Schubarth, W. (2018). Mobbingerfahrungen von Schülerinnen und Schülern mit und ohne sonderpädagogischem Förderbedarf an inklusiven Schulen. In K. Rathmann & K. Hurrelmann (Hrsg.), *Leistung und Wohlbefinden in der Schule: Herausforderung Inklusion* (S. 271–285). Beltz Juventa.

Chen, H.-W. B., Gardner, E. S., Clarkson, T., Eaton, N. R., Wiggins, J. L., Leibenluft, E. & Jarcho, J. M. (2021). Bullying Perpetration and Victimization in Youth: Associations with Irritability and Anxiety. *Child Psychiatry & Human Development*.

Crede, J., Wirthwein, L., Steinmayr, R. & Bergold, S. (2019). Schülerinnen und Schüler mit sonderpädagogischem Förderbedarf im Bereich emotionale und soziale Entwicklung und ihre Peers im inklusiven Unterricht: Unterschiede in sozialer Partizipation, Schuleinstellung und schulischem Selbstkonzept. *Zeitschrift für Pädagogische Psychologie*, 33(3–4), 207–221.

Deci, E. L. & Ryan, R. M. (2000). The »What« and »Why« of Goal Pursuits: Human Needs and the Self-Determination of Behavior. *Psychological Inquiry*, 11(4), 227–268.

DeRosier, M. E., Kupersmidt, J. B. & Patterson, C. J. (1994). Children's Academic and Behavioral Adjustment as a Function of the Chronicity and Proximity of Peer Rejection. *Child Development*, 65(6), 1799–1813.

Dodge, K. A., Lansford, J. E., Burks, V. S., Bates, J. E., Pettit, G. S., Fontaine, R. & Price, J. M. (2003). Peer Rejection and Social Information-Processing Factors in the Development of Aggressive Behavior Problems in Children. *Child Development*, 74(2), 374–393.

Hascher, T. (2017). Die Bedeutung von Wohlbefinden und Sozialklima für Inklusion. In: B. Lütje-Klose, S. Miller, S. Schwab & B. Streese (Hrsg.), *Inklusion: Profile für die Schul- und Unterrichtsentwicklung in Deutschland, Österreich und der Schweiz. Beiträge der Bildungsforschung der Österreichischen Gesellschaft für Forschung und Entwicklung im Bildungswesen (ÖFEB)* (Bd. II, 65–75). Waxmann.

Hoffmann, L., Wilbert, J., Lehofer, M. & Schwab, S. (2020). Are we good friends? – Friendship preferences and the quantity and quality of mutual friendships. *European Journal of Special Needs Education*, 36(4), 1–15.

Hong, J. S. & Espelage, D. L. (2012). Aggression and Violent Behavior. *Aggression and Violent Behavior*, 17(4), 311–322.

Huber, C. (2008). Jenseits des Modellversuchs: Soziale Integration von Schülern mit sonderpädagogischem Förderbedarf im Gemeinsamen Unterricht – Eine Evaluationsstudie. *Heilpädagogische Forschung*, 34(1), 1–14.

Juvonen, J., Yueyan Wang & Espinoza, G. (2011). Bullying Experiences and Compromised Academic Performance Across Middle School Grades. *The Journal of Early Adolescence*, 31(1), 152–173.

Kaltiala-Heino, R., & Fröjd. (2011). Correlation between bullying and clinical depression in adolescent patients. *Adolescent Health, Medicine and Therapeutics*, 2, 37–44.

Kärnä, A., Voeten, M., Little, T., Poskiparta, E., Kaljonen, A. & Salmivalli, C. (2011). A large scale evaluation of the KiVa anti-bullying program: Grades 4–6. *Child Development*, 82(1), 311–320.

Kaukiainen, A., Salmivalli, C., Lagerspetz, K., Tamminen, M., Vauras, M., Mäki, H. & Poskiparta, E. (2002). Learning difficulties, social intelligence, and self–concept: Connections to bully–victim problems. *Scandinavian Journal of Psychology*, 43(3), 269–278.

Kavale, K. A. & Forness, S. R. (1996). Social Skill Deficits and Learning Disabilities: A Meta-Analysis. *Journal of Learning Disabilities*, 29(3), 226–237.

Klicpera, C. & Gasteiger-Klicpera, Barbara, B. (2008). Förderung sozialer Beziehungen im Unterricht. In B. Gasteiger-Klicpera, H. Julius, & C. Klicpera (Hrsg.), *Sonderpädagogik der sozialen und emotionalen Entwicklung* (Bd. 3, S. 824–835). Hogrefe.

Klomek, A. B., Kopelman-Rubin, D., Al-Yagon, M., Berkowitz, R., Apter, A. & Mikulincer, M. (2016). Victimization by Bullying and Attachment to Parents and Teachers Among Student Who Report Learning Disorders and/or Attention Deficit Hyperactivity Disorder. *Learning Disability Quarterly*, 39(3), 182–190.

Knauf, R.-K., Eschenbeck, H. & Käser, U. (2017). Bullying im Klassenverband: Prävalenz, soziometrische und leistungsbezogene Merkmale der Participant Roles. *Zeitschrift für Entwicklungspsychologie und Pädagogische Psychologie*, 49(4), 186–196.

Kochenderfer, B. J. & Ladd, G. W. (1996). Peer victimization: Cause or consequence of school maladjustment? *Child Development*, 67(4), 1305–1317.

Kokkinos, C. M. & Antoniadou, N. (2013). Bullying and victimization experiences in elementary school students nominated by their teachers for Specific Learning Disabilities. *School Psychology International*, 34(6), 674–690.

Konishi, C. & Hymel, S. (2009). Bullying and Stress in Early Adolescence: The Role of Coping and Social Support. *The Journal of Early Adolescence*, 29(3), 333–356.

Krull, J., Urton, K., Kulawiak, P.R., Wilbert J. & Hennemann, T. (2022). Disentangling social-relational classroom climate and its link to primary students' behavioral problems. Eingereicht in *Emprische Sonderpädagogik*, 14, 154-175.

Krull, J., Wilbert, J. & Hennemann, T. (2014). The Social and Emotional Situation of First Graders with Classroom Behavior Problems and Classroom Learning Difficulties in Inclusive Classes. *Learning Disabilities: A Contemporary Journal*, 12(2), 169–190.

Kulawiak, P. R., Urton, K., Krull, J., Hennemann, T. & Wilbert, J. (2020). Internalizing Behavior of Sociometrically Neglected Students in Inclusive Primary Classrooms – A Methodological Issue? *Frontiers in Education*, 5(32), 1–12.

Ladd, G. W., Ettekal, I. & Kochenderfer-Ladd, B. (2017). Peer victimization trajectories from kindergarten through high school: Differential pathways for children's school engagement and achievement? *Journal of Educational Psychology*, 109(6), 826–841.

Låftman, S.B. & Modin, B. (2017). Peer Victimization among Classmates-Associations with Students' Internalizing Problems, Self-Esteem, and Life Satisfaction. *International Journal of Environmental Research and Public Health*, 14(10), 1218.

Lindsay, G. (2007). Educational psychology and the effectiveness of inclusive education/mainstreaming. *The British Journal of Educational Psychology*, 77(1), 1–24.

Luebbe, A. M., Bell, D. J., Allwood, M. A., Swenson, L. P. & Early, M. C. (2010). Social Information Processing in Children: Specific Relations to Anxiety, Depression, and Affect. *Journal of Clinical Child & Adolescent Psychology*, 39(3), 386–399.

Luukkonen, A.-H., Räsänen, P., Hakko, H. & Riala, K. (2010). Bullying behavior in relation to psychiatric disorders and physical health among adolescents: A clinical cohort of 508 underage inpatient adolescents in Northern Finland. *Psychiatry Research*, 178(1), 166–170.

Menesini, M. & Salmivalli C. (2017). Bullying in schools: the state of knowledge and effective interventions, *Psychology, Health & Medicine*, 22(1), 240–253.

Nakamoto, J. & Schwartz, D. (2010). Is Peer Victimization Associated with Academic Achievement? A Meta-analytic Review. *Social Development*, 19(2), 221–242.

Newcomb, A. F., Bukowski, W. M. & Pattee, L. (1993). Children's peer relations: A meta-analytic review of popular, rejected, neglected, controversial, and average sociometric status. *Psychological Bulletin*, 113(1), 99–128.

OECD. (2017). Country Note Germany – Results from PISA 2015 (Volume III): Students' Well-Being. OECD.

OECD. (2019). PISA 2018 Results (Volume III): What School Life Means for Students' Lives. OECD.

Olweus, D. (2013). School Bullying: Development and Some Important Challenges. *Annual Review of Clinical Psychology*, 9(1), 751–780.

Ouellet-Morin, I., Odgers, C. L., Danese, A., Bowes, L., Shakoor, S., Papadopoulos, A. S., Caspi, A., Moffitt, T. E. & Arseneault, L. (2011). Blunted Cortisol Responses to Stress Signal Social

and Behavioral Problems Among Maltreated/Bullied 12-Year-Old Children. *Biological Psychiatry*, *70*(11), 1016–1023.
Pellegrini, A. D., Blatchford, P. & Baines, E. (2015). *The child at school: Interactions with peers and teachers* (Second edition). Routledge.6.
Rodkin, P. C. & Hodges, E. V. E. (2003). Bullies and Victims in the Peer Ecology: Four Questions for Psychologists and School Professionals. *School Psychology Review*, *32*(3), 384–400.
Rose, C. A., Monda-Amaya, L. E. & Espelage, D. L. (2011). Bullying Perpetration and Victimization in Special Education: A Review of the Literature. *Remedial and Special Education*, *32*(2), 114–130.
Schürer, S. (2020). Soziale Partizipation von Kindern mit sonderpädagogischem Förderbedarf in den Bereichen Lernen und emotional-soziale Entwicklung in der allgemeinen Grundschule. Ein Literaturreview. *Empirische Sonderpädagogik*, *12*(4), 295–319.
Schwab, S. (2015). Social dimensions of inclusion in education of 4th and 7th grade pupils in inclusive and regular classes: Outcomes from Austria. *Research in Developmental Disabilities*, *43*, 72–79.
Sentenac, M., Arnaud, C., Gavin, A., Molcho, M., Gabhainn, S. N. & Godeau, E. (2012). Peer Victimization Among School-aged Children With Chronic Conditions. *Epidemiologic Reviews*, *34*(1), 120–128.
Siegler, R., Eisenberg, N., DeLoache, J. & Saffran, J. (2016). Beziehungen zu Gleichaltrigen. In S. Pauen (Hrsg.), *Entwicklungspsychologie im Kindes- und Jugendalter* (S. 483–527). Springer.
Stein, R. & Ellinger, S. (2018). Zwischen Separation und Inklusion: Zum Forschungsstand im Förderschwerpunkt emotionale und soziale Entwicklung. In R. Stein & M. Thomas (Hrsg.), *Inklusion im Förderschwerpunkt emotionale und soziale Entwicklung* (2., erweiterte und überarbeitete Auflage, S. 80–114). Kohlhammer.
Wentzel, K. R. (2011). Peers and Academic Functioning at School. In K. H. Rubin, W. M. Bukowski, & B. Paul. Laursen (Hrsg.), *Handbook of peer interactions, relationships, and groups* (S. 531–547). Guilford.
Xiong, Q., Shi, S., Chen, J., Hu, Y., Zheng, X., Li, C. & Yu, Q. (2020). Examining the Link Between Academic Achievement and Adolescent Bullying: A Moderated Moderating Model. *Psychology Research and Behavior Management*, *13*, 919–928.

Internalisierende Schwierigkeiten des Erlebens und Verhaltens – und ihre Auswirkungen als Lernschwierigkeiten

Roland Stein

1 Einleitung

Lernschwierigkeiten zum einen sowie Schwierigkeiten des Erlebens und Verhaltens zum anderen stellen theoretische Konstrukte dar, deren Etablierung und Unterscheidung sich über die Jahrzehnte, national wie international, als funktional erwiesen hat; ganze Fächerkulturen als Subdisziplinen der Sonderpädagogik haben sich hier etabliert.

Zugleich wird an dieser Differenzierung immer wieder Kritik geübt. Die Hauptkritik entzündet sich wohl daran, dass beide »Kategorien« von Schwierigkeiten sich bei einem Kind häufig gemeinsam zeigen, oft auch in Verbindung zueinander. Diese Kritik läuft allerdings dann ins Leere, wenn eine solche Kategorisierung nicht zur Klassifikation von Menschen eingesetzt wird, sondern zur Klassifikation von Phänomenen. Es ist dann nicht verwunderlich, wenn zwei Gruppen von Phänomenen bei einem Menschen zugleich festgestellt werden; und es ist zugleich ausgesprochen hilfreich, beide Phänomene als solche, aber auch in ihrer Verschränkung, aus einer je theoretisch und empirisch vertieften fachspezifischen Perspektive zu beleuchten.

Es stellt sich im Zusammenhang dieses Beitrages die spezifische Frage des Verhältnisses beider Phänomene zueinander. Zum einen stehen hinter den Phänomenen Erklärungsansätze, die unterschiedlich, aber ähnlich sein könnten. Zum anderen ergibt sich die Problemstellung, ob hinsichtlich der Entwicklung beider Phänomene bei einem Menschen bestimmte Kausalitäten festzustellen seien, darunter auch eine »Ursache-Wirkungs-Frage«.

Aufgabe dieses Beitrages ist dabei diejenige, inwiefern aus – speziell internalisierenden – Schwierigkeiten des Erlebens und Verhaltens Lernschwierigkeiten resultieren sollten. Diese Frage wird hier so – kausalanalytisch – betrachtet und andere wissenschaftstheoretische Betrachtungsweisen, insbesondere systemische, außen vor gelassen.

Vor Eintritt in diese Diskussion sollen beide Phänomenbereiche kurz näher bestimmt und gegeneinander abgegrenzt werden. Diese Bestimmung wird auf zentrale Kernaspekte eingeschränkt, welche unmittelbar auf Bezüge zu Lernschwierigkeiten hin untersucht werden können.

Verhaltensschwierigkeiten werden hier – nachdem dieser Begriff in der Fachszene eher unüblich ist – im Sinne einer sehr verbreiteten Definition zu Verhaltensstörungen von Myschker (Myschker & Stein 2018) als »maladaptives Verhalten« gesehen, in einem weiteren Verständnis von Verhalten also als schlecht oder fehl-angepasstes äußeres Verhalten und inneres Erleben. Hinter ihnen stehen organogene und/oder milieureaktive Ursachen. Das inhaltliche Spektrum der Phänomene ist sehr breit; epidemiologisch im Vordergrund stehen Angstproblematiken, dissoziale Störungen, ADHS, Depressivität sowie Essstörungen (Stein, 2019). Auswirkungen zeigen sich insbesondere in den Bereichen der Verhaltensstile, der Motive, des Selbstbilds, des Bildes von der Um- und Mitwelt sowie der (überdauernden) Gefühle und Stimmungen (Stein, 2019)

Unter Lernschwierigkeiten werden gravierende Probleme des Lernens bezeichnet, die sich »an der Anforderungsschwelle zwischen vorhandenen Fähigkeiten bzw. Fertigkeiten und noch zu erwerbenden« ergeben (Heimlich, 2016, S. 28). Nachdem diese Schwierigkeiten lange rein auf das Feld der Schule bezogen wurden (Schröder, 2005.), werden sie mittlerweile in ihrem Entstehen in allen Lernprozessen gesehen. Sie gelten dann für alle Lernenden (Heimlich, 2016), wobei Lernbehinderungen als Unterkategorie als besonders gravierende Problematiken einer bestimmten Teilgruppe beschrieben werden, auch durch Attestierung eines entsprechenden Förderbedarfs im Lernen – und in jüngerer Zeit dieses Feld auch als »spezifische Lernstörungen (SLS)« nach ICD-10 und DSM-5 stärker diskutiert wird (Büttner & Hasselhorn, 2011; Gold, 2015). Dem entsprechend werden insbesondere unspezifizierte Lernstörungen, Lese- und Rechtschreibstörungen sowie Rechenstörungen unterschieden (Visser et al., 2019).

Ein besonderes Phänomen in diesem Reigen stellen Aufmerksamkeits- und Hyperaktivitätsprobleme dar, auch -störungen (ADS, ADHS). Sie liegen in einem Schnittbereich zwischen Lern- und Verhaltensschwierigkeiten, indem die dahinterstehenden Probleme sowohl zu Auffälligkeiten im emotional-sozialen als auch im Lernbereich führen können. Daher reklamieren auch beide wissenschaftlichen Subdisziplinen jeweils ihre Zuständigkeit für dieses Themenfeld. Nachdem ADHS eher unter die externalisierenden Auffälligkeiten fällt, sei dies hier nur angesprochen.

2 Eine interaktionistische Sicht auf Verhaltensstörungen

Wenn auch beide hier ins Verhältnis zu setzenden Phänomenbereiche oben insbesondere bezogen auf die betroffenen Personen und damit auch als überdauernde und verfestigte Problematiken beschrieben wurden, soll im Hinblick auf die theoretische Orientierung, aber auch die Hinführung zu Fragen der theoretischen Grundlegung einer präventions- und interventionsbezogenen Förderung hier einem interaktionistischen Verständnis von Verhaltensstörungen gefolgt werden. Dieses fasst Verhaltensstörungen, in guter Passung zum bio-psychosozialen Modell der (International Classification of Functioning, Disability and Health) ICF, als Störungen im Person-Umwelt-Bezug (Stein, 2019) und impliziert damit vier Perspektiven (vgl. Abb. 1):

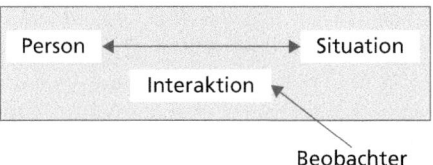

Abb. 1: Perspektiven auf Verhaltensschwierigkeiten aus einem interaktionistischen Verständnis heraus (vgl. Stein 2019, 64 ff.)

- die Person in ihrer ontogenetischen Entwicklung, auch im Hinblick auf die Entwicklung einer »auffälligen Persönlichkeit« auf Basis organischer und genetischer sowie erziehungs- und sozialisationsbedingter Faktoren,
- die Situationen und situativen Herausforderungen, mit denen sich die Person auseinandersetzen muss,
- die Person-Situations-Interaktion selbst – sowie
- die Perspektive der Beobachter und ihrer Kriterien, die ein Verhalten und Erleben von außen als »auffällig« definieren (siehe Abb. 1).

Diesen Perspektiven können zugleich zum einen konkrete Theorien zur Erklärung zugeordnet werden – und zum anderen dann jeweils Ansatzpunkte einer gezielten Förderung und Unterstützung. Damit dient dieses Modell in der Folge auch der Einordnung von theoretischen Überlegungen und Forschungsbefunden.

3 Internalisierende Verhaltensschwierigkeiten – Bestimmung und Ausdifferenzierung

Unter internalisierenden Verhaltensschwierigkeiten kann ein ganzes Spektrum von Phänomenen subsummiert werden: Essstörungen, Abhängigkeiten und Sucht, Suizidalität – aber auch bestimmte Aspekte von Autismus oder Posttraumatische Belastungsstörungen. Dabei zeigt sich auch ein Grenz- und Übergangsfeld zu externalisierenden Schwierigkeiten. Auf Basis der epidemiologischen Befunde sollten hier zwei Phänomene in den Vordergrund gestellt werden, deren Prävalenzraten besonders hoch sind: zum einen Angstproblematiken, zum anderen Depressivität. Es ist zu berücksichtigen, dass diese beiden Phänomene wiederum eine recht hohe Komorbidität aufweisen (Stein, 2019). Zugleich handelt es sich hier um die beiden internalisierenden Phänomene, deren Zusammenhang zu Lernerfolg besonders gut untersucht sind (VanderLind, 2017). Beide Phänomene sollen hier kurz skizziert werden, um auf dieser Grundlage Fragen des Zusammenhanges zu Lernschwierigkeiten zu betrachten:

Bei Ängsten handelt es sich zunächst um ein alle Menschen betreffendes Alltagsphänomen, die sich jedoch bis hin zur »Störung« verfestigen können, indem sie unangemessen oder im intraindividuellen Vergleich zu häufig, zu stark und überdauernd auftreten. Sie betreffen sowohl den kognitiven Bereich (Befürchtungen, »worry«) als auch das emotionale Feld (Erregung, »emotionality«) und zeigen sich potenziell auf fünf Ebenen: physiologisch, im Bereich von Mimik und Gestik, im (Flucht-, Vermeidungs-) Verhalten, im sprachlichen Ausdruck sowie im subjektiv-emotionalen Erleben (Krohne, 2010). Klinisch werden verschiedene phobische Störungen von sonstigen Angststörungen unterschieden, bei Letzteren insbesondere Panikstörungen sowie generalisierte Angststörungen (Dilling et al.,1993).

Depressionen sind gekennzeichnet durch eine ausgeprägte Veränderung der Stimmungslage und des Antriebs. Grundsätzlich können emotionale, kognitive und körperliche Symptome unterschieden werden (Remschmidt, 2000). Im Vordergrund stehen oft eine traurige Grundstimmung, Stimmungsschwankungen, Grübeln, das Erleben von Hilflosigkeit und die Hemmung von Denk- sowie Handlungsfunktionen (Remschmidt, 2000). Hinzu kommen der Verlust von Interesse, Konzentrationsschwierigkeiten, geringes Selbstwertgefühl sowie Unentschlossenheit (Essau, 2007). Auch häufig sind Schuldgefühle, negative und Suizidgedanken. Schließlich sind auch somatische Symptome wie Schlafstörungen, Appetitlosigkeit und Gewichtsverlust, Müdigkeit, Kopf- und Bauchschmerzen oder Verdauungsstörungen verbreitet und gerade im Hinblick auf Kinder zu berücksichtigen. Bei Heranwachsenden können Gereiztheit und Irritabilität als besondere Symptome auftreten (Reicher & Rossmann, 2008). Klinisch werden depressive Episoden, chronische dysthyme Störungen, »Major Depression« und »Double Depression« unterschieden – sowie auch bipolare Störungen gepaart mit manischen Episoden (vgl. Castello & Brodersen, 2021; Reicher & Rossmann, 2008).

Bereits hier erscheinen Faktoren, die einen mittelbaren oder auch unmittelbaren Einfluss auf das Verhalten, die »Performanz« und die Ergebnisse in Leistungssituationen haben könnten: insbesondere der »Abzug« der Aufmerksamkeit durch innere selbstbezogene gedankliche Prozesse oder starke Emotionalität, ein generalisiertes negatives Selbstkonzept, das Vermeiden von Anforderungen oder auch die Frage der aktuellen Intensität der internalisierenden Problematik, um nur einige wenige hervorstechende Aspekte zu nennen.

Zur Erklärung beider Phänomene wird, bezogen auf die Entstehung von Auffälligkeiten »in der Person«, der gesamte Reigen psychologischer Theorien herangezogen, von biopsychologischen Ansätzen, der Psychoanalyse über lernpsychologische Ansätze bis zu kognitiven und kognitiv-handlungstheoretischen Konzepten. Zugleich wurden auch je Phänomen spezifische Ansätze der Erklärung entwickelt, so insbesondere die Stressbewältigungstheorie von Lazarus für Angstproblematiken (Krohne, 2010) sowie die Kognitive Theorie von Beck oder das Modell gelernter Hilflosigkeit von Seligman für Depressivität (Essau, 2007).

Eine besondere, beide Phänomenbereiche verschränkende Position nimmt hier Schulangst ein, konkreter auch (bereichsspezifische) Leistungsängste. Dabei stellen Ängste im Feld Mathematik und Mathematikunterricht, auch »Matheangst«, noch einmal einen spezifischen Fokus dar (Wu et al., 2014; Graefen et al., 2015) – hier handelt es sich um kontextspezifische Interaktionsphänomene, die in diesem Beitrag ausgeklammert werden.

Grundsätzlich gilt aus einer sonderpädagogischen Perspektive, dass bezogen auf die Person für beide und andere Formen internalisierender Problematiken ein Spektrum von milden, geringgradigen bis hin zu hochschwelligen Auffälligkeiten bzw. Schwierigkeiten beschrieben werden kann, welches in den verschiedenen Systemen durch einen »Cutoff« an einer bestimmten Stelle als dezidiert auffällig gekennzeichnet wird – im System der Kinder- und Jugendpsychiatrie auf Basis der Kriterien der ICD-10 als »Störung«, im schulischen System auf Basis konkreter diagnostischer Beurteilung als Attestierung von »Förderbedarf«. Im Hinblick auf Prävention und Frühintervention sind stets auch geringgradige Ausprägungen relevant.

4 Auswirkungen internalisierender Schwierigkeiten auf Lernschwierigkeiten

Die Diskussion des Zusammenhanges von Verhaltens- und Lernschwierigkeiten wird seit Jahrzehnten geführt. Ein über dreißig Jahre zurückliegender Beitrag von Spreen (1988) macht sowohl die Komplexität als auch das Bemühen um Ordnung der Zusammenhänge deutlich. Neben wechselseitigen Einflüssen internalisierender Schwierigkeiten auf Lernschwierigkeiten sowie umgekehrt werden dabei auch gemeinsame Ursachen diskutiert, bei Spreen etwa organische und konstitutionelle Faktoren sowie eine »neurotische oder psychotische Entwicklung« (Spreen, 1988). Im letztgenannten Sinne werden Lernstörungen auch als mögliche Resultate einer unbewussten emotionalen Blockierung betrachtet. Eine grundsätzliche sonderpädagogische Auseinandersetzung mit der Interaktion beider Störungsformen findet sich bei Schröder & Wittrock (2002).

Einiges an theoretischen Auseinandersetzungen und empirischen Studien findet sich dabei zum umgekehrten Zusammenhang: dem Einfluss von Lernschwierigkeiten auf das Entstehen von internalisierenden Schwierigkeiten des Erlebens und Verhaltens (siehe etwa Emerson & Baines, 2011; Myschker & Stein, 2018; Horbach et al., 2020) – und eher weniger zum hier fokussierten Zusammenhang. Hinzu kommt, dass viele Studien korrelative Zusammenhänge untersuchen und finden, in deren Rahmen die Ursachenfrage wenig geklärt bleibt und die daher im Hinblick auf Kausalzusammenhänge mit großer Vorsicht zu behandeln sind. So diskutieren Visser et al. (2019), dass Lernstörungen zu Depressionen führen können; dies basiert hier allerdings eher auf einer Hypothese aus einer Arbeit. Visser et al. (2019) erörtern die erhebliche Komorbidität, wobei die »Kausalrichtung« oft nicht klar sei, und fordern zu Recht mehr Längsschnittstudien, welche helfen könnten, diesen Zusammenhang näher zu klären (Visser et al., 2019) – sie sprechen selbst jedoch die Limitation der oft ungeklärten Kausalrichtung kaum an.

Einen Forschungsüberblick zu (Einschränkungen) seelischer Gesundheit und Lernen bietet VanderLind (2017). Hier, aber auch aus einem weiteren Überblick der gesamten Diskussion wird deutlich, dass theoretisch-konzeptionell oft keine unmittelbare Auswirkung internalisierender Schwierigkeiten als solcher auf Lernschwierigkeiten zu konstatieren ist, sondern dieser Zusammenhang stark über »Mittlervariablen« verläuft, die zwischen den Formen von Schwierigkeiten zu verorten sind – und von denen einige wiederum zugleich auch als mögliche Ursache des Entstehens internalisierender Schwierigkeiten zu betrachten wären. Verschiedene dieser »Mittlervariablen« werden im Folgenden etwas näher betrachtet. Eine Übersicht zentraler solcher Variablen bietet, ohne Anspruch auf Vollständigkeit, Abbildung 2.

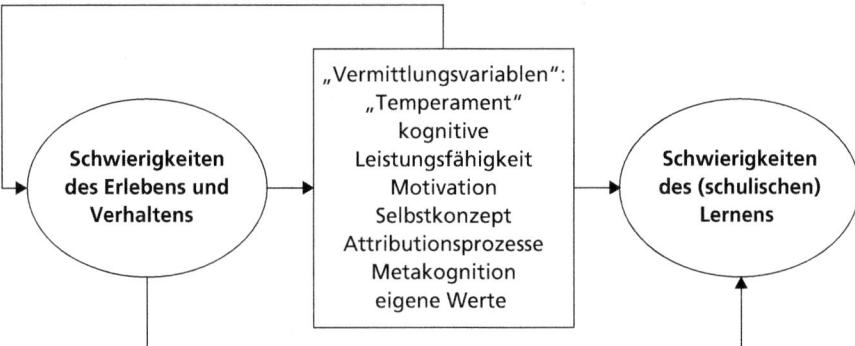

Abb. 2: Internalisierende Verhaltensschwierigkeiten sowie Lernschwierigkeiten und zentrale »Vermittlungsvariablen« aus personorientierter Perspektive

Folgt man einer weiter gefassten – nicht allein auf die Person fokussierten – interaktionistischen Sicht, so können die in der Folge näher diskutierten Faktoren und Aspekte eines möglichen gerichteten Zusammenhanges von internalisierenden Schwierigkeiten des Erlebens und Verhaltens zum einen und Lernschwierigkeiten zum anderen vier Perspektiven zugeordnet werden – einen Überblick bietet Tabelle 1.

Tab. 1: Faktoren und Aspekte internalisierender Verhaltensschwierigkeiten aus interaktionistischer Perspektive

Person	Situation	Interaktion	Beobachtung
überdauerndes Erregungsniveau Verhaltenshemmung Sensitivität Selbstaufmerksamkeit Bewusstheit situativer Anforderungen kognitive Leistungsfähigkeit Motivation Selbstkonzept und self efficacy Attributionen Metakognition Werte »Schub« der internalisierenden Störung	Unterstützung, Überbehütung oder Leistungsdruck durch Eltern kritische Lebensereignisse Über- oder Unterforderung in schulischen Kontexten Strukturiertheit sowie Transparenz von Lern- und Prüfungssituationen Reaktionen von Peers Lern-, Klassen- und Schulklima	aktuelles Erregungsniveau Vermeidung von Leistungssituationen Performanz Abruf von Lernstrategien Fehler der Handlungsregulation	Etikettierung und Stigmatisierung als »verhaltensschwierig« Leistungsentlastung und mangelndes Zutrauen Aktivierung

Dieser Systematik folgend soll nun ein Blick auf Forschungsstand und theoretische Überlegungen zu Zusammenhängen sowie Auswirkungen geworfen werden.

Relevante Personvariablen

Im Hinblick auf die Person sind zunächst bezogen auf Angst wie Depressivität biologische und Temperamentsfaktoren von Bedeutung, die Einfluss auf Leistungssituationen haben können: Dazu gehört zunächst das grundsätzliche Erregungsniveau (Stein, 2012). Zwar zeigt die psychologische Forschung seit dem Yerkes-Dodson-Gesetz, dass ein gewisses Erregungsniveau günstig und notwendig für Leistungen ist – allerdings auch, dass ein zu hohes Erregungsniveau wie insbesondere bei (generalisierten, aber auch schulisch-situationsbezogenen) Angstproblematiken, umso schneller bei komplexeren Leistungsanforderungen, negative Effekte nach sich zieht. Zugleich bedeutet dies umgekehrt, dass eine sehr niedrige Erregung, wie bei bestimmten Formen der Depressivität, auch ungünstige Leistungsfolgen haben kann.

Näher untersucht ist das Phänomen der »Verhaltenshemmung« bei Angstproblematiken – »Die Tendenz, auf neue Situationen zunächst mit Vorsicht, Zurückhaltung, Hemmung und möglicherweise auch Rückzug zu reagieren« (Stein, 2012, S. 46). Dies hat enorme Bedeutung für soziale, aber eben auch für Leistungssituationen.

Auch die potentiell erhöhte Selbstaufmerksamkeit bei psychischen Problematiken kann deutlich leistungseinschränkend wirken. Die Angstforschung beschreibt hier das Phänomen der »Angstsensitivität« (Stein, 2012), und Dehn, Driessen & Beblo (2020) machen auf »ruminative thinking« bei Depression aufmerksam, welches die Aktivierung leistungsbezogener kognitiver Ressourcen deutlich einzuschränken vermag.

Dies vermag zugleich die Bewusstheit situativer Anforderungen einzuschränken – zugleich ein maßgeblicher Faktor der Selbstkontrolle als Grundlage gelingender Handlungskontrolle, wie ihn die Theorie der Selbst- und Handlungsregulation beschreibt (Stein, 2002; 2019): der Fähigkeit zur bewussten Wahrnehmung und Auseinandersetzung mit Anforderungen des Lernens und des Unterrichts.

Neben möglichen Einschränkungen der Bewusstheit sind unter Umständen auch kognitive Leistungen eingeschränkt (Castello & Brodersen, 2021). Dies gilt für die Funktionen der Konzentration und der längeren oder Daueraufmerksamkeit, der Abschirmung der Handlungsplanung gegenüber interferierenden Reizen, der Impulskontrolle sowie der gezielten Handlungssteuerung in Leistungssituationen. Hier bestehen Verbindungen zum oben angesprochenen Aspekt der mit Leistungshandeln interferierenden Selbstaufmerksamkeit, aber auch zur nachfolgend thematisierten Metakognition.

Geringe Motivation wird gerade im Hinblick auf Depressivität als ein entscheidender Faktor für Leistungen beschrieben – so untersuchen Dehn, Driessen & Beblo (2020) deren Einfluss auf Gedächtnisprozesse bei Depressivität. Motivation wird auch durch Erfolgserwartungen moderiert – so beschreiben Lukesch u. a. (2008) für Depression den problematischen Einfluss von »Furcht vor Misserfolg« bis hin zur »Erfolgsfurcht« und »Misserfolgshoffnung« im Hinblick auf entsprechend geringe Leistungsmotivation und auch das Verhalten in Leistungssituationen.

Dies führt zum Aspekt des Selbstkonzepts und auch der Selbstwirksamkeit (self efficacy). Das Selbstkonzept stellt eine ausgesprochen bedeutsame Variable dar (Stadler-Altmann, 2010; Ehm et al. 2021), die zugleich ein Faktor für das Entstehen von Angstproblematiken und Depressivität sein kann – sowie in der »Vermittlung« zwischen Verhaltens- und Lernschwierigkeiten steht. Ehm u. a. (2021) zeigen hier einen wechselseitigen Einfluss auf; aber auch der Einfluss eines aus internalisierenden Verhaltensschwierigkeiten resultierenden negativen Selbstkonzepts sowie geringem Selbstwirksamkeitserleben ist gut belegt (Spreen, 1988; VanderLind, 2017).

Auch Attributionen haben eine besondere Bedeutung im Verhältnis seelischer Gesundheit und Lernen, indem insbesondere eigene Leistungen externalen und insbesondere unkontrollierbaren Faktoren zugeschrieben werden (VanderLind, 2017) – zugleich ein Aspekt, der wiederum Zusammenhänge zur erlebten Selbstwirksamkeit aufweist. Zusammenhänge ungünstiger Attributionsmuster mit Lernproblematiken beschreibt auch die für Angst wie Depressivität relevante Theorie der erlernten Hilflosigkeit (Stein, 2012).

Rolus-Borgward (2002) nennt seelische Belastungen, Stress, Ablenkbarkeit sowie Konzentrationsschwächen als auslösende Bedingungen für Lernstörungen. Sie fokussiert insbesondere metakognitive Fähigkeiten und ihre Einschränkungen sowie zusätzlich motivationale Beeinträchtigungen, welche wiederum die Aktivierung von Metakognition einschränken, und damit die große Bedeutung von Metakognition im Zusammenhang von Verhaltens- und Lernschwierigkeiten. So fordern auch Dehn u. a. (2020) die therapeutische Stärkung metakognitiver Funktionen bei Depression. VanderLind (2017) weist in seinem Forschungsüberblick zu seelischer

Gesundheit und Lernen auf die zentrale (»overarching«; VanderLind, 2017) Relevanz metakognitiver Funktionen hin. In diesem Zusammenhang sind jedoch auch weitere kognitive Einschränkungen zu sehen: Friese & Trott (1988) diskutieren zu Depression bei Kindern die möglichen kognitiven Einschränkungen und Auswirkungen auf Leistungssituationen – und »Angst schränkt das Funktionsniveau des Arbeitsgedächtnisses ein und führt zu Lernproblemen« (Visser et al., 2019).

Für Angst in Leistungssituationen hat Krohne (1996, zit. n. Stein, 2012, S. 24) auf die individuelle Bedeutung des Wertes von Leistungen hingewiesen: »Es wird in solchen Situationen besonders stark Angst auftreten, die der Person besonders wertvoll, also subjektiv wichtig erscheinen – in denen also besonders viel auf dem Spiel steht« (Stein, 2012, S. 24). Bei bestehender Angstproblematik führt dies potenziell zu besonderen Belastungen in (schulischen) Leistungssituationen, wenn der »Wert« dieser hoch ausgeprägt ist. Auch für Depressivität finden sich hierzu Befunde: So analysiert (VanderLind, 2017) »maladaptive Perfektionisten« (S. 43), zugleich als Ursache für Angststörungen und Depressivität, aber auch als vermittelnden Faktor im Hinblick auf das Entstehen von Lernschwierigkeiten.

Einen besonderen Faktor stellt auch die aktuelle Intensität der internalisierenden Störung dar, die sich bei psychiatrisch relevanten Störungen auch als »Schub« kennzeichnen lässt. Dehn u. a. (2020) zeigen für Depression, dass dieser Faktor der jeweiligen »Lage« der Person erheblichen Einfluss auf die Leistungsbewältigung haben kann. Eine Untersuchung von Hellwig (2008) fördert zumindest bei akuter Depressivität Auswirkungen auf Gedächtnisprozesse zutage, v. a. aber Defizite im Aufmerksamkeitsnetzwerk (im Sinne eines state-abhängigen Defizits, welches insofern wiederum auch situativ relevant ist). Untersuchungen von Pedersen u. a. (2008) machen allerdings darauf aufmerksam, dass zum einen je nach spezifischer internalisierender Problematik, aber auch bei komplexeren Lernanforderungen negative Auswirkungen auf Lernen unter Umständen auch jenseits einer »Hochphase« der Störung bestehen bleiben.

Relevante Situationsvariablen

Es gibt eine Fülle von Faktoren, die auch in aktuellen Situationen für Kinder und Jugendliche mit Problematiken der Angst und Depressivität Schwierigkeiten des Lernens hervorrufen oder verstärken können.

Die Erziehungspersonen repräsentieren zwar einen langfristigen Einfluss auf die Entwicklung kindlicher Persönlichkeit, aber auch ihr aktuelles Verhalten angesichts von schulischen Anforderungen ist von großer Bedeutung: ihre Unterstützung angesichts von gegenwärtigen Anforderungen, mögliche Überbehütung und Fernhalten von Anforderungen oder auch – gegenteilig – starker Leistungsdruck auf das Kind (Stein, 2012; Castello & Brodersen 2021).

Darüber hinaus sind situative »kritische Lebensereignisse« zu bedenken, die bei ohnehin vulnerablen Kindern und Jugendlichen durch zusätzliche Belastungen Lernleistungen beeinträchtigen könnten: institutionelle Übergänge (etwa zwischen Kindergarten und Schule) oder auch Erkrankungen in der Familie.

Dazu gehören allerdings auch Außenseiter- und Mobbing-Situationen in der Lerngruppe, der Schulklasse, womit der Peer-Group und ihrem Verhalten gegenüber Kindern mit Angst- und Depressionssymptomen erhebliche Bedeutung zukommt (Stein, 2012).

Im Hinblick auf schulische Lernsituationen zählen leistungsbezogene Über- wie Unterforderungen zu den belastenden Faktoren (Stein, 2019), die besonders auf Schüler mit internalisierenden Problemen wirken können. Aber auch die mangelnde Strukturiertheit sowie Transparenz von Lern- und Prüfungssituationen wird in der Angstforschung diskutiert (Stein, 2012): Vorhersagbarkeit und Kontrollierbarkeit der Lernsituationen, aber auch der Lehrkräfte zu erleben – oder eben nicht.

Für Schulangst und analoge Phänomene machen Brandmeier & Frischeisen (2020) auf die Faktoren Präsenz und Verhalten der Lehrkraft, Unterrichtsgestaltung, Verhalten von Mitschülern sowie Klassenklima aufmerksam. Dies führt abschließend zum situativen Faktor des Lern-, Klassen- und Schulklimas: mit einem »poor classroom climate« ausgesprochen relevante situative Faktoren, wie die Schulklima-Forschung zeigt (Somersalo, 2002; Achermann et al., 2006; Stein, 2019).

Interaktionistisch bedeutsame Aspekte

Im Hinblick auf die Person-Situation-Interaktion im engeren Sinne kann der Rahmen des Modells der Selbst- und Handlungsregulation als eines interaktionistischen Modells hilfreich sein (Stein, 2002; Stein, 2019). Es beschreibt die handelnde Auseinandersetzung einer Person mit (Lern-) Anforderungen in Phasen des Handelns und auf verschiedenen Bewusstseinsebenen. Aus diesem Ansatz heraus werden in der Folge einige naheliegende Zusammenhänge des hier thematisierten Kontextes angesprochen.

Grundsätzlich wird aus beiden Störungsbildern heraus, Angstproblemen wie Depressivität, auf der Verhaltensebene auch die Vermeidung von Anforderungen beschrieben. Dies kann dazu führen, dass Leistungssituationen grundsätzlich ausgewichen wird – entweder konkret im Unterricht oder auch generalisierter als schulvermeidendes Verhalten.

In Leistungssituationen selbst kann sich in der Interaktion zwischen Person und den Lernanforderungen ein ungünstiges aktuelles Erregungsniveau, sei es depressiv gedämpft oder durch Angst hoch aktiviert, beeinträchtigend auf die Bewältigung von Lernanforderungen auswirken – noch dazu, wenn diese anspruchsvoller und komplexer sind.

Auf Basis der grundsätzlich eingeschränkten kognitiven und metakognitiven Funktionen kann es aktuell in Anforderungssituationen zu einer geringeren Performanz kommen: In den Phasen der Handlungsregulation werden zu bewältigende Probleme nicht ausreichend identifiziert, verfügbare Ressourcen nicht erkannt oder nicht abgerufen, Lernprozesse nicht ausreichend geplant, auf Basis der Einschränkung von Aufmerksamkeit nicht ausreichend überwacht und realisiert – sowie auch erzielte Ergebnisse nicht ausreichend kritisch reflektiert (Stein, 2002; VanderLind, 2017). Die bewusste Überwachung aktueller Lernvorgänge könnte auch durch Interferenzen aus angst- und depressionsbezogenen Gedanken oder emotionaler Befindlichkeit heraus eingeschränkt werden (VanderLind, 2017).

Aus dieser – im engeren Sinne – interaktionistischen Perspektive kommt ganz grundsätzlich dem Erleben der Person, um die es geht, eine zentrale Bedeutung zu. Dieses Erleben gälte es im Hinblick auf die Frage von Zusammenhängen zwischen internalisierenden Problemen und Lernschwierigkeiten in den Vordergrund zu stellen – insbesondere auch diagnostisch.

Aspekte der Perspektive der Beobachter-Wahrnehmung

Zum einen dienen »Etikettierungen« wie psychische Störungen oder Förderbedarf der Bereitstellung gezielter Unterstützung. Zum anderen können solche Etiketten jedoch auch problematische Wirkungen entfalten (Stein, 2019). Die entsprechende »Beobachter-Perspektive« kann sich auf die Sicht der Einschränkungen bei den so etikettierten Kindern und Jugendlichen verengen bzw. zur Generalisierung der Einschränkungen führen – und damit auch zur Einschränkung des »Möglichkeitspotenzials« der Lernenden.

Gerade bei internalisierenden Problematiken besteht die Gefahr, dass dies – auch wenn es unterstützend gemeint ist – zu Leistungsentlastungen führt, auch wenn Leistungsforderungen notwendig wären, und auf mangelndes Zutrauen in die grundsätzliche Leistungsfähigkeit von Schülerinnen und Schülern, die internalisierende Schwierigkeiten des Erlebens und Verhaltens zeigen. Die Betroffenen werden insofern unter Umständen in einer Schonsituation »gehalten«, anstatt sie aus dieser herauszuführen. Risiken sind eine zu geringe Aktivierung und eine problematische, weil zu stark entlastende Fehlerkultur (Brandmeier & Frischeisen, 2020).

5 Fazit

Es ergibt sich eine Fülle von Aspekten und Zusammenhängen zwischen internalisierenden Schwierigkeiten des Erlebens und Verhaltens zum einen sowie Lernschwierigkeiten zum anderen. Dabei können aus interaktionistischer Perspektive verschiedenste Ansatzpunkte der Erklärung, aber auch der Förderung beschrieben werden. Im Hinblick auf die weitere Klärung von Kausalrichtungen, hier dezidiert des Einflusses von Schwierigkeiten des Erlebens und Verhaltens, ist differenzierte Forschung und insbesondere der Einsatz von Längsschnittstudien notwendig, wobei die Realisierung letzterer aufwändig ist. Zugleich bedarf es der Weiterentwicklung theoretische Modelle in diesem Feld, welche Zusammenhänge beschreiben, erklären – und dem Verstehen dienen.

Bei aller Bedeutung behavioraler und kognitiver Faktoren, die recht gut untersucht sind, bleibt ein Forschungsdefizit im genuinen Feld der Emotionen. Es sollte nicht vergessen werden, dass es sich gerade bei internalisierenden Problematiken wie

Angststörungen und Depressivität um primär emotional geprägte Phänomene handelt. Die Erforschung genuiner Emotionalität erweist sich oft als schwieriger als diejenige von Verhalten und Kognitionen – sollte jedoch verstärkt und mutig angegangen werden.

Literatur

Achermann, N., Pecorari, C., Winkler Metzke, C. & Steinhausen, H.-C. (2006). Schulklima und Schulumwelt in ihrer Bedeutung für psychische Störungen bei Kindern und Jugendlichen – Einführung in die Thematik. In Steinhausen, Hans-Christoph (Hrsg.), *Schule und psychische Störungen* (S. 15–37). Kohlhammer.

Brandmeier, F. & Frischeisen, J. (2020). Angst – wenn Schule zum Problem wird. Kinder mit psychischen Belastungen. *Grundschulmagazin 88*(5), 49–52.

Castello, A. & Brodersen, G. (2021). *Unterricht und Förderung bei Depressionen.* Hogrefe.

Dehn, L, Driessen, M. & Beblo, T. (2020). Patients with major depression show greater memory improvement if motivation is increased: An exploratory study unter real-life conditions. *Journal of Clinical and Experimental Neuropsychology 42*(3), 307–318.

Dilling, H., Mombour, W. & Schmidt, M.H. (1993). *Internationale Klassifikation psychischer Störungen (ICD-10)* (2. Auflage). Huber.

Ehm, J.-H., Hasselhorn, M & Schmiedek, F. (2021). Der wechselseitige Einfluss von Selbstkonzept und Leistung bei Grundschulkindern im Lichte verschiedener längsschnittlicher Analysemethoden. *Zeitschrift für Pädagogische Psychologie*, 1–10.

Emerson, E. & Baines, S. (2011): Health inequalities and people with learning disabilities in the UK. *Tizard Learning Disability Review 16* (1), 42–48.

Essau, C.A. (2007): *Depression bei Kindern und Jugendlichen* (2. Auflage). Reinhardt UTB.

Friese, H.-J. & Trott, G.-E. (1988). Das depressive Kind in der Leistungssituation. In: H.-J. Friese & Trott, G.-E. (Hrsg.), *Depression in Kindheit und Jugend* (S. 191–205). Bern.

Gold, A. (2015). Lernschwierigkeiten. Wie man einen pädagogisch-psychologischen Dauerbrenner immer wieder aufs Neue befeuern kann. *Zeitschrift für Pädagogische Psychologie 29*(3–4), 123–132.

Graefen, J., Kohn, J, Wyschkon, A. & Esser, G. (2015). Internalizing Problems in Children and Adolescents With Math Disability. *Zeitschrift für Psychologie 223*(2), 93–101.

Heimlich, U. (2016). *Pädagogik bei Lernschwierigkeiten* (2. Auflage). Klinkhardt UTB.

Hellwig, S. (2008). *Depression, Lernen und langsame Hirnpotenziale: Eine Untersuchung zur Erfassung von Gedächtnisprozessen bei depressiven Patienten.* Universität.

Horbach, J, Mayer, A., Scharke, W., Heim, S. & Günther, T. (2020). Development of Behavior Problems in Children with and without Specific Learning Disorders in Reading and Spelling from Kindergarten to Fifth Grade. *Scientific Studies of Reading 24*(1), 57–71.

Krohne, H.W. (2010). *Psychologie der Angst.* Kohlhammer.

Lukesch, H., Eder, M., Hausbeck, E. & Spießl, H. (2008). Depression und Leistungsmotivation – eine kontrollierte Therapiestudie. Online verfügbar unter: https://epub.uni-regensburg.de/3680/1/lukesch44.pdf. Zugriff am 29.07.2021.

Myschker, N. & Stein, R. (2018). *Verhaltensstörungen bei Kindern und Jugendlichen* (8. Auflage). Kohlhammer.

Pedersen, A., Küppers, K, Behnken, A., Kroker, K., Schöning, S., Baune, B.T., Rist, F., Arolt, V. & Suslow, T. (2009). Implicit and explicit procedural learning in patients recently remitted from severe major depression. *Psychiatry Research 169*, 1–6.

Rolus-Borgward, S. (2002). Der Einfluss metakognitiver und motivationaler Faktoren auf die schulische Leistung von Kindern und Jugendlichen mit Lern- und Verhaltensstörungen. In:

U. Schröder & M. Wittrock (Hrsg.), *Lernbeeinträchtigung und Verhaltensstörung* (S. 96–107). Kohlhammer.

Schröder, U. (2005). *Lernbehindertenpädagogik* (2. Auflage). Kohlhammer.

Schröder, U. & Wittrock, M. (Hrsg.) (2002). *Lernbeeinträchtigung und Verhaltensstörung.* Kohlhammer.

Somersalo, H. (2002). School environment and children's mental well-being. Academic dissertation, University of Helsinki. Im Internet unter: http:www.ethesis.helsinki.fi. Abruf vom 31.07.2009.

Spreen, O. (1988). Emotionale Störungen und Lernstörungen bei Kindern und Jugendlichen. In: H.-J. Friese & Trott, G.-E. (Hrsg.), *Depression in Kindheit und Jugend* (S. 179–190). Bern.

Stadler-Altmann, U. (2010): *Das Schüler-Selbstkonzept.* Klinkhardt.

Stein, R. (2002). Selbst- und Handlungsregulation: ein Metamodell für Störungen des Verhaltens und Lernens. In: U. Schröder & M. Wittrock (Hrsg.), *Lernbeeinträchtigung und Verhaltensstörung* (S. 80–95). Kohlhammer.

Stein, R. (2012). *Förderung bei Ängstlichkeit und Angststörungen.* Kohlhammer.

Stein, R. (2019). *Grundwissen Verhaltensstörungen* (6. Auflage). Schneider.

VanderLind, R. (2017). Effects of Mental Health on Student Learning. *Learning Assistance Review* 22(2), 39–58.

Visser, L., Büttner, G. & Hasselhorn, M. (2019), Komorbidität spezifischer Lernstörungen und psychischer Auffälligkeiten: ein Literaturüberblick. *Lernen und Lernstörungen* 8(1), 7–20.

Wu, S.S., Willcutt, E.G., Escovar, E. & Menon, V. (2013). Mathematics Achiecement and Anxiety and Their Relation to Internalizing and Externalizing Behaviors. *Journal of Learning Disabilities* 47(6), 503–514.

Mathematikangst bei Schulkindern: Einführung und Wirkmodelle

Lars Orbach

1 Einleitung

Angst ist eine Basisemotion des Menschen (Ekman, 1982). Als ein angeborenes Reaktionsmuster schützt sie das Individuum vor Gefahrensituationen, in dem der gesamte Körper in kürzester Zeit zu einer adaptiven Handlung vorbereitet wird (LeDoux, 2015). In Konfrontation mit einem angstauslösenden Reiz reagiert der Körper auf einer physiologischen (z. B. erhöhter Herzschlag), kognitiven (z. B. »Es wird etwas Schlimmes passieren«), affektiven (z. B. Furcht) und einer verhaltensbezogenen Ebene (z. B. Flucht, Kampf, Starre), wodurch das Individuum vorausgehende Handlungen urplötzlich unterbricht und die Aufmerksamkeit auf den angstauslösenden Stimulus richtet (Williams et al., 1997). In gefährlichen Situationen kann diese Anpassungsreaktion ein Menschenleben retten. Jedoch tritt die evolutionär verankerte Anpassungsreaktion mitunter auch unverhältnismäßig oder in Situationen auf, in denen das Gefühl von Angst unpassend oder unvernünftig ist (ICD-10; DSM-V).

Ängste spielen im Kindesalter eine besondere Rolle, da sie mit Entwicklungsphasen einhergehen können. Beispielsweise können Trennungsängste oder Ängste vor Dunkelheit im frühen Kindesalter eine Funktion in der normalen Entwicklung einnehmen (Schneider & Seehagen, 2013). Manche Ängste sind allerdings auch pathologisch und haben keine Funktion für die kindliche Entwicklung. In diesem Fall wird von einer Angststörung gesprochen. Auf Grundlage der BELLA-Kohortenstudie zur psychischen Gesundheit von Kindern und Jugendlichen des Robert Koch-Instituts bemisst sich der Anteil von Angststörungen in der Allgemeinbevölkerung auf ca. 10 bis 15 % (Ravens-Sieberer et al., 2016). In bestimmten Entwicklungsphasen lösen typische Umweltreize eher pathologische Ängste bei Kindern aus. So sind Kinder in der mittleren Kindheit vermehrt von Ängsten betroffen, die schulspezifische Themen beinhalten (Scarr, 1999). Mathematik ist ein häufiger Auslöser für Ängste in dieser Altersgruppe (z. B. Gunderson et al., 2018).

Schon in den ersten Schuljahren berichten Kinder von Ängsten im Zusammenhang mit Mathematik, die den Erwerb mathematischer Basisfertigkeiten sowie das situative Lösen von mathematischen Aufgaben beeinflussen (Dowker et al., 2016). Der Beginn eines Teufelskreises, schließlich spielen mathematische Fertigkeiten langfristig eine bedeutsame Rolle für den akademischen und beruflichen Erfolg eines Individuums, während geringe Fertigkeiten in Mathematik einen Risikofaktor für die Entwicklung psychischer Probleme darstellen (Aro et al., 2019).

Im Rahmen dieses Kapitels soll ein prägnanter Überblick über das Phänomen der Mathematikangst geboten werden. Der Beitrag möchte die zentralen Fragen zur Relevanz von Mathematikangst im Kontext Schule beantworten, in dem eine Begriffsbestimmung vorgenommen wird und Wirkmodelle der Mathematikangst zur mathematischen Leistung, Motivation und Lernverhalten vorgestellt werden. Naheliegende Fragen zu Wechselwirkungen mit dem Alter und Geschlecht werden diskutiert sowie Verfahren zur Diagnostik dargelegt.

2 Begriffsbestimmung

Mathematikangst ist bisher nicht als ein psychiatrisches Störungsbild in internationalen Klassifikationssystemen definiert, wie es zum Beispiel soziale Ängste oder Tierphobien sind. Gleichwohl konnte die Forschung zur Mathematikangst empirisch nachweisen, dass das Erscheinungsbild dem einer spezifischen Phobie (z. B. Spinnenangst) entspricht und nicht durch andere Ängste (z. B. generalisierte Ängste) zu erklären ist (Ashcraft & Ridley, 2005). Zudem wurden spezifische genetische Dispositionen und soziale Umweltfaktoren für Mathematikangst identifiziert, die eine eigenständige Erscheinungsform nahelegen (Malanchini et al., 2017).

Trotz alledem wird Mathematikangst seit den 1970er Jahren eher vage definiert als »ein Gefühl von Anspannung und Angst, das den Umgang mit Zahlen und das Lösen von mathematischen Problemen in einer Vielzahl von alltäglichen und akademischen Situationen beeinträchtigt« (Richardson & Suinn, 1972, S. 551, Übersetzung d. Ver.). Klare Definitionskriterien, wie sie etwa für spezifische Phobien in den internationalen Klassifikationssystemen ICD-10 oder DSM-V vorliegen, lassen sich aus dieser Begriffsbestimmung nicht ableiten, was sich schlussendlich in unterschiedlichen Erhebungsinstrumenten in der Forschung widerspiegelt (Orbach et al., 2019).

Als ein grundlegendes Modell für Angst dient die Unterscheidung zwischen state- und trait-Komponenten der Angst, welche auf Arbeiten des US-amerikanischen Psychologen Charles Spielberger (1972) begründet ist. Während trait-Angst ein zeitlich überdauerndes ängstliches Persönlichkeitsmerkmal (kognitive Grundannahmen) umfasst, definiert die state-Angst eine situationsspezifische Angstreaktion, die mit einer erhöhten Erregung des autonomen Nervensystems einhergeht. Im Sinne des Modells neigen Individuen mit einer trait-Angst dazu, viele Situationen als gefährlich wahrzunehmen und vermehrt state-Angst zu empfinden. Dieser Bewertungsvorgang wird durch das kognitive Appraisal-Modell nach Lazarus (2001) beschrieben, der neben einer ersten Evaluation hinsichtlich der Gefahreneinschätzung eines Reizes (Gefahr, Herausforderung oder irrelevant) eine Abwägung beinhaltet, ob man als Individuum die nötigen Fähigkeiten und Ressourcen besitzt, eine bestimmte Situation zu bewältigen. Sollte das Individuum zur Einschätzung kommen, dass ein Reiz (z. B. eine Mathematikarbeit) gefährlich und die eigenen Fertigkeiten (z. B. Fertigkeit zur Lösung von mathematischen Gleichungen) nicht ausreichend sind, wird das Individuum state-Angst empfinden (siehe Abbildung 1). Gemäß der internationalen Klassifikationssysteme umfasst eine pathologische Angst eine state- sowie eine trait-Komponente.

Für die Diagnostik, ob ein Schulkind mathematikängstlich ist, hat die Unterscheidung zwischen state- und trait-Komponente eine große Bedeutung (Orbach et al., 2019; Sorvo et al., 2017). Schließlich werden hauptsächlich Fragebogenverfahren verwendet, die sich darin unterscheiden, inwiefern diese eher eine state- oder eher eine trait-Komponente erfassen. In den meisten Fällen (siehe Tabelle 1) nutzen die Fragebögen Selbstauskünfte, die nicht direkt Angstreaktionen in mathematischen Situationen (state-Komponente) messen, sondern mit retrospektiven/hypothetischen Fragen ermitteln, wie Kinder ihre Angst in bestimmten Mathesituationen einschätzen würden (»Wie ängstlich würdest du dich fühlen, wenn...«). Dies ist ein gravierender Unterschied, da die Kinder für die Beantwortung der Frage nicht auf ihr episodisches Gedächtnis zurückgreifen, sondern die Fragen auf Basis ihres semantischen Gedächtnisses beantworten, wie sie über Emotionen denken (Robinson & Clore, 2002). Folglich beeinflussen subjektive Einschätzungen ihre Antworten, was sich in einer Differenz zwischen state- und trait-Fragebögen darlegt und »impact/intensity bias« genannt wird. Generell tendieren Individuen nämlich dazu, ihre »reale« state-Angst in einer retrospektiven Selbstauskunft zu überschätzen (Buehler & McFarland, 2001; Bieg, 2013).

Tab. 1: Fragebögen zur Erfassung von Matheangst im Kindes- und Jugendalter

Fragebogen	Autoren	Angstkomponente	Beispielfrage
Math Anxiety Questionnaire (MAQ)	Thomas & Dowker (2000) Deutsche Variante: Krinzinger et al. (2007)	Trait-Mathematikangst	*Wie glücklich oder unglücklich bist du, wenn du beim Kopfrechnen Schwierigkeiten hast? Wie besorgt bist du, wenn du beim Kopfrechnen Schwierigkeiten hast?*
Mathematics Anxiety Scale for Young Children (MASYC)	Harari et al. (2013) (Englisch)	Trait-Mathematikangst retrospektive/ hypothetische Fragen	*Wenn es Zeit für Mathe ist, schlägt mein Herz schnell. Ich werde nervös, wenn ich in Mathe einen Fehler mache.*
Ähnliches Instrument: Children's Anxiety in Math Scale (CAMS)			
Modified abbreviated Math Anxiety Scale (mAMAS)	Carey et al. (2017) English Deutsche Variante für Studenten Schillinger et al. (2018)	retrospektive/ hypothetische Fragen	*Bitte gebe jedem Satz eine Punktzahl in Bezug darauf, wie ängstlich Du dich in der jeweiligen Situation fühlen würdest: Dem Lehrer lange dabei zuhören, wie er über Mathe spricht.*

Ähnliche Instrumente: Child Math Anxiety Questionnaire (CMAQ-R), Mathematics Anxiety Survey (MAXS), Mathematics Anxiety Survey (MAXS), Mathematikangstinterview (MAI)

Tab. 1: Fragebögen zur Erfassung von Matheangst im Kindes- und Jugendalter – Fortsetzung

State-Math Anxiety Questionnaire	Orbach et al. (2020)	State Mathematikangst	*Ich bin nervös.*

Ähnliches Instrument: Ein Item Fragebögen z. B. Bieg (2013), Faces Worry Scale

Neben Fragebögen, die das Angsterleben direkt in einer mathematischen Situation erfassen und retrospektiven/hypothetischen Fragebögen (z. B. AMAS, CMAQ, SEMA), befassen sich manche Fragebögen mit der Furcht vor Misserfolg in Mathe (z. B. MAQ). Diese zeitlich überdauernde Grundannahme eines Individuums wird nach dem deutschen Psychologen Heinz Heckhausen (2010) der trait-Komponente zugeordnet. Aus diesem Grund werden retrospektive/hypothetische Fragebögen mitunter auch als eine Art Mixtyp zwischen state- und trait-Komponente verstanden (Orbach et al., 2019).

Schlussendlich kann Mathematikangst als eine spezifische Phobie umschrieben werden, die sich situativ in Konfrontation mit einer mathematischen Situation oder Gedanken über Mathematik auf einer kognitiven, physiologischen, affektiven und verhaltensbezogenen Ebene manifestiert. Zeitlich überdauernd lässt sich die Mathematikangst als kognitive Grundannahmen (»In Mathe bin ich eine Null!«) oder in Vermeidungsverhalten (z. B. Vermeidung von Rechnen) beobachten. Zur Feststellung, ob ein Schulkind eine mathematische Angst besitzt, sollten bestmöglich Zustandsängste in mathematischen Situationen (state-MA) und überdauernde Grundannahmen (trait-MA) mit Fragebögen überprüft werden.

3 Wirkmodelle der Mathematikangst

Mathematikängstliche Kinder und Jugendliche sind deutlich in ihrer mathematischen Leistungsfähigkeit beeinflusst. Neueste Meta-Analysen (Zhang et al., 2019; Namkung et al., 2019; Barroso et al., 2020) stellten eine negative Korrelation von $r = -0.28$ bis -0.34 zwischen der Mathematikangst und der Leistung in standardisierten Mathetests fest. Größere negative Zusammenhänge zeigten sich in Matheaufgaben mit höheren Anforderungen, wie es beim komplexen Problemlösen der Fall ist. Zudem beeinflusst der verwendete Matheangstfragebogen den Zusammenhang zwischen Matheangst und Matheleistung. Wohingegen Studien mit state-Fragebögen und Fragebögen mit hypothetischen/retrospektiven Fragen einen Zusammenhang ermittelten, konnten Studien mit trait-Fragebögen keine negativen Korrelationen ausmachen. Es wird angenommen, dass trait-Fragebögen deutlicher von subjektiven Annahmen über Emotionen beeinflusst werden und daher nicht imstande sind, die spezifische Angstreaktion in einer Mathesituation zu erfassen (Orbach et al., 2019; Sorvo et al., 2017).

Die negativen Auswirkungen der Mathematikangst werden auf Probleme in der Aufmerksamkeitskontrolle (Eysenck et al., 2007) und auf Vermeidungsverhalten (Ashcraft & Moore, 2009) zurückgeführt. Während des Lösens einer Mathematikaufgabe wird ein Teil des Arbeitsgedächtnisses von der Angstreaktion blockiert, da der Aufmerksamkeitsfokus auf den als gefährlich eingestuften Reiz (z. B. Sorgenerleben oder externe Stimuli wie der Uhrzeiger) gerichtet wird. Somit stehen dem Individuum diese Ressourcen nicht für das Lösen der Matheaufgaben zur Verfügung. Als eine verhaltensbezogene Reaktion wird das mathematikängstliche Individuum zukünftig Situationen meiden, in denen es mit mathematischen Situationen konfrontiert wird. Dieses Vermeidungsverhalten (von z. B. Mathehausaufgaben) führt zu weniger Lerngelegenheiten, die den Erwerb von mathematischen Fertigkeiten erschweren. Dies ist der Beginn eines Teufelskreises.

Mathematikängste wurden bei Kindern aller kognitiver Leistungsniveaus beobachtet und auf allen Leistungsniveaus besteht ein negativer Zusammenhang zur Matheleistung (Orbach et al., 2019; 2020). Folgerichtig können alle Kinder von leistungshemmenden Effekten betroffen sein. Allerdings wird der Wechselwirkung zwischen state-Matheangst und kognitiven Funktion eine besondere Funktion zugesprochen (Passolunghi et al., 2019). So scheinen Kinder mit geringer Intelligenz ein höheres Risiko für Angstreaktion in mathematischen Situationen zu besitzen (Orbach et al., 2019) und Individuen mit hohen exekutiven Funktionen zeigen während einer mathematischen Angstreaktion weitaus schlechtere Matheleistungen als es entsprechend ihrer guten kognitiven Fähigkeiten zu erwarten wäre. Letztgenanntes Phänomen wird als »choking under pressure« umschrieben (Beilock & Carr, 2005). Einige Studien beobachteten stärkere Matheangst-Mathematikleistung Relationen bei Kindern mit besseren exekutiven Funktionen (z. B. Ramirez et al., 2016; Orbach et al., 2020). Exekutive Funktionen umschreiben Fähigkeiten, die zur Selbstkontrolle notwendig sind und dem Individuum erlauben, Handlungspläne zu entwickeln, zu überprüfen, umzusetzen sowie irrelevante Impulse zu unterdrücken (Smith & Jonides, 1999). Ein Grund für die besondere Auswirkung der Matheangst auf »begabte« Schulkinder wird in ihrer Vorliebe für elaborierte Problemlösestrategien gesehen. Diese Strategien benötigen hohe kognitive Ressourcen, die während einer Angstreaktion nicht zur Verfügung stehen. Dementsprechend werden geringere Leistungen beobachtet, weil die Kinder entweder zu rudimentären Strategien wechseln oder die elaborierten Strategien fehlerhaft ausführen (Ramirez et al., 2016).

Obwohl es nur wenige Längsschnitterhebungen gibt, wird angenommen, dass die Wechselwirkung zwischen Matheangst und Matheleistung bidirektional ist (Carey et al., 2016). Matheangst könnte sich als Konsequenz von Misserfolgen in Mathe entwickeln, und umgekehrt ist es denkbar, dass Matheangst originär Leistungsschwächen in Mathe verursacht. Diese originäre Matheangst könnte im Sinne eines multifaktoriellen Entstehungsmodell aus genetischer Veranlagung (Malanchini et al., 2017) und Umweltfaktoren entstehen. Als relevante Umweltfaktoren gelten soziale Transmissionseffekte, in denen matheängstliche Lehrkräfte ihre Ängste und negativen Einstellungen zu Mathematik an die Schulkinder weitergeben

Mathematikangst bei Schulkindern: Einführung und Wirkmodelle

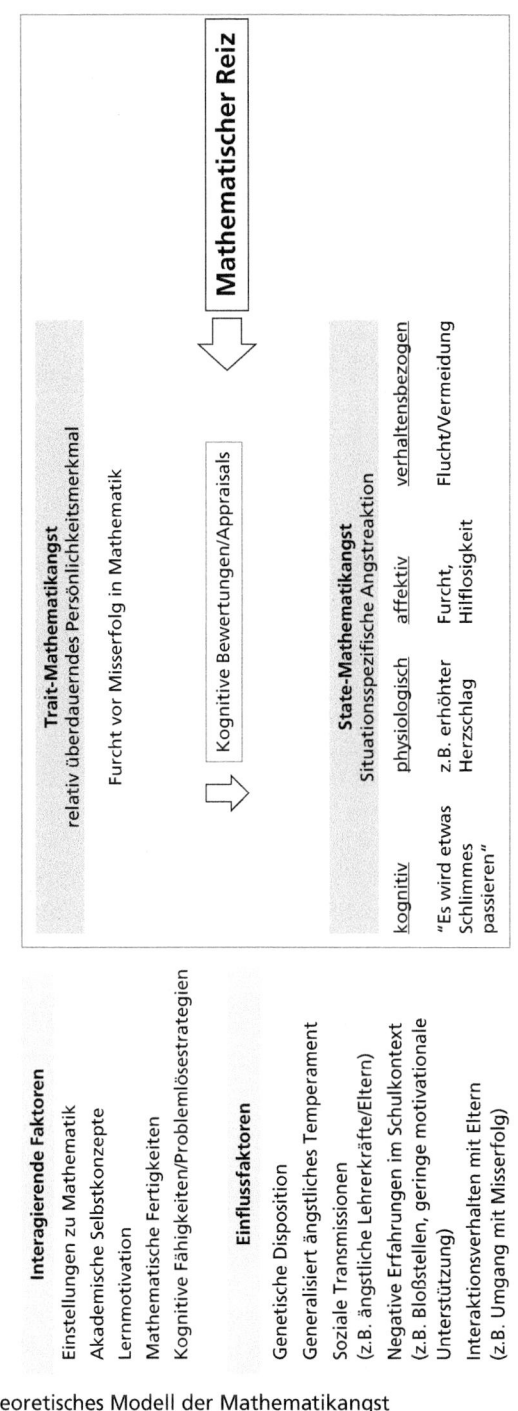

Abb. 1: Theoretisches Modell der Mathematikangst

(Beilock et al., 2010). Außerdem nehmen Eltern eine bedeutsame Funktion ein, weil sie mit ihrem Interaktionsverhalten und der Vermittlung von sozialen Rollenmodellen einen Einfluss auf die Entwicklung von Matheangst ausüben (Maloney et al., 2015; Macmull & Ashkenazi, 2019). Im Schulkontext scheinen negative Erfahrungen mit Lehrkräften (z. B. Bloßstellen vor Klassenkameraden, Schroff auf Nachfragen reagieren) und fehlende motivationale Unterstützung seitens des Schulpersonals Risikofaktoren für Matheangst zu sein (O'Leary et al., 2017).

4 Wechselwirkung der Mathematikangst mit Alter und Geschlecht

Bereits in den ersten Schuljahren können Matheängste beobachtet werden, die sich negativ auf die mathematische Leistung auswirken (Gunderson et al., 2018). Zwar wird in Analogie zu Einstellungen zur Mathematik (Mata et al., 2012) angenommen, dass im Verlauf der Entwicklung – aufgrund von höheren schulischen Anforderungen, sozialen Stereotypen und einer nachgewiesenen Zunahme von Angststörungen – eine Zunahme von Mathematikängsten stattfindet, doch sind hinreichende empirische Nachweise noch nicht erbracht (Dowker et al., 2016). Auf Basis neuester Meta-Analysen (Zhang et al., 2019; Barroso et al., 2020) kann von einem Zusammenhang zwischen Matheangst und Matheleistung über den Verlauf der gesamten Entwicklung bis weit ins Erwachsenenalter ausgegangen werden. Es gibt allerdings Hinweise, dass bestimmte Altersgruppen im besonderen Maße von leistungsmindernden Effekten betroffen sind. Ein Augenmerk liegt hier auf dem Zeitraum zwischen spätem Grundschulalter und Sekundarstufe. Als Ursachen für diesen Effekt werden ein erhöhter Leistungsdruck (u. a. durch einsetzende Notengebung) und ein anspruchsvolleres Curriculum diskutiert.

Ein virulentes Thema im Zusammenhang mit Ängsten im Fach Mathematik sind Geschlechterunterschiede. Trotz der weit verbreiteten Annahme, dass Mädchen mehr Ängste angesichts von Mathematik hätten (Beilock et al., 2007), ist der aktuelle Forschungsstand hierzu nicht eindeutig. Manche Studien konnten höhere Matheängste bei Mädchen feststellen (z. B. Krinzinger et al., 2007; Orbach et al., 2019), wohingegen andere Forschungsarbeiten keinen Geschlechterunterschied beobachteten (z. B. Tezise & Reeve, 2018; Bieg et al., 2015). Die Forschungsergebnisse sind diskrepant für state- und ebenso für trait-Fragebögen. Trotz dieser unklaren Befunde wird in der Forschung erwogen, dass Mädchen aufgrund einer höheren Bereitschaft, von eigenen Emotionen zu berichten, sozialen Stereotypen und fachspezifischen Selbstkonzepten öfter von Matheangst betroffen seien (Dowker et al., 2016). Womöglich sind hierfür auch epidemiologische Studien zu pathologischen Ängsten ursächlich, die den empirischen Nachweis über Geschlechterunterschiede erbrachten (Lewinsohn et al., 1998). Im Gegensatz zum widersprüchlichen Forschungsstand zu geschlechtsdifferenten Auftrittshäufigkeiten lieferten aktuelle Metaanalysen wichtige Erkenntnisse über den Einfluss des Geschlechts auf den Zusammenhang zwischen Matheangst und Matheleistung (Zhang et al., 2019; Barosso et al., 2020). Mädchen und Jungen scheinen gleichermaßen von leistungshemmenden Effekten durch Matheängste betroffen. Allerdings besteht Unklarheit darüber, ob es sich bei beiden Geschlechtern um einen spezifischen Effekt der Mathematikangst handelt oder andere Ängste bei einem Geschlecht besonders »miteinwirken« (Devine et al., 2012).

5 Auswirkungen der Mathematikangst auf das Lernverhalten

Das wiederholte Erleben von Angstreaktionen hat einen prägenden Einfluss auf das Verhalten von Menschen. In erster Linie umfasst dies Vermeidungsverhalten, das in der angstauslösenden Situation zu einem flüchtigeren Vorgehen beim Lösen von Matheaufgaben führt (Ashcraft & Moore, 2009) und langfristig mit einer Vermeidung von Lernsituationen einhergeht. Darüber hinaus ergeben sich auch weitreichende Konsequenzen für das akademische und berufliche Leben. Individuen mit Matheangst wählen seltener Mathekurse in der Schule und entscheiden sich seltener für Berufe oder ein Studium mit mathematischen Inhalten (Meece et al.,1990). Insgesamt erlaubt dieses Verhalten keine korrigierenden Erfahrungen mit Mathematik, was Ängste langfristig verfestigt und weitere Auswirkungen auf maladaptive Kognitionen (z. B. Einstellungen/Motivation) hat.

Zu Beginn der Schullaufbahn überwiegen bei Kindern meist positive Einstellungen zu Mathematik, die sich im Verlauf der Sekundarstufe deutlich verschlechtern (Mata et al., 2012). Im Längsschnitt konnte nachgewiesen werden, dass schlechtere Matheleistungen mit später negativeren Einstellungen einhergehen, wohingegen negative Einstellungen die spätere Leistung nicht prädiktieren (Ma & Xu, 2004). Diese Beobachtung stimmt mit gängigen Definitionen überein, die den »Erwerb« von Einstellungen betonen (Aiken, 1970), und hebt die Bedeutung von Misserfolgserfahrungen für maladaptive Kognitionen hervor. Generell stehen negative Einstellungen zu Mathematik und niedrige mathematische Selbstkonzepte in enger Beziehung zu höheren Matheängsten (Dowker et al., 2019; Orbach et al., 2019). Dieser Zusammenhang lässt sich mit dem Appraisal-Modell erklären, da geringere Einstellungen und schlechtere Selbstkonzepte einen Einfluss auf die kognitive Bewertung von mathematischen Situationen nehmen.

Einen direkten Einfluss auf das mathematische Lernverhalten hat die Lernmotivation. Es konnte festgestellt werden, dass Kinder mit state-Matheangst tendenziell eine geringere Motivation zum Lernen haben, es vermeiden, vor Anderen Leistung zu erbringen, und auch eher zur Arbeitsvermeidung neigen (Orbach et al., 2019). Neben diesen negativen Auswirkungen auf das Lernverhalten, die dem typischen »Angst«-Verhaltensmuster entsprechen, wird aktuell diskutiert, ob die Lernmotivation nicht auch andersartig auf den Kausalzusammenhang zwischen Matheangst und Leistung einwirkt (Wang et al., 2015). So könnte eine hohe Lernmotivation leistungsmindernde Effekte der Matheangst abmildern (Chang & Beilock, 2016) oder eine kleine Subgruppe von matheängstlichen Kindern existieren, die eine hohe Leistungsorientierung aufweist (Wang et al., 2018). Doch hierzu sind weitere Forschungen notwendig.

6 Fazit

Seit einiger Zeit wird der Mathematikangst im Kindes- und Jugendalter eine besondere Aufmerksamkeit in der Forschung und zunehmend auch im schulpraktischen Alltag zuteil. Matheangst ist ein weitverbreitetes Phänomen in Schulen auf der ganzen Welt, das kurzfristige und langfristige Auswirkungen auf die schulische Leistung und das Lernverhalten besitzt. Im Gegensatz zu früheren Annahmen sind diese negativen Auswirkungen bereits frühzeitig zu beobachten und betreffen Kinder und Jugendliche aller kognitiven Leistungsniveaus sowie Mädchen und Jungen.

Für Therapeuten und Schulpraktiker*innen verdeutlicht sich hieraus die Notwendigkeit, frühe diagnostische Abklärungen zu mathematischen Zustandsängsten in »realen« Mathesituationen und maladaptiven Kognitionen bei Schulkindern durchzuführen. Jene differenzierte Vorgehensweise ist aufgrund der subjektiven Grundannahmen zu Mathematik, die zu Fehlurteilen verleiten, unumgänglich.

Literatur

Aiken, L. R. (1970). Attitudes Toward Mathematics. *Review of Educational Research*, 40(4), 551–596.

Aro, T., Eklund, K., Eloranta, A.-K., Närhi, V., Korhonen, E. & Ahonen, T. (2019). Associations Between Childhood Learning Disabilities and Adult-Age Mental Health Problems, Lack of Education, and Unemployment. *Journal of Learning Disabilities*, 52(1), 71–83.

Ashcraft, M. H. & Moore, A. M. (2009). Mathematics anxiety and the affective drop in performance. *Journal of Psychoeducational Assessment*, 27, 197–205.

Ashcraft, M. H. & Ridley, K. S. (2005). Math anxiety and its cognitive consequences—A tutorial review. In J. I. D. Campbell (Hrsg.), *Handbook of mathematical cognition* (S. 315–327). Psychology Press.

Barroso, C., Ganley, C. M., McGraw, A. L., Geer, E. A., Hart, S. A. & Daucourt, M. C. (2021). A meta-analysis of the relation between math anxiety and math achievement. *Psychological Bulletin*, 147(2), 134–168.

Beilock, S. L., & Carr, T. H. (2005). When high-powered people fail: Working memory and »choking under pressure« in math. *Psychological Science*, 16(2), 101–105.

Beilock, S. L., Gunderson, E. A., Ramirez, G. & Levine, S. C. (2010). Female teachers' math anxiety affects girls' math achievement. *Proceedings of the National Academy of Sciences, 107*(5), 1860–1863.

Beilock, S. L., Rydell, R. J. & McConnell, A. R. (2007). Stereotype threat and working memory: Mechanisms, alleviation, and spillover. *Journal of Experimental Psychology: General, 136*(2), 256–276.

Bieg, M., Goetz, T., Wolter, I. & Hall, N. C. (2015). Gender stereotype endorsement differentially predicts girls'; and boys'; trait-state discrepancy in math anxiety. *Frontiers in Psychology, 6*, 1404. doi: 10.3389/fpsyg.2015.01404

Bieg, M. (2013). Trait and State Academic Emotions: Two Sides of the Same Coin? (Doctoral dissertation, University of Konstanz, Germany). Retrieved from https://kops.uni-konstanz.de/handle/123456789/25394

Buehler, R. & McFarland, C. (2001). Intensity Bias in Affective Forecasting: The Role of Temporal Focus. *Personality and Social Psychology Bulletin, 27*(11), 1480–1493.

Carey, E., Hill, F., Devine, A. & Szűcs, D. (2017). The modified Abbreviated Math Anxiety Scale: A valid and reliable instrument for use with children. *Frontiers in Psychology, 8*, Article ID 11.

Chang, H. & Beilock, S. L. (2016). The math anxiety-math performance link and its relation to individual and environmental factors: A review of current behavioral and psychophysiological research. *Current Opinion in Behavioral Sciences, 10*, 33–38. https://doi.org/10.1016/j.cobeha.2016.04.011.

Devine, A., Fawcett, K., Szűcs, D. & Dowker, A. (2012). Gender differences in mathematics anxiety and performance while controlling for test anxiety. *Behavioral and Brain Functions, 9*, 8–33.

Dowker, A., Cheriton, O., Horton, R. & Mark, W. (2019). Relationships between attitudes and performance in young children's mathematics. *Educ Stud Math, 100*, 211–230.

Dowker, A., Sarkar, A. & Looi, C. Y. (2016). Mathematics anxiety: What have we learned in 60 years? *Frontiers in Psychology, 7*, 508.

Ekman, P. (1993). Facial expression and emotion. *American Psychologist, 48*(4), 384–392.

Eysenck, M. W., Derakshan, N., Santos, R. & Calvo, M.G. (2007). Anxiety and cognitive performance: Attentional control theory. *Emotion, 7*, 336–353.

Gunderson, E. A., Park, D., Maloney, E. A., Beilock, S. L. & Levine, S. C. (2018). Reciprocal relations among motivational frameworks, math anxiety, and math achievement in early elementary school. *J. Cogn. Dev., 19*, 21–46.

Harari, R. R., Vukovic, R. K. & Bailey, S. P. (2013). Mathematics anxiety in young children: An exploratory study. *The Journal of Experimental Education, 81*(4), 538–555.

Heckhausen, J., & Heckhausen, H. (2010). *Motivation und Handeln [Motivation and action]*. Berlin, Germany: Springer.

Krinzinger, H., Kaufmann, L., Dowker, A., Thomas, G., Graf, M., Nuerk, H. C. & Willmes, K. (2007). Deutschsprachige Version des Fragebogens für Rechenangst (FRA) für 6- bis 9-jährige Kinder. *Zeitschrift für Kinder- und Jugendpsychiatrie und Psychotherapie, 35*(5), 341–351.

Lazarus, R. S. (2001). Relational meaning and discrete emotions. In K. R. Scherer, A. Schorr, & T. Johnstone (Hrsg.), *Appraisal processes in emotion: Theory, methods, research* (S. 37–67). New York: Oxford University Press.

Lewinsohn, P. M., Gotlib, I. H., Lewinsohn, M., Seeley, J. R. & Allen, N. B. (1998). Gender differences in anxiety disorders and anxiety symptoms in adolescents. *Journal of Abnormal Psychology, 107*(1), 109–117.

LeDoux, J. E. (2015). *Anxious: Using the Brain to Understand and Treat Fear and Anxiety*. Viking.

Ma, X. & Xu, J. (2004). The causal ordering of mathematics anxiety and mathematics achievement: A longitudinal panel analysis. *Journal of Adolescence, 27*(2), 165–179.

Malanchini, M., Rimfeld, K., Shakeshaft, N. G., Rodic, M., Schofield, K., Selzam, S., Dale, P. S., Petrill, S. A. & Kovas, Y. (2017). The genetic and environmental aetiology of spatial, mathematics and general anxiety. *Scientific reports, 7*, 42218.

Macmull, M. S. & Ashkenazi, S. (2019). Math Anxiety: The Relationship Between Parenting Style and Math Self-Efficacy. *Frontiers in Psychology, 10*, 1721.

Maloney, E. A., Ramirez, G., Gunderson, E. A., Levine, S. C. & Beilock, S. L. (2015). Intergenerational Effects of Parents' Math Anxiety on Children's Math Achievement and Anxiety. *Psychological Science, 26*(9), 1480–1488.

Mata, M. d. L., Monteiro, V. & Peixoto, F. (2012). Attitudes towards mathematics: Effects of individual, motivational, and social support factors. *Child Development Research, 2012*, 10.

Meece, J. L., Wigfield, A. & Eccles, J. S. (1990). Predictors of math anxiety and its influence on young adolescents' course enrollment intentions and performance in mathematics. *Journal of Educational Psychology, 82*(1), 60–70.

Namkung, J. M., Peng, P. & Lin, X. (2019). The Relation Between Mathematics Anxiety and Mathematics Performance Among School-Aged Students: A Meta-Analysis. *Review of Educational Research, 89*(3), 459–496.

O'Leary, K., Fitzpatrick, C. L. & Hallett, D. (2017). Math anxiety is related to some, but not all, experiences with math. *Frontiers in Psychology, 8*, Article 2067.

Orbach, L., Herzog, M. & Fritz, A. (2019). Relation of state- and trait-math anxiety to intelligence, math achievement and learning motivation. *Journal of Numerical Cognition. 5*(3), 371–399.

Orbach, L., Herzog, M. & Fritz, A. (2020b). State- and Trait-Math Anxiety and Their Relation to Math Performance in Children: The Role of Core Executive Functions. *Cognition. 200.*

Passolunghi, M. C., Zivkovic, E. & Pellizzoni, S. (2019). Mathematics Anxiety and Working Memory: What is the relationship?. In I. C. Mammarela, S. Caviola, O & A. Dowker (Eds.), *Mathematics Anxiety: What is Known, and what is still missing.* Routledge.

Ramirez, G., Chang, H., Maloney, E. A., Levine, S. C. & Beilock, S. L. (2016). On the relationship between math anxiety and math achievement in early elementary school: The role of problem solving strategies. *Journal of Experimental Child Psychology, 141*, 83–100.

Ravens-Sieberer, U., Klasen, F. & Petermann, F. (2016). Psychische Kindergesundheit. Ergebnisse der BELLA-Kohortenstudie. *Kindheit und Entwicklung: Zeitschrift für Klinische Kinderpsychologie, 25*(1), 4–9.

Richardson, F. C. & Suinn, R. M. (1972). Mathematics Anxiety Rating Scale – Psychometric data. *Journal of Counseling Psychology, 19*(6), 551–554.

Robinson, M. D. & Clore, G. L. (2002). Belief and feeling: Evidence for an accessibility model of emotional self-report. *Psychological Bulletin, 128*(6), 934–960.

Scarr, A. (1999). *The handbook of child and adolescent clinical psychology.* Routhledge.

Schillinger, F. L., Vogel, S. E., Diedrich, J. & Grabner, R. H. (2018). Math anxiety, intelligence, and performance in mathematics: Insights from the German adaptation of the Abbreviated Math Anxiety Scale (AMAS-G). *Learning and Individual Differences, 61*, 109–119.

Schneider, S. & Seehagen, S. (2013). Angststörungen im Kindes- und Jugendalter, *PSYCH up2date, 7*, 361–372.

Smith, E. & Jonides, J. (1999). Storage and Executive Processes in the Frontal Lobes. *Science, 283*, 1657–1661.

Spielberger, C. D. (1972). *Anxiety. Current trends in theory and research.* Academic Press.

Sorvo, R., Koponen, T., Viholainen, H., Aro, T., Räikkönen, E., Peura, P., Tolvanen, A. & Aro, M. (2019). Development of math anxiety and its longitudinal relationships with arithmetic achievement among primary school children. *Learning and Individual Differences, 69*, 173–181.

Thomas, G. & Dowker, A. (2000). *Mathematics anxiety and related factors in young children.* Paper presented at the British Psychological Society Developmental Section Conference, Bristol, UK.

Wang, Z., Lukowski, S. L., Hart, S. A., Lyons, I. M., Thompson, L. A., Kovas, Y., ... Petrill, S. A. (2015). Is Mathematical Anxiety Always Bad for Math Learning: The Role of Math Motivation. *Psychological Science, 26*(12), 1863–1876.

Wang, Z., Shakeshaft, N., Schofield, K. & Malanchini, M. (2018). Anxiety is not enough to drive me away: A latent profile analysis on math anxiety and math motivation. *PloS one, 13*(2), e0192072.

Williams, J. M., Watts, F. N., MacLeod, C. & Mathews, A. (1997). *Cognitive psychology and emotional disorders.* Chichester, UK: Wiley.

Zhang, J., Zhao, N. & Kong, Q. P. (2019). The Relationship Between Math Anxiety and Math Performance: A Meta-Analytic Investigation. *Frontiers in Psychology*, *10*, 1613.

Schulabsentismus (als Ursache von Lernschwierigkeiten)

Tobias Hagen & Heinrich Ricking

1 Grundlagen

Mit dem Oberbegriff Schulabsentismus werden Verhaltensweisen verbunden, bei denen Schüler*innen sich während der Unterrichtszeit weder im Klassenraum noch in der Schule aufhalten und zeitgleich alternative Orte bevorzugen. Die körperliche Abwesenheit von der Schule gilt somit als zentrales Merkmal, wobei drei Grundformen unterschieden werden. Beim Schulschwänzen versäumen Schüler den Unterricht, weil sie oft im Kontext von Schulversagen sowie einer schulaversiven Haltung während des Vormittags einer angenehmeren Aktivität im außerhäuslichen Bereich nachgehen. Im Rahmen einer angstbedingten Schulmeidung erleben Kinder und Jugendliche beim (anstehenden) Schulbesuch starke Ängste und psychosomatische Begleiterscheinungen und verbringen die Schulzeit zu Hause. Auch Leistungsängste und Furcht vor Lehrkräften oder Mitschüler*innen spielen eine bedeutsame Rolle, u. a. mit Bezügen zu Mobbing. Nicht selten motivieren Erziehungsberechtigte dazu, die Schule nicht zu besuchen (Zurückhalten), verhalten sich gleichgültig oder unterstützen – z. B. mit fingierten Entschuldigungsschreiben – den Schulabsentismus des Kindes (Ricking & Hagen, 2016).

2 Wechselwirkungen zwischen Verhaltens- und Lernschwierigkeiten

Der Überblick zu den verschiedenen Formen von Schulabsentismus legt nahe, dass es ein Überschneidungsfeld (Overlap) zwischen Lernschwierigkeiten und Schulabsentismus (als eine Form einer Verhaltensauffälligkeit) zu geben scheint, also zwei kategoriale Einheiten, die neben Unterschieden auch ein gemeinsames Feld der Überschneidung aufweisen (Ricking, 2005). Komorbide Problematiken als kombinierte Entwicklungsbeeinträchtigungen bei Kindern und Jugendlichen sind omnipräsent und prägen die sonderpädagogischen Handlungsfelder (Myschker & Stein, 2018; Visser, Büttner et al., 2019). Konkret handelt es sich um Angst- und depressive Symptome (Nelson & Harwood, 2011) sowie Probleme im Lernverhalten, wie bspw. Aufmerksamkeitsdefizite (Maughan & Carroll, 2006; Miranda et al., 2011).

Die genannten Symptome sind als mögliche Ursachen verschiedener Formen von Schulabsentismus anerkannt und können zur Erklärung der Zusammenhänge herangezogen werden.

Im Hinblick auf Schulabsentismus ist bspw. anzunehmen, dass übermäßige Ängste und Befürchtungen zu unregelmäßigem Schulbesuch führen können, um die als unangenehm oder bedrohlich erlebten Situationen zu vermeiden. Dabei kann es sich bspw. um die Teilnahme an einem Test oder einer Klassenarbeit handeln (Prüfungsangst) oder um Angst vor der prüfenden Betrachtung durch Mitschüler*innen und Lehrkräfte (soziale Phobie), die zur Vermeidung sozialer Situationen führt. Die daraus resultierenden teils hohen Fehlquoten können wiederum massive Lernrückstände aufgrund von verpasstem Unterricht nach sich ziehen.

Ein weiterer möglicher Wirkungskontext entsteht aus wiederkehrenden Versäumnisphasen oder Problemen im Lernverhalten, die in Lernrückständen resultieren. Kinder, die sich im Unterricht »schwerer tun« als andere Kinder, weil sie sich nicht gut konzentrieren können, schnell ablenken lassen und mehr Zeit für die Aufgabenbearbeitung benötigen als ihre Mitschüler*innen, entwickeln aufgrund sozialer Vergleichsprozesse häufig ein negatives schulisches Selbstkonzept (Marsh, 2005). Sie trauen sich wenig zu und bewerten die eigenen Fähigkeiten eher negativ. Dies kann Motivationsprobleme, Schulunlust und Perspektivlosigkeit nach sich ziehen. Unter Umständen wird kein Sinn mehr darin gesehen, die Schule regelmäßig zu besuchen. Das Kind wirkt im Unterricht teilnahmslos und gleichgültig, Fehlzeiten häufen sich und daraus resultierende weitere Lernrückstände wirken zusätzlich negativ verstärkend.

3 Angsterleben und Lernschwierigkeiten in der Schule

Angst und Lernen

Ein prominentes Beispiel für Leistungsemotionen stellt die Angst dar. Sie kann als ein negativ empfundener emotionaler Zustand beschrieben werden, der auf eine als bedrohlich erlebte Situation zurückzuführen ist (Schneider, 2004). Auch wenn sie in der Schule nur selten im Mittelpunkt der Aufmerksamkeit steht, oft nicht wahrgenommen oder pädagogisch thematisiert wird, muss starkes Angsterleben in der Schule als pädagogisch unerwünschtes Phänomen bewertet werden. Es beeinträchtigt das subjektive Wohlbefinden der Schüler*innen und greift die psychosoziale Entwicklung wie auch die Leistungsfähigkeit an (Stein, 2012). Die deaktivierende Angst führt zu motivationalen Zuständen, die durch beeinträchtigte Konzentrationsfähigkeit, Passivität, Kognitionen von Unkontrollierbarkeit und mentaler Lähmung charakterisiert sein können. Es handelt sich beim Verhältnis von Angsterleben und Lernerfolg allerdings nicht um eine einfache proportionale Zuordnung, denn ein geringes bis mittleres Angstniveau kann auch leistungsförderliche Effekte zeigen.

Angst vor Versagen in der Schule

Die Existenz der Schule in der gegebenen Gestalt als Leistungssystem schließt besonders für leistungsschwächere Schüler eine ubiquitäre Gefahr des Versagens ein, sie erzeugt Druck und bedingt eine ständige Bedrohung der Beeinträchtigung des Selbstwertgefühls und der sozialen Anerkennung (Bohnsack, 2013). Angstereignisse in der Schule formen sich vielfach aus einem hohen Anforderungsniveau, einem ausgeprägten Leistungsklima und Konkurrenzprinzip in der Klasse. Angst lenkt die Aufmerksamkeit vom Stoff auf den Zweifel an der eigenen Person, sie ist also ein Gefahrensignal mit ambivalenter Wirkung: Sie kann Energien mobilisieren und lähmen. In ausgeprägter Form kann sie das subjektive Wohlbefinden der Schüler*innen negativ beeinflussen, habitualisiert werden, das Selbstkonzept beeinträchtigen und die Leistungsfähigkeit verringern (Ricking & Speck, 2020). Es sprechen viele Befunde dafür, dass gerade Schüler*innen mit ausgeprägtem Angsterleben, Leistungsproblemen und Schulabsentismus in größerem Maße die selbstschädigenden Definitionsmuster erleben. Die Angst vor dem antizipierten Versagen in der Schule kann daneben Fluchtreaktionen oder Verweigerung auslösen, wobei sich der Konflikt des Kindes mit Schule und Elternhaus mit jedem neu gefehlten Tag erhöht (Schwarzer, 2000). Die gesamte Tragweite der Furcht vor Misserfolg wird dann bedrohlich, wenn in seinem Gefolge schon der Prestigeverlust bei Mitschüler*innen und Lehrkräften sowie die schwindende Anerkennung und Zuneigung der Eltern erkennbar sind. Im ungünstigen Fall entstehen mittelfristig Anzeichen einer erlernten Hilflosigkeit, die existiert, wenn die Person keinen Zusammenhang mehr zwischen eigenem Handeln und den Konsequenzen der Umwelt (d. h. keine Kontingenz) wahrnimmt und Wirkungslosigkeit erlebt (Seligmann, 2016). Die große Gefahr für die betroffenen Schüler*innen steckt hier in der zirkulären Eskalation, die von den Verantwortlichen aufgespürt und durchbrochen werden muss, um die Schüler*innen nicht völlig von der Schule und ihrer eigenen Leistungskraft zu entfremden.

Angst durch Aggression, Mobbing/Bullying

Schulpflichtige verweigern in anderen Fällen die Schule, weil sie im Rahmen von Mobbing manifest Opfer direkter Aggression werden oder in Gefahr sind, wiederholt bedroht oder erniedrigt zu werden (Goldstein et al., 2003). Das subtile und systematische Drangsalieren einzelner Personen über längere Zeit ist überwiegend in den Nischen und Hinterbühnen von Schule (Schulweg, Gänge, Schulhof, soziale Netzwerke ...) ohne Aufsicht zu finden. Dabei hat Mobbing System: es handelt sich um immer wiederkehrende Handlungsmuster (z. B. Gerüchte und Lügen streuen, lächerlich machen, Gewalt androhen und ausführen, erniedrigen und quälen), denen das Opfer ohne Rückhalt in der Gruppe über längere Zeit ausgesetzt ist (Alsacker, 2003). Die Unvorhersehbarkeit der nächsten Mobbing-Situation wird als besonders belastend beschrieben. Das Opfer soll in der Hierarchie nach ganz unten gezwungen und gedemütigt werden. Mitunter geht es nicht primär darum, Macht auszuüben, sondern bei Erlangungsaggression oder instrumenteller Gewalt um einen materiellen Vorteil (Nolting, 2002; Melzer et al., 2011). Die psychischen Auswirkungen für die Betroffenen sind beträchtlich: Neben der Beeinträchtigung des Selbstbewusstseins, psychosomatischen Reaktionen (z. B. Appetitlosigkeit, Bauchschmerzen, Schlafstörungen), schulischen Leistungsproblemen und Motivationsproblemen tritt Meidungsverhalten auf. Die Opfer suchen das Problem oft zuerst bei sich selbst und wenden sich nicht oder erst spät an Erwachsene. Vor diesem Hintergrund sollten Lehrkräfte und Eltern auf Verhaltensweisen achten, die als mögliche Indikatoren für Mobbing in Betracht kommen: Psychosomatische Reaktionen, unerwartete schulische Leistungsprobleme, Einschlafschwierigkeiten, sozialer Rückzug, schulisches Meidungsverhalten und Suizidgedanken (Kindler, 2009).

Da die betroffenen Kinder und Jugendlichen oft wenig Rückhalt in der Klasse haben, fühlen sie sich bedroht und vermeiden die angstvollen Situationen in der Schule. Lehrkräfte sollten Hintergründe von Mobbing kennen und diese im Kollegium sowie in der Klasse thematisieren, sodass auch Schüler*innen ermutigt werden, Vorfälle zu berichten. Mobbing ist eine Erscheinungsform brutaler Gewalt, der unmittelbar und ohne Zeitverzug Grenzen gesetzt werden müssen.

Angstbedingte Schulmeidung

Eine häufige Folgeproblematik intensiven Angsterlebens oder auch von Angststörungen ist Schulabsentismus. Die Schüler*innen haben aufgrund ihres Angsterlebens immense Schwierigkeiten, den Unterricht zu besuchen und ein starkes Bedürfnis nach Sicherheit, die sie oft nur im familiären Bereich finden. Sie klagen häufig über Krankheitssymptome (u. a. Kopf- und Bauchschmerzen, Schlafstörungen) und somatisieren emotionale Problemlagen (Kearney, 2007). Verantwortlich sind neben psychischen Störungen (z. B. im Kontext von Trennungsangst oder Sozialphobie) soziale und/oder leistungsthematische Aspekte (s. o.). Die Schulversäumnisse können somit als Meidung der angstauslösenden Reize in oder im Umfeld der Schule interpretiert werden (Ricking & Speck, 2020). Dabei ist Meidung als Reaktionsmuster so einzuschätzen, dass sie kein Potenzial einer zielführenden Problemlösung bereithält, sondern eine produktive Auseinandersetzung mit den Schwierigkeiten unterbindet.

Oftmals wird die Schulverweigerung zusätzlich von affektiven Auffälligkeiten wie Essstörungen, Zurückgezogenheit und depressiver Stimmung begleitet. Lehrkräfte beobachten, dass das Kind häufig – in der Regel pünktlich entschuldigt – krankheitsbedingt fehlt. Sie erschließen jedoch oftmals nicht, welche Verdrängungsmechanismen funktionieren und inwieweit psychische von somatischen Problemen überlagert sind. Demnach ist die Verweigerung nicht selten eine Folge von Trennungsängsten, Anpassungsstörungen oder depressiven Störungen (Globirsch & Kunert, 2013; Knollmann et al., 2009).

An der Praxis der Entschuldigung bzw. Krankschreibung von Schüler*innen zeigt sich oft, wie wenig durchschaubar die Verhaltensweisen im Graubereich zwischen krankheitsbedingtem Fehlen und illegitimem Versäumnis sein kann und wie wichtig es ist, dass Lehrkräfte und Mediziner kooperieren. Inwieweit tatsächlich eine Erkrankung vorliegt oder aber eine Entschuldigung genutzt wird, um nicht in die Schule gehen zu müssen, ist aus Lehrkraftperspektive oft nur schwer zu klären.

Intensives Angsterleben in der Schule muss als Lernbarriere verstanden werden. Einerseits wirkt es sich unmittelbar beeinträchtigend auf die Lerntätigkeit aus, andererseits führt es zu Meidungsverhalten und Fehlzeiten in der Schule, die wiederum das Leistungspotenzial und die -performanz mindern (Stein, 2012).

4 Schulschwänzen und Lernschwierigkeiten in der Schule

Schulschwänzen und Bildungsrisiken

Bezüglich der fachlichen Interpretation von Bedingungs- oder Risikofaktoren bei Schulabsentismus wird derzeit in der Forschung von einem komplexen, multifaktoriellen Ansatz ausgegangen, wobei zu der eindeutig beobachtbaren Reaktion – der Schüler bzw. die Schülerin ist abwesend – sehr stark differierende Entwicklungswege geführt und recht unterschiedliche Faktoren beigetragen haben können. Es sind v. a. beim Schulschwänzen psychosoziale Dispositionen der Schüler*innen, familiäre Faktoren, schulische Rahmungen und Bindungen sowie Wirkungszusammenhänge zu berücksichtigen, die von Gleichaltrigen(gruppen) ausgehen. Bei Heranwachsenden dieser Risikogruppe zeigen sich häufig enge Bezüge zu schwierigen Lebens- und Erziehungslagen in den Familien. Vor allem die Lebensverhältnisse in der primären Sozialisationsinstanz, die vielfach durch sozioökonomische Erschwernisse und ein ungünstiges Familienklima bestimmt werden, bedingen für einen Teil dieser Kinder und Jugendlichen keinen positiven Entwicklungsrahmen (Ricking & Hagen, 2016). Empirisch betrachtet sind bei dauerhaften Schulschwänzern im Primärmilieu Entwicklungsrisiken erzieherischer, finanzieller und wohnraumbezogener Art belegt, die mitverantwortlich dafür gemacht werden können, dass einerseits die Kinder bei Schuleintritt nicht über die von der Schule erwarteten Lern- und Verhaltensvoraussetzungen verfügen, andererseits die nötige Beaufsichtigung und Kontrolle, aber auch Hilfe und Unterstützung bei schulischen Aufgaben und Schwierigkeiten von den Erziehungsberechtigten nicht oder nur unzureichend geleistet wird (zusammenfassend Ricking, 2014).

Im Hinblick auf das Schulschwänzen existiert eine große Bandbreite hinsichtlich der Versäumnisquoten. Das vereinzelte stundenweise Fernbleiben vom Unterricht kommt insbesondere im Jugendalter häufig und an allen Schulformen vor (Hagen et al., 2017). Bei vereinzelten Vorkommnissen mit sehr geringer Ausprägung handelt es sich zwar um Verletzungen der Schulpflicht, das Risiko negativer Auswirkungen auf die Schullaufbahn und den Schulerfolg ist jedoch als eher gering einzuschätzen und solche Ereignisse sind häufig auch Teil der eigenen Biografie. Problematisch wird es dann, wenn komplette Unterrichtsstunden oder Tage geschwänzt werden, unentschuldigt oder mit fingierten Entschuldigungen, sodass ein Großteil des Unterrichts verpasst wird und die Schüler*innen an manchen Tagen zwar körperlich anwesend sind, jedoch ohne innere Beteiligung und Motivation aktiv am Unterricht teilzunehmen.

Die Bedeutung der Peers

Studien, die sich mit Bedingungsfaktoren von Schulabsentismus befassen, belegen die große Relevanz der Gleichaltrigengruppe bei der Initiierung und Stabilisierung von Schulversäumnissen (Wagner et al., 2004; Wagner, 2007). In einer altershomogenen Gruppe von Jugendlichen mit vergleichbarer Lebenssituation, Normstruktur und schulaversiver Einstellung können häufige Versäumnisse ein positiv konnotiertes Merkmal oder Markenzeichen sein. Auch die Außenwirkung schulaversiver Cliquen wird als problematisch eingeschätzt, insbesondere auf Mitschüler*innen, die die Schule noch regelmäßig besuchen, jedoch schon erheblichen Meidungsdruck spüren. Schüler*innen mit hohen Fehlzeiten haben häufiger Kontakt untereinander als mit erfolgreicheren Mitschüler*innen und bilden informelle Gruppen, um bedürfnisbefriedigenden Interessen nachzugehen und Aktivitäten gemeinsam in identitätsstabilisierenden Rollenmustern zu erleben (Reid, 2002). Ferner sind Jugendliche einer schulaversiven Clique, die sich regelmäßig treffen, einem deutlich erhöhten Absentismusrisiko ausgesetzt (Wagner et al., 2004). Die Bedeutung der Peers ist demzufolge beträchtlich (Samjeske, 2007).

Schulschwänzen und Schulversagen

Regelmäßige Schulschwänzer sind größtenteils unter den Verlierern im schulischen Leistungswettbewerb zu finden (Grewe, 2005; Stamm, 2007; Kittl-Satran et al., 2006). Für die deutschen Schulen bestätigen Forschungsergebnisse von Wagner, Dunkake und Weiß (2004) sowie dem Rat für Kriminalitätsverhütung in Schleswig-Holstein (2007) das gemessene Leistungsdefizit. Die vergleichbaren Resultate früherer Studien von Klauer (1963), Hildeschmidt (1979) und Kaiser (1983) stützen die Befunde. Forschungsergebnisse identifizieren somit konsistent das stabile Merkmal Schulversagen und damit einhergehend Schulunzufriedenheit als einen der stärksten Prädiktoren für Schulschwänzen. An den gut gesicherten und belastbaren Resultaten, die die enge Verbindung zwischen Klassenwiederholungen, schlechten Zensuren, Schulabsentismus und Schulabbruch zeigen, lässt sich die enorme Bedeutung schulischen Erfolgs unterstreichen (Stearns et al., 2007). Während also Leistungsversagen in der Schule das Schulschwänzen wie auch den Abbruch des Schulbesuchs anzubahnen vermag, präjudiziert die Abwesenheit weiteren Misserfolg: Das Unterrichtsdefizit zieht in Leistungskontrollen oft Misserfolg nach sich.

Leistungsversagen in der Schule ist dann eine natürliche Konsequenz aus einer hohen Zahl von Schulversäumnissen.

Folgen für das Lernen und die Leistungserbringung

In der Schule bringen deaktivierende Emotionen eine Fehlpassung im Interaktionsgeschehen zum Ausdruck zwischen den Lernvoraussetzungen und Neigungen eines Schülers bzw. einer Schülerin und dem konkreten unterrichtlichen Angebot. Die Anpassung erschwert sich erheblich, wenn die notwendige psychische Stütze in Form von Anerkennung der Leistung und der Person versagt bleibt; wenn nicht nur allgemein ausgreifende Fremdbestimmung vorherrscht, sondern auch noch eine Gefährdung des Selbstbildes hinzukommt. Mit fallender Leistung und ausbleibender sozialer Annahme erfahren Schüler*innen stetig mehr Zurückweisung und Frustration, Leistungsversagen wird zu einem Teil der Persönlichkeit, die Schule ein Ort der Ablehnung, der Schulweg kann mit psychischen Barrieren verstellt sein. Motivational kommt es so zu abnehmender Wertschätzung von Unterricht und Schule sowie zu Meidungsverhalten.

Schulerfolg lässt sich im Gegenzug als Schutzfaktor verstehen (Ricking, 2014). Vor diesem Hintergrund liegt eine große Gefahr in der Verfestigung negativer Entwicklungsprozesse, die Leistungsversagen, Resignation, soziale Konflikte, Meidungsverhalten und Marginalisierung implizieren, zum Schulabgang ohne Abschluss führen und oft nur durch intensive pädagogische Maßnahmen durchbrochen werden können.

Im Laufe der Jahre verliert die Schule auf diese Weise viele Schüler*innen; ihnen kommen die Lernfreude, der Sinn schulischen Tuns und die persönliche Bedeutung der Lernhandlungen abhanden (Helmke, 1993). Sie sind oft erfüllt von Gleichgültigkeit und Teilnahmslosigkeit, die schulisches Lernen untergraben und als wesentliche Risikofaktoren für Schulschwänzen angesehen werden müssen. Viele Schülerbiografien, die von derartigen Prozessen durchsetzt sind, zeigen, dass Unterricht die Schule zu einem interessanten Lernort machen kann, der attraktiv ist und den man keinesfalls verpassen möchte; aber auch zu einem verhassten Platz der ungeklärten Konflikte, aufgehäuften Niederlagen und massiver Identitätsgefährdung (Oehme, 2007).

Bei vielen betroffenen Schüler*innen fungiert das Schulschwänzen als Mittel psychischer Entlastung von Ängsten, Unsicherheit, Hilflosigkeit oder Langeweile. Aus der Perspektive der Schüler*innen stellt diese Vermeidungsreaktion eine positive Lernerfahrung dar, die selbstverstärkende Wirkung freisetzt. Trotz der Folgeprobleme, die Schüler*innen zumeist kennen, wird das Verhalten oft verstetigt (Ricking et al., 2009).

5 Ausgewählte Handlungsoptionen

In diesem Kontext hat jede Schule als pädagogische Einrichtung die Aufgabe, die schädigenden Auswirkungen dauerhafter Versagenserlebnisse auf die Psyche (z. B. negatives schulisches Selbstkonzept) und Motivation (Lernverweigerung, Schulabsentismus, Schulabbruch) einzudämmen und einen positiven Rahmen für schulisches Leben und Leisten zu schaffen. Leistung ist eine individuelle Größe und jeder Schüler bzw. jede Schülerin hat das Recht auf Erfolg in der Schule im Rahmen seiner Möglichkeiten. Dazu ist ein differenziertes Lernarrangement innerhalb einer Schulgemeinschaft nötig, in der eine gute Balance herrscht zwischen dem Spektrum der Voraussetzungen auf Schüler*innenseite und dem Bildungsangebot wie auch den Erwartungen der Schule. Positive Entwicklungsbedingungen unterstützende Strukturen sind deshalb für alle Kinder und Jugendlichen herzustellen, insbesondere für die, die bildungsfern, gesundheitlich belastet und oftmals mit Migrationshintergrund aufwachsen. Ein entsprechendes Förderpotenzial aufzubauen und zu optimieren, kann als eine zentrale Zukunftsaufgabe von Schule betrachtet werden (Borchert et al., 2008). In diesem Rahmen sind wichtige Ziele zu definieren: Zum einen die Stärkung der Bewältigungskompetenzen der Schüler*innen im Umgang mit risikobelastenden Lebenslagen und zum anderen die Schaffung von Förderbedingungen in der Schule, die eine störungsarme und gesunde Entwicklung ermöglichen.

Im Feld der gezielten Absentismusprävention sind darüber hinaus weitere Aspekte bedeutsam. Voraussetzung für einen angemessenen Umgang mit Schulversäumnissen ist, dass sie überhaupt bemerkt werden. Das heißt die Schüler*innenanwesenheit muss im Fokus der Lehrkräfte sein, entsprechende Routinen sollten etabliert werden und so verlässliche Einschätzungen der Lage möglich machen. Dem Erkennen von Warnsignalen sollte eine große Bedeutung beigemessen werden, wie bspw. Leistungsdefizite und schwindendes schulisches Engagement. Die Schüler*innen zeigen zu diesem Zeitpunkt bereits schulaversive Tendenzen, stehen den schulischen Anforderungen ablehnend gegenüber und bringen dies auf der Verhaltensebene vor allem durch Verweigerung oder Meidungsverhalten zum Ausdruck, sind aber noch körperlich im Unterricht anwesend und dadurch erreichbar, wenn es um die Initiierung pädagogischer Maßnahmen geht (Ricking & Dunkake, 2017). Um solche Problemlagen frühzeitig aufzudecken, ist eine systematische Erfassung und Analyse von Fehlzeiten der Schüler*innen sowie die Dokumentation weiterer relevanter Vorfälle erforderlich (Ricking & Albers, 2019). Insbesondere in großen Schulen mit häufigem Wechsel der Räume und Lehrkräfte ist die Dunkelziffer nicht entdeckter Versäumnisse als relativ hoch zu veranschlagen. Der Umgang mit schulaversiven bis schulabsenten Verhaltensweisen setzt jedoch eine verlässliche Wahrnehmung von Schulversäumnissen voraus, auf die eine Registratur folgt, die durch ein fest verankertes (im Idealfall digitales) System unterstützt wird.

Im Bereich der Intervention ist das »Check & Connect«-Programm empfehlenswert (Sinclair et al., 1998; Sinclair et al., 2005). Das Programm besteht aus zwei zentralen Bausteinen. Die Säule Check dient der Erfassung des Schulbesuchsverhaltens. Zur Ermittlung des Risikos eines Schülers bzw. einer Schülerin werden die Fehlzeiten (z. B. Verspätungen, Fehlen, Schwänzen), das Verhalten im Unterricht (z. B. Suspendierungen, Disziplinierungsmaßnahmen) und die Schulleistungen (z. B. schlechte Zensuren) in einem Dokumentationsbogen systematisch erfasst und ausgewertet. Damit nimmt das Instrument verschiedene für Schulabsentismus relevante Bereiche in den Blick. Operationalisierte Kriterien (Anzahl der Vorfälle pro Monat) zeigen, ob ein erhöhtes Risiko besteht.

Die zweite Säule Connect beschäftigt sich systematisch und kontinuierlich mit der Beziehung des Schülers bzw. der Schülerin zur Schule. Als Basisintervention für alle Schüler*innen der Schule werden in regelmäßigen Abständen Gespräche geführt. Dabei geht es in erster Linie um erzielte Lernfortschritte und den angestrebten Schulabschluss. Im Gespräch erhalten die Anwesenden Informationen über die dokumentierten Beobachtungen von einem Mentor bzw. einer Mentorin. Zudem wird den Schüler*innen und Eltern regelmäßig die Relevanz des weiteren Schulbesuchs verdeutlicht und nach einer vorgegebenen Struktur werden gemeinsam Lösungen für aktuelle Lern-, Verhaltens- oder Schulbesuchsprobleme erarbeitet (siehe Ricking & Hagen, 2016).

Literatur

Alsacker, F. (2003). *Quälgeister und ihre Opfer: Mobbing unter Kindern – und wie man damit umgeht.* Huber.
Bohnsack, F. (2013). *Wie Schüler die Schule erleben.* Budrich.
Borchert, J., Hartke, B. & Jogschies, P. (Hrsg.) (2008). *Frühe Förderung entwicklungsauffälliger Kinder und Jugendlicher.* Kohlhammer.
Globirsch, M. & Kunert, D. (2013). Schulabsentismus und psychosomatische Störungen. *Kinderärztliche Praxis, 84,* 160–164.
Goldstein, J., Little, S. & Akin Little, K. (2003). Absenteeism: A Review of the Literature and School Psychology's Role. *The California School Psychologist, 8,* 127–139.
Grewe, N. (2005). *Absenteeism in European Schools.* Lit.
Hagen, T., Spilles, M. & Hennemann, T. (2017). Prävalenz von Schulabsentismus – schulform- und altersspezifische Häufigkeit und Verteilung von Fehlzeiten unter besonderer Berücksichtigung individueller Merkmale absenter Schülerinnen und Schüler. *Zeitschrift für Heilpädagogik, 68,* 140–152.
Helmke, A. (1993). Die Entwicklung der Lernfreude vom Kindergarten bis zur 5. Klassenstufe. *Zeitschrift für Pädagogische Psychologie, 7,* 77–86.
Hildeschmidt, A. (1979). Lehrereinstellung und Lehrerverhalten zu unregelmäßigem Schulbesuch. In A. Hildeschmidt, H. Meister, A. Sander & E. Schorr (Hrsg.), *Unregelmäßiger Schulbesuch* (S. 155–178). Beltz.
Kaiser, H. (1983). *Schulversäumnisse und Schulangst.* Lang.
Kearney, C. A. (2007). Forms and functions of school refusal behaviour in youth: an empirical analysis of absenteeism severity. *Journal of Child Psychology and Psychiatry, 48,* 53–61.
Kindler, W. (2009). Schnelles Eingreifen bei Mobbing. Verlag an der Ruhr.
Kittl-Satran, H., Mayr, A., Schiffer, B. & Scheipl, J. (Hrsg.) (2006). *Schulschwänzen – Verweigern – Abbrechen. Eine Studie zur Situation an Österreichs Schulen.* Studienverlag.
Klauer, K. J. (1963). *Das Schulbesuchsverhalten von Volks- und Hilfsschulkindern.* Henn.

Knollmann, M., Al-Mouhtasseb, K. & Hebebrand, J. (2009). Schulverweigerung und psychische Störungen: Merkmale von schulverweigernden Kindern und Jugendlichen und ihren Familien einer kinder- und jugendpsychiatrischen Schulverweigererambulanz. *Praxis der Kinderpsychologie und Kinderpsychiatrie, 58,* 434–449.
Marsh, H. W. (2005). Big-fish-little-pond effect on academic self-concept. *Zeitschrift für Pädagogische Psychologie, 19,* 119–127.
Maughan, B. & Carroll, J. (2006). Literacy and mental disorders. *Current Opinion in Psychiatry, 19,* 350–354. doi: 10.1097/01.yco.0000228752.79990.41
Melzer, W., Schubarth, W. & Ehninger, F. (2011) (Hrsg.). *Gewaltprävention und Schulentwicklung.* Klinkhardt.
Miranda, A., Presentación, M. J., Siegenthaler, R., Colomer, C. & Pinto, V. (2011). Comorbidity between Attention Deficit Hyperactivity Disorder and reading disabilities: Implications for assessment and treatment. *Advances in Learning & Behavioral Disabilities, 24,* 171–211.
Myschker, N. & Stein, R. (2018). *Verhaltensstörungen bei Kindern und Jugendlichen.* Kohlhammer.
Nelson, J. M. & Harwood, H. R. (2011). Learning disabilities and anxiety: A meta-analysis. *Journal of Learning Disabilities, 44,* 3–17.
Nolting, H.-P. (2002). *Lernfall Aggression.* Rowohlt.
Oehme, A. (2007). *Schulverweigerung: Subjektive Theorien von Jugendlichen zu den Bedingungen ihres Schulabsentismus.* Kovac.
Rat für Kriminalitätsverhütung in Schleswig-Holstein (Hrsg.) (2007). Schulabsentismus. Konzept zur Kriminalitätsverhütung. Rat für Kriminalitätsverhütung in Schleswig-Holstein.
Reid, K. (2002). *Truancy: Short and long-terms solutions.* Routledge.
Ricking, H. & Albers, V. (2019). *Schulabsentismus – Intervention und Prävention.* Auer.
Ricking, H. & Dunkake, I. (2017). *Wenn Schüler die Schule schwänzen oder meiden: Förderziele Anwesenheit und Lernen-wollen.* Schneider.
Ricking, H. & Hagen, T. (2016). *Schulabsentismus und Schulabbruch: Grundlagen – Diagnostik – Prävention.* Reihe Brennpunkt Schule. Kohlhammer.
Ricking, H. & Speck, K. (2020). Definition von Schulangst – Einführung und wissenschaftliche Grundlagen. *SchulVerwaltung spezial, 3,* 100–103.
Ricking, H. (2005). Der »Overlap« von Lern- und Verhaltensstörungen. *Sonderpädagogik, 35,* 235–248.
Ricking, H. (2014). *Schulabsentismus.* Cornelsen Skriptor.
Ricking, H., Schulze, G. & Wittrock, M. (2009). Schulabsentismus und Dropout: Strukturen eines Forschungsfeldes. In: H. Ricking, G. Schulze & M. Wittrock (Hrsg.), *Schulabsentismus und Dropout* (S. 13–48). Schöningh.
Samjeske, K. (2007). Der Einfluss der Peers auf Schulverweigerung. In M. Wagner (Hrsg.), *Schulabsentismus. Soziologische Analysen zum Einfluss von Familie, Schule und Freundeskreis* (S. 177–200). Juventa.
Schneider, S. (2004). *Angststörungen bei Kindern und Jugendlichen: Grundlagen und Behandlung.* Springer.
Schwarzer, R. (2000). *Stress, Angst und Handlungsregulation.* Kohlhammer.
Seligmann, M. (2016). *Erlernte Hilflosigkeit.* Beltz.
Sinclair, M. F., Christenson, S. L. & Thurlow, M. L. (2005). Promoting school completion of urban secondary youth with emotional or behavioral disabilities. *Exceptional Children, 71,* 465–482.
Sinclair, M. F., Christenson, S. L., Evelo, D. L. & Hurley, C. M. (1998). Dropout prevention for youth with disabilities: Efficacy of a sustained school engagement procedure. *Exceptional Children, 65,* 7–21.
Stamm, M. (2007). Schulabsentismus. Eine unterschätzte pädagogische Herausforderung. *Die Deutsche Schule, 99,* 50–61.
Stearns, E., Moller, S., Blau, J. & Potochnick, S. (2007). Staying Back and Dropping Out: The Relationship Between Grade Retention and School Dropout. *Sociology of Education, 80,* 210–240.

Stein, R. (2012). *Förderung bei Ängstlichkeit und Angststörungen.* Kohlhammer.
Visser, L., Büttner, G. & Hasselhorn, M. (2019). Komorbidität spezifischer Lernstörungen und psychischer Auffälligkeiten: ein Literaturüberblick. *Lernen und Lernstörungen, 8,* 7–20. doi: 10.1024/2235-0977/a000246
Wagner, M. (Hrsg.) (2007). *Schulabsentismus. Soziologische Analysen zum Einfluss von Familie, Schule und Freundeskreis.* Juventa.
Wagner, M., Dunkake, I. & Weiß, B. (2004). Schulverweigerung. Empirische Analysen zum abweichenden Verhalten von Schülern. *Kölner Zeitschrift für Soziologie und Sozialpsychologie, 56,* 457–489.

Externalisierende Verhaltensschwierigkeiten als Ursache von Lernschwierigkeiten

Marion Scherzinger & Alexander Wettstein

1 Einleitung

Externalisierende Verhaltensauffälligkeiten, wie oppositionelles und aggressives Verhalten oder Aufmerksamkeits-Hyperaktivitätsstörung (ADHS), sind nach außen gerichtet und von der Umwelt wahrnehmbar. Schülerinnen und Schüler mit externalisierenden Verhaltensschwierigkeiten erbringen häufig schlechtere Schulleistungen (Kremer et al., 2016; Masten et al., 2005; 2010). Für betroffene Schülerinnen und Schüler sind externalisierende Verhaltensauffälligkeiten somit ein Bildungsrisiko, da diese das Lernen und die schulischen Leistungen beeinträchtigen können. Auch für Lehrpersonen stellen externalisierende Verhaltensauffälligkeiten von Schülerinnen und Schülern im Schulalltag, insbesondere wenn dadurch der Unterricht gestört wird, eine Herausforderung oder gar einer Belastung dar. Unterrichtsstörungen sind für Lehrpersonen einer der größten Belastungsfaktoren (Aldrup et al., 2018; Emmer & Stough, 2001; Friedman, 2006; Krause, 2004; Kyriacou, 2001) und eine der Hauptursachen für Burnout (Evers et al., 2004; Schmid, 2003). Die emotionale Erschöpfung der Lehrkraft hat wiederum einen signifikanten negativen Effekt auf die schulischen Leistungen der Schülerinnen und Schüler (Klusmann & Richter, 2014).

Externalisierende Verhaltensschwierigkeiten und Lernschwierigkeiten treten häufig komorbid auf (Billingsley et al., 2018; Lopes, 2005; Myschker, 2009; Smith & Wallace, 2011). Dabei können ähnliche Risikofaktoren zur Entstehung und Aufrechterhaltung von Lern- und Verhaltensschwierigkeiten beitragen (Linderkamp & Grünke, 2007). Zwischen Verhaltens- und Lernschwierigkeiten sind verschiedene Zusammenhänge und Wirkrichtungen möglich (Börnert-Ringleb et al., 2019). Erstens können beide auf eine gemeinsame, tieferliegende Ursache wie beispielsweise eine mangelhafte Impulskontrolle und Aufmerksamkeitssteuerung zurückgeführt werden. Zweitens bestehende Lernschwierigkeiten können zu Selbstwertproblemen und interaktionalen Problemen in Familie und Schule und in Folge zu externalisierende Verhaltensschwierigkeiten führen. Drittens treten Verhaltensschwierigkeiten zuerst auf und führen in der Folge zu Lernschwierigkeiten.

Dieser Beitrag widmet sich der dritten Wirkrichtung und der Frage, wie bei Kindern und Jugendlichen mit externalisierenden Verhaltensschwierigkeiten in Folge Schwierigkeiten beim Lernen entstehen können.

2 Individuelle Faktoren auf Seiten der Schüler*innen

Zur Entwicklung von externalisierenden Verhaltensschwierigkeiten tragen multiple Faktoren bei. Auf der individuellen Ebene des Kindes spielen die genetische Veranlagung und Lernerfahrungen eine Rolle. Die genetischen Anlagen bestimmen u. a. das Temperament eines Kindes und seine Verhaltensweisen (DeLisi & Vaughn, 2014; Petermann & Koglin, 2013; Schneider & Popp, 2020). Kinder mit einem sogenannten schwierigen Temperament weisen ein höheres Risiko für die Entwicklung von externalisierenden Verhaltensschwierigkeiten auf (Petermann & Koglin, 2013). Sie haben eine hohe negative Emotionalität, ein hohes Erregungsniveau und reagieren intensiv auf Reize. Gerade Defizite in der Selbstregulation und den exekutiven Funktionen stehen häufig in Zusammenhang mit Verhaltensproblemen (Gawrilow & Rauch, 2017). So führen beispielsweise eine unzureichende Emotionsregulation und eine mangelnde Impulskontrolle dazu, dass aggressives Verhalten zu wenig gehemmt wird.

Selbstregulation und Lernen

Selbstregulatorische Kompetenzen sind eine Voraussetzung für selbstgesteuertes Lernen. Probleme in der Selbstregulation zeigen sich beispielsweise bei Schülerinnen und Schülern mit einer ADHS, indem sie Schwierigkeiten haben, sich zu konzentrieren, eine Aufgabe zu beginnen und dran zu bleiben oder impulsives Verhalten zu unterdrücken (Gawrilow & Rauch, 2017; Schneider & Popp, 2020). Diese Kernsymptome zeigen sich häufig in Zusammenhang mit Schule und führen dazu, dass sich betroffene Kinder und Jugendliche weniger unterrichtskonform verhalten (Mackowiak & Schramm, 2016) oder ihr Lernen beeinträchtigt wird.

Schwierigkeiten in der Verhaltensregulation können in Folge zu mangelnden Schulleistungen und Lerndefiziten führen (Lohaus & Glüer, 2017). Da die Betroffenen Schwierigkeiten haben mit der Aufmerksamkeitsfokussierung, verpassen sie teilweise wichtigen Stoff oder benötigen mehr Zeit für eine Aufgabe, was längerfristig zu Lernrückständen und Lernschwierigkeiten führen kann (Gold, 2018). Auch das schulische Selbstkonzept und die Motivation können unter häufigen Misserfolgen leiden (Gold, 2018). Kinder und Jugendliche, die in der Schule viele Misserfolge haben, erleben häufig auch damit verbundene negative Emotionen wie Beschämung oder Furcht vor weiteren Misserfolgen und haben mit der Zeit negative Erfolgserwartungen. Dies wirkt sich negativ auf die Motivation und die Informationsverarbeitung aus (Gold, 2018).

Sozialverhalten und schulische Leistungen

Selbstregulatorische Kompetenzen sind nicht nur für das Lernen wichtig, sondern auch für das Sozialverhalten. Defizite in der Selbstregulation hängen mit Problemen in Interaktionen mit Gleichaltrigen oder Lehrpersonen zusammen, weil Emotionen wie Ärger und Wut unzureichend reguliert werden können und sich Kinder und Jugendliche aggressiv oder oppositionell verhalten.

Externalisierende Verhaltensschwierigkeiten beeinflussen die Beziehung zur Lehrperson (Roorda & Koomen, 2021; Rudasill, 2011; Rudasill et al., 2016). So haben Kinder und Jugendliche mit externalisierenden Verhaltensschwierigkeiten häufiger Konflikte mit ihren Lehrpersonen (Henricsson & Rydell, 2004; Roorda & Koomen, 2021; Rudasill et al., 2016). Diese Befunde sind deshalb von Bedeutung, weil die Beziehung zwischen Lehrperson und Schülerinnen und Schülern sowohl das Engagement als auch die schulischen Leistungen der Schülerinnen und Schüler beeinflusst (Roorda et al., 2011). Zudem stehen positive Beziehungen zwischen Lehrpersonen und Schülerinnen und Schülern in Zusammenhang mit weniger externalisierendem Verhalten von Schülerinnen und Schülern (Pianta & Stuhlman, 2004).

Neben der Selbstregulation ist auch die sozial-kognitive Verarbeitung von Informationen und Hinweisreizen aus der Umwelt entscheidend (Crick & Dodge, 1994; Lemerise & Arsenio, 2000). So berücksichtigen Kinder und Jugendliche mit reaktiv-aggressiven Verhaltensschwierigkeiten weniger Hinweisreize und uneindeutiges Verhalten wird eher als Bedrohung, Provokation oder Feindseligkeit wahrgenommen und in der Folge impulsiv-aggressiv darauf reagiert. Dies kann zu vermehrten Konflikten mit Lehrpersonen und Mitschülerinnen und Mitschülern führen. Zudem kann der Einsatz aggressiver oder Druckmittel zu einer schnellen Konflikteskalation beitragen (Scherzinger, 2018). Konflikte entstehen aufgrund unterschiedlicher Ziele, Interessen oder Bedürfnisse, wobei sich mindestens eine Partei beeinträchtigt fühlt (Glasl, 2020; Shantz, 1987). Wenn sich ein Konflikt schnell intensiviert und eskaliert, sind daran mindestens zwei Parteien beteiligt, die an ihren Standpunkten festhalten und mit z. B. aggressiven oder Druckmitteln versuchen, ihre Ziele oder Interessen durchzusetzen. Beleidigungen, Drohungen oder auch physische Aggression erschweren eine kooperative und konstruktive Lösungsfindung und stellen zugleich auch ein Risiko für die Beziehung dar.

Wenn Konflikte in den Pausen ungelöst bleiben und die Kinder und Jugendlichen mit einer hohen physiologischen Erregung zurück in den Unterricht kommen, erschwert das die Aufmerksamkeitsfokussierung und die Auseinandersetzung mit dem Lernstoff. Solche starken Erregungen und negativen Emotionen bauen sich nur langsam ab und beeinträchtigen Lernprozesse. Insbesondere impulsiv-reaktiv aggressives Verhalten ist häufig von einem überhöhten physiologischen Arousal begleitet, welches sich nach schwierigen Interaktionssituationen nur langsam abbaut. Dieses sogenannte »Overarousal« kann dazu führen, dass das Kind oder der Jugendliche von einer Konfliktsituation in die andere gerät, ohne dass er oder sie sich beruhigen kann (Murray-Close et al., 2017; Scarpa et al., 2010).

Studien zeigen, dass Kinder und Jugendliche mit reaktiv-aggressiven Verhaltensschwierigkeiten schlechtere schulische Leistungen aufweisen als solche mit proaktiv-aggressiven Verhaltensschwierigkeiten und sie auch häufiger ausgegrenzt werden (Fite et al., 2013). Aufgrund ihrer Verhaltensschwierigkeiten sind sie häufig unbeliebt. Sie knüpfen Kontakt zu Kindern und Jugendlichen mit ähnlichen Verhaltensschwierigkeiten, wodurch ihnen positive Vorbilder unter den Gleichaltrigen fehlen. Da sie aufgrund ihres unerwünschten Verhaltens oft negatives Feedback erhalten und teilweise ausgeschlossen werden, führt dies zu einer Affiliation mit ebenfalls devianten Gleichaltrigen (Wettstein, 2014). Problematisch ist das, wenn es zu einer negativen Peerbeeinflussung kommt und aggressive Verhaltensweisen positiv verstärkt werden oder wenn sich ungünstige soziale Normen bezüglich des Lernens und der Schule entwickeln.

Für Kinder und Jugendliche sind soziale Kontakte und Beziehungen zu Gleichaltrigen wichtig. Wenn sie allerdings Schwierigkeiten haben, Beziehungen aufzubauen, unbeliebt sind und sozial ausgeschlossen werden, kann dies ihren Selbstwert angreifen. Wenn Kinder und Jugendliche das Gefühl haben, sie seien nichts wert und können nichts, ist das auch ungünstig für das schulische Lernen.

3 Bedeutung familiärer Faktoren

Neben den kindbezogenen Faktoren spielen auch familiäre Faktoren, wie etwa das Erziehungsverhalten der Eltern, für die Entwicklung und Aufrechterhaltung von externalisierenden Verhaltensschwierigkeiten eine wichtige Rolle. Wenn Eltern beispielsweise dem Kind vor allem dann Aufmerksamkeit schenken, wenn es sich trotzig oder aggressiv verhält, oder immer wieder nachgeben, wird das trotzige oder aggressive Verhalten verstärkt und es entwickeln sich stabile Verhaltensmuster (Patterson, 1982). Das Kind lernt, dass sich dieses Verhalten auszahlt und es wird sich in anderen Situationen wieder so verhalten, um sein Ziel zu erreichen (Dishion & Patterson, 2006). Zudem besteht die Gefahr, dass die Kinder diese erlernten Verhaltensweisen künftig dann auch mit anderen Interaktionspartnerinnen und -partnern außerhalb der Familie einsetzen und in die Schule übertragen (Jones, Reid & Patterson, 1975). Wenn beispielsweise ein Kind in der Familie gelernt hat, durch trotziges und aggressives Verhalten seine Eltern zu kontrollieren und seine Ziele zu erreichen, wird es dieses vermeintlich effektive Verhalten auch gegenüber seinen Lehrpersonen oder den Mitschülerinnen und Mitschülern einsetzen.

Externalisierende Verhaltensschwierigkeiten können somit das familiäre Zusammenleben belasten. Dies wiederum kann dazu führen, dass die Kinder und Jugendlichen weniger schulische Unterstützung durch die Eltern erhalten (z. B. bei den Hausaufgaben) oder weniger gefördert werden. Rademacher und Koglin (2020) konnten zudem zeigen, dass ein liebevoller Erziehungsstil, der die Selbstständigkeit der Kinder fördert, die Entstehung externalisierender Verhaltensschwierigkeiten negativ beeinflusst und dieser Zusammenhang durch die Selbstregulation mediiert wird. Ein solcher Erziehungsstil fördert die Verhaltensregulation der Kinder und reduziert dadurch externalisierende Verhaltensschwierigkeiten.

Andererseits können auch familiäre Konflikte oder Probleme das Verhalten der Kinder und Jugendlichen in der Schule beeinflussen und zum Beispiel dazu führen, dass sie sich unruhig oder aggressiv verhalten (Börnert-Ringleb et al., 2019).

4 Faktoren auf Seiten der Lehrperson

Schülerinnen und Schüler mit externalisierenden Verhaltensschwierigkeiten fallen im Unterricht auf, weil sie sich weniger unterrichtskonform verhalten und z. B. ihre Emotionen oder ihr Verhalten unzureichend kontrollieren oder weil sie sich nicht lange konzentrieren können. Dies kann für Lehrpersonen im Schulalltag eine Herausforderung oder Belastung darstellen. Für Lehrpersonen sind Interaktionsstörungen mit Schülerinnen und Schülern im Unterricht ein Hauptrisikofaktor für das psychische Belastungserleben und für ungünstige physiologische Stressreaktionen, wie eine erhöhte Ausschüttung des Stresshormons Cortisol, Bluthochdruck oder eine reduzierte Herzratenvariabilität (Wettstein et al., 2020).

Lehrpersonen bewerten Ereignisse im Unterricht negativer, wenn Schülerinnen und Schüler beteiligt sind, die sie in der Vergangenheit im Unterricht als störend empfunden haben (de Ruiter et al., 2020). Für das berufliche Wohlbefinden von Lehrpersonen scheinen demnach spezifische Ereignisse im Unterricht von Bedeutung zu sein. Die Ergebnisse deuten darauf hin, dass Lehrpersonen mit mehr Wut und weniger Zuversicht auf ein Ereignis mit einem Schüler oder einer Schülerin reagieren, den oder die sie in der Vergangenheit bereits als störend empfunden haben im Vergleich mit einem ähnlichen Ereignis mit einem Schüler oder einer Schülerin, den bzw. die sie als wenig störend erlebt haben.

Ob Lehrpersonen Schülerinnen und Schüler als störend einschätzen, scheint demnach von großer Bedeutung für ihr Verhalten zu sein. Da Kinder und Jugendliche mit externalisierenden Verhaltensschwierigkeiten im Unterricht auffallen, erhalten sie auch häufig negatives Feedback. Sie werden für ihr Verhalten ermahnt oder bestraft. Entscheidend ist also wie Lehrpersonen ihre Schülerinnen und Schüler wahrnehmen und einschätzen und darauf haben Lehrpersonen einen unmittelbaren Einfluss. Auch ihre positiven und negativen Leistungserwartungen sind von Relevanz, da diese ihr Verhalten im Unterricht beeinflussen und die Schülerinnen und Schüler entsprechend der Erwartungen behandelt werden. Die Schülerinnen und Schüler wiederum verhalten sich reziprok zum Verhalten der Lehrperson, was zu einer selbsterfüllenden Prophezeiung führen kann. Problematisch sind also vor allem negative Leistungserwartungen und wenn Lehrpersonen die Fähigkeiten von Schülerinnen und Schüler unterschätzen und ihnen wenig zutrauen.

Eine Studie von Doumen et al. (2010) hat weiter gezeigt, dass die Kontrollüberzeugungen von Lehrpersonen in Bezug auf den Umgang mit aggressivem Verhalten eine entscheidende Rolle für die Zunahme negativer Interaktionen zwischen der Lehrperson und den betroffenen Schülerinnen und Schülern spielen. Wiederholtes aggressives Verhalten eines Kindes oder Jugendlichen sowie konfliktreiche Interaktionen können das Gefühl der Kontrolle untergraben und Beziehungsschwierigkeiten verstärken. Deshalb ist es für Lehrpersonen wichtig, Strategien für den Umgang mit Unterrichtsstörungen und herausforderndem Verhalten von Schülerinnen und Schülern zu entwickeln und über eine hohe Kontrollüberzeugung zu verfügen.

5 Bedeutung interaktionaler Merkmale

Aus einer interaktionalen Perspektive sind Unterrichtsstörungen und Konflikte nicht einseitig den Schülerinnen und Schülern oder den Lehrpersonen zuzuschreiben, sondern sie entstehen aus dem Zusammenspiel zwischen Person und Umwelt bzw. in der Interaktion.

Unterrichtsstörungen gehören zum Schulalltag, problematisch sind sie dann, wenn sie gehäuft oder in extremen Formen auftreten und die effektiv genutzte Lernzeit reduzieren sowie die pädagogische Beziehung belasten. Unterrichtsstörungen werden häufig ausgehend von einer individuumszentrierten Perspektive einseitig den Schülerinnen und Schüler zugeschrieben. Aus einer interaktionalen Perspektive hingegen werden Unterrichtsstörungen als relationales Geschehen als Störungen des Lehr- und Lernprozesses definiert (Winkel, 2005). Im gestörten Unterricht kommt es zu Unterbrechungen des Lehrens und Lernens. Dabei können sowohl aggressive als auch nicht aggressive Verhaltensweisen von Seiten der Schülerinnen und Schüler und auch der Lehrpersonen das Lehren und Lernen beeinträchtigen (Wettstein & Scherzinger, 2019). Entscheidend ist also nicht allein das Verhalten der Schülerinnen und Schüler, sondern auch wie Lehrpersonen den Unterricht gestalten, die Klasse führen oder auf das Verhalten von Schülerinnen und Schülern reagieren.

Unterricht wird im Angebot-Nutzungs-Modell als Angebot verstanden, das von der Lehrperson bereitgestellt wird und von den Schülerinnen und Schülern genutzt werden will (Fend, 1980; Helmke & Weinert, 1997; Seidel, 2014). Das Angebot bezieht sich auf die Lerngelegenheiten im Unterricht, welche von der Lehrperson geplant und somit von ihren persönlichen Voraussetzungen und ihrer Professionalität abhängig sind. Ob die Schülerinnen und Schüler die angebotenen Lerngelegenheiten nutzen können ist u.a. von ihren individuellen Voraussetzungen und den Lernaktivitäten abhängig (Seidel, 2014). Dabei entscheidend ist, ob der Unterricht oder ein Lernangebot zu den Voraussetzungen der Schülerinnen und Schüler passt, damit sie es auch nutzen können. Kinder und Jugendliche mit einer Aufmerksamkeits-Defizit-Hyperaktivitätsstörungen beispielsweise haben Schwierigkeiten, wenn sie im Unterricht über längere Zeit aufmerksam sein oder selbstständig arbeiten müssen (Schneider & Popp, 2020). In neuen oder spannenden Situationen sind die Aufmerksamkeitsprobleme häufig geringer (Schneider & Popp, 2020). Dies verdeutlich das Zusammenspiel zwischen personenbezogenen Faktoren und der Umwelt.

6 Fazit

Externalisierendes Verhalten kann den Unterricht stören und ist zugleich auch ein Bildungsrisiko für die Betroffenen, da dieses das Lernen und die schulischen Leistungen beeinträchtigt. Studien zeigen, dass Kinder und Jugendliche mit externalisierenden Verhaltensschwierigkeiten schlechtere Schulleistungen aufweisen als ihre Altersgenossen (Kremer et al., 2016; Masten et al., 2005; 2010). Aufgrund ihres Verhaltens erhalten sie zudem häufig auch negative Rückmeldungen von Gleichaltrigen und Lehrpersonen. Einige Kinder und Jugendliche mit externalisierenden Verhaltensschwierigkeiten verlieren durch ihre eingeschränkten sozialen Fähigkeiten gar den Zugang zu sozialen und erzieherischen Angeboten (Guevremont & Dumas, 1994; Landau & Moore, 1991) oder werden aufgrund ihres herausfordernden Verhaltens ganz aus dem regulären Bildungssystem ausgeschlossen. 11 % der amerikanischen und 20 % der kanadischen Jugendlichen erreichten in den 1990er Jahren keinen offiziellen Schulabschluss, weil sie (u. a. aufgrund von Verhaltensschwierigkeiten) aus dem Schulsystem ausgeschlossen wurden (Vitaro et al., 1999).

Zu häufig wird externalisierendes Verhalten im Unterricht einseitig den Schülerinnen und Schülern zugeschrieben, anstatt dieses im Gesamtkontext zu betrachten oder die eigenen Vorstellungen und Erwartungen in Bezug auf das Kind bzw. den Jugendlichen oder hinsichtlich störenden Verhaltens kritisch zu hinterfragen. Die direktesten Möglichkeiten für die Prävention und Intervention bei externalisierenden Verhaltensschwierigkeiten von Schülerinnen und Schülern finden sich in den Bereichen, auf die Lehrpersonen unmittelbar einen Einfluss haben und die sie verändern können, und zwar ihre eigene Wahrnehmung und Deutung des Verhaltens von Schülerinnen und Schülern, ihre Stereotypen und Leistungserwartungen sowie den Umgang mit und die Reaktionen auf Schülerinnen und Schüler.

Ob es im Unterricht zu externalisierendem Verhalten und Unterrichtsstörungen kommt, hängt zudem entscheidend auch vom Unterricht selbst ab (Wettstein & Scherzinger, 2019), d.h. inwiefern das Unterrichtsangebot zu den individuellen Lernvoraussetzungen der Schülerinnen und Schüler passt. Dabei sollten sich Lehrpersonen die Frage stellen, was ihre Schülerinnen und Schüler für erfolgreiches Lernen brauchen und ob sie genügend gefordert, nicht unter- oder überfordert sowie kognitiv aktiviert werden.

Um den Unterricht und das Lernangebot den Voraussetzungen der Schülerinnen und Schüler anzupassen sind nebst didaktischen Kompetenzen auch diagnostische und sozial-emotionale Kompetenzen erforderlich. Der Aufbau einer positiven, wertschätzenden und respektvollen Beziehung zu den Schülerinnen und Schülern bildet neben einer erfolgreichen Klassenführung und einem abwechslungsreichen Unterricht eine wesentliche Grundlage für das Lernen von Schülerinnen und Schülern sowie die Prävention von Unterrichtsstörungen. Denn Kinder und Jugendliche haben ein starkes Bedürfnis nach sozialer Eingebundenheit (Ryan & Deci, 2000). Studien zeigen, dass Kinder und Jugendliche, welche sich in der Schule sozial eingebunden fühlen, weniger Problemverhalten zeigen, da sie soziale Beziehungen zu ihren Lehrpersonen und den Gleichaltrigen nicht gefährden möchten (Hirschi, 1969; Wang & Fredricks, 2014; Whitlock, 2006). Es ist deshalb wichtig, dass es der Schule und dem familiären Umfeld gelingt, den Kindern und Jugendlichen mit externalisierenden Verhaltensschwierigkeiten ein unterstützendes familiäres und schulisches Umfeld zu schaffen, in welchem sie positives Feedback und Anerkennung erhalten sowie Erfolgserlebnisse haben. Starke Beziehungen zu Eltern, Lehrpersonen und Gleichaltrigen können als Motivationsquelle dienen und Problemverhalten vorbeugen (Wang & Fredricks, 2014).

Literatur

Aldrup, K., Klusmann, U., Lüdtke, O., Göllner, R. & Trautwein, U. (2018). Student misbehavior and teacher well-being: Testing the mediating role of the teacher-student relationship. *Learning and Instruction, 58*, 126–136.

Billingsley, G. M., Thomas, C. N. & Webber, J. A. (2018). Effects of student choice of instructional method on the learning outcomes of students with comorbid learning and emotional/behavioral disabilities. *Learning Disability Quarterly, 41* (4), 213–226.

Börnert-Ringleb, M., Kuhr, L. & Pavic, A. (2019). Zum Zusammenhang von Lernschwierigkeiten und Verhaltensproblemen in der Schule: Wirkmodelle und Ansätze für pädagogisches Handeln. *Potsdamer Zentrum für empirische Inklusionsforschung (ZEIF), 2*, 1–11.

Crick, N. R. & Dodge, K. A. (1994). A review and reformulation of social information-processing mechanisms in children's social adjustment. *Psychological Bulletin, 115*, 74–101.

de Ruiter, J. A., Poorthuis, A. M. G., Aldrup, K. & Koomen, H. M. Y. (2020). Teachers' emotional experiences in response to daily events with individual students varying in perceived past disruptive behavior. *Journal of School Psychology, 82*, 85–102.

DeLisi, M. & Vaughn, M. G. (2014). Foundation for a temperament-based theory of antisocial behavior and criminal justice system involvement. *Journal of Criminal Justice, 42*(1), 10–25.

Dishion, T. J. & Patterson, G. R. (2006). The development and ecology of antisocial behavior. In: D. Ciccetti & D. Cohen, D. (Hrsg.), *Developmental Psychopathology. Vol. 3: Risk, Disorder, and Adaptation* (überarbeitet; S. . 503–541). Wiley & Sons.

Doumen, S., Verschueren, K. & Buyse, E. (2009). Children's aggressive behaviour and teacher–child conflict in kindergarten: Is teacher perceived control over child behaviour a mediating variable. *British Journal of Educational Psychology, 79*, 663–675.

Emmer, E. T. & Stough, L. M. (2001). Classroom management: A critical part of educational psychology, with implications for teacher education. *Educational Psychologist, 36*(2), 103–112.

Evers, W. J. G., Tomic, W. & Brouwers, A. A. (2004). Burnout among teachers: Students' and teachers' perceptions compared. *School Psychology International, 25*, 131–148.

Fend, H. (1980). *Theorie der Schule*. Urban & Schwarzenberg.

Fite, P. J., Hendrickson, M., Rubens, S. L., Gabrielli, J. & Evans, S. (2013). The role of peer rejection in the link between reactive aggression and academic performance. *Child & Youth Care Forum, 42*(3), 193–205.

Friedman, I. A. (2006). Classroom management and teacher stress and burnout. In: C. M. Evertson & C. S. Weinstein (Hrsg.), *Handbook of classroom management. Research, practice, and contemporary issues* (S. 925–944). Lawrence Erlbaum.

Gawrilow, C. & Rauch, W. (2017). Selbstregulationsfähigkeiten und exekutive Funktionen im Entwicklungsverlauf bei Vorschul- und Schulkindern. In U. Hartmann, M. Hasselhorn & A. Gold (Hrsg.), *Entwicklungsverläufe verstehen – Kinder mit Bildungsrisiken wirksam fördern. Forschungsergebnisse des Frankfurter IDeA-Zentrums* (S. 175–189). Kohlhammer.

Glasl, F. (2020). *Konfliktmanagement. Ein Handbuch für Führung, Beratung und Mediation* (12., aktual. u. erw. Aufl.). Haupt.

Gold, A. (2018). *Lernschwierigkeiten: Ursachen, Diagnostik, Intervention*. Kohlhammer.

Guevremont, D. C. & Dumas, M. C. (1994). Peer relationship problems and disruptive behavior disorders. *Journal of Emotional and Behavioral Disorders, 2*(3), 164–172.

Helmke, A. & Weinert, F. E. (1997). Bedingungsfaktoren schulischer Leistungen. In: F. E. Weinert (Hrsg.), *Enzyklopädie der Psychologie, Bd. 3: Psychologie des Unterrichts und der Schule* (S. 71–176). Hogrefe.

Henricsson, L. & Rydell, A.-M. (2004). Elementary school children with behavior problems: Teacher–child relations and self-perception. A prospective study. *Merrill-Palmer Quarterly, 50*, 111–138.

Hirschi, T. (1969). *Causes of delinquency.* University of California Press.

Jones, R. R., Reid, J. B. & Patterson, G. R. (1975). Naturalistic observations in clinical assessment. In P. McReynolds (Hrsg.), *Advances in Psychological Assessment* (S. 42–95). Jossey-Bass.

Klusmann, U. & Richter, D. (2014): Beanspruchungserleben von Lehrkräften und Schülerleistung. Eine Analyse des IQB-Ländervergleichs in der Primarstufe. *Zeitschrift für Pädagogik, 60*(2), 202–224.

Krause, A. (2004). Erhebung aufgabenbezogener psychischer Belastungen im Unterricht – ein Untersuchungskonzept. *Zeitschrift für Arbeits- und Organisationspsychologie, 48*, 139–147.

Kremer, K. P., Flower, A., Huang, J. & Vaughn, M. G. (2016). Behavior problems and children's academic achievement: A test of growth-curve models with gender and racial differences. *Child Youth Serv Rev., 67*, 95–104.

Kyriacou, C. (2001). Teacher stress: Directions for future research. *Educational Review, 53*, 27–35.

Landau, S. & Moore, L. A. (1991). Social skill deficits in children with attention-deficit hyperactivity disorder. *School Psychology Review, 20*(2), 235–251.

Lemerise, E. A. & Arsenio, W. F. (2000). An integrated model of emotion processes and cognition in social information processing. *Child Development, 71*, 107–118.

Linderkamp, F. & Grünke, M. (2007). *Lern- und Verhaltensstörungen. Genese, Diagnostik, Intervention.* Beltz.

Lohaus A. & Glüer M. (2016). Selbstregulation bei Kindern im Rahmen der Entwicklungs- und Erziehungspsychologie. In B. Kracke & P. Noack (Hrsg.), *Handbuch Entwicklungs- und Erziehungspsychologie.* Springer VS.

Lopes, J. (2005). Intervention with students with learning, emotional and behavioral disorders: Why do we take so long to do it? *Education and Treatment of Children, 28*, 345–360.

Mackowiak, K. & Schramm, S. A. (2016): *ADHS und Schule: Grundlagen, Unterrichtsgestaltung, Kooperation und Intervention.* Kohlhammer.

Masten, A. S., Desjardins, C. D., McCormick, C. M., Kuo, S. I-C. & Long, J. D. (2010). The significance of childhood competence and problems for adult success in work: A developmental cascade analysis. *Development and Psychopathology, 22*(3), 679–694.

Masten, A. S., Roisman, G. I., Long, J. D., Burt, K. B., Obradović, J., Riley, J. R., Boelcke-Stennes, K. & Tellegen, A. (2005). Developmental Cascades: Linking Academic Achievement and Externalizing and Internalizing Symptoms Over 20 Years. *Developmental Psychology, 41*(5), 733–746.

Murray-Close, D., Holterman, L. A., Breslend, N. L. & Sullivan, A. (2017). Psychophysiology of proactive and reactive relational aggression. *Biological Psychology, 130*, 77–85.

Myschker, N. (2009). *Verhaltensstörungen bei Kindern und Jugendlichen, Erscheinungsformen, Ursachen, Hilfreiche Maßnahmen.* Kohlhammer.

Patterson, G. R. (1982). *Coercive Family Process.* Castalia Publishing.

Petermann, F. & Koglin, U. (2013). *Aggression und Gewalt von Kindern und Jugendlichen. Hintergründe und Praxis.* Springer.

Pianta, R. C. & Stuhlman, M. W. (2004).: Teacher-Child Relationships and Children's Success in the First Years of School. *School Psychology Review, 33*(3), 444–458.

Rademacher, A. & Koglin, U. (2020). Selbstregulation als Mediator für den Zusammenhang zwischen Erziehung und der Entwicklung von Verhaltensproblemen und sozial-emotionalen Kompetenzen bei Grundschulkindern. *Kindheit und Entwicklung, 29*, 21–29.

Roorda, D. L. & Koomen, H. M. Y. (2021). Student–teacher relationships and students' externalizing and internalizing behaviors: A cross-lagged study in secondary education. *Child Development, 92*(1), 174–188.

Roorda, D. L., Koomen, H. M. Y., Spilt, J. L. & Oort, F. J. (2011). The influence of affective teacher-student relationships on students' school engagement and achievement: a meta-analytic approach. *Review of Educational Research, 81*, 493–529.

Rudasill, K. M. (2011). Child temperament, teacher–child interactions, and teacher–child relationships: A longitudinal investigation from first to third grade. *Early Childhood Research Quarterly, 26*, 147–156.

Rudasill, K., Hawley, L., Molfese, V., Tu, X., Prokasky, A. & Sirota, K. (2016). Temperament and Teacher–Child Conflict in Preschool: The Moderating Roles of Classroom Instructional and Emotional Support. *Early Education and Development, 27, 859–874.*

Ryan, R. M. & Deci, E. L. (2000). Self-determination theory and the facilitation of intrinsic motivation, social development, and well-being. *American Psychologist, 55*(1), 68–78.

Scarpa, A., Haden, S. C. & Tanaka, A. (2010). Being hot-tempered: Autonomic, emotional, and behavioral distinctions between childhood reactive and proactive aggression. *Biological Psychology, 84*(3), 488–496.

Scherzinger, M. (2018). *Konflikte zwischen verhaltensauffälligen Heimjugendlichen und ihren Interaktionspartnerinnen und -partnern.* Beltz.

Schmid, A. C. (2003). *Stress, Burnout und Coping. Eine empirische Studie an Schulen zur Erziehungshilfe.* Julius Klinkhardt Verlag.

Schneider, S. & Popp, L. (2020). *Emotionale Störungen und Verhaltensauffälligkeiten.* Göttingen: Hogrefe.

Seidel, T. (2014). Angebots-Nutzungs-Modelle in der Unterrichtspsychologie. Integration von Struktur- und Prozessparadigma. *Zeitschrift für Pädagogik, 60*(6), 850–866.

Shantz, C. U. (1987): Conflicts between Children. *Child Development, 58*, 283–305.

Smith, T. J. & Wallace, S. (2011): Social Skills of Children in the US with Comorbid Learning Disabilities and AD/HD. *International Journal of Special Education, 26*(3), 238–247.

Vitaro, F., Brendgen, M. & Tremblay, R. E. (1999). Prevention of school dropout through the reduction of disruptive behaviors and school failure in elementary school. *Journal of School Psychology, 37*(2), 205–226.

Wang, M. T. & Fredricks, J. A. (2014). The reciprocal links between school engagement, youth problem behaviors, and school dropout during adolescence. *Child Development, 85*(2), 722–737.

Wettstein, A. (2014). Negative Peerbeeinflussung. Selektion und Sozialisation unter aggressiven Frühadoleszenten. *Psychologie in Erziehung und Unterricht, 61*(4), 241–251.

Wettstein, A., Kühne, F., Tschacher, W. & La Marca, R. (2020). Ambulatory assessment of psychological and physiological stress on workdays and free days among teachers. A preliminary study. *Frontiers in Neuropsychology, 14*, 112.

Wettstein, A. & Scherzinger, M. (2019): *Unterrichtsstörungen verstehen und wirksam vorbeugen.* Kohlhammer.

Whitlock, J. L. (2006). Youth perceptions of life at school: Contextual correlates of school connectedness in adolescence. *Applied Developmental Science, 10*, 13–29.

Winkel, R. (2009). *Der gestörte Unterricht. Diagnostische und therapeutische Möglichkeiten.:* Schneider Verlag Hohengehren.

**Teil 3: Handlungsmöglichkeiten –
Kognitive, emotionale und behaviorale
Fördermaßnahmen**

Leistungsbewertung und Leistungsattribution

Jürgen Wilbert & Timo Lüke

Im folgenden Kapitel werden Fragen zur Entwicklung und Auswirkung der Bewertung von Schulleistungen adressiert. Dabei werden sowohl Leistungsbewertungen durch die Lehrkraft als auch Selbstbeurteilungen von Schüler*innen (Leistungsattributionen) betrachtet.

1 Leistungsbewertungen durch die Lehrkraft

Die Beurteilung der Leistungen von Schüler*innen im Unterricht sind diagnostische Prozesse und lassen sich in drei Schritte aufteilen:

1. die *Beobachtung* eines Schüler*innenverhaltens im Zusammenhang mit der Bearbeitung von unterrichtsrelevanten Aufgaben,
2. die *Einordnung* dieser Beobachtung unter Bezug auf einen Referenzrahmen und
3. die *Qualifizierung* des Ergebnisses im Sinne einer Einordnung zum Beispiel als gut, schlecht, hoch, niedrig etc.

Die Frage der Güte der Beobachtung von Schüler*innenleistungen ist bedeutsam, spielt aber in dem hier betrachteten Kontext, der Auswirkungen auf das Lernverhalten der Schüler*innen, eine geringere Rolle und wird nachfolgend nicht tiefergehend betrachtet. Anders ist es bei der Einordnung und der Qualifizierung der Leistungen: Die Wahl des Referenzrahmens und die positive bzw. negative Bewertung der Leistungen hängen eng zusammen und können sich deutlich auf das Verhalten der Schüler*innen auswirken.

Bezugsnormen

Für den Referenzrahmen bei der Leistungsbeurteilung wurde der Begriff *Bezugsnorm* geprägt. Es wird zumeist eine Unterscheidung zwischen drei Bezugsnormen vorgenommen, die im deutschsprachigen Raum auf Heckhausen (1974) zurückgeht:

1. *Die individuelle Bezugsnorm*
   Bei der individuellen Bezugsnorm erfolgt die Beurteilung einer Leistung anhand der Veränderung, die ein*e Schüler*in über verschiedene Leistungsmessungen hinweg gezeigt hat. Eine Leistungssteigerung wird, unabhängig vom Ausgangsniveau, positiv bewertet, eine Leistungsverringerung negativ und eine Stagnation der Leistung neutral.
2. *Die soziale Bezugsnorm*
   Bei der sozialen Bezugsnorm liegt der Referenzpunkt der Bewertung in den Leistungen einer sozialen Vergleichsgruppe; beispielsweise der Schulklasse. Leistungen, die über dem Durchschnitt der Klasse liegen, werden positiv bewertet, unterdurchschnittliche Leistungen negativ und durchschnittliche Leistungen neutral.
3. *Die kriteriale Bezugsnorm*
   Bei der kriterialen Bezugsnorm (auch als sachliche oder curriculare Bezugsnorm bezeichnet) wird eine Leistung anhand eines aufgabenbezogenen Kriteriums bewertet. Ein solches Kriterium kann in der Aufgabe selbst begründet liegen, zum Beispiel wenn im Physikunterricht ein Schaltkreis gebaut werden soll, der bei Betätigung eines Tasters zwei verschiedene Verbraucher ansteuert – das kann gelingen oder auch nicht. Das Kriterium kann aber auch willkürlich festgelegt werden, etwa wenn eine Lehrkraft vor dem Auswerten einer Klassenarbeit festlegt, welche Punktwerte mit welcher Note versehen werden.

Abbildung 1 illustriert die drei Bezugsnormen anhand der Leistungen zweier Schüler*innen (Y-Achse) im Verlauf der Zeit (X-Achse).

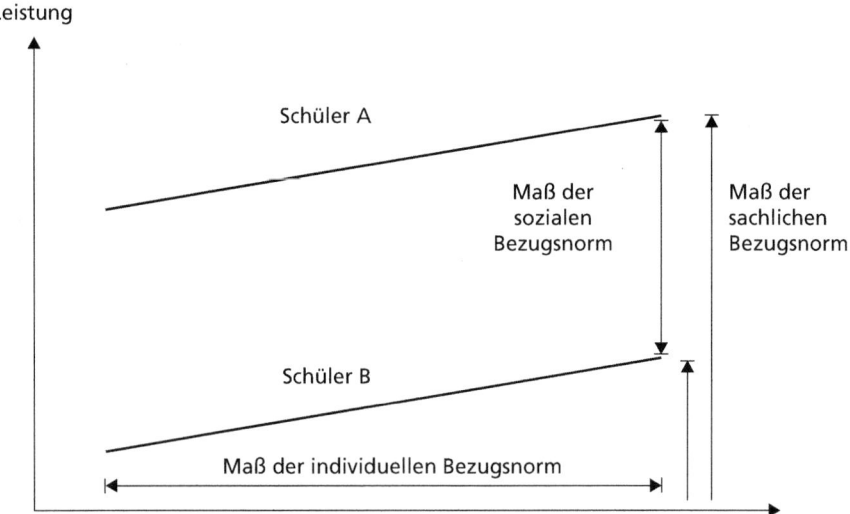

Abb. 1: Leistungsentwicklung und Leistungsrang zweier Schüler*innen und die Maße für drei Bezugsnormen (aus Wilbert, 2010).

Schauen wir uns an, wie die neusten (!) Leistungen der Schüler*innen, also diejenigen am rechten Rand der Abbildung, unter Anwendung der jeweiligen Bezugsnorm beurteilt würden. Im zeitlichen Verlauf haben sich beide Schüler*innen positiv entwickelt. Unter ausschließlicher Anwendung der individuellen Bezugsnorm würde die Leistung beider Schüler*innen (gleichermaßen) positiv beurteilt. Im direkten Vergleich liegt die Leistung von Schüler*in A höher als die von Schüler*in B und würde unter Anwendung der sozialen Bezugsnorm eine bessere Beurteilung erhalten. Ebenso liegt Schüler*in A im absoluten Leistungsniveau über Schüler*in B. Damit würde die Leistung von Schüler*in A auch unter kriterialer Bezugsnorm positiver beurteilt.

Bezugsnormorientierung

Wenn eine Lehrkraft bei der Bewertung der Leistungen systematisch, also regelmäßig und nachvollziehbar, eine bestimmte Bezugsnorm anwendet, bezeichnen wir dies in Anlehnung an Rheinberg (1980), als *Bezugsnormorientierung*. Rheinberg und Kollegen untersuchten zunächst, welche Bezugsnormorientierung bei Lehrkräften zu finden sind. Sie stellten fest, dass ein erheblicher Anteil der Lehrkräfte die soziale Bezugsnorm bevorzugt und die individuelle Bezugsnorm nur eine untergeordnete Rolle spielte.

Die Bezugsnorm, die eine Lehrkraft anwendet, wirkt sich nicht nur auf das Bewertungsresultat aus (z. B. die vergebene Note), sondern verändert den Blick der Lehrkraft auf die Schüler*innen und beeinflusst Aspekte ihres pädagogischen Handelns (s. Tabelle 1). In den meisten Studien hierzu werden soziale und individuelle Bezugsnorm gegenübergestellt.

Tab. 1: Verhalten von Lehrkräften mit unterschiedlichen Bezugsnormorientierungen (nach Oerter, 1995, S. 803)

Verhalten der Lehrkraft	Bezugsnormorientierung	
	sozial	individuell
Erklärung mangelnder Leistung	Begabung; generelle Bereitschaft, sich anzustrengen	ungünstige Lernbedingungen
Verteilung von Lob und Tadel	nach beendigter Arbeit; Lob an gute Schüler*innen auch bei vergleichsweise geringer Leistung	Lob während der Arbeit; Tadel an gute Schüler*innen bei vergleichsweise geringer Leistung; Lob auch bei durchschnittlichen Leistungen
Differenzierung des Unterrichts	Der gleiche Unterricht für alle mit wenigen Hilfen	Individualisierter Unterricht mit variierenden Aufgabenschwierigkeiten und individuellen Lösungshilfen

Köller (2005) zeigt auf, dass eine bestimmte Bezugsnormorientierung bei Lehrkräften mit einer unterschiedlichen Einstellung zu Ursachen von Leistung einhergeht. Lehrkräfte, die eine soziale Bezugsnorm bevorzugen, sehen die Ursachen für die Leistung ihrer Schüler*innen stärker in deren Begabung. Lehrkräfte mit einer individuellen Bezugsnormorientierung hingegen suchen die Ursachen für Leistungsunterschiede darin, dass die Schüler*innen sich in unterschiedlichem Maß anstrengen oder in Tagesform bedingten Leistungsschwankungen.

Der von Köller beschriebene Zusammenhang lässt sich mit Hilfe der Attributionstheorie von Kelley (1971) erklären: Lehrkräfte, die den Fokus auf individuelle Leistungsveränderungen legen, beobachten eine hohe Variabilität in den Leistungen ihrer Schüler*innen. Hingegen sehen Lehrkräfte mit einem Fokus auf soziale Vergleiche vor allem ein stabiles Leistungsniveau der Schüler*innen, da die Rangposition einer Schülerin in der Klasse über die Zeit recht stabil bleibt. Letzteres wird sichtbar, wenn wir erneut einen Blick auf Abbildung 1 werfen: Beide Schüler*innen zeigen eine Leistungsverbesserung, werden also unter individueller Bezugsnorm positiv beurteilt. Unter sozialer Bezugsnorm hingegen schneidet Schüler*in B konstant schlechter als Schüler*in A ab, da sich Schüler*in A ebenso über die Zeit verbessert hat. Ein*e Schüler*in mit geringen Leistungen innerhalb einer sozialen Bezugsnorm müsste sich stärker verbessern (mehr hinzulernen) als seine Mitschüler*innen um eine positivere Leistungsbeurteilung zu erhalten. Dies ist aufgrund der ungünstigeren Ausgangsbedingungen bei Leistungen, die im Vergleich zur Lerngruppe gering sind, besonders schwierig. Leistungsschwache Lernende haben es bei Anwendung der sozialen Bezugsnorm daher besonders schwer, den Leistungsbereich zu überwinden, in dem sie immer wieder negative Leistungsrückmeldungen bekommen.

Eine Lehrkraft, die ihre Schüler*innen unter Anwendung der individuellen Bezugsnorm betrachtet, nimmt in hohem Maße die Entwicklung und Veränderung der Leistung der Schüler*innen wahr. Damit liegt es auch näher, Leistungen auf veränderliche Faktoren (z.B. Anstrengung) zurückzuführen. Eine Lehrkraft, die überwiegend die soziale Bezugsnorm anwendet, nimmt eher wahr, dass gute Schüler*innen gut bleiben und schwache Schüler*innen schwach. Dies impliziert auch die Annahme, dass die Leistung der Schüler*innen auf deren Begabung zurückzuführen ist, da Begabung ebenfalls zeitlich stabiler ist.

Auch Lob und Tadel werden von Lehrkräften in Abhängigkeit ihrer Bezugsnormorientierung unterschiedlich vergeben. Eine Lehrperson mit einer individuellen Bezugsnormorientierung lobt den Lernzuwachs ihrer Schüler*innen, unabhängig vom Leistungsniveau im Vergleich zur Klasse. Im Unterschied dazu lobt eine Lehrperson mit sozialer Bezugsnormorientierung diejenigen Schüler*innen, die über dem Klassendurchschnitt liegen. Dabei ist unbedeutend, ob der oder die Schüler*in in seiner Leistung stagniert oder sich verbessert hat.

Auswirkung der Bezugsnormorientierung auf Lernende

Rheinberg und Krug (1999) berichten, dass Leistungsrückmeldungen von Lehrkräften unter individueller Bezugsnorm die Lernmotivation von Schüler*innen positiv beeinflussen. Als Erklärung wird angeführt, dass die individuelle Bezugsnorm Leistungsveränderungen sichtbar und bewertbar macht und somit insbesondere leistungsschwachen Schüler*innen einen Zusammenhang zwischen Anstrengung und Lernerfolg vermittelt. Ein entsprechend umgekehrter Effekt geht von einer sozialen Bezugsnorm aus: Die Stabilität der Leistungsbeurteilung unter sozialer Bezugsnorm verdeckt den Zusammenhang zwischen Anstrengung und Erfolg. Dies kann zu erlernter Hilflosigkeit (Seligman, 1999) und Resignation bei den betroffenen Lernenden führen.

Weitere Hinweise auf die Wirkung sozialer Bezugsnorm lassen sich auch der Forschung zu Effekten sozialer Vergleichsprozesse ableiten. Anhand sozialer Vergleiche entwickeln Menschen eine Einschätzung ihrer eigenen Fähigkeiten (Festinger, 1954). Häufige Selbstvergleiche mit Leistungsstärkeren prägen ein schlechteres Fähigkeitsselbstkonzept. Aus der Schulforschung liegen wiederum Befunde vor, die den Einfluss des schulischen Selbstkonzepts auf die Leistungsfähigkeit nachweisen (Marsh & Yeung, 1997). Entsprechend sind es die Leistungsschwachen in einer Klasse, bei denen sich ein negativer Effekt der sozialen Bezugsnorm auf die Schulleistung zeigt. Auch auf die Entwicklung des Interesses wirkt sich eine soziale Bezugsnorm aus. Bosch und Wilbert (2020, 2017) konnten in Studien nachweisen, dass Leistungsrückmeldungen unter sozialer Bezugsnorm für die (relativ) leistungsschwachen Lernenden zu einem geringeren Interesse an einem Lerninhalt führen.

Auch aus der Feedbackforschung lassen sich Hinweise zur Wirkung der Bezugsnormen finden. Wilbert und Kollegen (2010) leiten aus der *Feedback Intervention Theory* von Kluger und DeNisi (1996) ab, dass das Feedback unter kriterialer Bezugsnorm für die momentane Bearbeitung einer Aufgabe das günstigste ist, da hierdurch die Aufmerksamkeit auf den Lerngegenstand gerichtet wird. Sozial vergleichendes Feedback hingegen richtet die Aufmerksamkeit auf Aspekte der sozialen Stellung und weg von der Aufgabenbearbeitung, was die Leistung vermindert. Individuelle Vergleiche schließlich regen Selbstregulationsprozesse an, die zunächst zu einer verringerten Leistung führen, aber langfristig positive Effekte auf die Lernleistung haben.

2 Leistungsattribution

Leistungsbewertungen von Lehrkräften sind für die Schüler*innen selbstrelevante Informationen und werden vor dem Hintergrund vergangener Erfahrungen und zukünftiger Erwartungen interpretiert und eingeordnet. Besonders wichtig sind dabei die Ursachen, mit denen die Lernenden ihre eigenen Leistungen erklären. Solche Ursachenzuschreibungen werden *Kausalattributionen* genannt (Heider, 1977). Dabei ist von besonderer Bedeutung, ob eine Person die Ursachen in sich selbst, also *internal*, sieht oder ob die Ursachen außerhalb, also *external*, liegen. Internale Gründe für eine schlechte Leistung in einer Klassenarbeit könnten zum

Beispiel mangelnde Anstrengung oder eine geringe Fähigkeit sein, während externale Ursachen der gleichen Leistung eine unfaire Benotung oder ungeeignete Testfragen sind.

Um diese Unterscheidung zu treffen, ziehen Menschen drei Informationen heran (Kelley, 1971):

1. *Konsensusinformation:*
Wenn ein Ereignis nur die eigene Person betrifft, dann ist der Konsensus niedrig. Entsprechend hoch, wenn das Ereignis auch bei vielen anderen zutrifft. Im Beispiel: Habe nur ich eine schlechte Note oder hat die ganze Klasse schlechte Noten bekommen?
2. *Distinktheitsinformation:* Tritt das Ereignis nur in diesem einen Kontext auf, dann ist die Distinktheit hoch. Wenn das Ereignis in vielen Kontexten auftritt, dann ist die Distinktheit niedrig. Im Beispiel: Habe ich nur in diesem Fach eine schlechte Note oder auch in anderen Fächern?
3. *Konsistenzinformation:* Eine hohe Konsistenz liegt vor, wenn das Ereignis immer in diesen Situationen auftritt. Ist das Ereignis einmalig, nur zu diesem einen Zeitpunkt, dann ist die Konsistenz niedrig. Im Beispiel: Habe ich in der Vergangenheit ebenfalls schlechte Noten bekommen oder ist dies das erste Mal?

Ob eine Ursache eher *internal, external* oder durch einfachen Zufall attribuiert wird, basiert nun darauf, welche Informationen in den drei Klassen vorliegen. Tabelle 2 zeigt das hierzu von Kelley (1971) aufgestellte Schema (auch: *Kovarianzprinzip*).

Tab. 2: Schlussfolgerung über die Ursachen eines Ereignisses nach den drei Kovarianzklassen von Kelley (1971)

Klasse	Attribution auf ...		
	eigene Person (internal)	Situation (external)	Zufall
Konsensus	niedrig	hoch	niedrig
Distinktheit	niedrig	hoch	hoch
Konsistenz	hoch	hoch	niedrig

Demnach sieht jemand die Ursachen für ein Ereignis bei sich, wenn das Ereignis (1) nur ihn selbst betrifft, (2) in vielen Kontexten und (3) in ähnlichen Situationen regelmäßig auftritt (Bsp.: Ich habe als Einziger eine schlechte Mathematiknote, bekomme auch in anderen Fächern schlechte Noten und hatte schon häufiger schlechte Noten in Mathematik). Die Schlussfolgerung ist, dass die Leistung das Ergebnis mangelnder Anstrengung oder mangelnder Begabung ist.

Die Ursache wird in der spezifischen Situation gesehen, wenn andere ebenso von dem Ereignis betroffen sind, es nur in diesem Kontext auftritt und in der Vergangenheit in diesem Kontext häufiger auftrat (Bsp.: Alle Schüler*innen haben eine schlechte Mathematiknote, sind nur in Mathematik schlecht und die vorherigen

Mathearbeiten sind für alle ähnlich schlecht ausgefallen). Die Ursache für die geringe Leistung liegt in der zu schweren Mathematikarbeit oder der Lehrkraft.

Schließlich kann es sich um einen Einzelfall handeln, wenn das Ereignis nur eine Person betrifft und auch nur in einen Kontext in der Vergangenheit auftrat (Beispiel: Ich habe als Einziger eine schlechte Note, in anderen Fächern zeige ich gute Leistungen und bisher hatte ich auch in Mathematik gute Noten). Daraus folgt, dass die schlechte Leistung (external) durch Pech oder einen »schlechten Tag« erklärt werden kann.

Das Kovarianzprinzip hat eine zeitlich rückwärtsgerichtete Perspektive. Weiner (1979) hingegen fokussierte die Erwartungen einer Person über zukünftige Ereignisse aufgrund ihrer aktuellen Attributionen. Zudem überlegte er, wie sich ein Attributionsmodell auf die Erklärung von schulischen Leistungen übertragen lässt. Dabei betrachtete er einerseits die Verbindung zwischen den Ursachen, die Schüler*innen für geringe schulische Leistungen anführen und andererseits die Erwartungen an zukünftigen Erfolg, die Bereitschaft, bei schwierigen Aufgaben nicht aufzugeben, und das Ausmaß, in dem Versagen andauernde hinderliche Folgen nach sich zieht.

Weinert führt in seinem Attributionsmodell drei Dimensionen zusammen:

1. Den *Ort der Kontrolle* (Englisch: *Locus of Control*, internal vs. external)
   Dies entspricht der Unterscheidung zwischen internal und external, die wir bereits im Kovarianzprinzip kennengelernt haben.
2. Die *zeitliche Stabilität* des Ereignisses (stabil vs. instabil) Ein stabiles Merkmal ist zeitlich überdauernd und situationsübergreifend, ein instabiles liegt nur temporär vor. Diese Dimension fasst die Konsistenz- als auch der Distinktheitsinformation aus dem Modell von Kelley zusammen.
3. Die *Kontrollierbarkeit* des Ereignisses (kontrollierbar vs. unkontrollierbar).

Tabelle 3 zeigt acht Typen von Schlussfolgerungen aus einem Misserfolgserlebnis, die sich aus der Kombination der Ausprägung der drei Dimensionen ergeben.

Tab. 3: Ursachen für Erfolg und Misserfolg (Weiner, 1979, S. 7)

	Internal		External	
	stabil	instabil	stabil	instabil
unkontrollierbar	Fähigkeit	Stimmung	Schwierigkeit der Aufgabe	Glück
kontrollierbar	typische Anstrengung	momentane Anstrengung	Tendenz der Lehrkrafts	Hilfe Anderer

Die drei Kausalitätsdimensionen wirken sich mit ihrer unterschiedlichen Ausprägung auf verschiedene psychologische Aspekte aus (Weiner, 1983). So kann sich der Locus of Control auf das Selbstwertgefühl einer Person auswirken: Wird ein Erfolg eher auf interne als auf externe Faktoren zurückgeführt, trägt das zu einer Steigerung des Selbstwertes bei. Im Unterschied dazu verringert sich der Selbstwert, wenn ein Misserfolg eher durch interne Faktoren erklärt wird. Attribuiert ein*e Schüler*in einen Misserfolg auf seine niedrige Begabung, schmälert dies sein Selbstwertgefühl stärker, als wenn er diesen auf »Pech« zurückführt.

Die Stabiltätsdimension kann Konsequenzen für zukünftige Erfolgs- bzw. Misserfolgserwartungen einer Person haben. Wird ein Misserfolg stabil attribuiert, z. B. auf mangelnde Fähigkeit, erwartet die Person in Zukunft auch eher Misserfolg als bei einer Attribution auf instabile Ursachen, z. B. Pech. Ebenso wirkt sich die Attribution auf einen stabilen Faktor auf affektive Zustände aus. So können etwa bei einer negativen stabilen Erwartung von Misserfolg Gefühle der Hoffnungslosigkeit entstehen.

Die Dimension der Kontrollierbarkeit kann sich auf die Bewertung von Personen auswirken. Erleidet eine Person einen Misserfolg oder benötigt Hilfe aufgrund kontrollierbarer Faktoren (z. B. Anstrengung), wird diese Person negativ bewertet. Wird aber in einer Notlage diese auf unkontrollierbare Faktoren zurückgeführt, etwa unglückliche Zufälle, dann wird die Person eher positiv bewertet und erfährt Mitgefühl. Diese Bewertungen können sich auch auf die eigene Person beziehen, wenn es z. B. um die Erklärung eigener Erfolge oder Misserfolge geht.

Aus den vorgestellten Theorien zur Attribution wird deren bedeutender Einfluss auf leistungsbezogenes Verhalten und Emotionen in der Schule deutlich. Dies trifft insbesondere auf Kinder und Jugendliche mit Lernstörungen zu (Borkowski et al., 1988). Schon früh wurden daher Trainings entwickelt, um die attributionalen Strategien von Schüler*innen zu verbessern. *Reattributionstrainings* zielen darauf ab, die Motivation von Schüler*innen zu erhöhen, indem sie ihre Attributionen für Erfolg und Misserfolg verändern (Ziegler & Schober, 1997). So haben die meisten Schüler*innen Schwierigkeiten, wenn sie ein ihnen völlig neues Thema bearbeiten. Manche Schüler*innen attribuieren diese Schwierigkeiten dabei vornehmlich darauf, dass ihnen nötige Fähigkeiten zum Verständnis fehlen. Als Folge verringern sie ihre Lernbemühungen und strengen sich weniger an als Schüler*innen, die ihre Schwierigkeiten auf mangelnde Anstrengung oder fehlerhafte Lernstrategien zurückführen. Dweck (1975) entwickelte und evaluierte eines der ersten Reattributionstrainings. Sie konnte zeigen, dass Feedback, das kontinuierlich den Zusammenhang zwischen Anstrengung und der gezeigten Leistung betont, dazu führte, dass Schüler*innen auch bei schwierigen Aufgaben weniger resignierten. Schunk (1982) wies nach, dass Trainings zur Reattribution von Erfolg auf Anstrengung nur dann effektiv sind, wenn die Attributionen von den Lernenden als glaubwürdig erlebt werden. Wenn ein positives Feedback nach einer Verbesserung gegeben wurde (»Du hast hart gearbeitet«), dann steigerte dies die Motivation und Selbstwirksamkeit der Lernenden. Hingegen zeigten sich deutlich geringere Effekte, wenn die verbale Bekräftigung sich auf zukünftiges Verhalten bezog (»Du musst noch härter arbeiten, dann wirst du Erfolg haben«). Dieser Befund legt nahe, dass Attributionen auf Anstrengung besonders im frühen Stadium einer Lernphase effektiv sind, da zu diesem Zeitpunkt Anstrengung tatsächlich eine bedeutendere Rolle spielt als in späteren Lernphasen. Diese Hypothese konnten Schunk und Cox (1986) in einer Untersuchung mit Schüler*innen mit Lernschwierigkeiten bekräftigen: In Ihrer Studie entwickelten sich motivationale Einstellungen und die Selbstwirksamkeit besonders positiv, wenn anstrengungsbezogenes Feedback in einer frühen Phase des Lernprozesses vergeben wurden. Schunk und Rice (1986) erweiterten diese Untersuchung und konnten zeigen, dass in einer Gruppe von Kindern mit Lernstörungen die positiven Effekte von Feedback dann am größten waren, wenn in der frühen Phase des Lernens auf Anstrengung attribuiert wurde und in späteren Lernphasen auf Fähigkeit.

3 Fazit

Leistungsbeurteilungsprozesse nehmen Einfluss auf die Lern- und Leistungsmotivation sowie das Fähigkeitsselbstkonzept von Lernenden. Pädagogisch vorzuziehen sind Beurteilungen, die die individuelle Entwicklung (individuelle Bezugsnorm) oder den »objektiven« Leistungsstand (kriteriale Bezugsnorm) referenzieren. Beurteilungen, die Kinder in ihrer Leistung mit Peers vergleichen können sich ungünstig auswirken – vor allem bei Lernenden mit schwachen Schulleistungen. Wichtig ist, dass Lernende den Zusammenhang zwischen a) Anstrengung und Erfolg erfahren, dass sie b) zuversichtlich sind, die gestellten Herausforderungen zu bewältigen, und dass sie c) sich selbst als fähig zur Weiterentwicklung und Veränderung wahrnehmen.

Da Kinder mit Lernbeeinträchtigungen häufig negative Erfahrungen in Leistungssituationen gemacht haben, ist es besonders (aber nicht nur dort) in inklusiven Klassen wichtig, dass Lehrkräfte reflektiert und verantwortungsbewusst mit der Aufgabe der Leistungsbeurteilung und -bewertung umgehen damit alle Lernenden ein positives Selbstbild entwickeln.

Literatur

Borkowski, J. G., Weyhing, R. S. & Carr, M. (1988). Effects of Attributional Retraining on Strategy-Based Reading Comprehension in Learning-Disabled Students. *Journal of Educational Psychology, 80,* 46–53.
Bosch, J. & Wilbert, J. (2020). Contrast and Assimilation Effects on Self-Evaluation of Performance and Task Interest in a Sample of Elementary School Children. *Frontiers in Education, 4.*
Bosch, J. & Wilbert, J. (2017). Contrast and Assimilation Effects on Task Interest in an Academic Learning Task. *Frontline Learning Research, 5*(2), 60–78.
Dweck, C. S. (1975). The Role of Expectations and Attributions in the Alleviation of Learned Helplessness. *Journal of Personality and Social Psychology, 31*(4), 674–685.
Festinger, L. (1954). A Theory of Social Comparison Processes. *Human Relations, 7*(2), 117–140.
Heckhausen, H. (1974). *Leistung Und Chancengleichheit.* Hogrefe.
Heider, F. (1977). *Psychologie der interpersonalen Beziehungen.* Klett.

Kelley, H. H. (1971). *Attribution in Social Interaction*. General Learning Press.

Kluger, A. N. & DeNisi, A. (1996). The Effects of Feedback Interventions on Performance: A Historical Review, a Meta-Analysis, and a Preliminary Feedback Intervention Theory. *Psychological Bulletin, 119*, 254–284.

Köller, O. (2005). Bezugsnormorientierung von Lehrkräften: Konzeptuelle Grundlagen, Empirische Befunde Und Ratschläge Für Praktisches Handeln. In R. Vollmeyer & J. Brunstein (Hrsg.), *Motivationspsychologie Und Ihre Anwendung* (S. 189–202). Kohlhammer.

Marsh, H. W. & Yeung, A. S. (1997). Causal Effects of Academic Self-Concept on Academic Achievement: Structural Equation Models of Longitudinal Data. *Journal of Educational Psychology, 89*(1), 41.

Rheinberg, F. (1980). *Leistungsbewertung und Lernmotivation*. Hogrefe.

Rheinberg, F. & Krug, S. (1999). *Motivationsförderung Im Schulalltag* (Second). Hogrefe.

Schunk, D. H. (1982). Effects of Effort Attributional Feedback on Children's Perceived Self-efficacy and Achievement. *Educational Psychology, 74*, 548–556.

Schunk, D. H. & Cox, P. D. (1986). Strategy Training and Attributional Feedback with Learning Disabled Students. *Educational Psychology, 78*, 201–209.

Schunk, D. H., & Rice, J. M. (1986). Extended Attributional Feedback: Sequence Effects during Remedial Reading Instruction. *Journal of Early Adolescence, 6*, 55–66.

Seligman, M. E. P. (1999). *Erlernte Hilflosigkeit*. Beltz.

Weiner, B. (1979). A Theory of Motivation for Some Classroom Experiences. *Journal of Educational Psychology, 71*(1), 3–25.

Weiner, B. (1983). Some Methodological Pitfalls in Attributional Research. *Journal of Educational Psychology, 75*(4), 530.

Wilbert, J. (2010). *Förderung der Motivation bei Lernstörungen*. Kohlhammer.

Wilbert, J., Grosche, M. & Gerdes, H. (2010). Effects of Evaluative Feedback on Rate of Learning and Task Motivation: An Analogue Experiment. *Learning Disabilities: A Contemporary Journal, 8*(1), 43–52.

Ziegler, A. & Schober, B. (1997). *Reattributionstrainings*. Roderer.

Selbstregulationsförderung: Gelingensbedingungen und Herausforderungen bei Lern- und Verhaltensschwierigkeiten

Charlotte Dignath & Marcus Hasselhorn

1 Selbstregulation beim Lernen

Objekt- und Metaebene

Von Selbstregulation beim Lernen spricht man, wenn Lernende ihren Lernprozess selbst initiieren, überwachen und steuern (Zimmerman, 2000). Dabei findet die Aufgabenbearbeitung auf der Objektebene statt, während auf einer Metaebene die metakognitive Verarbeitung – also das Nachdenken über kognitive Prozesse – abläuft. Durch Überwachungsprozesse (*Monitoring*) gelangen Informationen über den aktuellen Status der Aufgabenbearbeitung von der Objektebene zur Metaebene. Dort finden Kontroll- und Steuerungsprozesse (*Control*) statt, um Handlungen so zu regulieren, dass das Aufgabenziel erreicht wird (Nelson & Narens, 1994).

Schüler*innen unterscheiden sich interindividuell stark in der Selbstregulation, die aber auch intraindividuellen Schwankungen ausgesetzt ist (Winne & Perry, 2000). Insbesondere bei Schüler*innen mit Lern- und Verhaltensschwierigkeiten (LuV) ist die Selbstregulation oft unterentwickelt (Johnson et al., 2021). Um Selbstregulationsprozesse zu aktivieren und zu optimieren, können Lernende Strategien einsetzen. Strategien sind Handlungssequenzen, die auf ein Lernziel ausgerichtet sind, allerdings nicht auf die Aufgabenbewältigung. Sie helfen den Lernenden, sich zu Beginn der Lernhandlung zu orientieren, das Vorgehen zu planen, die Zielerreichung während der Lernhandlung zu überwachen und das Lernergebnis sowie das Vorgehen zu evaluieren und zu regulieren (Zimmerman, 2000).

Interaktion von Strategien im Lernprozess

Selbstregulationsmodelle unterscheiden meist zwischen kognitiven, metakognitiven und motivationalen Strategien. Strategien zur *Regulation der kognitiven Prozesse* unterstützen die Informationsverarbeitung beim Lernen und sind darum meist bereichsspezifisch. Dies beinhaltet Strategien der Wiederholung, der Organisation der Lerninhalte, der Elaboration des Wissens und des Problemlösens. Strategien zur *Regulation der metakognitiven Prozesse* sind bereichsübergreifend und dienen der Planung, Überwachung und Kontrolle von Lernprozessen. Strategien zur *Regulation motivational-affektiver Prozesse*, wie z. B. die Selbstbelohnung oder die Kontrolle der Lernumgebung, unterstützen die Initiierung und Aufrechterhaltung der Lernhandlung, und damit auch die Konzentration und Aufmerksamkeit.

Herausforderungen bei Strategieerwerb und Strategieeinsatz

Fertigkeiten *(skills)* und Motivation *(will)* sind erforderlich, damit Lernende die beschriebenen Strategien im Lernprozess einsetzen (Mc Combs & Marzano, 1990). *Skill* bedeutet, dass Lernende den Einsatz von Selbstregulationsstrategien beherrschen. Hierzu brauchen sie *metakognitives* Wissen über Selbstregulationsstrategien, um entscheiden zu können, wie sie eine Strategie ausführen und bei welchen Lernanforderungen der Einsatz der Strategie sinnvoll ist. Daneben bedarf es der Bereitschaft, Mühe und Zeit in den Strategieeinsatz zu investieren (Efklides, 2011). *Will* speist sich zum einen aus der *Überzeugung*, dass der Einsatz der Strategie lohnt, zum anderen aus der *Selbstwirksamkeitserwartung* der Lernenden: Trauen sie sich zu, eine Strategie erfolgreich einzusetzen? Selbst wenn Lernende von der Nützlichkeit einer Strategie überzeugt sind, kann es sein, dass sie sich nicht zutrauen, diese Strategie selbst erfolgreich einzusetzen (Zimmerman et al., 1992).

Als weitere Voraussetzungen für das Ausführen von Strategien lassen sich drei Entwicklungsphasen beschreiben (Hasselhorn & Grube, 2008): Ein *Mediationsdefizit* liegt vor, solange den Lernenden die erforderlichen kognitiven Voraussetzungen zum Ausführen einer Strategie fehlen. In der sich anschließenden Phase des *Produktionsdefizits* sind die notwendigen kognitiven Voraussetzungen zwar ausgebildet, jedoch wird die Strategie noch nicht spontan eingesetzt. Die Strategie muss nun geübt werden, damit Lernende sie von sich aus spontan ausführen. Aber auch wenn Lernende im Anschluss daran eine Strategie spontan einsetzen, kann es immer noch zu einem ineffizienten Strategieeinsatz kommen (Phase des *Nutzungsdefizits*). Grund hierfür: Wenn der Einsatz der Strategie die Lernenden zu viel der verfügbaren Kapazität des Arbeitsgedächtnisses kostet, bleiben weniger kognitive Ressourcen für die Bearbeitung der Aufgabe übrig (Hasselhorn & Grube, 2008).

Es kann also unterschiedliche Gründe haben, warum Lernende ihr Lernen nicht effektiv regulieren. Zusätzlich zur Unkenntnis von Strategien, einer fehlenden Motivation zum Strategieeinsatz oder mangelnder Übung und Erfahrung mit dem Ausführen einer Strategie kommen bisweilen mehrere dieser Gründe zusammen, was die Entwicklung der Selbstregulation im Individualfall besonders erschweren kann. Gerade bei jungen Kindern (Spiess et al., 2016), Lernenden mit Aufmerksamkeitsstörung (Gawrilow, 2016) und Lernenden mit Lernschwierigkeiten (Gold, 2015) wurden auffallende Defizite in der Selbstregulation festgestellt.

2 Gelingensbedingungen der Förderung von Selbstregulation beim Lernen

Selbstregulationsstrategien, die sich positiv auf Lernverhalten, Leistung und Lernmotivation auswirken, sind erlernbar (Dignath & Büttner, 2008). Das gilt auch für Lernende mit LuV (Berkeley & Larsen, 2018). Lehrkräfte können ihren Schüler*innen Strategien entweder *direkt* oder *indirekt* vermitteln, indem sie eine Lernumgebung schaffen, die von den Lernenden Selbstregulation erfordert und damit eine Übungsmöglichkeit für selbstreguliertes Lernen bietet (Dignath & Veenman, 2021).

Indirekte Förderung durch konstruktivistische Lernumgebungen

Selbstreguliertes Lernen erwirbt man am besten in Lernumgebungen, in denen das Lernen selbst reguliert werden kann. In einem stark lehrkraft-gesteuerten Frontalunterricht lässt sich Selbstregulation nicht gut üben (Paris & Paris, 2001). Verschiedene Eigenschaften konstruktivistischer Lernumgebungen unterstützen die Selbstregulation beim Lernen indirekt: (1) Das *Vorwissen* der Lernenden sollte aktiviert werden, um den Lernenden das Monitoring und das Setzen herausfordernder Ziele zu erleichtern. (2) Lernen sollte in einem *Anwendungskontext* stattfinden. Die meisten schulischen Lerngelegenheiten sind eher abstrakt. Dies erschwert den Transfer der in der Schule gelernten Inhalte auf alltägliche Anwendungskontexte. (3) *Kooperative* Lerngelegenheiten stimulieren den Austausch über unterschiedliche Vorstellungen und Perspektiven. Insbesondere bei komplexen Lernaufgaben, die hohe mentale Anforderungen an die Lernenden stellen, können sich die Anforderungen in kooperativen Settings über die kognitiven Ressourcen mehrerer Lernender verteilen. (4) *Schülerzentrierte* Lernumgebungen geben den Lernenden die Gelegenheit, sich an der Planung und Durchführung der Lernhandlungen aktiv zu beteiligen. Wenig vorstrukturierte Lernumgebungen gewähren den Lernenden mehr Autonomie durch Wahlfreiheiten bzgl. Lerninhalt, Lernort, Kooperationspartner, Schwierigkeitsgrad oder Lerntempo (Perry, 2015).

Direkte Förderung durch Strategieinstruktion

Um diese Wahlfreiheit effektiv nutzen zu können, müssen Lernende Selbstregulationsstrategien beherrschen. Bei der direkten Strategieinstruktion erfolgt eine explizite Erklärung, *wie* eine Strategie eingesetzt werden kann und *wann* dies sinnvoll ist. Die Lernenden werden über das notwendige metakognitive Strategiewissen informiert (Brown et al., 1981). Diese explizite Strategievermittlung, bei der Lernende metakognitives Wissen erwerben, um selbst entscheiden zu können, wann sie welche Strategien am besten einsetzen und warum, hat sich für Selbstregulationstrainings als besonders wirksam herausgestellt (Dignath & Büttner, 2008). Dass die explizite Strategievermittlung auch im regulären Unterricht implementiert werden kann und positive Lerneffekte hat, ist empirisch nachgewiesen, wird allerdings nur selten im regulären Unterricht umgesetzt (Dignath & Veenman, 2021).

Wenn Lernende über Selbstregulation explizit nachdenken, dann befinden sie sich nicht mehr auf der oben erwähnten *Metaebene* (Nachdenken über Kognitionen), sondern auf einer *Meta-Metaebene* (Nachdenken über Metakognitionen). Dementsprechend haben Schreblowski und Hasselhorn (2006) das Modell von

Nelson und Narens (1994) um eine *meta-metakognitive Ebene* erweitert. Insbesondere für die Förderung von Selbstregulation spielt diese Ebene eine wichtige Rolle, da auf dieser Ebene sowohl Strategiewissen als auch Motivation für den Strategieeinsatz aufgebaut werden.

Entwicklungsmodelle zur Selbstregulation beim Lernen gehen davon aus, dass die Ausbildung von Selbstregulationskompetenz in Phasen verläuft (Zimmerman, 2002). Dementsprechend ist es die Rolle der Lehrkraft, Lernende anfangs noch mehr zu unterstützen, sich dann aber immer mehr zurückzunehmen und die Lernenden selbst mehr Regulation übernehmen zu lassen. Nach Zimmerman (2002) entwickelt sich Selbstregulationskompetenz in vier Stufen. Zunächst zeigt und verbalisiert die Lehrkraft das strategisch-regulierende Verhalten und die Gedanken (*Observation Level*). In der darauffolgenden Stufe versuchen die Lernenden, das Verhalten selbst durchzuführen, und die Lehrkraft unterstützt sie dabei und gibt Feedback (*Emulation Level*). Wenn die Lernenden das Gelernte ohne weiteren Input der Lehrkraft ausführen können, bietet die Lehrkraft Lernumgebungen an, die den Lernenden schrittweise erlauben, mehr Verantwortung für ihr Lernen zu übernehmen und den Einsatz von Selbstregulationsstrategien bewusst zu üben (*Self-Control Level*). In der höchsten Stufe (*Self-Regulation Level*) können die Lernenden ihr Verhalten überwachen und sind im Stande, ihr Lernen systematisch an die verändernden Erwartungen und Bedingungen anzupassen.

Die Kontrolle der Lehrkraft nimmt also ab, je selbstregulierter die Lernenden vorgehen (Salonen et al., 2005). Lernende mit LuV brauchen aufgrund oftmals nur unzureichender kognitiver Voraussetzungen und wenig Erfahrung in der Selbstregulation meist noch mehr direkte Unterstützung (Perry, 2015). Die Selbstregulationskompetenz hängt dabei eher von den kognitiven, metakognitiven und motivationalen Ressourcen der Lernenden ab als vom Alter.

3 Selbstregulationstrainings bei Lernenden mit Lern- und Verhaltensschwierigkeiten

Schüler*innen mit LuV verwenden seltener passende Selbstregulationsstrategien und erkennen weniger, ob die von ihnen genutzten Strategien effektiv waren (Mason & Reid, 2018). Hinzu kommt, dass sie sich neben einer niedrigeren allgemeinen Selbstwirksamkeit (Meltzer & Krishnan, 2007) zudem weniger zutrauen, ihr Lernen selbst regulieren zu können (Klassen, 2010). Darum setzen Schüler*innen mit LuV Selbstregulationsstrategien nur ein, wenn sie sie explizit beigebracht bekommen (Taft & Mason, 2011). Sie haben Schwierigkeiten mit einer sehr offenen Lernumgebung und brauchen beim Lernen eine klare Strukturierung (Lauth & Grünke, 2005). Insbesondere direkte Instruktion, Strategieinstruktion, und tutorielles Lernen helfen ihnen mehr als freie und konstruktivistisch angelegten Lernumgebungen (Grünke, 2006). Deshalb ist es für Schüler*innen mit LuV besonders wichtig, Selbstregulationsstrategien zunächst direkt zu erlernen, damit sie später von einer indirekten Förderung im Sinne einer autonomieförderlichen Lernumgebung profitieren können (Meltzer & Krishnan, 2007).

Was macht Selbstregulationsförderung bei Lernenden mit Lern- und Verhaltensschwierigkeiten besonders wirksam?

Zahlreiche Trainingsstudien zur Wirksamkeit von Strategietrainings für Lernende mit LuV liegen vor, und sind in Literaturreviews und Meta-Analysen dokumentiert. Insgesamt finden sich für Selbstregulationstrainings bei Lernenden mit LuV hohe Effekte auf die Leistungsentwicklung (Berkely & Larson [2018] für Strategietrainings im Lesekontext; Maxwell & Grenier [2014] für Strategietrainings in verschiedenen Kontexten) und sogar sehr hohe Effekte für das Programm *Self-Regulated Strategy Development* (*SRSD*), das im weiteren Verlauf genauer vorgestellt wird (Losinski et al. [2014] im Kontext des Schreibens; Sanders et al. [2019]). Für Selbstbestimmungstrainings, die eher eine motivationale Ausrichtung haben, fanden sich nur moderate Effekte auf nicht-kognitive Variablen (Algozzine et al., 2001; Burke et al., 2020) und sogar negative Effekte auf leistungsbezogene Variablen (Konrad et al., 2007). Es scheint also so zu sein, dass Selbstregulationstrainings mit einem Fokus auf metakognitive Strategien für Schüler*innen mit LuV wirksamer sind als Selbstbestimmungstrainings, die eher auf motivationale Voraussetzungen abzielen.

Strategieförderung am Beispiel des Self-Regulated Strategy Development (SRSD)

Zu Beginn der 1980er Jahre wurde das Programm *SRSD* für lernschwache Schüler*innen im Kontext des Schreibens entwickelt (Harris & Graham, 1985). Mittlerweile ist es eines der am besten beforschten Strategietrainings für Lernende mit Lernschwierigkeiten. *SRSD* wurde auch für den Erwerb von Lesen (z. B. Mason, 2013), Fremdsprachen (z. B. Bai et al., 2021) und Mathematik (z. B. Rogers et al., 2020) genutzt. Da es sich auch für Lernende ohne Lernschwierigkeiten und für überdurchschnittliche Lernende als wirksam erwiesen hat (Graham et al., 2013), bietet sich der Einsatz insbesondere auch in heterogenen Lerngruppen an. Sowohl für den Grundschulbereich (Graham et al., 2012) als auch für die weiterführende Schule (Graham & Perin, 2007) zeigten sich in Meta-Analysen große Effekte (auch Losinski et al., 2014; Sanders et al., 2019).

Die *SRSD*-Instruktion folgt mehreren Stufen: Bevor die Strategie eingeführt wird, zielt die Lehrkraft in der ersten Phase darauf ab, das Vorwissen der Lernenden über Strategien zu aktivieren und Hintergrundwissen als Grundlage für einen wirksamen Strategieeinsatz aufzubauen. In der folgenden Phase wird die Strategie vorgestellt und diskutiert, wann und wo sie eingesetzt werden sollte, um metakognitives Strategiewissen aufzubauen und die Nützlichkeitsüberzeugung der Lernenden zu erhöhen. In der dritten Phase modelliert die Lehrkraft dann den Einsatz der Strategie und verbalisiert dabei ihr Vorgehen. Hier findet eine explizite Strategievermittlung statt. Ziel der vierten Phase ist es, dass die Lernenden die Strategie möglichst gut verinnerlichen, um ihnen den Abruf der Strategien während der Bearbeitung einer Aufgabe zu erleichtern. Hierzu wird die Strategie visualisiert, um kognitive Ressourcen zu sparen und einem Nutzungsdefizit vorzubeugen. In den letzten beiden Phasen sollen die Lernenden den Strategieeinsatz üben. Das ist wichtig, um ein Produktionsdefizit zu vermeiden. Dabei findet das Üben in der fünften Phase noch unter Anleitung statt, damit die Lernenden ausreichend Unterstützung und Feedback erhalten. Die Lehrkraft baut ihre Unterstützung angepasst an die Bedarfe der Lernenden ab. Erst in der letzten Phase wird die Unterstützung zurückgenommen, so dass die Lernenden immer mehr an ein selbständiges Üben herangeführt werden.

Das *SRSD* verbindet die Instruktion von kognitiven, inhaltsnahen Strategien, die angepasst werden können an den Fachkontext (z. B. Lesestrategien), mit metakognitiven, fachübergreifenden Strategien und Motivationsstrategien. Eine Besonderheit des *SRSD* ist, dass die Strategien zunächst direkt instruiert und explizit vermittelt werden. Der Schwerpunkt liegt dabei auf den Selbstregulationsstrategien *Zielsetzung*, *Selbst-Monitoring*, *Selbst-Instruktion* und *Selbst-Belohnung* (Sanders et al., 2021). Erst im Anschluss an die Strategieinstruktion und Übung wird den Lernenden mehr Verantwortung übertragen und damit die Selbstregulation indirekt gefördert (Harris & Graham, 1985).

4 Implikationen

Implikationen für weitere Forschung

Die Interventionsforschung zeigt, dass Strategietrainings im Kontext selbstregulierten Lernens auch für Schüler*innen mit LuV effektiv sind. Die wenigen Befunde zu Moderatoren der Wirksamkeit von Strategietrainings bei Lernenden mit LuV sind allerdings sehr heterogen. Daher sollten zukünftig vermehrt konkrete Eigenschaften von Strategietrainings oder Lernkontexten ermittelt werden, die für Lernende mit LuV besonders wirksam sind.

Implikationen für die Praxis

Modelle zur Förderung selbstregulierten Lernens zeigen, dass es verschiedene Ansätze gibt, Selbstregulation bei Lernenden zu fördern (Dignath & Veenman, 2021). Auch wenn in der schulischen Praxis eine eher indirekte Förderung mithilfe offener Lernumgebungen verbreitet ist, scheinen viele Lernende zunächst eine explizite Instruktion von Selbstregulationsstrategien zu brauchen, um Strategiewissen und Strategiemotivation für einen selbstregulierten Einsatz von Strategien zu erwerben.

Nach dem Modell von Schreblowski und Hasselhorn (2006) müssen Lehrkräfte ihre Schüler*innen also mitnehmen auf eine Meta-Metaebene, um über ihr Vorgehen beim Lernen zu sprechen. Das *SRSD* (Harris & Graham, 2009) setzt diese Aspekte um in einem umfassend evaluierten Strategieprogramm, das Lehrkräften eine schrittweise Anleitung zur Integration von Selbstregulationsstrategien in den Unterricht gibt. Da sich das Programm nicht nur bei Lernenden mit LuV, sondern auch bei anderen Gruppen von Lernenden bewährt hat, scheint es insbesondere für den inklusiven Unterricht geeignet zu sein.

Literatur

Algozzine, B., Browder, D., Karvonen, M., Test, D. W. & Wood, W. M. (2001). Effects of interventions to promote self-determination for individuals with disabilities. *Review of Educational Research, 71*(2), 219–277.

Bai, B., Wang, J. & Zhou, H. (2021). An intervention study to improve primary school students' self-regulated strategy use in English writing through e-learning in Hong Kong. *Computer Assisted Language Learning*, 1–23.

Berkeley, S. & Larsen, A. (2018). Fostering Self-Regulation of Students with Learning Disabilities: Insights from 30 Years of Reading Comprehension Intervention Research. *Learning Disabilities Research & Practice, 33*(2), 75–86.

Brown, A. L., Campione, J. C. & Day, J. D. (1981). Learning to learn: On training students to learn from texts. *Educational Researcher, 10*(2), 14–21.

Burke, K. M., Raley, S. K., Shogren, K. A., Hagiwara, M., Mumbardó-Adam, C., Uyanik, H. & Behrens, S. (2020). A meta-analysis of interventions to promote self-determination for students with disabilities. *Remedial and Special Education, 41*(3), 176–188.

Deci, E. L. & Ryan, R. M. (2004). *Handbook of self-determination research*. University Rochester Press.

Dignath, C. & Veenman, M. V. (2021). The role of direct strategy instruction and indirect activation of self-regulated learning – Evidence from classroom observation studies. *Educational Psychology Review, 33*(2), 489–533.

Dignath, C. & Büttner, G. (2018). Teachers' direct and indirect promotion of self-regulated learning in primary and secondary school mathematics classes–insights from video-based classroom observations and teacher interviews. *Metacognition and Learning, 13*(2), 127–157.

Dignath, C. & Büttner, G. (2008). Components of fostering self-regulated learning among students. A meta-analysis on intervention studies at primary and secondary school level. *Metacognition and Learning, 3*(3), 231–264.

Efklides, A. (2011). Interactions of metacognition with motivation and affect in self-regulated learning: The MASRL model. *Educational Psychologist, 46*(1), 6–25.

Gawrilow, C. (2016). *Lehrbuch ADHS: Modelle, Ursachen, Diagnose, Therapie*. UTB.

Gold, A. (2015). Lernstörungen und -schwächen. *Zeitschrift für Erziehungswissenschaft, 18*, 617–625.

Graham, S., McKeown, D., Kiuhara, S. & Harris, K. R. (2012). A meta-analysis of writing instruction for students in the elementary grades. *Journal of Educational Psychology, 104*(4), 879.

Graham, S. & Perin, D. (2007). A meta-analysis of writing instruction for adolescent students. *Journal of Educational Psychology, 99*(3), 445.

Graham, S. & Harris, K. R. (2003). Students with learning disabilities and the process of writing: A meta-analysis of SRSD studies. In H. L. Swanson, K. R. Harris & S. Graham (Hrsg.), *Handbook of learning disabilities* (S. 323–344). The Guilford Press.

Grünke, M. (2006). Zur Effektivität von Fördermethoden bei Kindern und Jugendlichen mit Lernstörungen: Eine Synopse vorliegender Metaanalysen. *Kindheit und Entwicklung, 15*(4), 239–254.

Harris, K. R. & Graham, S. (1985). Improving learning disabled students' composition skills: Self-control strategy training. *Learning Disability Quarterly, 8*(1), 27–36.

Harris, K. R. & Graham, S. (2009). Self-regulated strategy development in writing: Premises, evolution, and the future. In *BJEP monograph series ii, number 6-teaching and learning Writing* (Vol. 113, No. 135, S. 113–135). British Psychological Society.

Harris, K. R., Graham, S. & Santangelo, T. (2013). *Self-regulated strategies development in writing: Development, implementation, and scaling up*. In H. Bembenutty, T. J. Cleary, & A. Kitsantas (Hrsg.), *Applications of self-regulated learning across diverse disciplines: A tribute to Barry J. Zimmerman* (S. 59–82). IAP Information Age Publishing.

Hasselhorn, M. & Grube, D. (2008). Individuelle Voraussetzungen und Entwicklungsbesonderheiten des Lernens im Vorschul-und frühen Schulalter. *Empirische Pädagogik, 22*(2), 113–126.

Johnson, E. S., Clohessy, A. B. & Chakravarthy, P. (2021). A self-regulated learner framework for students with learning disabilities and math anxiety. *Intervention in School and Clinic, 56*(3), 163–171.

Klassen, R. M. (2010). Confidence to manage learning: The self-efficacy for self-regulated learning of early adolescents with learning disabilities. *Learning Disability Quarterly, 33*(1), 19–30.

Konrad, M., Fowler, C. H., Walker, A. R., Test, D. W. & Wood, W. M. (2007). Effects of self-determination interventions on the academic skills of students with learning disabilities. *Learning Disability Quarterly, 30*(2), 89–113.

Lauth, G. W. & Grünke, M. (2005). Interventionen bei Lernstörungen. *Monatsschrift Kinderheilkunde, 153*(7), 640–648.

Losinski, M., Cuenca-Carlino, Y., Zablocki, M., & Teagarden, J. (2014). Examining the efficacy of self-regulated strategy development for students with emotional or behavioral disorders: A meta-analysis. *Behavioral Disorders, 40*(1), 52–67.

Mason, L. H. (2013). Teaching students who struggle with learning to think before, while, and after reading: Effects of self-regulated strategy development instruction. *Reading & Writing Quarterly, 29*(2), 124–144.

Mason, L. H. & Reid, R. (2017). Self-regulation: Implications for individuals with special needs. In D. H. Schunk & B. Zimmerman (Hrsg.), *Handbook of self-regulation of learning and performance* (S. 473–484). Routledge.

Maxwell, B. R. & Grenier, K. (2014). The effects of metacognitive treatments on the academic performance of students with learning disabilities: a meta-analysis. *Canadian Journal for New Scholars in Education, 5*(1), 1–17.

McCombs, B. L. & Marzano, R. J. (1990). Putting the self in self-regulated learning: The self as agent in integrating will and skill. *Educational Psychologist, 25*(1), 51–69.

Meltzer, L. Y. N. N. & Krishnan, K. A. L. Y. A. N. I. (2007). Executive function difficulties and learning disabilities. In L. Meltzer (Hrsg.), *Executive function in education: From theory to practice* (77–105). New York: Guildford.

Nelson, T. O. & Narens, L. (1994). Why investigate metacognition? In J. Metcalfe & A. P. Shimamura (Hrsg.), *Metacognition: Knowing about knowing* (S. 1–25). MIT Press.

Paris, S. G. & Paris, A. H. (2001). Classroom applications of research on self-regulated learning. *Educational Psychologist, 36*(2), 89–101.

Perry, N. E. (2015). Understanding classroom processes that support children's self-regulation of learning. In *BJEP Monograph Series II, Number 10-Self-Regulation and Dialogue in Primary Classroom* (S. 45–67). British Psychological Society.

Rogers, M., Hodge, J. & Counts, J. (2020). Self-regulated strategy development in reading, writing, and mathematics for students with specific learning disabilities. *Teaching Exceptional Children, 53*(2), 104–112.

Salonen, P., Vauras, M. & Efklides, A. (2005). Social interaction-what can it tell us about metacognition and coregulation in learning?. *European Psychologist, 10*(3), 199–208.

Sanders, S., Rollins, L. H., Mason, L. H., Shaw, A. & Jolivette, K. (2021). Intensification and individualization of self-regulation components within self-regulated strategy development. *Intervention in School and Clinic, 56*(3), 131–140.

Sanders, S., Losinski, M., Parks Ennis, R., White, W., Teagarden, J. & Lane, J. (2019). A meta-analysis of self-regulated strategy development reading interventions to improve the reading comprehension of students with disabilities. *Reading & Writing Quarterly, 35*(4), 339–353.

Schreblowski, S. & Hasselhorn, M. (2006). Selbstkontrollstrategien: Planen, Überwachen, Bewerten. In H. Mandl & H. F. Friedrich (Hrsg.), *Handbuch Lernstrategien* (S. 151–161). Hogrefe.

Spiess, M. A., Meier, B. & Roebers, C. M. (2016). Development and longitudinal relationships between children's executive functions, prospective memory, and metacognition. *Cognitive Development, 38*, 99–113.

Taft, R. J. & Mason, L. H. (2011). Examining effects of writing interventions: Highlighting results for students with primary disabilities other than learning disabilities. *Remedial and Special Education, 32*(5), 359–370.

Winne, P. H. & Perry, N. E. (2000). Measuring self-regulated learning. In In M. Boekaerts, M. Zeidner & P. R. Pintrich (Eds.). *Handbook of self-regulation* (pp. 531–566). Academic Press.

Zimmerman, B. J. (2000). Attaining self-regulation: A social cognitive perspective. In M. Boekaerts, M. Zeidner & P. R. Pintrich (Eds.). *Handbook of self-regulation* (pp. 13–39). Academic Press.

Zimmerman, B. J. (2002). Becoming a self-regulated learner: An overview. *Theory into Practice, 41*(2), 64–70.

Zimmerman, B. J., Bandura, A. & Martinez-Pons, M. (1992). Self-motivation for academic attainment: The role of self-efficacy beliefs and personal goal setting. *American Educational Research Journal, 29*(3), 663–676.

Pädagogisches Handeln und schulische Förderung bei internalisierenden Auffälligkeiten

Armin Castello

1 Schulische Bedeutung internalisierender Auffälligkeiten

Internalisierende Auffälligkeiten, d. h. schulbezogene Ängstlichkeit oder eine depressive Symptomatik, können das Lernen und Verhalten von Kindern und Jugendlichen stark beeinträchtigen. Schulbezogene Ängstlichkeit, wie soziale Ängstlichkeit, Prüfungs- und Leistungsängstlichkeit oder Trennungsängstlichkeit sind außerdem oft mit schulischen Fehlzeiten assoziiert (Walter et al., 2009). Schulerfolg und internalisierende Auffälligkeiten beeinflussen sich oft zirkulär: Eine Beeinträchtigung des schulischen Erfolgs verstärkt internalisierende Symptome, die wiederum schulische Funktionen beeinträchtigen können. Pädagogischen Kompetenzen im Umgang mit internalisierenden Auffälligkeiten kommt insofern eine sehr wichtige Rolle zu (vgl. Castello, 2017).

Die Begleiterscheinungen internalisierender Auffälligkeiten sind zumeist auch im Schulumfeld erkennbar. Hierzu gehören u. a. negativ verzerrte Bewertungen der eigenen Person, ihrer Fähigkeiten und ihrer sozialen Attraktivität. Negativ eingefärbt sind bei sozialer Ängstlichkeit oft auch die Einstellung zu sozialer Kontaktaufnahme und Erwartungen hinsichtlich sozialer Feedbacks und Bewertungen. Internalisierende Auffälligkeiten sind vielfach geprägt von negativen Bewertungen der eigenen Zukunft, verbunden mit sorgenvollen Gedanken, wiederholendem Grübeln und einer erstarrten Lageorientierung. Kinder und Jugendliche leiden bei internalisierenden Auffälligkeiten weiterhin häufiger unter psychosomatischen Beeinträchtigungen, wie z. B. einem dauerhaft erhöhten Erregungsniveau, körperlicher Anspannung, Herzklopfen, Erröten, Schlaf- oder Essstörungen oder Infekten. Auch können sich kognitive Probleme mit unmittelbaren Auswirkungen auf schulische Kompetenzen in den Bereichen Konzentration, Merkfähigkeit und exekutive Funktionen manifestieren. Sozial-emotionale Auswirkungen depressiver Verstimmungen und schulbezogener Ängste zeigen sich u. a. in Form sozialer Kontaktvermeidung oder Selbstisolation, aber auch in auffälliger Gereiztheit oder aggressivem Sozialverhalten. Traurigkeit, Niedergeschlagenheit, Antriebslosigkeit und Interesseverlust führen in vielen Fällen zu motivationalen Problemen.

Wenn eine kinder- und jugendpsychotherapeutische Versorgung nicht ermöglicht werden kann, so führt dies in manchen Fällen dazu, dass behandlungsbedürftige internalisierende Auffälligkeiten über einen langen Zeitraum hinweg persistieren. Für die Betroffenen kann eine pädagogische Unterstützung hier zwar keinesfalls ein Ersatz für eine qualifizierte psychotherapeutische Behandlung sein, gleichwohl liegen für den schulischen Kontext wirkungsvolle Handlungsmöglichkeiten vor, die sich als Präventionsangebote oder als therapiebegleitende pädagogische Unterstützung an Familien, das pädagogische Kollegium, an betroffene Schülerinnen oder Schüler oder einen Klassenverband richten können.

Besonders erfolgreiche Handlungsmöglichkeiten liegen in der alltagsnahen Bearbeitung negativ verzerrter Gedanken, in der Vermittlung von Kompetenzen zur gezielten körperlichen Entspannung, der Reduktion von Vermeidungsverhalten bzw. Begleitung und Verstärkung positiven Verhaltens, in schulischer Verhaltensaktivierung, in der psychoedukativen Vermittlung von Wissen über internalisierende Auffälligkeiten und einer pädagogischen Stärkung von selbstgerichtetem Mitgefühl (self-compassion).

2 Reduktion dysfunktionalen Denkens

Die Tendenz zu automatisch ablaufenden, negativen Bewertungen ist ein häufiges Merkmal internalisierender Auffälligkeiten. Solche Gedanken können bspw. in einer negativen Zukunftserwartung bestehen, einer unangemessenen Generalisierung negativer Informationen oder einer nahezu unbewusst ablaufenden Ablehnung sozialer Situationen. Pädagogisch hierfür bedeutsame Ereignisse sind Feedbacks, schulische Misserfolgserfahrungen oder soziale Rückmeldungen. Insbesondere Personen mit einer depressiven Neigung reagieren sehr häufig hypersensitiv bei einem vermeintlich negativen Feedback und sind weniger sensitiv gegenüber positiven Rückmeldungen (Roiser & Sahakian, 2013).

Ein häufig auftretendes Denkmuster zeichnet sich dadurch aus, dass Betroffene sich automatisch selbst dafür verantwortlich machen, wenn etwas misslingt. Die Wirksamkeit situativer Variablen werden dabei systematisch unterbewertet, der eigene, vermeintlich negative Einfluss massiv überschätzt. Auch das so genannte Katastrophisieren tritt als dysfunktionale Kognition öfter auf: Negative Ereignisse werden in ihrer Reichweite und Konsequenz hier extrem überbewertet, z. B. werden uneindeutige soziale Feedbacks als dramatische Blamage wahrgenommen. Dysfunktionale Gedanken können auch in einer vermutet konsistent negativen Bewertung durch Dritte bestehen, in einer selektiven Überbewertung ungünstiger Erfahrungen oder in extremen Erwartungen an sich selbst.

Persistierend dysfunktionale Gedanken sind sehr oft assoziiert mit emotionalen Problemen (Abramson et al., 1989). Automatische Bewertungen aufmerksam zu registrieren, kann dieser Tendenz entgegenwirken; insofern kann ein achtsamer Umgang mit unhinterfragten negativen Bewertungen auch im schulischen Alltag präventive Wirkung entfalten. Zeigen Schüler/innen unangemessene, übertrieben negative Bewertungen, kann dies als pädagogische Situation genutzt werden. Dem Erkennen von automatischen Gedanken mit negativen Bewertungen sozialer Situationen im Schulkontext kommt dabei eine wesentliche Bedeutung zu. Beispiele hierfür sind angstfördernde Inhalte wie z. B. »*Wenn ich etwas Falsches sage, wissen alle wie dumm ich bin*«, »*Alle schauen mich an, wenn ich in das Klassenzimmer komme*« oder »*Jeder bemerkt, dass ich unsicher bin*«. Diese Gedanken nicht unreflektiert als zutreffend zu akzeptieren, sondern zu klären, wie ein Gedanke und die nachfolgende Emotion (Angst) zusammenhängen, ist wesentliches Element eines strukturierten pädagogischen Dialogs. Ein so genannter sokratischer Dialog (Stavemann, 2007) hat zum Ziel, durch beharrliches Nachfragen dysfunktionale Denkweisen zu reduzieren, indem sie durch den Denkenden selbst überprüft und verändert bzw. durch hilfreiche und angemessene Gedanken ersetzt werden. Durch das Disputieren der Behauptungen entlang gezielter Fragen wird im Dialog eine empirische Überprüfung angeregt – Beispiele hierfür sind »*Kannst du das beweisen?*« oder »*Was spricht dafür, dass es stimmt?*«. Auch Aussagen, die sich auf individuelle Erfahrungen beziehen, können auf diese Weise hinsichtlich ihrer Häufigkeit und Wahrscheinlichkeit besprochen werden.

Eine Überprüfung dysfunktionaler Gedanken kann im Schulkontext durchgeführt werden, eignet sich aber für unterschiedliche Settings, um das Bewusstsein für die Wirksamkeit automatischer Bewertungen zu fördern. So kann dies in Form einer Elternedukation im Elterngespräch oder Elternabend sein, als Fortbildung im Schulkollegium oder, wie dargestellt, im Klassenkontext oder Einzelgesprächen mit Schüler/inne/n.

3 Vermittlung von Entspannungstechniken

Körperliche Symptome internalisierender Auffälligkeiten bestehen gerade bei auftretender Ängstlichkeit in einer Anspannung der Muskulatur, d. h. in einer autonom ablaufenden Reaktion auf angstauslösende Reize. Kognitive, emotionale und körperliche Symptome verstärken sich aber häufig gegenseitig, so dass eine Reduktion des Muskeltonus' eine wirksame Methode im Kontext internalisierender Auffälligkeiten ist. Da Entspannung und Ängstlichkeit inkompatible Zustände sind, besteht eine Möglichkeit einer Förderung in der Vermittlung von Kompetenzen zur gezielten körperlichen Entspannung. Diese Kompetenzen können dann in belastenden Situationen dazu führen, dass sich die physische Anspannung reduzieren lässt, was wiederum die Symptomatik positiv beeinflusst.

Die Progressive Muskelrelaxation (Jacobson, 1990) hat sich in diesem Zusammenhang als wirksame Methode empirisch bewährt. Ihr Grundprinzip besteht darin, dass Menschen lernen, ihren körperlichen Spannungszustand bewusst wahrzunehmen. Auf diese Weise gelingt es Schritt für Schritt besser, diese Entspannung selbst herbeizuführen. Im »Training progressiver Muskelentspannung für Kinder« (Speck, 2013) erlernen Kinder im Alter von 8–12 Jahren mit Hilfe von Entspannungstechniken mehr Ruhe und Entspannung im Alltag.

Die Übungen beziehen sich zunächst auf kleinere Muskelpartien, bis schließlich größere Bereiche entspannt werden. Der Unterschied zwischen einem Anspannungs- und Entspannungszustand wird erlernt, indem beide Zustände bewusst wahrgenommen werden. Die wechselweise An- und Entspannung von unterschiedlichen Muskelgruppen führt schließlich dazu, dass sich Kinder wirksam und schnell in belastenden Augenblicken entspannen können.

In einem Handbuch der Progressiven Muskelentspannung für Kinder (Reeker-Lange et al., 2010) werden Übungen vorgestellt, die sich in den schulischen Unterricht gut integrieren lassen. Dieses Handbuch richtet sich an Lehrkräfte, die dort dargestellten Übungen können von den meisten Schüler/innen unmittelbar durchgeführt werden. Kompetenzen zur gezielten Entspannung können im Einzel- und Gruppensetting universell präventiv erworben werden. Sie erleichtern dabei auch die Konfrontation mit schwierigen Reizen (sozialen Situationen, Gedanken o. ä.) und können begleitend zur Reduktion von Vermeidungsverhalten genutzt werden.

4 Reduktion von Vermeidungsverhalten

Unterricht und Schulsituation sollten im Allgemeinen so gestaltet sein, dass Schüler/innen sich als kompetent erleben, auftretende Anforderungen prinzipiell bewältigen zu können, um angstfrei lernen zu können. Manchmal können negative Schulerfahrungen aber dennoch dazu führen, dass Schüler/innen bestimmte Situationen vermeiden. Negative Erfahrungen mit nachfolgendem Vermeidungsverhalten führen zu einem Paradoxon: Erst, wenn man sich dem aversiven Reiz aussetzt, kann man die Erfahrung machen, dass eine vorhandene Befürchtung nicht eintritt und dass man kompetent ist, eine Situation zu bewältigen. Aufgrund des erlernten Vermeidungsverhaltens besteht bei Schüler/innen mit internalisierenden Auffälligkeiten leider selten die Möglichkeit einer solchen korrigierenden Erfahrung. Schule und Unterricht bieten allerdings sehr gute Möglichkeiten, um die Reduktion von Vermeidungsverhalten zu erreichen. Die Gefahr einer Überforderung kann dort durch eine gute Vorbereitung und Begleitung kontrolliert werden (Leeves und Banerjee, 2014). Beispielsweise können die Anforderungen einer sozialen Situation Schritt für Schritt gesteigert werden, flankiert durch eine Unterstützung durch pädagogische Feedbacks und Verstärkung der Bereitschaft zur Mitarbeit.

Im Prozess einer solchen sukzessiven Exposition sollte zunächst durch Verhaltensbeobachtung, im Gespräch mit der betroffenen Person, den Eltern oder fachlich beteiligten Person eine individuelle Angsthierarchie erstellt werden (Melfsen & Walitza, 2013). Der Schwierigkeitsgrad einer Reizkonfrontation wird auf dieser Grundlage in eine Rangreihe gebracht, um mit relativ leicht zu bewältigenden Anforderungen erste positive Erfahrungen zu ermöglichen. Eine alters- und entwicklungsangemessene pädagogische Unterstützung erleichtert die Bewältigung zunehmend schwierigerer Anforderungssituationen. Die Erleichterung sozialer Situationen kann z. B. mit Hilfe eines Kooperationsskripts für eine Gruppe, durch die gezielte Auswahl von Teilnehmer/inne/n für Gruppenarbeiten oder das konsistente Einfordern von Verhaltensstandards erfolgen. In einer solchen sicheren Umgebung mit unterstützter Konfrontation anhand der individuellen Angsthierarchie, möglichst in Verbindung mit einer extern durchgeführten psychotherapeutischen Behandlung, liegt eine sehr effektive Möglichkeit zur Reduktion von Vermeidungsverhalten. Dabei ist zu berücksichtigen, dass unerwünschtes Vermeidungsverhalten nicht unbeabsichtigt verstärkt werden darf, indem versehentlich intensive Aufmerksamkeit gegeben oder extensiv Trost gespendet wird.

Die Reduktion von Vermeidungsstrategien sollte idealerweise kontextübergreifend erfolgen. Im Elterngespräch kann es insofern sehr wichtig sein, um Unterstützung zu werben, die Bedenken oder Sorgen der Eltern angemessen zu berücksichtigen und mit einzubinden. Darüber hinaus sollten Eltern darin bestärkt werden, im familiären Umfeld gezielt darauf zu achten, dass eine kleinschrittige sukzessive Konfrontation mit Alltagssituationen erfolgt. Die Eltern sollten verstehen, dass das Unterstützen von Vermeidungsverhalten ihres Kindes wie z.B. durch unangemessene Krankschreibungen keine nachhaltige Entwicklungsperspektive bietet. Die Wirksamkeit der dargestellten Prinzipien ist zudem elementar davon abhängig, dass auch im Kollegium konsistent eine Reduktion der Schonhaltung und eine unterstützte Exposition mitgetragen und praktiziert wird.

5 Verhaltensaktivierung in der Schule

Das häufige Gefühl der Unsicherheit und Überforderung aufgrund erlebter Ängstlichkeit und depressiver Zustände geht einher mit sozialem Rückzug, weniger Kontakten und nachfolgend weniger positiven Erfahrungen und Umweltreaktionen (vgl. Verstärker-Verlust-Modell nach Lewinsohn, 1974). Der nachfolgende Verlust des Interesses an Aktivitäten, die früher Freude bereitet haben, ist ein besonders belastendes Symptom internalisierender Beeinträchtigungen. Gezielte Verhaltensaktivierung versucht, die dargestellte negative Feedbackschleife zu durchbrechen, indem die Passivität beendet wird und dadurch mehr Lebenszufriedenheit zurückgewonnen werden kann. Verhaltensaktivierung wirkt durch unmittelbare Erfahrungen negativen Kognitionen und Emotionen entgegen.

Um die Verhaltensgewohnheiten von Passivität und Vermeidung zu überwinden, sollte planvoll und nicht nach der aktuellen Gefühls- und Motivationslage gehandelt werden. Insofern steht dabei an erster Stelle ein Aktivitätsplan, der als Orientierungshilfe dient. Eine Veränderung des Verhaltens mit gezielter Verhaltensaktivierung kann erfolgreich dann umgesetzt werden, wenn einige wichtige Schritte eingehalten werden (Hoyer & Vogel, 2018). Zunächst geht es darum zu erkennen, wie groß der Einfluss des Verhaltens auf die erlebte Stimmungslage ist. Dies lässt sich glaubwürdig durch die eigene Dokumentation anhand eines Aktivitätenmonitorings umsetzen. In Form einer systematischen Dokumentation der Freizeitaktivitäten und einer parallelen Abfrage der nachfolgenden emotionalen Befindlichkeit wird die motivationale Grundlage für eine Veränderung geschaffen. Bei älteren Schüler/inne/n kann dies bspw. als Hausaufgabe umgesetzt werden. Im nächsten Schritt soll eine Analyse erfolgen, welche Emotionen im zeitlichen Umfeld unterschiedlicher Aktivitäten auftreten. Schließlich werden auf dieser Basis solche Aktivitäten identifiziert und angereichert, die mit positiven Emotionen verbunden sind, und systematisch in einen Aktivitätsplan für eine Woche integriert. Analog sollten solche Bedingungen, Aufgaben und Strukturen reduziert werden, die mit negativen Konsequenzen einher gehen.

Wesentlich ist die experimentelle Haltung der Lehrkraft und der Schüler/innen – es geht darum, mehr über die Auswirkungen von Aktivitäten auf die Stimmung zu erfahren und dabei Neues auszuprobieren. Das soziale Lernumfeld einer Klasse eignet sich übrigens gut für einen Austausch über Verhaltensalternativen und auch um gemeinsame Aktivitäten zu gestalten.

6 Psychoedukation bei internalisierenden Auffälligkeiten

Betrachtet man die Wirksamkeit verschiedener Präventionsstrategien, so zeigt sich, dass fundiertes Wissen über psychische Gesundheit (mental health literacy) die frühere Identifikation von psychischen Auffälligkeiten, eine höhere Wirksamkeit von Therapien und damit auch bessere Prognose ermöglichen kann (Coles et al., 2016). So stärkt beispielsweise Depression Literacy ein angemesseneres Hilfesuchverhalten bei Jugendlichen (Gulliver et al., 2010). Die gezielte Vermittlung von Wissen über psychische Gesundheit an Lehrkräfte, Eltern und Schüler/innen ist bislang dennoch eine wenig genutzte Ressource zur Prävention von und Unterstützung bei internalisierenden Auffälligkeiten.

Die konkrete Ausgestaltung psychoedukativer Interventionen im schulischen Umfeld sollte sich immer an der Zielgruppe orientieren. Wesentlich ist hierbei, das erwartbare Vorwissen, das Alter der Zielgruppe, ihre sprachlichen und kognitiven Voraussetzungen und ihre Funktion bzw. Rolle zu berücksichtigen. Diese Überlegungen sollten bei einer didaktischen Vorbereitung und in die Auswahl der Inhalte einfließen. Letztere gilt es dann entlang der Ziele der Psychoedukation für die jeweilige Gruppe anzupassen.

Für die Zielgruppe der Lehrkräfte sollte psychoedukatives Wissen zum Wesen internalisierender Auffälligkeiten, zu ihren Entstehungsbedingungen und lern- bzw. verhaltensbezogenen Auswirkungen einfließen. Lehrkräften sollten außerdem pädagogische Handlungsstrategien im Kontext Schule vermittelt werden, wie z. B. die dargestellte Unterstützung in der Reduktion von Vermeidungsverhalten, der Umgang mit dysfunktionalem Denken und die Unterstützung von Schüler/innen bei der Bewältigung belastender Situationen. Das Benennen von aktuellen einschlägigen Informationsquellen (Literatur oder webbasierte Angebote) und verfügbarer Beratungsmöglichkeiten innerhalb und außerhalb des Schulumfelds erleichtert die weiterführende selbstgesteuerte fachliche Orientierung der Lehrkräfte. Eine so gestaltete Fortbildung für Lehrkräfte erfordert keine unangemessen großen zeitlichen Ressourcen und ist auch online realisierbar (Grabowski, 2021).

Auch Eltern profitieren von einem Verständnis der Entstehungsbedingungen internalisierender Auffälligkeiten. Denn es erleichtert nachfolgend zu verstehen, weshalb das eigene Vorbildhandeln und die sukzessive Reduktion einer »Schonhaltung« gegenüber ihrem Kind wichtig ist. Wissen zu den aufrechterhaltenden Bedingungen internalisierender Auffälligkeiten kann auf diese Weise dabei helfen, die elterlichen dysfunktionalen Gedanken (»das hält mein Kind nicht aus«) zu reduzieren. Kenntnisse hinsichtlich der vergleichsweise hohen Prävalenzen internalisierender Auffälligkeiten können ebenso Erleichterung verschaffen wie das Wissen um die Wirksamkeit von indizierter Prävention und psychologischer Psychotherapie. Eltern, die komorbide Auffälligkeiten kennen, wie z.B. Schlaf- und Essauffälligkeiten, können diese besser einordnen. Ein Verständnis dafür, dass internalisierende Auffälligkeiten nicht einfach durch Willenskraft verschwinden, aber durch Kooperation zwischen Familie, Schule und betroffenem Kind oder Jugendlichem abgemildert werden können, sollte ebenso Bestandteil von Psychoedukation für Eltern sein. Psychoedukatives Wissen kann Eltern im Kontext von Elternabenden und/oder Elterngesprächen vermittelt werden.

Die Bedeutsamkeit angemessenen Störungswissens bei Kindern und Jugendlichen wurde eingangs geschildert. Hierzu gehören neben dem Wissen zu den Symptomen internalisierender Auffälligkeiten gleichfalls Informationen zu genetischen und sozialen Einflussfaktoren in deren Entstehung. Schüler/innen sollten wissen, wo Ansprechpersonen im Schulumfeld zu finden sind, wenn sie sich informieren wollen, den Austausch bei eigenen Beschwerden suchen oder sich hilfesuchend für Mitschüler/innen orientieren wollen. Kinder und Jugendliche profitieren sehr von einer positiven Perspektive, die in indizierter Prävention oder einer kinder- und jugendpsychotherapeutischen Intervention liegen kann. Das Normalisieren internalisierender Symptome anhand der realen Prävalenzen erleichtert kurzfristig, sollte aber nicht dazu führen, die Belastung nicht ernst zu nehmen. Schüler/innen sollten verstehen, wie bedeutsam es ist, das eigene Vermeidungsverhalten zu reduzieren, ihnen sollte ein entwicklungsangemessenes Wissen über dysfunktionales Denken vermittelt werden und dabei Sensibilität bezüglich der eigenen Gedanken erreichen. Schüler/innen profitieren ebenso davon, wenn aktuelle und altersgemäße Quellen zur weiterführenden Information zur Verfügung gestellt werden. Erklärvideos können hier einen sehr guten Beitrag leisten, sollten allerdings in jedem Fall zunächst auf ihre Qualität hin geprüft werden.

7 Stärkung von Self-Compassion

Self-Compassion – ein an sich selbst gerichtetes Mitgefühl – konzeptualisiert (Neff, 2003 a) in den drei Kerndimensionen

- Freundlichkeit, die Menschen sich selbst gegenüber zeigen, anstatt sich zu verurteilen,
- erlebte verbindende Humanität, anstatt sich als isoliert zu empfinden, und
- Achtsamkeit, an Stelle einer zu starken Identifizierung mit negativen Ereignissen.

»Selbstgerichtete Freundlichkeit« wird in der Self-Compassion Scale (SCS) (Neff, 2009) u. a. repräsentiert durch die Aussage: »*Wenn ich eine sehr schwere Zeit durchmache, schenke ich mir selbst die Zuwendung und Einfühlsamkeit, die ich brauche.*« Ein Item der Dimension »Verbindende Humanität« lautet: »*Wenn ich mich unzulänglich fühle, versuche ich mich daran zu erinnern, dass es anderen Menschen auf der Welt genauso geht.*« Die Dimension Achtsamkeit beschreibt die Aussage: »*Wenn etwas Unangenehmes passiert, versuche ich einen ausgewogenen Überblick über die Situation zu erlangen.*«

Wenn Menschen für sich selbst Mitgefühl empfinden, so steigert sich insgesamt ihr emotionales Wohlbefinden (Bluth et al., 2015). MacBeth und Gumley (2012) fanden in 20 Studien mehrheitlich hohe (inverse) Effektstärken zwischen Self-Compassion einerseits und internalisierenden Störungen wie Angst und Depression andererseits. Menschen können die negativen emotionalen Zustände internalisierender Auffälligkeiten reduzieren, indem sie Self-Compassion entwickeln und dadurch Akzeptanz statt Vermeidung praktizieren (Krieger et al., 2016).

Wie sich zeigt, ist Self-Compassion dann besonders wichtig, wenn ein »schwieriges« Feedback erfolgt, wenn etwas misslingt, etwas Beschämendes oder Schmerzhaftes passiert. Kinder oder Jugendliche zeigen Self-Compassion, indem sie mit konstruktiven selbstgerichteten Gesprächen oder Gedanken reagieren, sich nicht verurteilen, sondern versuchen, sich selbst zu verstehen oder Dinge tun, die sich positiv auf ihren Körper und Geist auswirken. Um aus pädagogischer Sicht Self-Compassion zu fördern, sollte in der Interaktion mit einer Schülerin/einem Schüler beschämendes oder verurteilendes Verhalten unterlassen werden; mitfühlende Kommentare zu geben, Fehler zu normalisieren, das Verhalten und nicht die Person ins Zentrum eines Feedbacks zu stellen, stärkt Self-Compassion (Neff, 2012). Bereits die Beschäftigung mit praktizierter Freundlichkeit gegenüber sich selbst bewirkt eine positive Entwicklung, wie Neff, Rude und Kirkpartick (2007) zeigen. In einem dreiwöchigen Interventionsprogramm für Schülerinnen und Schüler konnten Smeets et al. (2014) mit einer Kombination aus Diskussionen von erlebten Belastungen, Körperübungen und der Wahrnehmung innerer Kritik das selbstgerichtete Mitgefühl stärken. Indem ein mitfühlender Brief mit Verständnis für das eigene Handeln an sich selbst gerichtet wird, reduzieren sich depressive Symptome, wie Shapira und Mongrain (2010) zeigten. Dundas et al. (2017) dokumentierten die Unterstützung von Selbstmitgefühl für Schüler/innen u. a. durch die Aufmerksamkeit für Belastung (Körperliche Symptome, schulisches Versagen) oder darin, sich bei Krisen zu behandeln, wie man einen Freund behandelt.

Die hier skizzierten Präventions- und Interventionsmethoden (Reduktion dysfunktionalen Denkens, Vermittlung von Entspannungstechniken, Reduktion von Vermeidungsverhalten, Verhaltensaktivierung, Psychoedukation und Stärkung von Self-Compassion) sind wirksame pädagogische Fördermöglichkeiten. Sie betreffen kognitive, verhaltensbezogene, emotionale und physiologische Symptombereiche und aufrechterhaltende Bedingungen internalisierender Auffälligkeiten. Ihre nachhaltige Wirkung erfordert neben der angemessenen schulischen Implementierung und Qualifikation der Lehrkräfte die Kooperation mit externen Beteiligten (Eltern und Therapeut/innen) und internen Beteiligten (Schulsozialarbeit und Lehrkräftekollegium).

Literatur

Abramson, L. Y., Metalsky, G. I. & Alloy, L. B. (1989). Hopelessness depression: A theory-based subtype of depression. *Psychological Review, 96,* 358–372.

Bluth, K., Roberson, P. N., Gaylord, S. A., Faurot, K. R., Grewen, K. M., Arzon, S. & Girdler, S. S. (2015). Does self-compassion protect adolescents from stress? *Journal of Child and Family Studies,* 25(4), 1098–1109.

Castello, A. (2017). *Schulische Inklusion bei psychischen Auffälligkeiten.* Kohlhammer.

Coles, M. E., Ravid, A., Gibb, B., George-Denn, D., Bronstein, L. R. & McLeod, S. (2016). Adolescent mental health literacy: Young people's knowledge of depression and social anxiety disorder. *Journal of Adolescent Health,* 58(1), (57–62).

Dundas, I., Binder, P., Hansen, T. G. & Stige, S. H. (2017). Does a short self-compassion intervention for students increase healthy self-regulation? A randomized control trial. *Scandinavian Journal of Psychology, 58,* 443–450.

Grabowski (2021). Depression in childhood and adolescence – development and piloting of a program for the professional development of teachers. *Empirische Sonderpädagogik 13,* S. 328-341.

Gulliver, A., Griffiths, K.M., & Christensen, H. (2010). Perceived barriers and facilitators to mental health help-seeking in young people: a systematic review. *BMC Psychiatry,* 10(113).

Hoyer, J., & Vogel, D. (2018). *Verhaltensaktivierung.* Beltz

Jacobson, E. (1990). *Entspannung als Therapie. Progressive Relaxation in Theorie und Praxis.* (7. Auflage). Klett-Cotta.

Krieger, T., Berger, T. & Holtforth, M. G. (2016). The relationship of self-compassion and depression: Cross-lagged panel analyses in depressed patients after outpatient therapy. *Journal of Affective Disorders,* (202), 39–45.

Leeves, S. & Banerjee, R. (2014). Childhood social anxiety and social support-seeking: Distinctive links with perceived support from teachers. *European Journal of Psychology of Education, 29,* 43–62.

Lewinsohn, P. M. (1974). A behavioral approach to depression. In J. C. Coyne (Hrsg..), *Essential papers on depression* (150–172). New York University Press.

MacBeth, A. & Gumley, A. (2012). Exploring compassion: a meta-analysis of the association between self-compassion and psychopathology. *Clinical Psychology Review,* 32(6), 545–552.

Melfsen, S. & Walitza, S. (2012). *Behandlung sozialer Ängste bei Kindern. Das »Sei kein Frosch«-Programm.* Hogrefe

Neff, K. D. (2003 a). Development and validation of a scale to measure self-compassion. *Self and Identity, 2,* 223–250.

Neff, K. D. (2009). The role of self-compassion in development: A healthier way to relate to oneself. *Human Development, 52,* 211–214.

Neff, K. D. (2012). *Selbstmitgefühl: Wie wir uns mit unseren Schwächen versöhnen und uns selbst der beste Freund werden.* Random House.

Neff, K. D., Kirkpatrick, K. L. & Rude, S. S. (2007). Self-compassion and adaptive psychological functioning. *Journal of Research in Personality, 41,* 139–154.

Reeker-Lange, C., Aden, P. & Seiffert, S. (2010). *Handbuch der Progressiven Muskelentspannung für Kinder.* Klett-Cotta.

Roiser, J. & Sahakian, B. (2013). Hot and cold cognition in depression. *CNS Spectrums, 18,* 139–149.

Shapira, L. B. & Mongrain, M. (2010). The benefits of self-compassion and optimism exercises for individuals vulnerable to depression. *Journal of Positive Psychology, 5,* 377–389.

Smeets, E., Neff, K., Alberts, H. & Peters, M. (2014). Meeting suffering with kindness: Effects of a brief self-compassion intervention for female college students. *Journal of Clinical Psychology, 70,* 794–807

Speck, V. (2018). *Progressive Muskelentspannung für Kinder: Entspannungs-CD.* Hogrefe.

Stavemann, H.H. (2007). *Sokratische Gesprächsführung in Therapie und Beratung.* Hogrefe.

Walter, D. Hautmann, C. Ziegert, I. Glaser, A., Lehmkuhl. G. & Döpfner, M. (2010). Stationäre Verhaltenstherapie bei Jugendlichen mit emotional bedingtem Schulabsentismus. Eine Verlaufsanalyse. *Kindheit und Entwicklung, 19* (3), 184–191.

Förderung bei Matheangst

Miriam Balt & Moritz Herzog

1 Einleitung

Negative Überzeugungen wie »Mathe ist schwer« oder »Ich kann kein Mathe« sitzen oft so tief, dass mathematische Situationen als Bedrohung wahrgenommen werden und eine regelrechte Angst vor Mathematik entsteht. Matheangst wird im Allgemeinen definiert als »[…] a feeling of tension and anxiety that interferes with the manipulation of numbers and the solving of mathematical problems in […] ordinary life and academic situations« (Richardson & Suinn, 1972, S. 551). Im Speziellen kann zwischen trait- und state-Angst unterschieden werden (Spielberger, 1972). Trait-Angst beschreibt eine zeitlich überdauernde und situationsübergreifende Disposition zu ängstlichem Verhalten, während sich state-Angst in einer situationsspezifischen Angstreaktion äußert, die mit einer erhöhten physiologischen Erregung und sorgenvollen Gedanken einhergeht. Im Fall von Matheangst ist die angstauslösende Situation typischerweise der Mathematikunterricht selbst, eine Prüfungs- oder Bewertungssituation oder die Reaktionen des Umfeldes auf die erbrachte Leistung. Die im folgenden Kapitel beschriebenen Förderansätze zielen vornehmlich auf die Reduktion von state-Angst ab.

2 Wie entsteht Matheangst?

Ramirez et al. (2018) diskutieren in ihrer Übersichtsarbeit drei Erklärungsansätze für die Entstehung von Matheangst, die zugleich wertvolle Hinweise auf potentiell wirksame Fördermaßnahmen liefern. Sie unterscheiden zwischen dem *reduced competency*, dem *disruption* und dem *interpretation account*. Für eine ausführliche Darstellung empirischer Studien, die diese drei Ansätze stützen, siehe Ramirez et al. (2018).

Nach dem *reduced competency account* führen geringere mathematische Fähigkeiten zu schlechteren Leistungen in Mathematik, was wiederum die Entstehung von Matheangst zur Folge haben kann. Mathematische Lernschwierigkeiten und die daraus resultierende Matheangst können durch Vermeidungsverhalten noch weiter verstärkt werden. Folge sind weniger Lerngelegenheiten und weniger positive Erfahrungen in Bezug auf Mathematik, die das Problem weiter verstärken (Dowker et al., 2016). Als Konsequenz für die Förderung bei Matheangst könnte demnach eine Stärkung der mathematischen Fähigkeiten dazu beitragen, diesen Teufelskreis zu durchbrechen.

Der *disruption account* beschreibt Matheangst nicht als Resultat, sondern als Ursache von schlechten Matheleistungen. Nach diesem Ansatz werden durch sorgenvolle Gedanken, wie z. B. die Konsequenzen eines möglichen Versagens, wichtige exekutive Funktionen, wie z. B. die Aufmerksamkeitskontrolle und Arbeitsgedächtnisressourcen, gestört, die zum Lösen der Mathematikaufgaben benötigt werden (z. B. Pizzie et al., 2020). Ein möglicher Startpunkt für die Förderung bei Matheangst läge nach diesem Ansatz bei der Verringerung der sorgenvollen Gedanken und damit der Freisetzung der für das Lösen von Mathematikaufgaben benötigten kognitiven Ressourcen.

Im *interpretation account* weisen Ramirez et al. (2018) darauf hin, dass »Matheangst nicht allein aus dem Vermeidungsverhalten, den verminderten Fähigkeiten, oder den Leistungssorgen eines Schülers/ einer Schülerin entsteht [...], sondern vielmehr aus der Art und Weise, wie der/die Einzelne seine/ihre mathematischen Erfahrungen interpretiert« (S. 151, Übersetzung d. Ver.). Demnach werden mathematikbezogene Situationen, wie frühere Erfahrungen oder physiologische Reaktionen im gegenwärtigen Moment, von Individuen unterschiedlich interpretiert. Matheängstliche Personen interpretieren eine erhöhte körperliche Erregung (erhöhte Herzfrequenz, eine schnellere Atmung oder feuchte Hände) häufig als Zeichen mangelnder Fähigkeiten, was eine maladaptive Bewertung z. B. vergangener Erfahrungen noch weiter verstärken kann. Eine Förderung zur Reduktion von Matheangst könnte demzufolge an der individuellen Interpretation mathematikbezogener Situationen ansetzen.

3 Fördermöglichkeiten bei Matheangst

Aus den drei Erklärungsansätzen zur Entstehung von Matheangst nach Ramirez et al. (2018) wird deutlich, dass Matheangst sowohl Ursache für geringe Matheleistung als auch die Konsequenz daraus sein kann – der Zusammenhang ist also bidirektional (Barroso et al., 2021). Nach Beilock et al. (2017) setzt sich Matheangst aus zwei Komponenten zusammen: *anxious apprehension* und *anxious arousal*. *Anxious apprehension* kann als kognitive Dimension der Angst (d. h. sorgenvolle Gedanken) definiert werden, während sich *anxious arousal* auf Nervosität und somatische Anspannung und entsprechende physiologische Reaktionen bezieht, wie erhöhte Herzfrequenz, schnellere Atmung oder ein flauer Magen. Die beiden Angst-Komponenten treten meist gemeinsam auf bzw. verstärken sich gegenseitig. Interventionen adressieren häufig gezielt eine der beiden Komponenten und beeinflussen darüber auch indirekt die andere. Zusätzlich kann die Angstreaktion durch eine maladaptive Bewertung einer oder beider Matheangst-Komponenten verstärkt werden (Vgl. *interpretation account*; Ramirez et al., 2018).

In den beiden Überblicksarbeiten von Balt et al. (2022) und Petronzi et al. (2021) werden eine Reihe von Studien zusammengetragen, die die Wirksamkeit unterschiedlicher Fördermaßnahmen zur Reduktion von Matheangst untersuchen. Im Folgenden wird die in den Überblicksarbeiten dargestellte Studienlage in vier Föderansätzen zusammengefasst:

- Pädagogisch-unterrichtliche Maßnahmen (z. B. Mathetraining)
- Entspannungstechniken und Aufmerksamkeitsfokussierung
- Expressives Schreiben
- Kognitive Neubewertung.

Abbildung 1 zeigt, an welchen Komponenten der Matheangst die Föderansätze wahrscheinlich wirken. Daraus lässt sich die Annahme ableiten, dass die Föderansätze bei matheängstlichen Personen unterschiedlich wirksam sind, je nachdem welche Matheangst-Komponenten bei der betroffenen Person stärker ausgeprägt sind.

Pädagogisch-unterrichtliche Maßnahmen

In einer Reihe aktueller Studien wurde der Einfluss der Förderung mathematischer Kompetenzen auf das Erleben von Mathematikangst bei Kindern im Schulalter untersucht. Für ein systematisches Literaturreview siehe Balt et al. (2022). Im Rahmen der Studien konnten verschiedene pädagogisch-unterrichtliche Maßnahmen identifiziert werden, die sich durch die Förderung mathematischer Kompetenzen nicht nur positiv auf die mathematische Leistung, sondern auch auf die Matheangst der Schulkinder auswirkten. Um Matheangst zu reduzieren, zielen pädagogisch-unterrichtliche Maßnahmen demnach primär auf die Verbesserung der mathematischen Leistung ab (vgl. *reduced competency account*; Ramirez et al., 2018).

Rauscher et al. (2017) untersuchten beispielsweise den Effekt des adaptiven Computer-Trainingsprogramms *Calcularis* auf die Matheleistung und Matheangst von Grundschulkindern. Die Interventionsgruppe, die über einen Zeitraum von sechs Wochen mit *Calcularis* ihre mathematischen Basisfähigkeiten trainierte, wurde mit zwei Kontrollgruppen verglichen; eine war eine Wartelistengruppe, die andere erhielt ein Kontrolltraining. Die Ergebnisse zeigen, dass die Interventionsgruppe niedrigere Matheangstwerte erzielte als die Wartelistengruppe, es gab aber keinen Unterschied in den Matheangstwerten zwischen der Interventionsgruppe und der Gruppe mit dem Kontrolltraining.

Passolunghi et al. (2020) führten über einen Zeitraum von acht Wochen ein Rechenstrategietraining mit Grundschulkindern durch. Mit spielerischen Aktivitäten wurden in wöchentlichen Einheiten die Grundrechenarten sowie Strategien für eine verbesserte Rechengeschwindigkeit und -genauigkeit trainiert. Im Vergleich zur Kontrollgruppe, die ein unspezifisches Kontrolltraining absolvierte, zeigten die Kinder der Interventionsgruppe niedrigere Matheangstwerte und eine verbesserte Matheleistung.

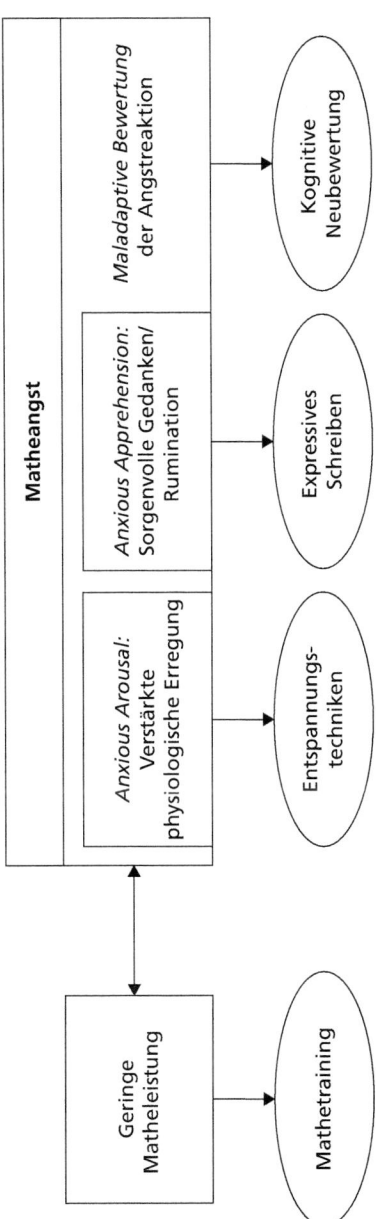

Abb. 1: Matheangst-Komponenten und Förderansätze

Neben Trainingsprogrammen wurden auch spielbasierte Ansätze untersucht, die in analogen sowie digitalen Settings zu verbesserten Matheleistungen und zu verringerter Matheangst führten – wenn auch nicht ausschließlich nur in den Experimentalgruppen (z. B. Huang et al., 2014).

Die ausgewählten Studien zeigen die große Bandbreite an möglichen pädagogisch-unterrichtlichen Maßnahmen auf. Es werden gemischte Ergebnisse in Bezug auf die Reduktion von Matheangst berichtet, die sich häufig sowohl in der Interventions- als auch der Kontrollbedingung zeigten.

Physiologische Entspannung und Aufmerksamkeitsfokussierung

Physiologische Entspannung wurde schon in frühen Studien zur Reduktion von Matheangst eingesetzt (z. B., Suinn & Richardson, 1971). Physiologische Entspannung wird in der Regel nicht isoliert angewendet, sondern in Kombination mit anderen Methoden, wie der systematischen Desensibilisierung (Sheffield & Hunt, 2006) oder achtsamkeitsbasierten Verfahren (Brunyé et al., 2013). Sie ist häufig Bestandteil von Interventionen, die sich aus unterschiedlichen Bausteinen zusammensetzen (z. B., Passolunghi et al., 2020), um die verschiedenen Komponenten von Matheangst zu adressieren. Physiologische Entspannungsübungen setzen primär am *anxious arousal* an (siehe Abb. 1), mit dem Ziel, physiologische Erregung (d. h. schneller Herzschlag, flacher Atem, flaues Gefühl im Magen), welche von matheängstlichen Personen häufig als Bestätigung für ihren Mangel an Fähigkeiten interpretiert wird, zu reduzieren. So wird zusätzlich zur physiologischen auch die kognitive Komponente der Angst (*anxious apprehension*) angesprochen, die sich u. a. negativ auf das Arbeitsgedächtnis und damit die mathematische Leistungsfähigkeit auswirken kann.

Die Theorie der Aufmerksamkeitskontrolle (*Attentional control theory*, ACT; Eysenck et al., 2007) besagt, dass Personen, die Angst vor bevorstehenden Ereignissen (z. B. einem Mathetest) haben, Beeinträchtigungen bei der zielgerichteten Steuerung ihrer Aufmerksamkeit zeigen. Demnach führen Angstzustände dazu, dass kognitive Ressourcen weg von relevanten Reizen (z. B. den zu lösenden Matheaufgaben) hin zu Sorgen und Rumination gelenkt werden. Dies kann zur Beeinträchtigung des Arbeitsgedächtnisses und somit der kognitiven Leistungsfähigkeit führen (vgl. *disruption account*; Ramirez et al., 2018). Um dem entgegenzuwirken, können der ACT zu Folge Achtsamkeitsübungen dazu beitragen, kognitive Ressourcen freizusetzen, die für die Kontrolle der Aufmerksamkeit z. B. beim Lösen von Rechenaufgaben erforderlich sind. Achtsamkeit beschreibt einen mentalen Zustand, der es ermöglicht, die volle Aufmerksamkeit auf die Empfindungen des gegenwärtigen Moments, z. B. das Ein- und Ausatmen, zu richten.

Brunyé et al. (2013) konnten zeigen, dass eine fünfzehnminütige fokussierte Achtsamkeit auf den Atem vor einem Mathetest die Leistung matheängstlicher Studierender (im Vergleich zu den Kontrollbedingungen) um 6–8 % verbesserte und sie sich damit der Leistung der nicht-matheängstlichen Studierenden annäherten.

Auch LaGue et al. (2019) setzten eine achtsamkeitsbasierte Intervention in einem Einzelfalldesign mit Schüler*innen der neunten und zehnten Klasse ein. Mit Hilfe von Atemübungen, Übungen zur Körperwahrnehmung sowie Visualisierungsübungen wurden die Proband*innen über sechs Wochen in zwölf Sitzungen à

45 Minuten in ihrer Emotionsregulation geschult. In allen Fällen konnte die Matheangst der Schüler*innen reduziert werden.

Die beiden dargestellten Interventionen zeigen, dass Achtsamkeitsübungen mit unterschiedlichem Aufwand verbunden sein können. Dabei können kurzzeitige Entspannungsübungen vor allem den negativen Einfluss von Matheangst auf die Mathematikleistung verringern, indem sie im Sinne des *disruption accounts* (Ramirez et al., 2018) die Aufmerksamkeit von den mathematikbezogenen Sorgen weglenken und so kognitive Ressourcen freigeben. Längerfristige Interventionen können auch nachhaltig das Matheangsterleben reduzieren und auf diese Weise der Blockierung von kognitiven Ressourcen durch ängstliche Gedanken(-spiralen) vorbeugen.

Kognitive Neubewertung

Dem Biopsychosozialen Modell der Herausforderung und Bedrohung (*Biopsychosocial Model of Challenge and Threat*, BPS; Blascovich, 2008) zu Folge entsteht immer dann das Gefühl der Bedrohung, wenn in einer persönlich relevanten Leistungssituation (z. B. einem Mathetest in der Schule) die eigenen Ressourcen als niedrig und die Herausforderung der Aufgabe als hoch eingeschätzt werden. In diesem Fall werden sorgenvolle Gedanken und/oder physiologische Erregung maladaptiv (z. B. als Beleg für mangelnde Fähigkeiten) bewertet, was sich wiederum negativ auf die Leistung auswirkt (vgl. *interpretation account*; Ramirez et al., 2018). Durch die kognitive Neubewertung (oder *Re-appraisal*) sollen Betroffene lernen, die Leistungssituation als Herausforderung und nicht als Bedrohung wahrzunehmen, indem sie verstehen, dass ihre Gedanken und Empfindungen kein Zeichen bevorstehenden Versagens sind, sondern ganz im Gegenteil sogar leistungsförderlich sein können. Die Wirksamkeit der kognitiven Neubewertung wurde sowohl im Zusammenhang mit *anxious apprehension* (z. B., Johns et al., 2008) als auch *anxious arousal* (z. B., Jamieson et al., 2016) untersucht.

Johns et al. (2008) führten eine Studie mit weiblichen Studierenden durch, die der Überzeugung waren, dass Frauen schlechter in Mathe seien. Aus diesem Grund sorgten sie sich vermehrt um ihre mathematischen Leistungen im Studium, sodass ihnen eventuell weniger kognitive Ressourcen zur Verfügung stehen könnten (vgl. *disruption account*, Ramirez et al., 2018), was schlechtere Leistungen zur Folge haben könnte. Die Ergebnisse der Studie zeigen, dass die Studentinnen, die über potenziell leistungssteigernde Effekte von Matheangst aufgeklärt worden waren, besser in dem anschließenden Mathematiktest abschnitten als die Kontrollgruppe. Ihre selbsteingeschätzte Angst reduzierte sich nicht, wurde aber in Folge der Intervention vermehrt als Ressource und nicht als Bedrohung wahrgenommen.

Jamieson et al. (2016) untersuchten, inwiefern sich die mathematische Leistung von Studierenden verbessert, wenn sie vor einer Prüfung darüber informiert werden, dass die körperliche Stressreaktion, die sie während der Prüfung verspüren, weder schädlich noch ein Zeichen von Inkompetenz sei. In der Tat könnte die Stressreaktion dem Körper einen Energieschub geben, der die Leistungsfähigkeit nicht schmälert, sondern kurzfristig steigert. Die Ergebnisse der Studie zeigen, dass die Studierenden, die über die leistungssteigernde Wirkung ihrer Stressreaktion aufgeklärt wurden, nicht nur besser in der Prüfung abschnitten, sondern sich auch ihre Angst vor der Mathematikprüfung reduzierte. Dabei schätzten sie nur ihre persönlichen Ressourcen höher ein, wohingegen ihre Einschätzung der Anforderung der Aufgabe unverändert blieb.

Expressives Schreiben

Ein Ansatz, der primär die sorgenvollen Gedanken (*anxious apprehension*) adressiert, ist das expressive Schreiben. Bei dieser Methode schreiben die Betroffenen (regelmäßig) in kurzen Einheiten über ihre Sorgen und negativen Gedanken bezüglich der angstauslösenden Situation (Smyth, 1998).

Ramirez & Beilock (2011) konnten in einer Studie mit prüfungsängstlichen Neuntklässler*innen zeigen, dass bereits eine zehnminütige Einheit expressiven Schreibens vor einer unmittelbar bevorstehenden Prüfung ausreiche, die Prüfungsergebnisse der Schüler*innen zu verbessern. Das Schreiben über Ängste und Sorgen in Bezug auf die Prüfung direkt vor der Prüfung scheint zunächst kontraintuitiv zu sein, da diese durch die aktive Auseinandersetzung noch salienter zu werden scheinen. In den Studien zum expressiven Schreiben wird jedoch davon ausgegangen, dass durch das Aufschreiben der sorgenvollen Gedanken Rumination verringert und damit Arbeitsgedächtnis-Ressourcen frei werden (vgl. *disruption account*; Ramirez et al., 2018). Park et al. (2014) untersuchten expressives Schreiben in Bezug auf Matheangst bei Studierenden und konnten feststellen, dass sich insbesondere die Leistung der Studierenden mit hoher Matheangst bei komplexen Aufgaben verbesserte, nachdem sie die Übung zum expressiven Schreiben durchgeführt hatten.

Hines et al. (2016) ließen Jugendliche zwischen 14 und 19 Jahren über drei Tage hinweg Gefühle bezüglich des Mathematikunterrichts sowie wichtiger Prüfungen aufschreiben. Verglichen mit dem Matheangsterleben vor der Intervention berichteten sie signifikant geringere Matheangst im Anschluss an die Intervention – allerdings auch in einer Kontrollgruppe. Ganley et al. (2021) berichten sogar eine Verstärkung der Matheangst durch expressives Schreiben. Die empirische Befundlage zur Wirksamkeit expressiven Schreibens bei Matheangst kann demnach als gemischt beschrieben werden.

4 Fazit

Die vielleicht wichtigste Erkenntnis dieses Kapitels ist, dass es wirksame Maßnahmen gibt, mit denen Matheangst begegnet werden kann. Dabei sind verschiedene Ansätze zu unterscheiden, die die Entstehung von Matheangst und ihren Effekt auf die Matheleistung an verschiedenen Stellen adressieren. Damit steht Praktiker*innen eine Auswahl geeigneter Interventionen zur Verfügung, die sowohl im Unterrichtskontext als auch in außerunterrichtlichen Settings wie Nachhilfe oder Lernförderung eingesetzt werden können.

Einschränkend muss allerdings betont werden, dass die Befundlage zur externen Evidenz im Sinne einer in randomisierten Kontrollgruppenstudien nachweisbaren Verringerung von Matheangst bisweilen wenig eindeutig ist. Ein Grund für die inkonsistenten und in Teilen unspezifischen Effekte mag sein, dass in vielen Studien nicht eindeutig zwischen Interventionen, die Matheangst adressieren, und solchen, die auf die Matheleistungen abzielen, unterschieden wird (Balt et al., 2022). Oftmals entsteht der Eindruck, dass nur eine der beiden Variablen anvisiert wurde, während die andere Variable lediglich zur Kontrolle miterhoben wurde. Somit verschwimmen Matheförderung und Matheangstförderung und es bleibt unklar, in welchem Maße Transfereffekte in die eine oder andere Richtung zu erwarten sind.

Zwei weitere wesentliche Aspekte, die bei der Beurteilung der Wirksamkeit von Interventionen bei Matheangst zu berücksichtigen sind, sind das Alter der Teilnehmer*innen sowie die verwendeten Matheangstskalen. Zum einen können Ergebnisse aus Studien, die mit Studierenden oder älteren Jugendlichen durchgeführt wurden, nicht ohne Weiteres auf jüngere Kinder übertragen werden. Insbesondere Methoden, die eine kognitive Regulation der (negativen) Emotionen bezüglich des Rechnens erfordern (z. B. expressives Schreiben), greifen auf generelle Lernprozesse zurück, die erst im Laufe der Adoleszenz stattfinden. Zum anderen verwenden unterschiedliche Studien oftmals sehr unterschiedliche Fragebögen zur Erfassung von Matheangst, die von annähernd klinischen Angstreaktionen bis zu motivationaler Abneigung reichen (für einen Überblick über diese Problematik hinsichtlich der Prävalenz von Matheangst s. Orbach et al., 2019). Die Varianz innerhalb der Matheangstskalen führt dazu, dass die Ergebnisse der Studien nur eingeschränkt vergleichbar sind. Auch hierdurch fällt es einerseits schwer, Replikationen zu finden, und andererseits, Ansätze miteinander zu vergleichen (Balt et al., 2022).

Darüber hinaus besteht noch erheblicher Forschungsbedarf hinsichtlich der Frage, welcher Interventionsansatz bei welchen Kindern sinnvoll ist. Wie dargestellt, verlangen unterschiedliche Problemlagen nach unterschiedlichen Maßnahmen. Dementsprechend werden diagnostische Verfahren benötigt, um die Komponenten der Matheangst zu identifizieren, die bei einer betroffenen Person möglicherweise stärker ausgeprägt sind und folglich im Rahmen der Intervention primär adressiert werden sollten (z. B. eher die sorgenvollen Gedanken oder die physiologische Anspannung). Im Rahmen zukünftiger Forschungsbemühungen zur Förderung bei Matheangst darf also auch mit Arbeiten zu spezifischeren Diagnoseverfahren gerechnet werden.

Literatur

Balt, M., Börnert-Ringleb, M. & Orbach, L. (2022). Reducing math anxiety in school children: A systematic review of intervention research. *Frontiers in Education*, 7, 1–15. https://doi.org/10.3389/feduc.2022.798516

Barroso, C., Ganley, C. M., McGraw, A. L., Geer, E. A., Hart, S. A. & Daucourt, M. C. (2021). A meta-analysis of the relation between math anxiety and math achievement. *Psychological Bulletin*, 147(2), 134–168. https://doi.org/10.1037/bul0000307

Beilock, S. L., Schaeffer, M. W. & Rozek, C. S. (2017). Understanding and addressing performance anxiety. In A. J. Elliot, C. S. Dweck & D. S. Yeager (Hrsg.), *Handbook of competence and motivation (2nd Edition): Theory and Application* (S. 155–172). Guilford Press.

Blascovich, J. (2008). Challenge and threat. In A. J. Elliot (Hrsg.), *Handbook of approach and avoidance motivation* (S. 431–445). Psychology Press.

Brunyé, T. T., Mahoney, C. R., Giles, G. E., Rapp, D. N., Taylor, H. A. & Kanarek, R. B. (2013). Learning to relax: Evaluating four brief interventions for overcoming the negative emotions accompanying math anxiety. *Learning and Individual Differences*, 27, 1–7. https://doi.org/10.1016/j.lindif.2013.06.008

Dowker, A., Sarkar, A. & Looi, C. Y. (2016). Mathematics anxiety: What have we learned in 60 years? *Frontiers in Psychology*, 7. https://doi.org/10.3389/fpsyg.2016.00508

Eysenck, M. W., Derakshan, N., Santos, R. & Calvo, M. G. (2007). Anxiety and cognitive performance: Attentional control theory. *Emotion*, 7(2), 336–353. https://doi.org/10.1037/1528-3542.7.2.336

Ganley, C. M., Conlon, R. A., McGraw, A. L., Barroso, C. & Geer, E. A. (2021). The effect of brief anxiety interventions on reported anxiety and math test performance. *Journal of Numerical Cognition*, 7(1), 4–19. https://doi.org/10.5964/jnc.6065

Hines, C. L., Brown, N. W., & Myran, S. (2016). The effects of expressive writing on general and mathematics anxiety for a sample of high school students. *Education*, 137(1), 39–45.

Huang, Y.-M., Huang, S.-H. & Wu, T.-T. (2014). Embedding Diagnostic Mechanisms in a Digital Game for Learning Mathematics. *Educational Technology Research and Development*, 62(2), 187–207. doi:10.1007/s11423-013-9315-4

Jamieson, J. P., Mendes, W. B., Blackstock, E. & Schmader, T. (2010). Turning the knots in your stomach into bows: Reappraising arousal improves performance on the GRE. *Journal of Experimental Social Psychology*, 46(1), 208–212. https://doi.org/10.1016/j.jesp.2009.08.015

Jamieson, J. P., Peters, B. J., Greenwood, E. J. & Altose, A. J. (2016). Reappraising stress arousal improves performance and reduces evaluation anxiety in classroom exam situations. *Social Psychological and Personality Science*, 7(6), 579–587. https://doi.org/10.1177/1948550616644656

Johns, M., Inzlicht, M. & Schmader, T. (2008). Stereotype threat and executive resource depletion: Examining the influence of emotion regulation. *Journal of Experimental Psychology: General*, 137(4), 691–705. https://doi.org/10.1037/a0013834

LaGue, A., Eakin, G. & Dykeman, C. (2019). The Impact of Mindfulness-Based Cognitive Therapy on Math Anxiety in Adolescents. *Preventing School Failure: Alternative Education for Children and Youth*, 63(2), 142–148. doi:10.1080/1045988X.2018.1528966

Orbach, L., Herzog, M. & Fritz, A. (2019). Math Anxiety during the transition from primary to secondary school. In M. Knigge, D. Kollosche, O. Skovsmose, R. M. J. d. Souza & M. G. Penteado (Hrsg.), *Inclusive mathematics education: Research results from Brazil and Germany* (S. 419–448). Springer.

Park, D., Ramirez, G. & Beilock, S. L. (2014). The role of expressive writing in math anxiety. *Journal of Experimental Psychology: Applied*, 20(2), 103–111. https://doi.org/10.1037/xap0000013

Passolunghi, M. C., De Vita, C. & Pellizzoni, S. (2020). Math anxiety and math achievement: The effects of emotional and math strategy training. *Developmental Science*. https://doi.org/10.1111/desc.12964

Petronzi, D., Hunt, T. E. & Sheffield, D. (2021). Interventions to address mathematics anxiety: An overview and recommendations. In S. A. Kiray & E. Tomevska–Ilievska (Hrsg.), *Current Studies in Educational Disciplines 2021* (S. 169–194). ISRES Publishing.

Pizzie, R. G., Raman, N. & Kraemer, D. J. M. (2020). Math anxiety and executive function: Neural influences of task switching on arithmetic processing. *Cognitive, Affective, & Behavioral Neuroscience, 20*(2), 309–325. https://doi.org/10.3758/s13415-020-00770-z

Ramirez, G. & Beilock, S. L. (2011). Writing about testing worries boosts exam performance in the classroom. *Science, 331*(6014), 211–213. https://doi.org/10.1126/science.1199427

Ramirez, G., Shaw, S. T. & Maloney, E. A. (2018). Math anxiety: Past research, promising interventions, and a new interpretation framework. *Educational Psychologist, 53*(3), 145–164. https://doi.org/10.1080/00461520.2018.1447384

Rauscher, L., Kohn, J., Käser, T., Kucian, K., McCaskey, U., Wyschkon, A. et al. (2017). Effekte des Calcularis-Trainings. *Lernen und Lernstörungen 6*(2), 75–86. doi:10.1024/2235-0977/a000168

Richardson, F. C. & Suinn, R. M. (1972). The mathematics anxiety rating scale: Psychometric data. *Journal of Counseling Psychology, 19*(6), 551–554. https://doi.org/10.1037/h0033456

Sheffield, D. & Hunt, T. (2006). How does anxiety influence maths performance and what can we do about it? *MSOR Connections, 6*(4), 19–23. https://doi.org/10.11120/msor.2006.06040019

Smyth, J. M. (1998). Written emotional expression: Effect sizes, outcome types, and moderating variables. *Journal of Consulting and Clinical Psychology, 66*(1), 174–184. doi:10.1037/0022-006x.66.1.174

Spielberger, C. D. (1972). *Anxiety: Current trends in theory and research.* Academic Press.

Suinn, R. M. & Richardson, F. (1971). Anxiety management training: A nonspecific behavior therapy program for anxiety control. *Behavior Therapy, 2*(4), 498–510. https://doi.org/10.1016/S0005-7894(71)80096-5

Schulische Förderung sozial-emotionaler Kompetenzen

Tatjana Leidig & Thomas Hennemann

1 Einleitung

Die gezielte Förderung sozial-emotionaler Kompetenzen führt nicht nur zu positiven Effekten auf sozial-emotionaler, sondern auch auf akademischer Ebene (z. B. Boncu et al., 2017; Durlak et al., 2011). Daher ist sie einerseits ein wesentliches Ziel schulischer Bildung, andererseits unterstützt sie die Realisierung schulischer Bildungsziele und die Stärkung von Schutzfaktoren sowie die Reduktion von Problemverhalten und Risikofaktoren. Für eine nachhaltige Kompetenzentwicklung ist eine systematische Förderung über die gesamte Schulzeit hinweg unabdingbar (Reicher et al., 2018). Der Beitrag zeigt ausgehend von einer Skizzierung der Grundlagen der Förderung sozial-emotionaler Kompetenzen wissenschaftlich fundierte Handlungsmöglichkeiten auf, um die Förderung sozial-emotionaler Kompetenzen mittel- und langfristig zu planen und systematisch einzuüben.

2 Rahmenmodelle zur effektiven Förderung sozial-emotionaler Kompetenzen

Im schulischen Setting gelten mehrstufige Ansätze, sog. *Multi-Tiered Systems of Support* (MTSS; McIntosh & Goodman, 2016), und *Social Emotional Learning* (SEL; Weissberg et al.,2015) als theoretisch fundierte und empirisch abgesicherte Rahmenmodelle zur effektiven und systematischen Förderung sozial-emotionaler Kompetenzen. Im Sinne der Definition pädagogischer Prävention nach Hennemann et al. (2017) bieten sie einen Rahmen, um »mit Hilfe erzieherischer Mittel und erzieherischen Einwirkens in schulischen und außerschulischen pädagogischen Settings Kinder und Jugendliche so zu stärken, dass Risiken und Folgen einer belastenden sozial-emotionalen Entwicklung vermieden, gemildert oder bewältigbar werden« (S. 54).

Rahmenmodelle im Überblick

Besonders bekannte MTSS sind das Modell *Response-to-Intervention (RtI;* z. B. Jimerson et al., 2016) und der *School-Wide Positive Behavior Support (SWPBS;* z. B. Sugai et al., 2014). Beide Ansätze datenbasierter Interventionsplanung zeichnen sich durch Problemlöseprozesse und Handlungsplanung im Team mit strukturell verankerten Besprechungssystemen aus und werden in integrierten Modellen zusammen gedacht (z. B. McIntosh & Goodman, 2016). Die bisherigen Studien zur Wirksamkeit der MTSS stammen zum Großteil aus den USA und weisen – vor allem bei hoher Umsetzungstreue (Sugai et al., 2014) – positive Effekte im sozial-emotionalen Lernen sowie hinsichtlich des Schulklimas nach (z. B. Jimerson et al., 2016; Lee & Gage, 2020).

Eine qualitativ hochwertige pädagogische Arbeit auf Stufe 1 ist die zentrale Basis eines MTSS. Eingebettet in schulweite Vereinbarungen werden hier Maßnahmen für alle Schüler*innen verortet, die auf den Stufen 2 (*selektive Stufe*) und 3 (*indizierte Stufe*) vor dem Hintergrund des Bedarfs der Schüler*innen intensiviert, spezifiziert und individualisiert werden, wobei die Stufen grundsätzlich durchlässig sind (McIntosh & Goodman, 2016). In integrierten MTSS werden mögliche Zusammenhänge und Wechselwirkungsprozesse von Lern- und Verhaltensproblemen explizit in den Blick genommen, um eine idealerweise ineinandergreifende Förderung in beiden Bereichen zu realisieren (McIntosh & Goodman, 2016). Dies ist für die Förderung sozial-emotionaler Kompetenzen in zweierlei Hinsicht relevant: Sie kann zum einen das eigentliche Ziel der Förderung auf den verschiedenen Stufen sein, zum anderen aber auch ein Teil einer Intervention bei Lernproblemen. Ein Beispiel wäre hier der Aufbau von Emotionsregulationsstrategien im Zusammenhang mit Angst vor Leistungsversagen oder auch das Setzen von Zielen als Teil des Selbstmanagements in Anforderungssituationen.

Das Rahmenmodell des SEL der *Collaborative for Academic, Social, and Emotional Learning* (CASEL; Weissberg et al., 2015) gilt als wichtiger Baustein erfolgreicher inklusiver Schulen (Reicher & Matischek-Jauk, 2018). SEL kann als »process of gaining competencies and intrinsic motivation for emotional self-awareness and self-regulation, for safe and responsible behavior and for assertive, empathic, and skillful social interaction« (Schwab & Elias, 2015, S. 95) definiert werden, der systematisch über längere Zeiträume in vielfältigen impliziten und expliziten Lerngelegenheiten realisiert wird (Reicher & Matischek-Jauk, 2018). Gemäß der Befunde aus zahlreichen Einzelstudien und Metaanalysen führt SEL mit kleinen bis mittleren Effektstärken zu Verbesserungen in akademischen Leistungen, sozial-emotionalen Kompetenzen, prosozialen Verhaltensweisen und Selbstwertgefühl und reduziert gleichzeitig aggressives Verhalten und internalisierende Probleme (Boncu et al., 2017; Durlak et al., 2011). Schüler*innen mit Verhaltensproblemen profitieren bereits von universellen SEL-Programmen in besonderer Weise (Carroll et al., 2020). Eine hohe Implementationsqualität scheint sich sowohl kurzfristig als auch langfristig positiv auf die Effektivität auszuwirken (Durlak et al., 2011; Taylor et al., 2017).

Als zentrale Kompetenzbereiche werden im SEL Selbstwahrnehmung, Selbstregulation, Fremdwahrnehmung, Beziehungsfertigkeiten und verantwortliche Problemlösekompetenz fokussiert (Weissberg et al., 2015), die vorrangig durch vier miteinander verbundene Strategien gefördert werden (Reicher & Matischek-Jauk, 2018):

1. manualisierte, curricular aufgebaute Förderprogramme
2. Integration sozial-emotionalen Lernens im Fachunterricht
3. Elemente des Lehrkrafthandelns (u. a. Classroom Management)
4. Projekte zur Verbindung gesellschaftlichen Engagements von Schüler*innen mit fachlichem Lernen.

Durch die Integration von SEL in MTSS können die aus dem SWPBS resultierenden, eher lehrkraftzentrierten Strategien zur positiven und proaktiven Verhaltensunterstützung und die aus dem SEL abgeleitete lernerzentrierte Entwicklung sozial-emotionaler Kompetenzen gleichermaßen etabliert werden (Bear et al., 2015). Die kurz- und langfristige Förderung sozial-emotionaler Kompetenzen kann so durch eine vor allem im SEL verortete hohe Responsivität bei gleichzeitig hoher Klarheit und Struktur aus dem SWPBS unterstützt werden. Bear et al. (2015) erläutern diese Verbindung anhand der Arbeit mit und an Regeln: Für die Einhaltung der im SWPBS eingeführten schulweiten Regeln werden die Schüler*innen z. B. durch Lob positiv verstärkt, während über den SEL-Ansatz die Diskussion über diese Regeln, deren Übung und Anwendung in den Blick genommen und mit den o. g. Kompetenzbereichen verbunden werden kann. Das Beispiel verdeutlicht, wie in der praktischen Anwendung in der Verbindung von SEL und SWPBS die konkrete Strategie der Verhaltensunterstützung grundsätzlich mit der Unterrichtung sozial-emotionaler Kompetenzen einschließlich Reflexion gekoppelt wird. Auf der Basis schulweiter Vereinbarungen ist SEL in MTSS zunächst auf Stufe 1 zu verorten, wird jedoch – in Abhängigkeit von den konkreten Bedürfnissen der Schüler*innen – auf Stufe 2 und 3 mit spezifischen Schwerpunkten weitergeführt und intensiviert (McIntosh & Goodman, 2016).

Anforderungen an effektive schulische Prävention und Intervention

Damit die skizzierten Ansätze zur Förderung der sozial-emotionalen Kompetenzen ihre Wirkung entfalten können, ist neben der Anwendung wirksamer und praktisch anwendbarer Methoden zur Diagnostik und Förderung die konsequente Verknüpfung von Diagnostik und Förderung auf den vier verschiedenen schulischen Ebenen (1) Netzwerk, (2) Schule, (3) Klasse und (4) Individuum von besonderer Bedeutung (z.B. Waschbusch, Breaux & Babinski, 2019). Hennemann et al. (2017) formulieren auf der Basis aktueller Metaanalysen zur schulischen Prävention von Gefühls- und Verhaltensstörungen, systematischer Reviews in diesem Themenfeld sowie der Zusammenfassungen zu den Kriterien effizienter SEL-Ansätze bedeutsame Indikatoren, die die Wirksamkeit präventiver Förderung moderieren. Wirksame Präventionsansätze zeichnen sich danach u. a. durch ihre theoretische und empirische Fundierung, einen hohen zielgruppenspezifischen Lebensbezug der adressierten

Kinder und Jugendlichen sowie einer eindeutigen Formulierung der Trainingsziele aus. Zudem ist ein konsequenter Transfer eingeübter Trainingsinhalte in den schulischen Alltag sowie eine langfristig angelegte Förderung im Sinne eines Schulcurriculums zur Förderung emotional-sozialer Kompetenzen nachweislich wirksamer als kurzfristig angelegte Förderkonzepte.

Zentrales Fundament der Förderung sozial-emotionaler Kompetenzen in der Schule: positive Beziehungsgestaltung

Eine positive und tragfähige Beziehung zwischen Schüler*innen und Lehrkräften gilt gerade auch bei Lern- und Verhaltensproblemen als Fundament schulischer Förderung (Bolz et al. 2019; Williford & Pianta, 2020). Sie unterstützt nachweislich den Aufbau sozial-emotionaler Kompetenzen und das schulische Wohlbefinden (z. B. Cooper, 2012). Eine hoch ausgeprägte Beziehungsqualität ist dabei u. a. durch eine hohe Ausprägung von Nähe gekennzeichnet, die mit Empathie, Akzeptanz und fürsorglichem sowie warmherzig-responsivem Handeln der Lehrkraft einhergeht (Bolz et al., 2019). Aus bindungstheoretischer Perspektive sollte die Lehrkraft als »secure base and safe haven« (Verschueren, 2015, S. 79) fungieren, um der*dem Schüler*in Sicherheit zu geben und gleichzeitig Entwicklungs- und Explorationsräume zu ermöglichen.

Empirische Studien zeigen positive Zusammenhänge mit schulischen Leistungen und akademischem Engagement (z. B. Roorda et al., 2017). Eine konfliktreiche LSB wiederum korreliert mit Lern- und Verhaltensproblemen (z. B. Roorda et al., 2017). Langzeitstudien belegen sowohl im Grundschulalter (z. B. Maldonado-Carreño & Votruba-Drzal, 2011) als auch in der Adoleszenz (z. B. Obsuth et al., 2017) die positive Wirkung einer hohen Beziehungsqualität auf die sozial-emotionale und akademische Entwicklung und die Auftretenswahrscheinlichkeit externalisierender und internalisierender Verhaltensprobleme, während eine negative Lehrer*innen-Schüler*innen-Beziehung als Prädiktor für Lern- und Verhaltensprobleme und Dropout gilt.

3 Strategien zur effektiven Förderung sozial-emotionaler Kompetenzen

In jeder Altersgruppe leistet eine systematische Förderung sozial-emotionaler Kompetenzen einen wichtigen Beitrag zur Bewältigung der Entwicklungsaufgaben. So ist die Grundschule entwicklungspsychologisch betrachtet ein besonders bedeutsamer Ort für die präventive Förderung: In der mittleren Kindheit müssen wichtige Entwicklungsaufgaben von den Kindern bewältigt werden, die z. B. eine angemessene Selbst- und Handlungsregulation und eine angemessene sozial-kognitive Informationsverarbeitung voraussetzen. Vor allem in der weiterführenden Schule gilt es u. a., die Entwicklung von Moral, Werten und Normen systematisch zu unterstützen. Um die vulnerable Phase der Transitionen von der Grundschule in die Sekundarstufe als auch von der Schule in das Berufsleben zu unterstutzen, sind systematische Ansätze der Förderung hilfreich.

Im Folgenden werden Handlungsstrategien zur effektiven Förderung sozial-emotionaler Kompetenzen bei Lern- und Verhaltensproblemen auf den Stufen 1 (universell), 2 (selektiv) und 3 (indiziert) unter Berücksichtigung der vier Ebenen Netzwerk, Schule, Klasse und Individuum vorgestellt.

Sozial-emotionales Lernen

SEL findet zunächst auf Stufe 1 auf Klassenebene statt, idealerweise auf der Basis schulweiter Vereinbarungen. Dabei fließt Classroom Management (CM) als zentraler Aspekt des Lehrkrafthandelns im Sinne der Gestaltung einer förderlichen Lernumgebung in die drei anderen o. g. Strategien des SEL ein. Durch Strategien des effektiven CM können sozial-emotionale Kompetenzen direkt gefördert werden, gleichzeitig entfaltet es über die positive und unterstützende Beziehungsgestaltung und die Bereitstellung eines lernförderlichen Rahmens eine protektive Wirkung (Raczynski & Horne, 2015).

Schulbasierte manualisierte Präventionsprogramme, die sich an den Anforderungen an effektive Prävention orientieren, stellen einen weiteren wichtigen Baustein des SEL dar. Sie liegen im deutschsprachigen Raum sowohl für die Primar- als auch für die Sekundarstufe vor. Neben universellen Programmen auf Klassenebene wurden Programme für den Einsatz bei Schüler*innen mit erhöhten Risiken und/oder ausgeprägter Problematik entwickelt und evaluiert, die die o. g. Entwicklungsaufgaben der verschiedenen Altersgruppen im Rahmen einer curricular aufgebauten Förderung fokussieren (Überblick z. B. bei Hennemann et al., 2017). Dabei ist die Umsetzung der sog. *SAFE*-Merkmale zentral (Durlak et al., 2011):

- *Sequenced:* Die Förderung enthält eine koordinierte Abfolge von Aktivitäten und Praktiken, um sozial-emotionale Kompetenzen aufzubauen.
- *Active:* Die Förderung zeichnet sich durch aktive und partizipative Elemente aus, beispielsweise Rollenspiele.
- *Focused:* Zur Entwicklung von SEL-Kompetenzen sind spezifische Komponenten vorgesehen.
- *Explizit:* Das Angebot fördert spezifische sozial-emotionale Kompetenzen.

Weiterhin kann SEL sowohl über die gewählten Methoden oder Konzepte als auch über die Inhalte des Unterrichts in den Fachunterricht integriert werden (Leidig et al., 2020). Die nachfolgend dargestellten ausgewählten Befunde zeigen das Potential einer systematischen Integration:

- Überblicksarbeiten zu peer-gestützten Verfahren belegen sowohl Steigerungen der akademischen Lernleistungen als auch positive Effekte hinsichtlich sozialer

Kompetenzen sowie Lern- und Arbeitsverhalten über verschiedene Alters- und Schüler*innengruppen hinweg (u. a. Bowman-Perrot et al., 2018).
- Auf Stufe 1 kann mittels spezifisch ausgewählter Kinder- und Jugendliteratur eine gezielte Förderung erfolgen, z. B. von Beziehungsfertigkeiten und Motivation (Shechtman & Yaman, 2012). Positive Effekte auf Stufe 2 u. a. in der Selbstregulation und im emotionsbezogenen Vokabular weisen Daunic et al. (2021) im Anfangsunterricht durch die Einbindung interaktiver Geschichtenbücher und dialogisches Lesen nach.
- Anhand konkreter Inhalte können Selbstregulationsstrategien im Fachunterricht auf Stufe 1 erarbeitet und eingeübt werden (Perels et al., 2020). Die Verbindung mit fachlichen Inhalten kann gerade Schüler*innen mit Lern- und Verhaltensproblemen sowohl zu Verbesserungen des Arbeits- und Sozialverhaltens als auch der fachlichen Kompetenzen führen (Briesch & Chafouleas, 2009). Es liegen u. a. Studien aus dem Mathematikunterricht (Mulcahy et al., 2014) sowie für das Schreiben von Texten (Sreckovic et al., 2014) vor, die auch Impulse für die Förderung auf Stufe 2 und 3 geben.
- Im deutschsprachigen Raum konnten positive Effekte für Schüler*innen mit Lern- und Verhaltensproblemen im inklusiven Kontext für die Integration in den Biologieunterricht (Ferreira-González, 2019), den Physikunterricht (Küpper, 2021) sowie den Deutsch- und Sachunterricht (Urban, 2015) nachgewiesen werden.

Weitere Strategien

Durch eine gezielte Verbesserung der Beziehungsqualität kann einerseits die Wirkung der bislang dargestellten Strategien unterstützt werden, andererseits kann sich diese unmittelbar positiv auf den Aufbau sozial-emotionaler Kompetenzen und die Reduktion von Problemverhalten auswirken (Williford & Wolcott, 2015): Empirisch nachgewiesen sind Verbesserungen der Beziehungsqualität auf Stufe 1 und 2 beispielsweise durch Reflexion und/oder Coaching der Lehrkraft bezogen auf die Beziehungsgestaltung oder durch Mehrkomponenteninterventionen, die ein Lehrkrafttraining zur Beziehungsgestaltung enthalten. Darüber hinaus gelten beziehungsförderliche, individuelle Interventionen für alle Stufen vielversprechend, um neue Beziehungserfahrungen zu ermöglichen, die sich positiv auf die Wahrnehmung der Beziehungsqualität und die Reduktion von Verhaltensproblemen auswirken.

Auf Basis einer positiven Beziehungsgestaltung zwischen allen am Schulleben Beteiligten (Raczynski & Horne, 2015) können neben den bereits genannten Maßnahmen weitere universelle, selektive und indizierte Strategien zur Förderung sozial-emotionaler Kompetenzen umgesetzt werden. Eine exemplarische Zusammenstellung für die drei Stufen wird in Tabelle 1 auf der Basis einschlägiger Überblicksdarstellungen (u. a. Durlak et al., 2011; Fabiano & Pyle, 2018; Hennemann et al., 2017; Waschbusch et al., 2019) und wissenschaftlich fundierter Praxishandreichungen (Hartke et al., 2020) vorgenommen (Tab. 1). Die beispielhaft angeführten

Tab. 1: 12-Felder-Schema mit Strategien zur effektiven Förderung sozial-emotionaler Kompetenzen (Weiterentwicklung des 9-Felder-Schemas von Hennemann et al., 2017, S. 78)

	Individuum	Klasse	Schule	Netzwerk
indiziert Stufe 3	• funktionale Verhaltensanalyse • Intensivierung selektive Maßnahmen, weitere Strategien Selbstmanagement • individuelles Training sozial-emotionaler Kompetenzen	• pädagogisch-therapeutische Kleingruppentrainings • Intensivierung selektiver Maßnahmen	• Maßnahmenplanung im multiprofessionellen Team • hoch spezifisches, individualisiertes Coaching der Lehrkräfte	• Supervision • Elterncoaching • Maßnahmenplanung im Netzwerk der Hilfen • Entwicklung von positiven sozialen Netzwerken, auch peer-gestützt
selektiv Stufe 2	• verhaltensspezifisches Lob • Selbstmanagementstrategien, z. B. Selbstbeobachtung und -bewertung mittels Checklisten, Ziele setzen • Selbst- und Fremdeinschätzung in Verbindung mit Verstärkung, z. B. Check In – Check Out, Daily Behavior Report Card, Tokensysteme • Verhaltensverträge • individuelle beziehungsförderliche Maßnahmen, z. B. Banking Time	• Vertiefung Peer-Tutoring und SEL im Unterricht, einschl. Rollenspiele zum Aufbau von Beziehungsfertigkeiten • Training sozial-emotionaler Kompetenzen, manualisierte Präventionsprogramme • Gruppentraining Selbstmanagementstrategien	• Maßnahmenplanung im multiprofessionellen Team • vertiefende Psychoedukation der pädagogischen Fachkräfte und Coaching/Training zum Lehrkrafthandeln	• Informationsaustausch mit Eltern • Elterntraining/-workshops mit Psychoedukation, z. B. im Rahmen multimodaler Interventionen • Austausch im Helfersystem
universell Stufe 1	• positive L-S-Beziehung • positives Lehrkraftfeedback, auch zur Unterstützung förderlicher Attributionen • geplantes Ignorieren unerwünschten Verhaltens	• effektives Classroom Management (z. B. Gruppenkontingenzverfahren, Regeln, Konsequenzen, lernförderliches Klima) • sozial-emotionales Lernen im Unterricht und manualisierte Präventionsprogramme	• wertschätzende und fürsorgliche Haltung • schulweit geltendes Regelwerk • in allen Klassen verankerte Classroom Management-Elemente, z. B. einheitliche Verfahrensweisen	• Informationsaustausch mit Eltern • Elternworkshops, z. B. im Rahmen multimodaler Präventionsprogramme

Tab. 1: 12-Felder-Schema mit Strategien zur effektiven Förderung sozial-emotionaler Kompetenzen (Weiterentwicklung des 9-Felder-Schemas von Hennemann et al., 2017, S. 78) – Fortsetzung

Individuum	Klasse	Schule	Netzwerk
	• Kooperative und peergestützte Lernformen	• konsequentes Monitoring des Verhaltens • Psychoedukation pädagogische Fachkräfte und Reflexion/Coaching Lehrkrafthandeln	

Strategien zur Förderung sozial-emotionaler Kompetenzen können auch kombiniert umgesetzt werden (z. B. Ziele setzen in Kombination mit Verhaltensverträgen).

4 Die präventive Schule im Netzwerk der Hilfen

Problemlagen im Kontext von Lern- und Verhaltensproblemen erfordern ein frühzeitiges, systematisches präventives Angebot in der Schule, nicht zuletzt in der Inklusion (Hennemann et al., 2017). Zudem kann insbesondere eine gezielte emotionale und soziale Entwicklungsförderung einen wichtigen Beitrag zur Umsetzung des bestehenden schulischen Erziehungsauftrages vor dem Hintergrund gesellschaftlicher Partizipation leisten (Melloy & Murry, 2019). Die erfolgreiche Implementation eines multimodalen entwicklungsorientierten Präventionskonzepts erfordert die Verzahnung akademischen und sozial-emotionalen Lernens, getragen und unterstützt von allen beteiligten pädagogischen Fachkräften einer Schule im Rahmen des Schulentwicklungsprozesses. Eine zentrale Gelingensbedingung in diesem Zusammenhang stellt ein eng abgestimmtes schulisches Gesamtkonzept dar, in dem auch ein Transitionsmanagement zwischen den Institutionen (Kita – Grundschule – weiterführende Schulformen – Förderschule bis hin zum Übergang Schule – Beruf) integriert sein sollte.

Um langfristig alle Schüler*innen bestmöglich in ihrer akademischen *und* emotional-sozialen Entwicklung zu fördern, sollte eine erfolgreiche Schule eine präventive Schule sein, die in einer gemeinsamen Verantwortung ein flexibles, an den Bedürfnissen der Schüler*innen orientiertes, mehrstufiges Unterstützungssystem anbietet, in dem ein angemessener, entwicklungsförderlicher Umgang mit herausfordernden Verhaltensweisen ermöglicht wird. Damit Schulen mit dieser großen Aufgabe nicht alleine gelassen werden, sollte auf ein regionales Netzwerk der Hilfen zurückgegriffen werden können, in dem die verschiedenen an Erziehung, Förderung und Therapie beteiligten Professionen eng und im Sinne eines multiprofessionellen Problemlöseteams zusammenarbeiten – und dies auf der Basis eines auf Wertschätzung und Fürsorge basierenden Schulklimas.

Literatur

Bear, G. G., Whitcomb, S. A., Elias, M. J. & Blank, J. C. (2015). SEL and schoolwide positive behavioral interventions and supports. In J. A. Durlak, C. E. Domitrovich, R. P. Weissberg & T. P. Gullotta (Hrsg.), *Handbook of social and emotional learning: Research and practice* (S. 453–467). Guilford Press.

Bolz, T., Wittrock, M. & Koglin, U. (2019). Schüler-Lehrer-Beziehung aus bindungstheoretischer Perspektive im Förderschwerpunkt der Emotionalen und sozialen Entwicklung. *Zeitschrift für Heilpädagogik, 70*, 560–571.

Boncu, A., Costea, I. & Minulescu, M. (2017). A meta-analytic study investigating the efficiency of socio-emotional learning programs on the development of children and adolescents. *Romanian Journal of Applied Psychology, 19*, 35–41.

Bowman-Perrott, L., Burke, M. D., Zhang, N. & Zaini, S. (2014). Direct and collateral effects of peer tutoring on social and behavioral outcomes: A meta-analysis of single-case research. *School Psychology Review, 43*, 260–285.

Briesch, A. M. & Chafouleas, S. M. (2009). Review and analysis of literature on self-management interventions to promote appropriate classroom behaviors (1988–2008). *School Psychology Quarterly, 24*, 106–118.

Carroll, A., Houghton, S., Forrest, K., McCarthy, M., & Sanders-O'Connor, E. (2020). Who benefits most? Predicting the effectiveness of a social and emotional learning intervention according to children's emotional and behavioural difficulties. *School Psychology International, 41*, 197–217.

Cooper, P. (2011). Teacher strategies for effective intervention with students presenting social, emotional and behavioural difficulties: An international review. *European Journal of Special Needs Education, 26*, 71–86.

Daunic, A. P., Corbett, N. L., Smith, S. W., Algina, J., Poling, D., Worth, M., Boss, D., Crews, E. & Vezzoli, J. (2021). Efficacy of the social-emotional learning foundations curriculum for kindergarten and first grade students at risk for emotional and behavioral disorders. *Journal of school psychology, 86*, 78–99.

Durlak, J., Weissberg, R., Dymnicki, A., Taylor, R. & Schellinger, K. (2011). The impact of enhancing students' social and emotional learning: A meta-analysis of school-based universal interventions. *Child Development, 82*, 405–432.

Engels, M. C., Colpin, H., Van Leeuwen, K., Bijttebier, P., Van Den Noortgate, W., Claes, S., Goossens, L. & Verschueren, K. (2016). Behavioral engagement, peer status, and teacher-student relationships in adolescence: A longitudinal study on reciprocal influences. *Journal of Youth and Adolescence, 45*, 1192–1207.

Fabiano, G. A. & Pyle, K. (2019). Best practices in school mental health for attention-deficit/hyperactivity disorder: A framework for intervention. *School Mental Health: A Multidisciplinary Research and Practice Journal, 11*, 72–91.

Ferreira González, Laura (2019). *Inklusiver Biologieunterricht – emotionale Kompetenzförderung im Humanbiologieunterricht*. Dissertation, Universität zu Köln.

Hartke, B., Blumenthal, Y., Carnein, O. & Vrban, R. (2018). *Schwierige Schüler – Förderschule: 84 Handlungsmöglichkeiten bei Verhaltensauffälligkeiten und sonderpädagogischem Förderbedarf*. Persen.

Hennemann, T., Hövel, D. C., Casale, G., Hagen, T. & Fitting-Dahlmann, K. (2017). *Schulische Prävention im Bereich Verhalten* (2. Aufl.). Kohlhammer.

Jimerson, S. R., Burns, M. K. & VanDerHeyden, A. M. (2016). *Handbook of response to intervention. The science and practice of multi-tiered systems of support*. Springer.

Küpper, A. M. (2021). *(Weiter-)Entwicklung und Evaluation der Lernumgebung »Mit dem Licht durch unser Sonnensystem und darüber hinaus« zur dualen Förderung von Kompetenzen zum Umgang mit Fachwissen, der sozialen Integration, der Kooperationsfähigkeit und der Selbstständigkeit im inklusiven Physikunterricht der Orientierungsstufe: ein Design-Based Research-Projekt*. Dissertation, Universität zu Köln.

Lee, A. & Gage, N. A. (2020). Updating and expanding systematic reviews and meta-analyses on the effects of school-wide positive behavior interventions and supports. *Psychology in the Schools, 57*, 783–804.

Leidig, T., Hennemann, T. & Hillenbrand, C. (2020). Integration sozial-emotionalen Lernens im (Fach-)Unterricht. *Zeitschrift für Heilpädagogik, 71*, 148–159.

Maldonado-Carreño, C. & Votruba-Drzal, E. (2011). Teacher-child relationships and the development of academic and behavioral skills during elementary school: A within-and between-child analysis. *Child Development, 82*, 601–616.

McIntosh, K. & Goodman, S. (2016). *Integrated multi-tiered systems of support. Blending RTI and PBIS.* Guilford Press.

Melloy, K. J. & Murry, F. R. (2019). A conceptual framework: Creating socially just schools for students with emotional and behavioral disabilities. *World Journal of Education, 9*, 113–124.

Mulcahy, C. A., Maccini, P., Wright, K. & Miller, J. (2014). An examination of intervention research with secondary students with EBD in light of common core state standards for mathematics. *Behavioral Disorders, 39*, 149–164.

Perels, F., Dörrenbächer-Ulrich, L., Landmann, M., Otto, B., Schnick-Vollmer, K. & Schmitz, B. (2020). Selbstregulation und Selbstreguliertes Lernen. In E. Wild & J. Möller (Hrsg.), *Pädagogische Psychologie* (3., vollständig überarbeitete und aktualisierte Aufl.) (S. 45–66). Springer.

Raczynski, K. A. & Horne, A. M. (2015). Communication and interpersonal skills in classroom management: How to provide the educational experiences students need and deserve. In E. Emmer & E.J. Sabornie, E. J. (Hrsg.), *Handbook of Classroom Management* (2nd ed.) (S. 387–408). Routledge.

Reicher, H. & Matischek-Jauk, M. (2018). Sozial-emotionales Lernen in der Schule: Konzepte – Potenziale – Evidenzbasierung. In M. Huber & S. Krause (Hrsg.), *Bildung und Emotion* (S. 249–268). Springer.

Roorda, D. L., Jak, S., Zee, M., Oort, F. J. & Koomen, H. M. Y. (2017). Affective teacher-student relationships and students' engagement and achievement: A meta-analytic update and test of the mediating role of engagement. *School Psychology Review, 46*, 239–261.

Schwab, Y. & Elias, M. (2015). From compliance to responsibility: Social-emotional learning and classroom management. In E. T. Emmer & E. Sarbornie (Hrsg.), *Handbook of Classroom Management* (2 Aufl.) (S. 94–115). Routledge.

Sreckovic, M. A., Common, E. A., Knowles, M. M. & Lane, K. L. (2014). A review of selfregulated strategy development for writing for students with EBD. *Behavioral Disorders, 39*, 56–77.

Shechtman, Z. & Yaman, M. A. (2012). SEL as a component of a literature class to improve relationships, behavior, motivation, and content knowledge. *American Educational Research Journal, 49*, 546–567.

Spilles, M., Hagen, T. & Hennemann, T. (2018). Tutorielle Leseverfahren mit Grundschulkindern mit externalisierenden Verhaltensproblemen. *Empirische Sonderpädagogik, 10*, 39–71.

Sugai, G., Simonson, B, Bradshaw, C., Horner, R. & Lewis, T.J. (2014). Delivering high quality school-wide positive behavior support in inclusive schools. In J. McLeskey, N.L. Waldron, F. Spooner & B. Algozzine (Hrsg.), *Handbook of Effective Inclusive Schools* (S. 306–321). Taylor & Francis.

Taylor, R. D., Oberle, E., Durlak, J. A. & Weissberg, R. P. (2017). Promoting positive youth development through school-based social and emotional learning interventions: A meta-analysis of follow-up effects. *Child Development, 88*, 1156–1171.

Urban, M. (2015). *Konzeption und Evaluation eines Trainings zur Prävention von Gefühls- und Verhaltensstörungen durch Förderung sozialer und emotionaler Kompetenzen unter Berücksichtigung fachbezogener Lerninhalte des Deutsch- und Sachunterrichts in 3./4. Klassen (inklusiver) Grundschulen.* Dissertation, Universität zu Köln.

Verschueren, K. (2015). Middle childhood teacher-child relationships: Insights from an attachment perspective and remaining challenges. *New Directions for Child and Adolescent Development, 148*, 77–91.

Waschbusch, D. A., Breaux, R. P., & Babinski, D. E. (2019). School-based interventions for aggression and defiance in youth: A framework for evidence-based practice. *School Mental Health: A Multidisciplinary Research and Practice Journal, 11*, 92–105.

Weissberg, R. P., Durlak, J. A., Domitrovich, C. E. & Gullotta, T. P. (2015). Social and emotional learning. Past, present, and future. In J. A. Durlak, C. E. Domitrovich, R. P. Weissberg & T. G. Gullotta (Hrsg..), *Handbook of social and emotional learning. Research and practice* (S. 3–19). Guilford.

Williford, A.P. & Wolcott, C.S. (2015). SEL and Student-Teacher Relationships. In J.A. Durlak, C.E. Domitrovich, R.P. Weissberg & T.P. Gullotta (Hrsg.), *Handbook of Social and Emotional Learning* (S. 229–243). Guilford Press.

Maßnahmen und Programme zur Prävention und Intervention bei Mobbing und Viktimisierung

Herbert Scheithauer & Markus Hess

Mobbing in der Schule (synonym für den engl. Begriff bullying) stellt ein Muster aggressiven/gewalttätigen Handelns dar, das zielgerichtet und mit einer Schädigungsintention ausgeführt wird bzw. eine Schädigung (Viktimisierung) zumindest androht. In Abgrenzung zu anderen Formen aggressiven Verhaltens lässt sich beim Mobbing ein asymmetrisches physisches und/oder psychisches Machtverhältnis zwischen den so genannten Täter(n) und Opfer(n) feststellen und die negativen Handlungen treten wiederholt und über einen längeren Zeitraum auf (Olweus, 1996). Das vorliegende Kapitel beschäftigt sich mit evidenzbasierten Maßnahmen zur Prävention und Intervention bei Mobbing (Täter- und Opferperspektive) an Schulen. Auch wenn die Trennung nicht immer eindeutig ist, verstehen wir das Eingreifen bei aktuellen Mobbingvorfällen als Intervention und das vorbeugende Verhindern von bzw. Bearbeiten von Risikofaktoren sowie ersten Mobbingverhaltensweisen als Prävention. Neben einem kurzen Überblick, werden beispielhaft ein evidenzbasierter Ansatz für den Bereich Prävention und ein wirksamkeitsevaluierter Interventionsansatz vorgestellt sowie Aspekte für eine gelingende Umsetzung in die Fläche, unter Umgehung von Implementationsbarrieren, dargestellt.

1 Schulbasierte Präventionsansätze

Die Auswahl von Anti-Mobbingmaßnahmen und -Programmen sollte sich an wichtigen Qualitätskriterien orientieren. So sollten nur wissenschaftlich fundierte Ansätze, mit wissenschaftlich nachgewiesener Wirkung, zum Einsatz kommen. International haben sich dabei verschiedene Programme etabliert, die inzwischen auch in Adaptionen in anderen Ländern – u. a. auch in Deutschland – angeboten werden. Zu den besonders verbreiteten Programmen zählen z. B.: Olweus Bullying Prevention Program, KiVa Antibullying Program oder das ViSC Social Competence Program (www.blueprintsprograms.org; Farrington & Ttofi, 2009; Strohmeier & Noam, 2012). Diese stellen i. d. R. universelle Ansätze dar, die schulweit, bestenfalls als Multikomponentenansätze unter Einbeziehung der Schüler*innen, Lehrkräfte, des gesamten Schulpersonals und der Eltern, umgesetzt werden. Zudem enthalten viele Ansätze auch Methoden zur Arbeit mit Kindern und Jugendlichen, die erste Risikofaktoren für Mobbing aufweisen oder bereits Täter*innen und/oder Opfer von Mobbing geworden sind. Es wird nicht nur Mobbing thematisiert, sondern

i. d. R. mit Methoden des sozialen Lernens, Förderung sozial-emotionaler Kompetenzen usw. gearbeitet. In Deutschland werden evidenzbasierte und in die Fläche implementierbare Maßnahmen und Programme zum Beispiel in der »Grünen Liste Prävention« (www.gruene-liste-praevention.de) zusammenfassend dargestellt. Empfohlene Programme (Effektivität nachgewiesen oder wahrscheinlich[6]) zur Prävention von Mobbing und Cybermobbing in Schulen sind derzeit: Fairplayer.Manual, Medienhelden, Mobbingfreie Schule – gemeinsam Klasse sein!, Olweus Mobbing-Präventionsprogramm (deutsche Version) und Surf-Fair. Im Folgenden möchten wir das Programm Fairplayer.Manual vorstellen.

Fairplayer.Manual

Fairplayer.Manual (www.fairplayer.de) ist ein wirksamkeitsevaluiertes, strukturiertes und manualisiertes Programm, das von fortgebildeten Lehrkräften und/oder Schulsozialarbeiter*innen unterrichtsbegleitend in Schulklassen zur Förderung sozialer Kompetenzen und zivlcouragiertem Verhalten sowie zur Prävention von Mobbing und Schulgewalt umgesetzt wird. Es liegen Programmversionen für die Klassenstufe 7–9 (Scheithauer et al., 2019) sowie 5–6 (Braun et al., 2019) vor. Fairplayer.Manual – Klasse 7–9 zielt auf Schülerinnen und Schüler im Alter von ca. 11 bis 16 Jahren an allgemeinbildenden Schulen. Es besteht aus mindestens 16 aufeinander aufbauenden Terminen à 90 Minuten, die in der Schulklasse – bei Bedarf auch wiederholt – durchgeführt werden.

Insgesamt wird das Programm (mit Vor- und Nachbereitungen, zwei Elternabenden usw.) über einen Zeitraum von einem Schulhalbjahr durchgeführt. Neben der Arbeit mit der gesamten Schulklasse (universelle Prävention) enthält das Programm Maßnahmen, die insbesondere auf Schüler*innen mit einem erhöhten Risiko für Mobbing (z. B. wenige Gleichaltrigenbeziehungen; i. S. von selektiver Prävention) sowie Maßnahmen, für Schüler*innen, die bereits erste Anzeichen von Mobbing zeigen (i. S. indizierter Prävention).

In aufeinander aufbauenden, wöchentlichen Einheiten werden die Programminhalte (u. a. soziale Rollen beim Mobbing, kluges zivilcouragiertes Handeln in der Schule, Gefühle und Körpersprache, Klassenklima) mit Hilfe von interaktiven Übungen, Gruppenarbeiten und Rollenspielen durchgeführt. Bestimmte Methoden (u. a. Moralische Dilemma-Diskussionen) und deren Schwierigkeits- und Anforderungsgrad werden in Variationen angeboten, so dass diese in Schulklassen mit unterschiedlichen Voraussetzungen umgesetzt werden können. Zu den Methoden des Programms zählen – neben Wissensvermittlung und der Förderung wichtiger sozialer und Problemlösekompetenzen – das (inter-)aktive Erarbeiten von Inhalten in Rollenspielen, Förderung von Selbstwirksamkeitserleben sowie Modifikation der Einstellung zum Mobbing. Im gemeinsamen Rollenspiel wird geübt, soziale Situationen zu analysieren, geeignete und sozial angemessene Handlungsstrategien zu erarbeiten, z. B., wie man sich angemessen in einer Mobbingsituation verhalten kann. Zudem werden soziale Rollen beim Mobbing (Salmivalli, Lagerspetz,

---

6 Kriterien s. www.gruene-liste-praevention.de

Björkvist, Österman & Kaukiainen, 1996) thematisiert, die über die so genannte Täter- und Opferrolle hinausgehen. Die Schüler*innen reflektieren dabei ihr eigenes Verhalten, ihre Einstellungen sowie mögliche Verhaltensweisen zur Lösung einer sozialen Situation miteinander und sie diskutieren über ihre Standpunkte, z. B. in moralischen Dilemma-Diskussionen (sozial-konstruktivistischer Ansatz).

Wirksamkeit

Fairplayer.Manual – Klasse 7–9 ist in der Grünen Liste Prävention als wirksames Programm gelistet (die Wirksamkeit konnte in mehreren Studien belegt werden). Verschiedene, in den letzten Jahren veröffentlichte Metaanalysen und (systematische) Reviews kommen zu dem Schluss, dass generell Programme zur Prävention von Mobbing an Schulen effektiv Mobbing vorbeugen bzw. eindämmen helfen (z. B. Fraguas et al., 2021; Gaffney et al., 2019; Gaffney et al., 2021; Kennedy, 2020a, 2020b), wenn zuweilen die Effekte auch eher klein ausfallen (Ng et al., 2020): Gaffney et al. (2019) haben in ihrer Metaanalyse herausgefunden, dass schulbasierte Anti-Mobbingprogramme wirken und eine Mobbing-Täterschaft um ca. 19–20 % und eine Mobbing-Opferschaft um ca. 15–16 % reduzieren können. In einer weitergehenden Analyse arbeiteten Gaffney et al. (2021) heraus, dass bestimmte Komponenten (z. B. Programm als gesamtschulischer Ansatz, Klassenregeln, Informationen für Eltern, Einbindung von Peers, Arbeit mit Opfern) signifikant mit größeren Effektstärken bei Tätern von Mobbing verbunden waren – bei Opfern von Mobbing waren die Einbindung von Peers und Eltern mit größeren Effekten verbunden. Huang, Espelage, Polanin und Hong (2019) belegen zudem, dass Elternkomponenten eine signifikante Wirkung zeigen. Auch Fraguas et al. (2021) konnten in ihrer Metaanalyse von 69 randomisierten Wirksamkeitsstudien zeigen, dass sich die einbezogenen Maßnahmen und Programme als wirksam erwiesen, um Mobbing zu reduzieren und psychische Probleme zu verbessern – auch bis in die Nachbeobachtungszeit hinein. Die Ergebnisse der Metaanalyse von Kennedy (2020b) deuten darauf hin, dass Präventionsprogramme Mobbing-Viktimisierung insbesondere bei Jungen wirksam reduzieren, jedoch weniger bei Mädchen. Kennedy (2020a) berichtet zudem, dass körperliche und relationale Formen von Mobbing-Viktimisierung wirksam reduziert werden konnten, nicht jedoch verbale Formen.

2 Schulbasierte Interventionsansätze

Um bei einer vorliegenden Mobbingproblematik angemessen eingreifen zu können, ist zunächst schnelles und entschlossenes Handeln nötig. Um Nachhaltigkeit zu sichern, bedarf es dann eines langwierigen Prozesses, der oft mit der Entwicklung der Klassen- und Schulkultur verbunden ist (Hiller & Weber, 2007). Hinsichtlich der

Möglichkeiten des Eingreifens in Mobbing-Situationen unterscheidet Rigby (2010) sechs Herangehensweisen, nämlich

- unmittelbare Sanktionen für die/den Täter*in,
- Stärkung des Opfers,
- Mediation,
- restorative Ansätze,
- die Methode der Gruppenunterstützung und
- die Methode des »Shared Concern«.

Diese Maßnahmen bei Mobbingvorfällen lassen sich grundsätzlich in eher konfrontative (z. B. das Aufstellen von Anti-Mobbing-Regeln mit einer Liste von Sanktionen bei Nichtbefolgung) und eher nicht-konfrontative Maßnahmen (z. B. klärende Gespräche mit Beteiligten) unterteilen. Konfrontative, sanktionäre Ansätze sind im schulischen Setting sehr weit verbreitet und auch durchaus wirkungsvoll (Hess & Scheithauer, 2015). Allerdings lassen sich hinsichtlich der Überlegenheit eines der Ansätze keine klaren Schlussfolgerungen ziehen (Rigby & Griffiths, 2018), so sind dabei Aspekte wie etwa das Alter der Beteiligten, die Dauer sowie die Art des Mobbings zu berücksichtigen (Garandeau et al., 2014; Ttofi & Farrington, 2012). Übergreifend ist aber festzustellen, dass die Lehrkraft eine zentrale Rolle im Rahmen einer Mobbing-Intervention einnimmt. Ihre klare Grundhaltung und ein hohes Ausmaß an Professionalität stellen die Grundlage einer erfolgversprechenden Mobbing-Intervention dar. Zu professionellem Handeln gehören Handlungsbereitschaft bei Mobbing-Vorfällen, Wissen über Mobbing, entsprechende Selbstwirksamkeitsüberzeugungen, soziale Fertigkeiten in Kommunikationssituationen und spezielle Kenntnisse bzw. Kompetenzen zur Umsetzung von Maßnahmen und Programmen gegen Mobbing (z. B. Fischer et al., 2020). Einzelkompetenzen professionellen Eingreifens im schulischen Umfeld sollten zusätzlich in ein übergreifendes Interventionskonzept eigebettet sein, um einen Orientierungsrahmen für das eigene Handeln vorzugeben. Wachs et al. (2016) beschreiben ein Modell für eine übergreifende Interventionsstrategie gegen Mobbing an Schulen in drei Phasen:

1. Phase (Erstverhalten): Mobbing-Situation unmittelbar beenden und das Opfer vor neuen Angriffen schützen.
2. Phase (Hauptintervention): Mobbing-Situation lösungsorientiert aufarbeiten. Interventionsplanung: Dauer und Schweregrad berücksichtigen, über Ausrichtung der Intervention (u. a. nicht-konfrontatives vs. konfrontatives Vorgehen) sowie Methode der Aufarbeitung (Führen von Einzel- und Gruppengesprächen auf Individual-/Gruppenebene oder Gespräche mit der gesamten Schulklasse) entscheiden. In der Regel finden lösungsorientierte und stigmatisierungsvermeidende Gespräche mit Betroffenen statt. Unterstützungspotenziale für die Beteiligten aus der Peergruppe sind zu klären, was gerade für Opfer von Mobbing hilfreich sein kann. Die federführende Lehrkraft übernimmt im Rahmen der gesamten Intervention (auch im Austausch mit dem Kollegium) eine Monitoringaufgabe.

3. Phase (Erfolgskontrolle): ggf. Modifikation der eingeleiteten Maßnahmen sowie ergänzend Umsetzung präventiver Maßnahmen.

Als Maßnahme im Umgang mit einem konkreten Mobbing-Vorfall sei folgend die Shared-Concern Methode vorgestellt.

Shared-Concern Methode (SCM)

Die SCM versteht sich als lösungsorientierte Intervention und Prävention gegen Mobbing, die sowohl Täter*innen als auch Opfer einbindet. Die Methode beinhaltet in erster Linie nicht-konfrontative Elemente und beruht auf der Grundannahme, dass sich Mobbing-Täter*innen in einer Gruppenstruktur einem hohen Druck ausgesetzt fühlen, Mobbing-Verhalten zu zeigen. Anerkennung durch Peers und Verantwortungszuschreibung an das jeweilige Opfer (sogenanntes »blaming the victim«) verstärken das eigene Verhalten. Aufgabe einer Intervention ist es daher, die Täter*innen von diesem Gruppendruck zu befreien, die Gruppendynamik zu ändern und durch Einsicht auf Täter*in-Seite das Mobbing zu beenden. Unterstützend wird zusätzlich eine Stärkung des Opfers angestrebt. In Gesprächen mit der Täterseite soll durch eine individuelle Ansprache Einsicht in deren Verantwortung für die Gemeinschaft und eine Lösung aus der ungünstigen Gruppenstruktur erzielt werden. Dabei soll die Opferperspektive übernommen und alternative Verhaltensweisen aufgezeigt werden. Dem Mobbingopfer werden Unterstützung zugesagt und die eigenen Handlungsmöglichkeiten erörtert. Zudem wird das Opfer über die Kooperationsbereitschaft der/des Täter*in (sofern bekannt) unterrichtet. Es finden ergänzende Gespräche mit allen unmittelbaren Beteiligten sowie Klassenrunden zum Thema »Mobbing und Gewalt« statt. So soll der gesamten Schülerschaft die Übernahme einer Mitverantwortung bei Mobbing-Vorfällen vermittelt werden. Stigmatisierung insbesondere gegenüber der Täterseite soll vermieden werden, um alternative Handlungsmöglichkeiten zu eröffnen. Neben verschiedenen Gesprächsformen können auch Rollenspiele zum Einsatz kommen. Das Programm dauert mindestens eine Woche. Die Methode ist für Kinder ab der 4. Klasse und Jugendliche aller Klassen- und Schulstufen geeignet. Allerdings gilt, dass die Methode bei gravierendem physischem Mobbing eher ungeeignet ist und hohe Anforderungen an die Kommunikationskompetenz der Durchführenden stellt. Sie ist daher nur nach vorheriger Schulung der durchführenden pädagogischen Fachkräfte zu empfehlen. Der Ansatz ist in seiner humanistischen Orientierung nicht unumstritten (Smith, 2014).

Wirksamkeit

Zur spezifischen Wirksamkeit unterschiedlicher Methoden des Eingreifens bei einer vorliegenden Mobbing-Problematik gibt es bislang keine systematischen Überblicksarbeiten, was klare Handlungsempfehlungen erschwert. Im Rahmen der Metaanalyse von Ttofi und Farrington (2012) werden disziplinarische Maßnahmen als wirksame Methode zur Reduzierung von Mobbing genannt, wobei hierzu etwa ernsthafte individuelle Gespräche mit oder ein erhöhtes Monitoring von Mobbing-Täter*innen zu zählen sind. Wachs, Bilz, Niproschke und Schubarth (2019) konnten in einer Studie demgegenüber zeigen, dass unterstützend-kooperative und damit eher nicht-konfrontative Methoden insbesondere geeignet sind, bestehende Mobbing-Probleme nachhaltig zu reduzieren. Die Ergebnisse einzelner Wirksamkeitsstudien hinsichtlich der SCM sind gemischt (Rigby & Griffith, 2011). Eine weitere, eher qualitativ angelegte Studie von Rigby und Griffiths (2011) berichtet von einer erfolgreichen Reduktion von Mobbing auf Basis von Interviews mit 17 beteiligten Lehrkräften (Thompson & Smith, 2011). Allerdings fehlen bislang klare positive Befunde zu dieser Methode aus kontrollierten Studien, die die Reduktion von Mobbing anhand standardisierter quantitativer Maße auf Ebene der Schülerschaft bewertet (Wurf, 2012). Obgleich also ein klarer wissenschaftlicher Nachweis der Wirksamkeit bislang fehlt, gilt die SCM unter Anwender*innen als vielversprechend, um vor allem milderes und weniger verfestigtes Mobbing zu bearbeiten.

3 Gelingensbedingungen

Die alleinige Orientierung an der belegten Wirksamkeit von Anti-Mobbingmaßnahmen und -Programmen in der Schule reicht nicht aus, um sicherzustellen, dass deren Umsetzung (Implementation) auch »gelingt« und letztlich zu den gewünschten Effekten (z. B. Reduktion von Mobbing) führen wird sowie zudem mögliche Umsetzungsbarrieren erfolgreich vermieden werden. So genannte Gelingensbedingungen, wie sie beispielsweise von Scheithauer, Rosenbach und Niebank (2012) zum Thema Gewaltprävention und Mobbing an Schulen zusammengestellt wurden, sind ebenso in Betracht zu ziehen und bei der Maßnahmen- bzw. Programmumsetzung zu berücksichtigen. Zum Beispiel können Programme und Maßnahmen erfolgreich gewalttätiges Verhalten bzw. Mobbing verhindern/vermindern, wenn diese theoretisch gut begründet und hochstrukturiert sind. Diese sollten aber Möglichkeiten zur Anpassung gemäß den Voraussetzungen und Bedürfnissen an den jeweiligen Bildungseinrichtungen beinhalten. Zudem werden sie von trainierten Personen umgesetzt und fachlich begleitet. Insbesondere Multikomponentenprogramme, die bestenfalls settingübergreifend (Elternhaus) und länger anhaltend (nachhaltig) in der Schule umgesetzt werden, erweisen sich als wirksam. Schließlich ist es wichtig, Maßnahmen und Programme in hoher Qualität – vollständig, nahe am Manual orientiert usw. – umzusetzen. Dabei können sich sogenannte Implementationsbarrieren (Scheithauer, 2016) negativ auswirken. Kulturelle/gesellschaftliche Werte, wie die Maxime »survival of the fittest«, gewaltbefürwortende – negative – Rollenvorbilder (z.B. durch Gewalt und gewaltbefürwortende Erziehungsmaßnahmen in der Erziehung oder im Wohnumfeld) wirken sich ebenso negativ aus wie z.B. eine latente Homophobie oder Fremdenfeindlichkeit. Weitere Barrieren lassen sich auf Gemeindeebene, Schul- und Individualebene aufführen, die eine negative Wirkung in sozialen und individuellen Normen sowie Einstellungen entfalten, die wiederum der Umsetzung von Maßnahmen und Programme der Gewalt- und Mobbingprävention an Schulen entgegenwirken. Eine Auswahl von und eine nachhaltige und »gelingende« Umsetzung von wissenschaftlich nachweislich wirksamen Programmen und Maßnahmen in der Anti-Mobbingarbeit bedarf also einer gründlichen Vorbereitung und institutionellen Begleitung.

4 Prävention und Intervention als gesamtschulischer Ansatz

Mobbing an Schulen ist ein insgesamt vielschichtiges Problem und lässt sich auf individueller Ebene, auf Ebene der Klasse, aber auch auf Ebene der Schule analysieren. Dies darf als Plädoyer für die Auswahl von sogenannten schulweiten Mehrebenenprogrammen (Individuum, Klasse, Schule) gewertet werden. Dabei wurde Mobbing-Intervention und -Prävention in Deutschland bis in die 1990er Jahre hinein nicht als originäre Aufgabe der Institution Schule gesehen. Die Debatte über das erweiterte Aufgabenspektrum der Schule, weg von der reinen Wissensvermittlung hin zu einem Ort der Förderung sozial-emotionaler Kompetenzen bei Kindern und Jugendlichen, hat aber dazu geführt, dass Schulen sich mit dem Thema Mobbing verstärkt auseinandersetzen und sowohl national als auch international mittlerweile eine Vielzahl an wirksamkeitsevaluierten schulbasierten Interventions- und Präventionsprogrammen existiert. Dabei hat sich mit Blick auf die Vielfalt der Maßnahmen gezeigt, dass Einzelinitiativen pädagogischer Fachkräfte eher selten die gewünschte nachhaltige positive Wirkung zeigen, vielmehr kann Mobbing-Intervention und -Prävention als gesamtschulischer Aufgabenkatalog verstanden werden, zu dem die Etablierung einer schulweiten Antimobbing-Kultur ebenso zählt wie die Einführung von Klassenregeln und Handlungsleitfäden zum Umgang mit konkreten Mobbing-Vorfällen.

Eine flächendeckende Umsetzung von Maßnahmen und Programmen zur Prävention von und Intervention bei Mobbing erfordert, dass diese möglichst strategisch angegangen wird, Schulleitungen einbezogen, Programmumsetzung ermöglicht werden (u. a. Freistellungsstunden) und Lehrkräfte und andere Schulangehörige überhaupt – z. B. über Fortbildungen – in die Lage versetzt werden, solche Maßnahmen und Programme umsetzen zu können. Hinzu kommen eine Professionalisierung und wissenschaftlich gestützte Erweiterung des Handlungsrepertoires pädagogischer Fachkräfte auf allen Ebenen. Nur selten werden solche Maßnahmen und Programme schon in der grundständigen Lehrkräftebildung angeboten. Für eine flächendeckende Umsetzung an Schulen sollten somit entsprechende Unterstützungssysteme in Betracht gezogen werden (s. z. B. Flaspohler et al., 2012).

Literatur

Braun, V., König, L., Walcher, A., Warncke, S. & Scheithauer, H. (2019). *Fairplayer.Manual – Klasse 5–6: Förderung von sozialen Kompetenzen – Prävention von Mobbing und Schulgewalt. Praxismanual für die Arbeit in Schulklassen*. Vandenhoeck & Ruprecht.

Farrington, D.P. & Ttofi, M.M. (2009). Reducing school bullying: Evidence-based implications for policy. *Crime and Justice, 38*(1), 281–345.

Fischer, S.M., John, N. & Bilz, L. (2020). Teachers' self-efficacy in preventing and intervening in school bullying: A systematic review. *International Journal of Bullying Prevention*. https://doi.org/10.1007/s42380-020-00079-y

Flaspohler, P.D., Meehan, C., Maras, M.A. & Keller, K.E. (2012). Ready, willing, and able: Developing a support system to promote implementation of school-based prevention programs. *American Journal of Community Psychology, 50*, 428–444.

Fraguas, D., Díaz-Caneja, C.M., Ayora, M., Durán-Cutilla, M., Abregú-Crespo, R., Ezquiaga-Bravo, I., Martín-Babarro, J. & Arango, C. (2021). Assessment of school anti-bullying interventions – A meta-analysis of randomized clinical trials. *JAMA Pediatrics, 175*(1), 44–55.

Gaffney, H., Farrington, D.P. & Ttofi, M.M. (2019). Examining the effectiveness of school-bullying intervention programs globally: A meta-analysis. *International Journal of Bullying Prevention, 1*, 14–31.

Gaffney, H., Ttofi, M.M. & Farrington, D.P. (2021). What works in anti-bullying programs? Analysis of effective intervention components. *Journal of School Psychology, 85*, 37–56.

Garandeau, C. F., Poskiparta, E. & Salmivalli, C. (2014). Tackling acute cases of school bullying in the KiVa anti-bullying program: A comparison of two approaches. *Journal of Abnormal Child Psychology, 42*, 981–991.

Griffith, C. & Weatherilt, T. (2011). Shared Concern Methode. In A.A. Huber (Hrsg.), *Anti-Mobbing-Strategien für die Schule. Praxisratgeber zur erfolgreichen und nachhaltigen Intervention* (S. 31–40). Wolters Kluwer/Carl Link.

Hess, M. & Scheithauer, H. (2015). Bullying. In T. Gullotta, R.W. Plant & M.A. Evans (Hrsg.), *The handbook of adolescent behavioral problems* (S. 429–443). Springer.

Hiller, R. & Weber, H. (2007). *Das mobbingfreie Klassenzimmer*. Books on Demand GmbH.

Huang, Y., Espelage, D.L., Polanin, J.R. & Hong, J.S. (2019). A meta-analytic review of school-based anti-bullying programs with a parent component. *International Journal of Bullying Prevention, 1*, 32–44.

Kennedy, R.S. (2020a). A meta-analysis of the outcomes of bullying prevention programs on subtypes of traditional bullying victimization: Verbal, relational, and physical. *Aggression and Violent Behavior, 55*, 101485.

Kennedy, R.S. (2020b). Gender differences in outcomes of bullying prevention programs: A meta-analysis. *Children and Youth Services Review, 119*, 105506.

Ng, E.D., Chua, J.Y.X. & Shorey, S. (2020). The effectiveness of educational interventions on traditional bullying and cyberbullying among adolescents: A systematic review and meta-analysis. Trauma, *Violence & Abuse*, 1–20. doi: 10.1177/1524838020933867

Olweus, D. (1996). *Gewalt in der Schule. Was Lehrer und Eltern wissen sollten und tun können* (3. korrigierte Auflage). Huber.

Rigby, K. (2010). *Bullying interventions: Six basic approaches*. ACER Press.

Rigby, K. & Griffiths, C. (2011). Addressing cases of bullying through the Method of Shared Concern. *School Psychology International, 32*, 345–357.

Rigby, K. & Griffiths C. (2018). Addressing traditional school-based bullying more effectively. In M. Campbell & S. Bauman (Hrsg.), *Reducing cyberbullying in schools* (S. 17–32). Elsevier Press.

Salmivalli, C., Lagerspetz, K., Björkvist, K., Österman, K. & Kaukiainen, A. (1996). Bullying as a group process: Participant roles and their relations to social status within the group. *Aggressive Behavior, 22*, 1–15.

Scheithauer, H. (2016). Implementationsbarrieren und andere zu beachtende Aspekte bei der flächendeckenden Umsetzung wirksamkeitsevaluierter und qualitätsgesicherter (Gewalt)

Präventionsprogramme. In W. Kahl/Deutsches Forum für Kriminalprävention (Hrsg.), *Entwicklungsförderung & Gewaltprävention – Aktuelle Beiträge aus Wissenschaft und Praxis 2015/2016* (S. 67–78). Deutsche Forum für Kriminalprävention.

Scheithauer, H., Rosenbach, C. & Niebank, K. (2012). *Gelingensbedingungen für die Prävention von interpersonaler Gewalt im Kindes- und Jugendalter. Expertise im Auftrag der Stiftung Deutsches Forum für Kriminalprävention (DFK) Berlin* (3. korrigierte und überarbeitete Auflage). Deutsches Forum Kriminalprävention.

Scheithauer, H., Walcher, A., Warncke, S., Klapprott, F. & Bull, H. D. (2019). *Fairplayer.Manual – Klasse 7–9: Förderung von sozialen Kompetenzen – Prävention von Mobbing und Schulgewalt. Theorie- und Praxismanual für die Arbeit mit Jugendlichen in Schulklassen* (4. Auflage). Vandenhoeck & Ruprecht.

Smith, P. K. (2014). *Understanding school bullying: Its nature and prevention strategies*. Sage.

Strohmeier, D. & Noam, G.G. (Hrsg.). *Evidence-based bullying prevention programs for children and youth. New Directions for Youth Development.* 2012.

Thompson, F. & Smith, P. K. (2011). *The use and effectiveness of anti-bullying strategies in schools. Research Report, DFE-RR098.* Department for Education.

Ttofi, M.M. & Farrington, D.P. (2012). Bullying prevention programs: The importance of peer intervention, disciplinary methods and age variations. *Journal of Experimental Criminology, 8*, 443–462.

Wachs, S., Hess. M., Scheithauer, H. & Schubarth, W. (2016). *Mobbing an Schulen: Erkennen – Handeln – Vorbeugen*. Kohlhammer.

Wachs, S., Bilz, L., Niproschke, S. & Schubarth, W. (2019). Bullying intervention in schools: A multilevel analysis of teachers' success in handling bullying from the students' perspective. *Journal of Early Adolescence, 39*(5), 642–668.

Wurf, G. (2012). High school anti-bullying interventions: An evaluation of curriculum approaches and the Method of Shared Concern in four Hong Kong international schools. *Australian Journal of Guidance and Counselling, 22*(1), 139–149.

Förderung der Achtsamkeit

Friedrich Linderkamp

1 Einführung

Achtsamkeit hat ihren Ursprung im Bereich fernöstlicher Meditation. Sie steht für die auf die Gegenwart bezogene gerichtete Aufmerksamkeit, welche offene und nicht wertende Erfahrungen »im Hier und Jetzt« ermöglicht. Auf Grundlage dezidierter Wirksamkeitsnachweise finden achtsamkeitsbasierte Verfahren immer mehr auch bei Kindern und Jugendlichen mit psychischen Störungen Berücksichtigung, worunter auch die für den Förderschwerpunkt Emotionale und soziale Entwicklung (oppositionelles Trotzverhalten, instrumentell-aggressives Verhalten, Aufmerksamkeits-/Hyperaktivitätsstörungen) sowie für den Förderschwerpunkt Lernen (Konzentrations- und Aufmerksamkeitsstörungen, Störungen der Selbstorganisation) relevanten Störungsbilder bzw. Problemlagen fallen.

Die Bedeutung der Achtsamkeit als sinnvoller Bestandteil von Therapie- und Förderverfahren ergibt sich aus der häufigen Problematik maladaptiver Denkmuster bei vielen psychischen Störungen, bei denen die betreffenden Kinder und Jugendlichen in abstrakten kognitiven Prozessen verharren, bei dem ein unbefriedigender Ist-Zustand ständig mit einem idealen Soll-Zustand abgeglichen wird. Beispielhaft ließe sich hier die Soziale Angst nennen, bei der betreffende Kinder ein viel zu hohes Maß an Selbstaufmerksamkeit aufbringen und sich dabei in häufigen Gedankenzirkeln befinden, die von irrationalen Ängsten vor negativen Bewertungen getragen werden. Achtsamkeitsübungen sind demgegenüber geeignet, vom dysfunktionalen Gedankenkarussell hin zu realen internen oder externen Reizwahrnehmungen umzulenken, so dass die Bewusstheit für die momentanen und realen körperlichen und emotionalen Empfindungen erhöht wird (Househam & Solanto, 2016).

Bei Achtsamkeitsübungen werden die Kinder dazu angeleitet, offen wahrzunehmen, was gerade im Augenblick ist, sodass eine bewusstere Orientierung und Fokussierung erfolgt.

Konzeptuell basiert das Therapieprinzip Achtsamkeit auf folgenden Grundmerkmalen:

a) »Present Moment« = die Lenkung der Aufmerksamkeit auf die aktuell gegenwärtigen Bewusstseinsinhalte (wie Gedanken, Gefühle, Körperempfindungen) und nicht auf Zukunft oder Vergangenheit. Bewusstes Wahrnehmen der Reichhaltigkeit eines Augenblicks
b) »On Purpose« = das absichtsvolle Zurückkommen auf die gegenwärtigen Bewusstseinsinhalte (dem häufigen gedanklichen Abschweifen und dysfunktio-

nalen kognitiven Aufschaukelungsprozessen aktiv entgegenwirken); gezieltes Lösen aus dysfunktionalen Gedanken
c) »Non-Judgemental« = eine nicht wertende Haltung einnehmen gegenüber den gegenwärtigen Bewusstseinsinhalten (das, was wahrgenommen wird, wird nicht sofort als angenehm oder unangenehm gewertet, sondern darf erst einmal da sein) (Linderkamp, 2018, S.755).

2 Achtsamkeitsbasierte Verfahren

Die Kernkonzeption aller achtsamkeitsbasierter Therapien stellt das Konzept der »Achtsamkeitsbasierten Stressreduktion« (Mindfulness-Based Stress Reduction, MBSR; Kabat Zinn, 1990) dar.

Die MBSR ist Ende der siebziger Jahre von Jon Kabat-Zinn (Kabat-Zinn, 1990) entwickelt worden. Ziel der MBSR ist es von je her, durch eine gezielte Lenkung von Aufmerksamkeitsprozessen (im »Hier und Jetzt«) und unter Einsatz verschiedener Übungen (Yoga, Sitz- und Gehmeditation, Atemübungen, Übungen zur achtsamen Körperwahrnehmung, Umgang mit Gedanken) eine bessere Selbstregulation zu erreichen. Entscheidend ist dabei die Einnahme einer offenen, freundlichen, akzeptierenden Haltung gegenüber sämtlichen Empfindungen und Gedanken, statt vorzeitiger, gleichsam automatischer (negativer) Bewertung.

Mit der Mindfulness Based Cognitive Therapy (MBCT; Segal et al., 2002) hat das MBSR-Programm eine wichtige Erweiterung erfahren. Sie erweitert die MBSR durch folgende kognitiv-behaviorale Komponenten:

Psychoedukation: Vermittlung von Informationen über Ursachen und Bedingungszusammenhänge der vorliegenden Störung bzw. Problematik mittels

a) dialogischem Erarbeiten individueller Bedingungsmodelle zur Entstehung und Aufrechterhaltung der vorliegenden Störung
b) Fokussierung von Kognitionen: Die Übungen richten sich auf verschiedene kognitive Leistungsaspekte wie Aufmerksamkeitsleistungen (Fokussierung, Aufmerksamkeitswechsel und -flexibilität), Metakognition, Inhibition, Arbeitsgedächtnis, Selbstregulation u.a.m. (Abdolahzad et al., 2017)
c) Verhaltensorientierung: Mit dem Kind/Jugendlichen wird dialogisch erarbeitet, welches (alltägliche) Verhalten guttut (z. B. eine beliebte Freizeitaktivität, Kontakt mit bestimmten Freunden)

Neben der MBSR und MBCT lassen sich noch die Dialektisch Behaviorale Therapie (DBT; Linehan, 1993) und die Akzeptanz- und Commitmenttherapie (ACT; Hayes et al., 1999) anführen, die mit Achtsamkeitskomponenten jedoch lediglich angereichert sind.

So kombiniert die DBT verschiedene verhaltenstherapeutische Methoden wie Expositionsverfahren, Kognitive Umstrukturierung, Problemlösetechniken, Vermittlung von Fertigkeiten und berücksichtigt Übungen zur »Inneren Achtsamkeit« als lediglich eine Komponente in einem Übungsspektrum, das zudem noch Übungen zur Spannungstoleranz, Emotionsregulation und zu sozialen Kompetenzen umfasst.

Die Akzeptanz- und Commitmenttherapie (ACT, Hayes et al., 1999) weist sechs Dimensionen aus, die sowohl das therapeutische Setting tragen als auch jene Kompetenzen umfassen, die auf Klient*innenseite vermittelt bzw. eingeübt werden sollen und zwar

- Akzeptanz (eigene Gefühle, Gedanken und Empfindungen annehmen, statt mit ihnen zu ringen)
- Kognitive Defusion (Auflösung kognitiver Verstrickungen/Fusionen, z. B. feste Glaubenssätze, Vorurteile, Wenn-Dann-Beliefs, die offenes Erleben und Verhalten behindern)
- Selbst-als-Kontext (Lösen von einengenden Selbstkonzepten, wie »Alle sollen mich mögen«, »Ich darf keine Schwächen zeigen« etc. zugunsten eines wachen Erlebens dessen, was aktuell und real ist, z. B. unter Zuhilfenahme von Perspektivenwechseln)
- Werte (Lösen von Werten, die entweder nicht genuin die eigenen sind, sondern familiär oder gesellschaftlich implementiert wurden oder Rationalisierungen [»Wenn dies oder jenes eintritt, muss man immer…«] darstellen, die eigenes Erleben und damit eigene Erfahrungen verhindern)
- Engagement/Commitment (das Leben eigener Werte in Form täglichen Handelns, das zum Erreichen gesteckter Ziele führt) und schließlich
- Achtsamkeit (gemäß den beschriebenen Grundmerkmalen »Present Moment«, »On Purpose« und »Non-Judgemental« die Reichhaltigkeit des Augenblicks im »Hier im Jetzt« erfahren und somit Handlungsflexibilität gewinnen; vgl. Linderkamp, 2019).

Das erste systematische Review zu den Effekten achtsamkeitsbasierter Therapie bei Kindern und Jugendlichen stammt von Black, Milam & Sussman (2009) und bezog 16 klinische und nicht-klinische Studien mit N = 860 6–18-jährigen Kindern und Jugendlichen von 1982 bis 2008 ein. Die Autoren fanden unter Berücksichtigung psychosozialer und verhaltensbezogener Erfolgsmaße einen Effektstärkenrange von 0.27 bis 0.70.

Eine Meta-Analyse von Zenner (2014) bezog sich unter Berücksichtigung von 24 Studien (davon 19 im Kontrollgruppendesign), die vor 2012 erschienen, ausschließlich auf den schulischen Kontext, mit Schüler*innen zwischen 6 und 21 Jahren. Die Effektstärken lagen insgesamt bei 0.41 (Kontrollgruppenstudien), fielen jedoch bei der Berücksichtigung kognitiver Leistungsmaße (Daueraufmerksamkeit) höher aus (0.68 bzw. 0.80).

Eine jüngere Studie von Janz, Dawe & Wyllie (2019) untersuchte die Wirksamkeit eines schulbezogenen Achtsamkeitsprogramms mit N = 55 Erst- und Zweitklässler*innen. Die Kinder verbesserten sich im Vergleich zur Wartekontrollgruppe über die drei Messzeitpunkte sowohl im Bereich exekutiver Funktionen (Testverfahren A/Kartensortiertest T2: d = 0.48; T3: d = 1.10; Testverfahren B/Inhibitions- und

Aufmerksamkeitstest T2: $d = 0.77$; T3: $d = 1.33$) als auch im Verhaltensbereich (SDQ T2: $d = 0.14$–0.53; T3: $d = 0.37$–0.90) beträchtlich. Eine aktuelle Studie von Crooks et al. (2020) unter Einbeziehung von 23 Klassen mit 584 Schüler*innen fanden ebenfalls signifikante Verbesserung in diesen Bereichen.

Zoogman et al. (2015) bezogen 20 vor 2011 publizierte Studien (davon 12 im Kontrollgruppendesign) mit 6–21-jährigen Kindern und Jugendlichen in ihre Metaanalyse ein und fanden die größten Effekte bei Studien mit klinischen Stichproben (0.50) bei ansonsten kleinen Effektstärken (0.23).

In eine Metaanalyse von Klingbeil, Fischer et al. (2017) gingen 10 Einzelfallstudien ein, die alle die Wirksamkeit achtsamkeitsbasierter Therapie auf externalisierende Verhaltensstörungen 4–18-jähriger Kinder und Jugendlicher untersuchten. Die errechnete mittlere Effektstärke betrug 1.04.

Klingbeil, Renshaw et al. (2017) bezogen 76 MBSR-Studien in eine Metanalyse ein und stellten insgesamt kleine bis moderate Effektstärken fest. Studien im Prä-, Postdesign dokumentierten zusammen genommen eine Effektstärke von 0.30, wohingegen Studien, die einen Follow-Up-Messzeitpunkt mit einbezogen im Mittel eine Effektstärke von 0.46 aufwiesen. Sofern Achtsamkeit selbst als abhängiges Maß kontrolliert wurde, zeigten sich größere, mittlere Effekte von 0.51. Die Autoren konnten zudem feststellen, dass weder Merkmale des therapeutischen Settings noch die Intensität der Intervention bedeutsam auf die Interventionsausgänge Einfluss nahmen. Ein Befund, der sich auch in anderen Metaanalysen wiederfindet.

Zuletzt fanden Dunning et al. (2019) in ihrer Metaanalyse unter ausschließlicher Berücksichtigung von 17 Studien ($N = 1.762$) im RCT Design und aktiver Kontrollbedingung eine geringe Reduktion von Angst und Stress ($d = 0.18$) jedoch mittlere Effektstärken bzgl. Achtsamkeit ($d = 0.42$) und Depression ($d = 0.47$).

In der Meta-Analyse von Linderkamp & Lüdeke (2019) fanden 16 Studien Berücksichtigung, welche in den Jahren 2008–2018 die Wirksamkeit achtsamkeitsbasierter Interventionen bei Kindern und Jugendlichen mit ADHS untersucht hatten. Im Ergebnis zeigt sich hinsichtlich der Reduktion der gesamten ADHS-Symptomatik eine große Effektstärke von $d = 1.08$. Zudem konnten eine Verringerung der Unaufmerksamkeitssymptomatik ($d = 0.47$), mittlere Effekte auf Hyperaktivität/Impulsivität sowie moderate bis große Effekte auf komorbide internalisierende Störungen (Depressionen, Angststörungen) festgestellt werden.

Insgesamt liegen also durchaus vielfältige und insgesamt positive empirische Evidenzen vor. Hervorzuheben ist dabei, dass achtsamkeitsbasierter Interventionen störungsübergreifend und insofern auch bei komorbiden (Lern- und Verhaltens-) Störungen wirksam sind. Dennoch reicht die derzeitige Befundlage empirischer Studien noch lange nicht aus. Weitere Studien zur differentiellen Wirksamkeit therapeutischer Achtsamkeitskomponenten sollten hier perspektivisch zur Entwicklung von Best Practice Modellen führen.

Indikation

Ein besonderer Ansatzpunkt achtsamkeitsbasierter Verfahren liegt in dem Umstand begründet, dass psychischen Problemlagen und Lernstörungen gestörte Prozesse der kognitiven und sozialen Informationsverarbeitung zugrunde liegen.

Wie auch die zitierten Wirksamkeitsanalysen belegen, wirken achtsamkeitsbasierte Übungen negativen, ruminativen Denkmustern entgegen, so dass sie eine hohe Wirksamkeit bei internalisierenden Verhaltensstörungen entfalten. Doch auch bei externalisierenden Verhaltensstörungen sind dysfunktionale Kognitionen festzustellen wie etwa eine unzureichende und ungeeignete Reizverarbeitung bei Kindern mit Aufmerksamkeitsstörungen (z. B. mangelnde inhibitorische Kontrolle). Aggressive Kinder nehmen oft negative Interpretationen sozialer Situationen vor, wenn z. B. hinter anhaltendem Augenkontakt in erster Linie eine feindselige Haltung vermutet wird. Lernstörungen gehen stets auch auf gestörte Informationsverarbeitungsprozesse (z. B. Einschränkungen im Bereich der Meta-Kognition, impulsiver Arbeitsstil etc.) zurück. Daher findet achtsamkeitsbasierte Therapie mittlerweile störungsübergreifend (auch) bei Kindern und Jugendlichen Anwendung.

3 Achtsamkeitsprogramm für Kinder und Jugendliche (AKJ)

Linderkamp (2018) stellt ein acht Sitzungen umfassendes Achtsamkeitsprogramm vor, das über einen Zeitraum von vier oder acht Wochen als Gruppenprogramm durchaus mit kompletten (inklusiven) Klassen bis zu 30 Teilnehmer*innen (2x) wöchentlich im Umfang von ca. 2,5 Stunden durchgeführt werden kann. Eine Voraussetzung für die Durchführung von Achtsamkeitsübungen ist keine spezifische Therapieausbildung. Unerlässlich ist es jedoch, dass der bzw. die Therapeut*in auf eigene Erfahrungen mit Achtsamkeitsübungen zurückgreifen kann.

Die Sitzungen beinhalten stets einen 20–40-minütigen übenden Part, in dem konkrete Yogaübungen oder Meditationen durchgeführt werden sowie Übungen zur Alltagsintegration von Achtsamkeit und aus einem edukativen Teil (Wissensvermittlung, Diskussion), in dem verschiedene für die Gruppenmitglieder bedeutsame Schwerpunktthemen (Umgang mit Hyperaktivität, Aufbau und Pflege befriedigender Freundschaften) behandelt werden. Ein wichtiges Merkmal achtsamkeitsbasierter Verfahren ist das Fortführen der Übungen zuhause. Dies erhöht einerseits den Übungseffekt, ist aber auch andererseits dem Anliegen geschuldet, dauerhaft, also über das Ende des Programms hinaus, das Prinzip einer achtsamen Alltags- und Lebensgestaltung beizubehalten.

Es lassen sich wichtige weitere Durchführungshinweise ergänzen (Michalak et al., 2012; Linderkamp, 2018):

- Sachlichkeit bei der Meditationsanleitung: Es ist nicht Ziel der Übungen, die Kinder/Jugendlichen etwa mit gedämpfter und tiefer Stimme in einen tieferen Entspannungsmodus zu bringen. Die Übungen sollten sachlich und frei (nicht Ablesen) angeleitet werden.
- Formulierung zur Ermutigung der Teilnehmer*innen: z. B.: »Richte deine Aufmerksamkeit nun auf deinen Atem – so gut es dir möglich ist« ist klarer und ermutigender als: »Versuche nun, … «.
- Durchführung gemeinsam mit den Teilnehmer*innen: Die Übungen werden nicht gleichsam fachlich neutral von außen angeleitet, sondern sie werden aus dem Moment der gemeinsamen Erfahrung in der Gruppe angeleitet. Es erfolgt eine Anleitung aus der Moment-zu-Moment-Erfahrung.
- Raum und Zeit für Stille: Jede/r Teilnehmer*in braucht seine/ihre eigene Zeit für die Übungsdurchführung. Dafür sind Raum und Zeit zu gewähren.
- Austausch in der Gruppe: Nach den Übungen leitet der/die Trainer*in die Gruppe an, sich über das Erfahrene auszutauschen. Dabei erfolgen keine Reflexionen über positive versus dysfunktionalen Gedanken, sondern die Teilnehmer*innen werden angeregt, (a) nachzusinnen, was sie gerade wie erlebt haben, (b) was sie dabei für sich entdeckt haben und (c) wie hilfreich diese Erfahrungen waren im Hinblick auf die Übungsziele (z. B. besser aus zirkulären Kognitionen aussteigen und Gefühle besser regulieren zu können). Anleitende Fragen können sein:
  – während der Übungen: »Was hast du genau bemerkt, als du in deinen Körper, in deine Atmung hineinfühltest?«, »Was war bekannt, was neu?«
  – während der Reflexion der Übungen: »Was sagt dir diese Erfahrungen?«, »Was bringt dir das im Hinblick auf deine häufigen negativen (oder abschweifenden) Gedanken?«
  – im Fazit/Abgleich mit den Zielen des Programms: »Was kannst du aufgrund deiner Erfahrungen bei kommenden Übungen anders machen, was ausprobieren?«, »Was hast du im Hinblick auf deine Übungen Zuhause gelernt?«

Sitzungsinhalte

Das AKJ umfasst im großen Umfang psychoedukative Teile zur Vermittlung wichtiger Informationen rund um die Kernthemen der jeweiligen Sitzungen sowie zur Vermittlung der Ziele der Achtsamkeitsübungen. Dabei wird den Kindern und Jugendlichen der Zusammenhang zwischen den gewohnheitsmäßigen dysfunktionalen Gedanken (sich sorgen, grübeln, abschweifen, Feindseligkeiten herstellen) und der Alternative des Wechsels in bewusste und gezielte Aufmerksamkeitslenkungen aufgezeigt.

In jeder Sitzung werden Achtsamkeitsübungen durchgeführt, die den Kindern und Jugendlichen schrittweise dazu verhelfen sollen, von den dysfunktionalen Gedanken abzulassen und zu gezielten Aufmerksamkeitslenkungen überzugehen und diese durchzuhalten. Jeder Sitzung sind geeignete Achtsamkeitsübungen zugewiesen, die am Ende von der Gruppe reflektiert werden. Ziel des Programms ist nicht allein die Reduktion der Störungssymptomatik, sondern die Erkenntnis, durch

Achtsamkeit zu einem reicheren, weil bewussteren Leben im Hier und Jetzt zu gelangen.

Der Sprunghaftigkeit von Gedanken, wie sie etwa bei einer schwachen Lernorganisation zu finden ist, kann mit Achtsamkeitsübungen begegnet werden, die durch Fokussierungen auch zur besseren Zentrierung der Kognitionen führen. Die Kinder und Jugendlichen orientieren sich somit aufmerksam in der Gegenwart, sammeln und entspannen sich dabei.

Sich schlecht fühlen bei emotionalen und sozialen Problemen hat immer auch eine körperliche Dimension. Negative Gedanken und Befindlichkeiten äußern sich z. T. sichtbar körperlich (z. B. geduckte Haltung) oder psychosomatisch (z. B. Magendruck). Beispielhaft sei im Folgenden die Übung »Body-Scan« genauer erläutert und beschrieben, welche die Möglichkeit eröffnet, einen nicht negativen und schließlich positiveren Zugang zu eigenen Körpererfahrungen zu finden. Damit werden auch die Selbstorganisation und -regulation geschult und dies sind Kernkompetenzen für eine bessere Steuerung im Sozial- und Leistungsverhalten. Hinweise zur Durchführung von Body-Scan-Übungen finden sich im Kasten 1.

Body-Scan

Dauer der Übung: 30 Minuten. Die Übung beginnt mit der Instruktion, die Aufmerksamkeit auf den eigenen Atem zu lenken. Dabei sollen keine Bewertungen stattfinden (»Hmm doof, meine Atmung ist nicht entspannt, sondern flach und schnell und unregelmäßig!«), sondern alle Aspekte (inklusive ggf. Unruhe, Verspannungen) sollen lediglich bewusst, achtsam wahrgenommen werden. Dabei soll nicht wie bei klassischen Entspannungsverfahren notwendigerweise ein Zustand der Entspannung und Ruhe erzielt werden, sondern soweit möglich eine Haltung des Interesses, der Offenheit und Akzeptanz den eigenen Wahrnehmungen gegenüber.

Es ist eher die Regel, denn die Ausnahme, dass die Aufmerksamkeit abschweift und andere Gedanken Raum greifen. Wichtig ist, dies von Teilnehmer*innenseite aus akzeptieren zu lernen und nicht gemäß dem etablierten Modus dysfunktionaler Gedanken Selbstabwertungen vorzunehmen (»Typisch, ich schweife immer ab!«). Wichtig ist, dies mit den Teilnehmer*innen anzusprechen und das Ziel zu vereinbaren, (soweit möglich) die eigenen Wahrnehmungen wertungsfrei und interessiert zur Kenntnis zu nehmen und zu akzeptieren sowie die Haltung einzunehmen, nicht stets fokussiert sein zu müssen, sondern Abschweifungen zu bemerken und sich zu bemühen, in die achtsame Haltung und Aufmerksamkeit zurückzukehren. Gegebenenfalls können auch explizite Übungen zum Lösen der Aufmerksamkeit in Richtung anderer Gedanken und die Rückkehr auf die achtsame Fokussierung eingefügt werden, um hier die Regulationskontrolle zu erhöhen. Es können sich Unsicherheiten, Nervosität oder auch Langeweile einstellen, da die Teilnehmer*innen eher den Modus des Tuns bedienen und Probleme haben, den Modus des Seins und die damit einhergehende Offenheit und Entspanntheit zu akzeptieren. Auch dies ist wichtig zu thematisieren und den Teilnehmer*innen die Botschaft zu vermitteln, dass sie nicht ungeduldig mit sich sein müssen, sondern versuchen sollten, den Moduswechsel mit der Zeit schrittweise besser hinzubekommen. Die von Trainer*innenseite zu vermittelnde Botschaft lautet, mit sich selbst tolerant und behutsam umgehen zu dürfen. Es ist nicht Ziel der Übungen, Techniken möglichst gut zu lernen, die statisch anzuwenden sind, sondern sich vorbehaltlos für neue Erfahrungen im Hier und Jetzt zu öffnen, statt negativen Gedanken den Raum zu geben.

Es werden auch beim Body-Scan nach jeder Übung die Erfahrungen der Teilnehmer*innen ausführlich in der Gruppe mit dem/der Trainer*in reflektiert, wobei stets von den konkreten positiven wie negativen Erfahrungen auszugehen ist, als sofort über die Bedeutung auf übergeordneter Ebene (welchen Effekt hat das Erlebte ggf. auf meine psychischen Probleme?) zu sprechen.

Instruktionen beim Body Scan
Mach es dir bequem. Setze dich auf einen Stuhl mit den Füßen auf dem Boden, halte deinen Rücken gerade, aber nicht steif.
Du kannst dich auch hinstellen oder hinlegen.
Lege Deine Hände entspannt in den Schoß oder lass sie an deiner Seite liegen – ganz wie Du magst.
Schließe Deine Augen oder lasse sie auch leicht geöffnet.
Atme nun tief durch, tief in den Bauch und ganz langsam ausatmen. Atme durch die Nase ein und durch den Mund wieder aus.
Fühle, wie sich dein Bauch beim Einatmen ausdehnt und hebt und beim Ausatmen entspannt sinkt.
Versuche nur auf Dich zu achten und äußere Ablenkungen nicht zuzulassen. Wenn du etwa durch Geräusche abgelenkt wirst, bemerke dies einfach und bringe deine Aufmerksamkeit wieder zurück zu Dir.
Jetzt spüre Deine Füße. Spüre den Fußballen auf dem Boden ... wie fühlt es sich an, an welcher Stelle spürst du dein Körpergewicht? Verlagere Dein Gewicht. Wenn Du stehst oder sitzt, dann verlagere dein Gewicht nach vorne auf den vorderen Ballen ... auf die Zehen. Wenn Du liegst, bewege deine Füße langsam nach links. Fühle, wie und wohin sich das Gewicht verlagert ... nun nach rechts ...
Lenke jetzt Deine Aufmerksamkeit auf deine Knöchel, Waden, Knie und Oberschenkel. Wie fühlt sich der linke Knöchel an ... spürst du da etwas? Jetzt beim rechten Knöchel ...
Wie fühlen sich deine Waden an? Spürst du Spannungen in den Muskeln? Geh auf die Zehenspitzen ... was ändert sich in den Waden? ...
Weiter mit Knien, Oberschenkeln, Becken, Hintern, Rücken, Bauch (»Merkst Du, wie Deine inneren Organe, die Verdauung, arbeiten?«), Brust (»Spürst Du Dein Hemd oder Dein T-Shirt auf der Brust?«; Spürst Du Deinen Herzschlag? Egal, wie es schlägt, langsam oder schnell – genau so ist es ok!«), Arme, Hände, Finger, Hals, Gesicht, Kopfhaut ...
Manchmal spürt man gar nichts beim Hinfühlen – das ist aber vollkommen in Ordnung.
Wenn du störende Gedanken entwickelst, die dich abschweifen lassen, sei milde

mit Dir, lenke die Gedanken ab und komme einfach zurück zur Übung …
Auch Unbehagen, Steifheit , vielleicht sogar leichte Schmerzen sind nicht schlimm – bemerke sie und beurteile nichts als schlimm …
Jetzt am Ende der Übung atme 2–3 Mal tief ein und aus, öffne Deine Augen wieder ganz und wende Dich wieder der Gruppe zu.

4 Ausblick

Vor dem Hintergrund vorliegender Evidenzen erscheint es ratsam, die Routinen zur Förderung von Schüler*innen mit Lern- und Verhaltensstörungen um achtsamkeitsbasierte Interventionsbausteine zu erweitern. Bei der Implementierung und Evaluation derartiger recht neuer, innovativer Programme wie den achtsamkeitsbasierten Interventionen ist darauf zu achten, dass nicht allein der Inhalt der Übungsprogramme über deren Wirksamkeit entscheidet, sondern auch wie sie unter welchen Bedingungen durchgeführt werden (vgl. Petermann, 2014). Perspektivisch wäre in diesem Kontext der Wirksamkeitsforschung demnach neben profanen Dingen wie der Finanzierbarkeit zu erfassen, wie etwa die Akzeptanz solcher innovativer Föderansätze in den Schulen ausfällt und welche Bereitschaft zur Umsetzung vorliegt. Zudem wäre zu klären, wie hoch die Kompatibilität der Intervention mit den vorliegenden Klassen- und Schulstrukturen einzuschätzen ist bzw. ist zu überlegen, als wie machbar die Lehrkräfte die Umsetzung der achtsamkeitsbasierten Übungen in den bestehenden Strukturen beurteilen. Wie hoch ist die Wiedergabetreue bzw. werden die Übungen auch gemäß den Grundkonzepten achtsamkeitsbasierter Übungen durchgeführt oder passt die Lehrkraft die Übungen lediglich an die eigene pädagogische Routine an? Am Ende wäre festzustellen, inwieweit die Übungen auch in die Strukturen der Schule und als Teil pädagogischen Handelns tatsächlich und nachhaltig Eingang gefunden haben.

Literatur

Abdolahzadeh, Z., Mashhadi, A. & Tabibi, Z. (2017). Effectiveness of mindfulness-based therapy on the rate of symptoms and mind fulness in adolescents with attention-deficit hyperactivity disorder. *Journal of Fundamentals of Mental Health, 19*(1), 30–37.
Black, D.S., Milam, J. & Sussman, S. (2009). Sitting meditation interventions among youth: A review of treatment efficacy. *Pediatrics, 124,* 532–541.
Crooks, C.V., Bax, K., Delaney, A., Kim, H. & Shokoohi, M. (2020). Impact of MindUP Among Young Children: Improvements in Behavioral Problems, Adaptive Skills, and Executive Functioning. *Mindfulness 11,* 10, 2433–2444. https://doi.org/10.1007/s12671-020-01460-0.

Dunning, D.L., Griffiths, K, Kuyken, W., Crane, C., Foulkes, L., Parker, J. & Dalgleish, T. (2019) Research Review: The effects of mindfulness-based interventions on cognition and mental health in children and adolescents – a meta-analysis of randomized controlled trials. *Journal of Child Psychology & Psychiatry, 60, 3*, 244–258. https://doi.org/10.1111/jcpp.12980

Hayes, S. C., Strosahl, K. D. & Wilson, K. G. (1999). *Acceptance and commitment therapy: An experiential approach to behavior change.* Guilford Press.

Heidenreich, T., Grober, C. & Michalak, J. (2014). Achtsamkeitsbasierte kognitive Therapie. *Zeitschrift für Klinische Psychologie und Psychotherapie, 43*(4), 233–240.

Househam, A & Solanto, M. (2016). Mindfulness as an Intervention for ADHD. *The ADHD Report 24*, 1–9.

Janz, P., Dave, S. & Wyllie, M. (2019). Mindfulness-based program embedded within the existing curriculum improves executive functioning and behavior in young children: A waitlist controlled trial. *Frontiers in Psychology, 10*, 1–17. https://doi.org/10.3389/fpsyg.2019.02052.

Kabat-Zinn, J. (1990). *Full catastrophe living: Using the wisdom of your body and mind to face stress, pain, and illness.* Dell Publishing.

Klingbeil, D. A., Fischer, A. J., Renshaw, T. L., Bloomfield, B. S., Polakoff, B., Willenbrink, J. B. & Chan, K. T. (2017). Effects of mindfulness-based interventions on disruptive behav-ior: A meta-analysis of single-case research. *Psychology in the Schools, 54*, 70–87.

Klingbeil, D. A., Renshaw, T. L., Willenbrink, J. B., Copek, R. A., Chan, K. T., Haddock, A., Yassine, J. & Clifton, J. (2017). Mindfulness-based intervention with youth: A comprehen-sive meta-analysis. *Journal of School Psychology, 63*, 77–103.

Kühner, C., Huffziger, S. & Nolen-Hoeksema, S. (2007). *Response Styles Questionnaire – Deutsche Version (RSQ-D).* Hogrefe.

Linderkamp, F. (2018). Achtsamkeit. In G.W. Lauth, U. Brack & F. Linderkamp (Hrsg.), *Verhaltenstherapie mit Kindern und Jugendlichen* (S. 753–769). Psychologie Verlags Union.

Linderkamp, (2019). Die Effektivität achtsamkeitsbasierter Therapieverfahren bei Kindern und Jugendlichen mit ADHS – ein systematisches Review. *Lernen und Lernstörungen*, 1–11.

Linderkamp, F. & Lüdeke, S. (2019). Zur Wirksamkeit achtsamkeitsbasierter Therapie bei ADHS im Kindes- und Jugendalter – eine empirische Metaanalyse. *Kindheit und Entwick-lung, 28*(2), 85–95.

Linehan, M. M. (1993). *Cognitive-behavioral treatment of borderline personality disorder.* Guilford.

Michalak, J., Heidenreich, T. & Williams, J. M. G. (2012). *Achtsamkeit.* Hogrefe.

Petermann, F. (2014). Implementationsforschung: Grundbegriffe und Konzepte. *Psychologische Rundschau, 65*, 3, 122–128.

Segal, Z. V., Williams, J. M. G. & Teasdale, J. D. (2002). *Mindfulness-based cognitive therapy for depression: A new approach to relapse prevention.* The Guildford Press.

Ströhle, G., Nachtigall, C., Michalak, J. & Heidenreich, T. (2010). Die Erfassung von Acht-samkeit als mehrdimensionales Konstrukt. Die deutsche Version des Kentucky Inventory of Mindfulness Skills (KIMS- D). *Zeitschrift für Klinische Psychologie und Psychotherapie, 39*(1), 1–12.

Walach, H., Buchheld, N., Buttenmüller, V., Kleinknecht, N., Grossman, P. & Schmidt, S. (2004). Empirische Erfassung der Achtsamkeit – die Konstruktion des Freiburger Frage-bogens zur Achtsamkeit (FFA) und weitere Validierungsstudien. In T. Heidenreich & J. Michalak (Hrsg.), *Achtsamkeit und Akzeptanz in der Psychotherapie* (S. 727-770). Tübingen, Deutsche Gesellschaft für Verhaltenstherapie.

Zenner, C., Herrnleben-Kurz, S. & Walach, H. (2014). Mindfulness-based interventions in schools: A systematic review and meta-analysis. *Frontiers in Psychology, 5*, 603.

Zoogman, S., Goldberg, S. B., Hoyt, W. T. & Miller, L. (2015). Mindfulness interventions with youth: A meta-analysis. *Mindfulness, 6*, 290–302.

Operante Methoden zur Förderung von Lern- und Sozialverhalten

Sina Napiany & Christian Huber

1 Belohnung als Problemlösung?

Die Anwendung von Belohnung und Bestrafung als Verhaltenskonsequenzen steht in langer pädagogischer Tradition. Seit den Arbeiten von B. F. Skinner (1904–1990) zur operanten Lerntheorie (operante Konditionierung) kann der dahinterliegende Wirkmechanismus theoretisch fundiert erklärt und evidenzbasiert aufgezeigt werden. So ist der Zusammenhang von Verhalten und den ihm nachfolgenden Konsequenzen unumstritten. Dabei gilt, dass verlässliche Konsequenzen auch zukünftiges Verhalten beeinflussen. Dieses Wissen wird im Rahmen schulischer Lern- und Verhaltensförderung gezielt genutzt.

Operante Methoden im engeren Sinne zeichnen sich durch eine systematische Veränderung von Verhaltenskonsequenzen auf Grundlage einer Verhaltensanalyse und bezüglich eines Zielverhaltens aus. So kann der Abbau von Problem- sowie der Aufbau von Alternativverhalten unterstützt und damit jede/r Lernende an seinem/ihrem Verhaltensrepertoire abgeholt werden. Zur Unterstützung von Lern- und Sozialverhalten zeigt sich, dass eine Verstärkung erwünschter Verhaltensweisen von hoher Bedeutung ist. Um die Wirkung von Verstärkern zu verstehen, kommt der Perspektive und den Bedürfnissen der Lernenden, sowie dem Verhalten von Bezugspersonen eine bedeutende Rolle zu. Diese theoretischen Grundlagen werden im ersten Teil dieses Kapitels ausgeführt.

Üblicherweise werden operante Methoden mit weiteren Maßnahmen kombiniert. Das Konzept einer Positiven Verhaltensmodifikation (PVM) zur individuellen Verhaltensförderung im Unterricht ist ein Beispiel für eine solche Kombination. Eine Beschreibung der praktischen Umsetzung dieser Fördermöglichkeit erfolgt im zweiten Teil dieses Kapitels.

2 Kennzeichen operanter Methoden

Operante Methoden basieren auf dem Grundprinzip der operanten Lerntheorie. Mittels dieser kann erklärt werden, unter welchen Bedingungen Verhaltensweisen mit größerer Wahrscheinlichkeit wiederholt auftreten. Die Betrachtung der Bedürfnisse Lernender zeigt darüber hinaus, warum Verstärker inhaltlich wirksam werden. So kann die Wirkung bestehender und zukünftige Verstärker verstanden und dieses Wissen zur Verhaltensmodifikation genutzt werden.

Grundlagen des operanten Lernens

Den Kern der operanten Lerntheorie bildet die Annahme, dass ein Verhalten immer in direktem Zusammenhang mit der ihm nachfolgenden Konsequenz steht (Steege et al., 2007). Die Theorie wird in der psychologischen Grundlagenliteratur umfänglich beschrieben (z. B. Narciss, 2011). Grundsätzlich gilt, dass ein Verhalten häufiger auftritt, wenn auf dieses eine subjektiv angenehme Konsequenz folgt. Diese kann entweder aus einem tatsächlich als angenehm empfundenen Reiz bestehen (*positive Verstärkung*) oder aus dem Wegfall eines als aversiv empfundenen Reizes (*negative Verstärkung*). Ein Verhalten tritt dagegen seltener auf, wenn darauf eine subjektiv unangenehme Konsequenz folgt. Diese kann entweder aus einem tatsächlich als aversiv erfundenen Reiz bestehen (*positive Bestrafung*) oder aus dem Wegfall eines als angenehm empfundenen Reizes (*indirekte Bestrafung*). Zusätzlich gilt, je näher bzw. unmittelbarer eine Konsequenz zeitlich und/oder räumlich am gezeigten Verhalten liegt (*Kontiguität*), desto stärker wirkt diese und je regelmäßiger sie erfolgt (*Kontingenz*), desto schneller und stabiler wird Verhalten modifiziert. Je nach Systematik der Anwendung dieser Grundlagen kann Verhalten auf- oder abgebaut, stabilisiert oder gelöscht werden.

Operante Förderung von Lern- und Sozialverhalten

Zur schulischen Verhaltensförderung wird der Aufbau positiven Zielverhaltens in den Vordergrund gestellt. Steigt ein Zielverhalten, nimmt entgegenstehendes Problemverhalten meist ab. Ein Zielverhalten kann im Bereich des Lern- und des Sozialverhaltens liegen. Es muss dem/der Lernenden bekannt bzw. in dessen/deren Verhaltensrepertoire bereits ansatzweise vorhanden sein. Im Rahmen der Förderung werden dann Verhaltenskonsequenzen diesbezüglich neu systematisiert. Hierzu müssen Konsequenzen, die vorhandenes Problemverhalten aufrechterhalten, aufgedeckt und zukünftigen Anreize (*Verstärker*), die zur Unterstützung des Zielverhaltens eingesetzt werden können, gefunden werden.

> **Infobox 1: Bedürfnisse und Verhalten**
>
> Maslow (2021) beschreibt grundlegende Bedürfnisse, deren Erfüllung Verhalten motiviert. Hierzu gehören physiologische Bedürfnisse (Essen, Trinken, Schlaf, Bewegung), die Bedürfnisse nach Sicherheit, sozialer Beziehung, Wertschätzung und Anerkennung sowie nach Individualität. Parallel dazu beziehen sich Deci und Ryan (1993) auf die Bedürfnisse nach sozialer Eingebundenheit, Kompetenzerleben und Autonomie.

Grundlegend sind diejenigen Verstärker motivierend, die Bedürfnisse ansprechen. Menschliche Bedürfnisse werden u. a. durch Motivationstheorien inhaltlich aufgeschlüsselt (s. Infobox 1). Verstärker, die Bedürfnisse direkt erfüllen, werden als *primär* bezeichnet, wohingegen *sekundäre* Verstärker (*Token*) symbolisch stellvertretend für die Möglichkeit zur Erreichung der Bedürfniserfüllung stehen (z. B. Punkte, Sticker, Münzen).

Verstärker können außerdem nach drei Ausprägungen kategorisiert werden (s. Infobox 2). Meist sind natürliche Verstärker, die bereits im Alltag vorkommen und in inhaltlichem Bezug zum Verhalten stehen, bedeutsamer als weniger natürliche. Eine Auswahl und Planung von Verstärkern zur Unterstützung des Zielverhaltens geschieht daher stets situationsabhängig und unter Bedacht der individuellen Bedürfnislage.

> **Infobox 2: Ausprägungen von Verstärkern (angelehnt an Linderkamp, 2009)**
>
> *Soziale Verstärker:* Aufmerksamkeit, Lob, Anerkennung, Zuwendung von Bezugspersonen
> *Handlungsverstärker:* angenehme Aktivität (ggf. mit Bezugspersonen)
> *Materielle Verstärker:* Gegenstände, die einen (potentiellen) persönlichen Wert besitzen

Die erfolgreiche Anwendung von Verstärkern ist über das operante Grundprinzip bedingt. Da zeitnahe, regelmäßige und zuverlässige Konsequenzen wirksamer sind als zeitlich verzögerte, unregelmäßige und unzuverlässige, werden mehrere Verstärkerarten und -ausprägungen miteinandner kombiniert. Dies ermöglicht eine wirksame und zeitgleich ökonomische Umsetzung im pädagogischen Kontext.

Im Kern der Förderung steht ein nachhaltiger Verhaltensaufbau, der über eine Kombination aus positiver Verstärkung und indirekter Bestrafung erreicht werden kann. Durch eine positive Verstärkung erfährt der/die Lernende, dass eine erwünschte Verhaltensweise gezeigt wurde. Bei einer indirekten Bestrafung, durch den Vorenthalt eines erwünschten Verstärkers, erfährt er/sie, dass das Verhalten unpassend oder nicht ausreichend ist. Die Umsetzung wird dabei über ein *Token-System* organisiert. Im Zuge dessen werden dem/der Lernenden materielle Verstärker oder Handlungsverstärker als Belohnung bezüglich des Zielverhaltens in Aussicht gestellt. Zu abgestimmten Zeitpunkten können dann Token zeitnah zum gezeigten Zielverhalten erworben werden bzw. bleiben bei Nichterreichung aus. Wird eine festgelegte Anzahl von Token erreicht, können diese gegen die Belohnung eingetauscht werden. Die Absprachen und die Regelmäßigkeit einer solchen Fremdverstärkung werden meist durch einen *Verhaltensvertrag* und einen *Feedbackplan* visualisiert.

Verhaltensunterstützend wirkt, ergänzend zu einem Token-System, der Einsatz weiterer primärer positiver Verstärker. Hierzu gehören soziale Verstärker, die soziale Bedürfnisse direkt ansprechen. Sie stellen besonders natürliche Konsequenzen dar, denn Reaktionen von Anwesenden sind in sozialen Kontexten immer vorhanden, sie sind ökonomisch (kostenfrei, geringer Aufwand) und stehen zeitnah zum Verhalten. Daher sollten sie bewusst und begleitend eingesetzt werden.

Darüber hinaus können weitere Strukturen und Methoden im Rahmen einer Verhaltensmodifikation zur Steigerung der Verhaltensmotivation beitragen. So kann (angelehnt an Deci & Ryan, 1993) durch die besondere Zuwendung von relevanten Bezugspersonen (bspw. extra Zeit, die sich die Lehrkraft oder Erziehungsperson für ein Gespräch nimmt) das Bedürfnis nach *sozialer Eingebundenheit* angesprochen werden. Rückmeldungen über die eigene Entwicklung (bspw. durch *Feedbackgespräche* und *Verlaufsdiagramme*) erfüllen das Bedürfnis nach *Kompetenzerleben*. Über Mitbestimmungsmöglichkeiten (bspw. durch die Möglichkeit zur *Selbstbeurteilung* und selbstgewählte Belohnungen) wird das Bedürfnis nach *Autonomie* realisiert. Hierbei geht es niemals um einen Vorenthalt der regulären Erfüllung dieser Bedürfnisse, sondern um eine zusätzliche Aufmerksamkeit bezüglich deren besonderer Wirksamkeit.

Zusammenfassung der Wirkannahmen

Eine gezielte Planung und verlässliche Anwendung von Verstärkern im Rahmen einer Verhaltensmodifikation stellt nachweislich sowohl für Lern- als auch Verhaltensprobleme eine wirksame Intervention im Kindes- und Jugendalter dar (Beelmann & Schneider, 2003; Junge-Hoffmeister, 2011). Die Kombination einer positiven Verstärkung mit einer indirekten Bestrafung zeigt sich als wirksam, während der alleinige Einsatz der indirekten oder direkten Bestrafung keine nachhaltige Wirkung erzielt (Narciss, 2011). Operante Methoden, die in der Schule auf Gruppenebene sowie für den Einzelfall angewandt werden, gelten als evidenzbasiert (Hagen et al., 2012; Volpe & Fabiano, 2013). Insbesondere im Primarbereich, in dem Lern- und Sozialverhalten zunächst noch erlernt werden, stellen sie einen geeigneten Ansatz zur Förderung des schulischen Verhaltes dar.

Nimmt Problemverhalten ab, kann die Lernzeit und so das Angebot der Förderung effektiver genutzt werden. Operante Methoden setzen jedoch am Symptom und nicht unbedingt an der Ursache des Problems an. Daher werden sie üblicherweise mit weiteren Maßnahmen kombiniert, um deren Wirksamkeit und Nachhaltigkeit zu erhöhen (Junge-Hoffmeister, 2011; Linderkamp & Lüdeke, 2018). Die Mitarbeit der Lernenden sowie deren Selbstverantwortung und Selbstreflektion stehen hierbei häufig im Vordergrund und sind höchst wirksam (Briesch & Briesch, 2016). Darüber hinaus zeigt sich, dass der Einbezug des Elternhauses die Effektivität steigern kann. Einige ausgearbeitete schulpraktische Konzepte beruhen auf diesen gemeinsamen Wirkannahmen.

3 Schulpraktische Anwendung – Positive Verhaltensmodifikation (PVM)

Strukturierte Konzepte zur Verhaltensmodifikation auf Gruppenebene liegen z. B. durch das *KlasseKinderSpiel* (Hagen et al., 2012) oder die *Kooperative Methode* (Redlich & Schley, 1981) vor. Für eine Einzelförderung gibt es Programme, deren Durchführung jedoch häufig an eine Verhaltenstherapie gebunden ist (z. B. Döpfner et al., 2019). Diese sind für den Primäreinsatz durch Lehrkräfte kaum geeignet.

Das Konzept PVM grenzt sich von existierenden Ansätzen durch eine höhere Ökonomie und eine starke Fokussierung auf eine positive Verstärkung ab. Insbesondere wertschätzende Rückmeldungen und der aktive Einbezug der Lernenden selbst stehen hierbei im Vordergrund. Das Konzept ist ferner explizit auf den Einsatz in der Schule zugeschnitten. Da die PVM auf anerkannten theoretischen Grundlagen beruht, zeigen sich Parallelen zu bestehenden Ansätzen, die ebenfalls am Leitprinzip der (positiven) Verstärkung orientiert sind und eine Kooperation der Akteure/innen im schulischen Kontext beinhalten.

Die PVM basiert auf folgenden vier theoretischen Elementen:

1. Eine *Fremdverstärkung* durch positive Verstärkung und indirekte Bestrafung mittels Token-System dient der Unterstützung des Aufbaus des erwünschten Zielverhaltens und der Motivation zur Verhaltensänderung.
2. Eine regelmäßige *Selbstbewertung* des Zielverhaltens regt die Selbstreflexion an und erhöht die Selbststeuerungsfähigkeiten, die Selbstwirksamkeit und das Selbstwertgefühl. Das positive Zielverhalten wird so begünstigt.
3. Eine *Systemische Zusammenarbeit* beinhaltet, dass Aufgaben und damit die Verantwortung für den Erfolg geteilt werden. Dies ermöglicht, dass sich das System positiv und unterstützend verändert.
4. Eine *Klientenzentrierte Beziehungsarbeit* zeichnet sich über eine positive Kooperation durch eine konstante, bedingungsfreie und zugewandte Grundhaltung aus. Dies kann insbesondere die Lehrkraft-Schüler/in Beziehung stärken und damit auch die individuelle Entwicklung und Motivation unterstützten.

Nachfolgend werden die notwendigen Schritte zur Planung, Durchführung und Evaluation einer PVM beschrieben und durch die Beispiele 1 bis 5 praktisch veranschaulicht. Grundlegend arbeiten hierbei der/die Lernende, die Lehrkraft und, wenn möglich, eine Erziehungsperson sowie eine ausgebildete Beratungsperson (z. B. Regelschullehrkraft, Sonderpädagoge/in), die den Prozess anleitet, zusammen. Für eine erfolgreiche Zusammenarbeit finden zu Beginn, im Verlauf und zum Abschluss der PVM Kooperationsgespräche zwischen allen Beteiligten statt.

Auswahl des positiven Zielverhaltens

Zunächst ist es hilfreich, die Bedingungen eines Problemverhaltens zu verstehen und bestehende Konsequenzen auf ihre Valenz hin zu prüfen. Daraufhin kann ein entgegenstehendes positives und konkretes Zielverhalten abgeleitet werden. Eine anschließende eindeutige Beschreibung von Verhaltensweisen, die zum Zielverhalten führen, schafft Transparenz für den/die Lernende und kann im Prozess der Durchführung zur Orientierung von Beurteilungen oder als Hilfestellungen bei Feedbackgesprächen genutzt werden.

> **Beispiel 1: Zielverhalten**
>
> Die Schülerin M. (3. Klasse) zeigt regelmäßig aggressives Verhalten (Beschimpfungen anderer und Zerstörung von Material) zu Beginn von Gruppenarbeitsphasen. Die Lehrkraft weist M. daraufhin zurecht und schickt sie in Einzelarbeit. Letztere Konsequenz scheint für M. positiv, da sie der aversiven Gruppenarbeit entflieht. Für M. besteht keine Motivation zur Verhaltensänderung.
>
> Als Pendant zu M.s aggressiven Problemverhalten wird das positive Zielverhalten: *Ich arbeite gut in der Gruppe* formuliert. Daraufhin werden die Teilziele: *Ich bin freundlich zu meinen Gruppenmitgliedern; Ich gehe sorgfältig mit dem Material der Gruppe um; Ich erledige meine Gruppenaufgaben* operationalisiert.

Zielvereinbarung

Ist das Zielverhalten gewählt, erfolgt eine Zielvereinbarung, bei der die Rahmenbedingungen und das Ausmaß zur Zielerreichung festgelegt werden. Hierzu müssen individuelle Entscheidungen getroffen werden. Es werden die Kontexte (Unterrichtstunden/-einheiten), in denen das Zielverhalten gefördert werden soll, bestimmt. Es wird auch festgelegt, in welchem Zeitrahmen (Stunden, Tage, Wochen) und in welchem Ausmaß (Zielwert) das Verhalten zu einer Belohnung führen kann. Im Anschluss an die vereinbarten Unterrichtsstunden soll eine Fremd- und Selbstbewertung des Zielverhaltens stattfinden. Dazu wird die Zielverhaltensweise durch die Lehrkraft und den/die Lernende selbst während des regulären Unterrichts beobachtet und im Anschluss auf einer Ratingskala (Punkteskala) beurteilt. Die Punkte der Lehrkraft stellen die sekundären Verstärker (Token) dar, über die die Belohnung erreicht werden kann. Für stattgefundene Selbstbewertungen können ebenfalls Punkte vergeben werden. Das Ausmaß des Zielwerts, der zur Belohnung führt, lässt sich im Verlauf der Förderung steigern. Dieser Zielwert entspricht auch der Schwierigkeit des Zielverhaltens. Zum Einstieg sollte ein Zielwert gewählt werden, der ein Erfolgserlebnis ermöglicht. Es bietet sich an, dass einzelne Punkte für den Zielwert über den Verlauf einer gesamten Schulwoche hinweg gesammelt werden können. Eine Woche stellt einen überschaubaren Zeitraum dar und es bestehen Chancen, ungünstige Stundenbeurteilungen auszugleichen, was in der Regel die Verhaltensmotivation unterstützt. Durch die Berechnung eines Wochenmittelwertes (Summe erreichter Punkte/Anzahl stattgefundener Beurteilungen) können Beurteilungen, die ausgefallen sind, in der wöchentlichen Auswertung berücksichtigt werden. Die Rahmenbedingungen der Zielvereinbarung werden transparent in einem *Verhaltensvertrag* dargestellt. In einem *Feedbackplan*, der einen Wochenüberblick gibt, werden die täglichen Selbst- und Fremdbewertungspunkte eingetragen.

> **Beispiel 2: Zielvereinbarung**
>
> Mit M. wird vereinbart, dass sie das Zielverhalten in allen Mathe- und Deutscheinheiten bei Gruppenarbeiten zeigen soll. Diese finden jeweils täglich und regulär an fünf Tagen der Woche statt. In jeder der zehn Unterrichtseinheiten kann M. theoretisch 10 Punkte für das Zielverhalten erreichen. 0 bis 9 Punkte erhält sie je nach Beurteilung des Verhaltens durch die Lehrkraft, einen weiteren Punkt für eine stattgefundene Selbstbewertung. Damit kann M. eine Summe von 100 bzw. einen Mittelwert von 10 Wochenpunkten erreichen. Mit M. wird ein gemittelter Wochenpunktewert von 5 als erster Zielwert vereinbart.

Auswahl der Verstärker

Verstärker gilt es individuell auszuwählen. Von einer Belohnung, die pädagogisch sinnvoll scheint, jedoch keinen Anreiz für den/die Lernende darstellt, kann keine Wirkung angenommen werden. Zunächst können mögliche Belohnungen gesammelt werden. Enge Bezugspersonen, sowie der/die Lernende selbst wissen gut, welche Interessen, Tätigkeiten und Dinge ihr/ihm im Alltag Freude bereiten und den Bedürfnissen entsprechen. Belohnungen können nach Absprache in der Schule oder außerschulisch umgesetzt werden. Insbesondere Handlungsverstärker, die gemeinsam mit Bezugspersonen durchgeführt werden, stellen attraktive Belohnungen dar. Dem/der Lernenden obliegt eine abschließende Beurteilung der Ideen. Durch die Erstellung eines *Belohnungsmenüs* mit mehreren möglichen Belohnungen kann im Verlauf der Durchführung flexibel diejenige ausgewählt werden, die zu den aktuellen Bedürfnissen und Alltagsbedingungen passt. Damit wird eine langfristige Umsetzung möglich. Alle Absprachen und Vereinbarungen sollten schriftlich (z.B. im *Verhaltensvertrag*) festgehalten werden. Eine Unterzeichnung des *Verhaltensvertrags* durch alle Beteiligten unterstützt eine verbindliche Mitarbeit.

> **Beispiel 3: Verstärkerwahl**
>
> In M.s Belohnungsmenü stehen sowohl Belohnungen für Zuhause (gemeinsam ein Lieblingsessen kochen, extra Medienzeit, Schwimmbad) als auch für die Schule (extra Flitzepause, extra Zeit an der Lernspiel App, Auswahl aus der Geschenkebox mit Schulmaterial).

Einsatz der Verstärker

Wird eine vereinbarte Anzahl an Punkten und so der Zielwert erreicht, hat der/die Lernende unbedingten Anspruch auf eine der zuvor vereinbarten Belohnungen.

Eine Belohnung wirkt nur dann verstärkend, wenn sie konsequent und zum abgesprochenen Zeitpunkt vergeben bzw. vorenthalten wird. Abweichungen stellen eine Gefahr für die Motivation und damit die Wirksamkeit dar. Der Zusammenhang zwischen Verhalten und der Konsequenz sollte explizit aufgezeigt werden, um den Lernprozess zu unterstützen. Vereinbarte *Feedbackgespräche* im Anschluss an den Unterricht, den Schultag oder die -woche und der Zeitpunkt der Vergabe der Belohnung bieten regelmäßige Fenster, um soziale Verstärker wirksam einzusetzen und Verhaltensentwicklungen aufzuzeigen. Beispielsweise können hierbei die Schritte zur Erreichung des Zielverhaltens hervorgehoben und die alltäglichen Bemühungen verbal anerkannt werden. Darüber hinaus kann ein *Verhaltensverlaufsdiagramm* eingesetzt werden, um Entwicklungen aufzuzeigen. Diese Sichtbarkeit motiviert und bietet Anlässe zur gemeinsamen Reflexion. Wertschätzende Rückmeldungen verbessern die Lehrkraft-Schüler/in Beziehung. Auch negative Entwicklungen werden in Feedbackgesprächen lösungsorientiert reflektiert.

Beispiel 4: Einsatz der Verstärker

Durch ein vereinbartes Zeichen wird M. durch die Lehrkraft erinnert, dass eine Beurteilungsstunde beginnt. Auf das Zielverhalten im Unterricht reagiert die Lehrkraft mit einer zustimmenden Geste. Im Anschluss an die Stunde findet ein kurzer Austausch über die Selbst- und Fremdbeurteilungen statt. Bei Bedarf erhält M. einen Verhaltenstipp für die kommende Stunde. Jeden Freitag zur zweiten Pause findet ein gemeinsames Auswertungsgespräch zwischen M. und der Beratungsperson statt. Hierbei werden die Wochenpunkte ermittelt und von M. in ein Diagramm übertragen. Reflexionsfragen bezüglich der Woche und Lob für M.s Engagement ergänzen das Feedback. Über einen Feedbackzettel werden die erreichten Wochenpunkte und damit ggf. die Belohnung sowie weitere positive Rückmeldungen zu M.s Verhalten an die Erziehungspersonen übermittelt. Mit dieser Grundlage kann auch Zuhause ein positives Rückmeldegespräch stattfinden.

Erfolgskontrolle und Evaluation

Der Erfolg der angestrebten Verhaltensänderungen sollte durch einen Ist-Soll-Vergleich regelmäßig beurteilt werden. Hierbei wird der Zielwert für den weiteren Verlauf variabel angepasst. Er wird herabgesetzt, wenn die Motivation gefährdet ist. Er bleibt gleich, um das Verhalten zu stabilisieren, oder er wird schrittweise gesteigert, um den Verhaltensaufbau zu erhöhen. Außerdem gilt es zu reflektieren, inwieweit die Umsetzung, insbesondere der Einsatz der Verstärker, konsequent erfolgt ist und welche Störungen die Kooperation der Beteiligten und damit die Erfolgsentwicklung ggf. behindern. Wird das Zielverhalten konstant über einen Zeitraum von mehreren Wochen auf einem hohen Level gezeigt, kann die Intervention unter Zustimmung aller Beteiligten beendet werden. Grundsätzlich sollte die Erfolgskontrolle immer in einem wertschätzenden und lösungsorientierten

Gesprächsklima erfolgen, damit sie von den Lernenden und ihren Eltern nicht als unangenehm, sondern als hilfreich erlebt wird.

> **Beispiel 5: Erfolgskontrolle**
>
> M. hat drei Wochen in Folge den Zielwert von 5 Wochenpunkten erreicht. In einem gemeinsamen Gespräch wird beschlossen, die Anforderungen (das Level) zu steigern, sodass nun ein Zielwert von 7 Punkten zur Erreichung der Belohnung festgelegt wird. Darüber hinaus bestehen Bedenken, dass die Belohnung *ins Schwimmbad gehen* erneut umgesetzt werden kann. Daher erhält M. die Möglichkeit, eine neue Belohnung (*in die Eisdiele gehen*) in das Belohnungsmenü aufzunehmen.

Zur Evaluation der Intervention sollte die Lehrkraft vor Beginn der PVM über mindestens eine Woche hinweg das Zielverhalten verdeckt beurteilen. An diesen Beurteilungen kann zum einen ein angemessener Einstiegswert festgemacht werden. Zum anderen können diese und die während der Förderung erfolgten Beurteilungen systematisch ausgewertet und so Entwicklungsverläufe quantitativ sichtbar gemacht werden (weiterführend Casale et al., 2019). Darüber hinaus kann auch eine regelmäßige Durchführung von Verhaltensfragebögen aus Selbst- und Fremdperspektive zur Evaluation der Förderung beitragen.

4 Zusammenfassung

Die Anwendung operanter Methoden zur schulischen Verhaltensförderung gilt nach wissenschaftlichen Kriterien als evidenzbasiert. Dabei ist sie simpel und komplex zugleich. Zum einen ist das operante Grundprinzip überschaubar und allgemeingültig wirksam. Es kann flexibel bezüglich eines Problem- und/oder Zielverhaltens angewandt und somit zur Förderung von Lern- und Sozialverhalten genutzt werden. Zum anderen entstehen häufig praktische Hürden, da operante Methoden im vielschichtigen sozialen Kontext Anwendung finden. Dem Verhalten anwesender Personen in Kombination mit den Bedürfnissen Lernender kommt eine große Bedeutung zu. Deshalb müssen Verstärker bestehender Verhaltensmuster aufgedeckt und zukünftige Verstärker bedacht abgeleitet sowie verlässlich eingesetzt werden. Eine operante Förderung kann insbesondere durch den ehrlichen Einsatz sozialer Verstärker profitieren. Konzepte zur schulischen Verhaltensmodifikation, wie beispielsweise das einer PVM, geben Pädagogen/innen Orientierung bei der Implementation einer operanten Förderung. Inwieweit eine Nutzung operanter Methoden dann eine wirksame Hilfestellung und Motivation zum Erlernen und der Festigung neuer Verhaltensweisen darstellt, ist abhängig von der individuellen und reflektierten Umsetzung im pädagogischen Kontext.

Literatur

Beelmann, A. & Schneider, N. (2003). Wirksamkeit von Psychotherapie bei Kindern und Jugendlichen. *Zeitschrift für Klinische Psychologie und Psychotherapie, 32*(2), 129–143. doi:10.1026//1616-3443.32.2.129

Briesch, A. & Briesch, J. (2016). Meta-analysis of behavioral self-management interventions in single-case research. *School Psychology Review* (45), 3–18. doi:10.17105/SPR45-1.3-18

Casale, G., Huber, C., Hennemann, T. & Grosche, M. (2019). *Direkte Verhaltensbeurteilung in der Schule*. Ernst Reinhardt.

Deci, E. L. & Ryan, R. M. (1993). Die Selbstbestimmungstheorie der Motivation und ihre Bedeutung für die Pädagogik. *Zeitschrift für Pädagogik, 39*(2), 223–238.

Döpfner, M., Schürmann, S. & Frölich, J. (2019). *Therapieprogramm für Kinder mit hyperkinetischem und oppositionellem Problemverhalten THOP* (6. überarb. Ausg.). Beltz.

Hagen, T., Hennemann, T. & Hövel, D. (2012). Das KlasseKinderSpiel. Ein Gruppenkontingenzverfahren zur Vermehrung aktiver Lernzeit. *Grundschule aktuell, 120,* 16–19.

Junge-Hoffmeister, J. (2011). Operante Methoden. In H.-U. Wittchen & J. Hoyer, *Klinische Psychologie & Psychotherapie* (S. 512–527). Springer.

Linderkamp, F. (2009). Operante Methoden. In S. Schneider, & J. Margraf, *Lehrbuch Verhaltenstherapie* (S. 209–220). Springer.

Linderkamp, F. & Lüdeke, S. (2018). Kontingenzmanagement (Verstärkerpläne). In G. W. Lauth, & F. Linderkamp (Hrsg.), *Verhaltenstherapie mit Kindern und Jugendlichen* (4. voll. überarb. Ausg., S. 642–659). Beltz.

Maslow, A. H. (2021). *Motivation und Persönlichkeit* (16. Ausg.). Rowohlt.

Narciss, S. (2011). Verhaltensanalyse und Verhaltensmodifikation auf der Basis lernpsychologischer Erkenntnisse. In H. U. Wittchen, & D. Hoyer (Hrsg.), *Klinische Psychologie und Psychotherapie* (2. überarb. und erw. Ausg., S. 420–431). Springer.

Redlich, A. & Schley, W. (1981). *Kooperative Verhaltensmodifikation im Unterricht*. (2. überarb. Aufl. Ausg.). U & S Pädagogik.

Steege, M. W., Mace, F. & Brown-Chidsey, R. (2007). Functional Behavioral Assessment of Classroom Behavior. In S. Goldstein & R. B. Brooks, *Understanding and Managing Children's Classroom Behavior* (2 ed., pp. 43–63). John Wiley & Sons.

Volpe, R. & Fabiano, G. (2013). *Daily behavior report cards: an evidence-based system of assessment and intervention*. The Guilford Press.

Psychoedukation in der Schule

Conny Griepenburg & Kirsten Schuchardt

1 Einleitung

Kinder, die Verhaltensauffälligkeiten und/oder Lernstörungen zeigen, sind in der Schule häufig konfrontiert mit Vorurteilen, Abwertung und Ausgrenzung – nicht zuletzt aufgrund verbreiteter Missverständnisse und fehlendem Wissen. Das wegen der Leistungsanforderungen mitunter ohnehin schon problembehaftete Verhältnis der Kinder zur Schule verschärft sich dadurch potenziell immer weiter. Zugleich birgt das schulische Umfeld ein enormes Potenzial für einen positiven Einfluss auf die Lern- und Verhaltensprobleme betroffener Kinder. Damit diese nicht nur angemessen und entwicklungsförderlich unterstützt und begleitet werden, sondern auch sozial inkludiert sind, braucht es entsprechende Aufklärung und Sensibilisierung. Psychoedukation kann bei den Betroffenen, Mitschüler*innen und Lehrkräften entsprechendes Wissen aufbauen und Akzeptanz von Kindern mit Lern- und Verhaltensproblemen fördern. Was Psychoedukation genau ist, welchen Bedarf es gibt und worin ihr Potenzial in der Schule liegt, soll im Folgenden dargestellt werden.

2 Was ist Psychoedukation?

Psychoedukation stammt ursprünglich aus der klinischen Praxis und umfasst didaktisch-psychotherapeutische Interventionen, mit denen über Hintergründe einer Störung und erforderliche Behandlungsmaßnahmen informiert und bei der Bewältigung der Störung und den damit einhergehenden Belastungen, Alltagsproblemen und Krisen unterstützt wird (Pitschel-Walz & Bäuml, 2016). Petermann und Bahmer (2009) folgend wirkt Psychoedukation durch drei unterscheidbare, aber miteinander verknüpfte Mechanismen: (1) Durch Wissensvermittlung können Fehlinformationen und Missverständnisse abgebaut und ungünstige Einstellungen reduziert werden. (2) Sachliche Informationen führen zur Reduktion von Ängsten, Scham und Selbstabwertung, was zum einen entlastend wirkt und zum anderen Behandlungsoptimismus, Therapiemotivation und Compliance (d.h. die aktive Mitarbeit im Sinne des Behandlungskonzepts) erhöht. (3) Die Vermittlung von Handlungsoptionen, Problemlösefertigkeiten und Bewältigungsstrategien kann sich positiv auf den weiteren Verlauf auswirken und ggf. etwaigen Rückfällen vorbeugen.

Psychoedukation richtet sich dabei nicht nur an die Betroffenen, sondern auch an ihre Angehörigen, die über ein hohes unterstützendes Potenzial verfügen: Sie können die Betroffenen zur Therapie motivieren, sie in dieser fördernd begleiten, Hoffnung schenken, in Krisensituationen deeskalierend wirken und somit einen positiven Einfluss auf den weiteren Verlauf nehmen (Pitschel-Walz et al., 2016). Zugleich fehlt es Bezugspersonen häufig an Verständnis für störungsbedingtes Verhalten und sie fühlen sich im Umgang überfordert. Psychoedukation kann hier Gefühle von Hilflosigkeit reduzieren und die Fähigkeit zur Perspektivenübernahme stärken (Kalbfuss et al., 2014; Petermann & Bahmer, 2009).

Bezogen auf Lern- und Verhaltensschwierigkeiten gehören im schulischen Kontext auch Mitschüler*innen und Lehrkräfte zum erweiterten Kreis der Angehörigen. Gerade hier kann eine gezielte und frühzeitige Aufklärung einen präventiven Charakter haben: Sie kann Missverständnissen und Stigmatisierungen entgegenwirken, so dass sowohl soziale Ausgrenzungsprozesse als auch Selbstabwertungen und weitere Folgeerscheinungen bei betroffenen Kindern verhindert werden können (Griepenburg & Schuchardt, 2019).

3   Bedarf an Psychoedukation bei Lern- und Verhaltensschwierigkeiten

Kinder mit Lern- und Verhaltensschwierigkeiten leiden in der Schule vermehrt unter sozialer Ausgrenzung (Jia & Mikami, 2015; Krull et al., 2014), welche sich negativ auf das allgemeine Wohlbefinden, Motivation und Leistungen auswirkt sowie psychische Anpassungsprobleme intensivieren kann (von Salisch, 2008). Die betroffenen Kinder sind weniger beliebt bei den Klassenkamerad*innen, werden häufiger von sozialen Aktivitäten ausgeschlossen und fühlen sich von den Peers weniger akzeptiert (Gasteiger-Klicpera et al., 2006). Der soziale Status dieser Kinder nimmt im Laufe der Schulzeit häufig ab und sie fühlen sich nicht so sehr von ihrer Lehrkraft angenommen (Blumenthal & Blumenthal, 2021; Crede et al., 2019; Gasteiger-Klicpera et al., 2006). Den Betroffenen werden häufig sozial abwertende Eigenschaften, wie beispielsweise dumm, faul, verrückt oder schlecht erzogen zu sein, zugeschrieben (Alexander-Passe, 2015). Solche Stigmatisierungen sind gegenüber Menschen mit psychischen Auffälligkeiten weit verbreitet und für die Betroffenen oftmals viel belastender als die Störung selbst (Rüsch, 2010).

Stigmatisierungen und soziale Probleme gehen oft mit mangelndem Wissen und Missverständnissen bezüglich der Lern- und Verhaltensschwierigkeiten einher (Alexander-Passe, 2015). Wie eine norwegischen Studie zeigt, fällt 12–17-Jährigen das Erkennen von psychischen Auffälligkeiten schwer (Skre et al., 2013). Von den vorgelegten Fallvignetten wurde eine Essstörung mit 66 % am häufigsten richtig erkannt, jedoch nur 12 % der Jugendlichen konnten die Symptomprofile einer Angststörung und 28 % einer Depression zuordnen. In einer US-amerikanischen Studie waren 60 % der untersuchten 7- und 8-Klässler*innen der Meinung, dass beruflich erfolgreiche Menschen keine psychischen Erkrankungen bekommen können und 72 % waren biologische Ursachen unbekannt (Wahl et al., 2011). Auch bezüglich der Prognose und Behandlung zeigte sich Unwissenheit: 83 % waren der Meinung, dass ernsthafte psychische Erkrankungen nicht geheilt werden können, nur 39 % wussten, dass Medikamente zur Behandlung existieren, knapp die Hälfte schätzten psychisch Erkrankte als gefährlich ein und 66 % waren der Meinung, diese würden häufiger lügen.

Der Wissensstand von Schulkindern zu Lernproblemen ist bislang wenig untersucht. Bei einer Befragung gaben rund 70 % der Grundschulkinder an, Kinder mit Lernschwierigkeiten seien »einfach nur dumm«, bis zu 38 % glaubten, dass diese zu wenig übten und daher so viele Fehler machen, und weitere 16 % waren der Meinung, dass diese nur faul seien (Gabriel, 2019).

4 Grundlegende Prinzipien zur Umsetzung von Psychoedukation in der Schule

Inhalte

Eine Psychoedukation sollte neben allgemeinen Informationen zu Symptomatik, Ursachen, Entstehung, Einflussfaktoren und Behandlungsmöglichkeiten insbesondere auch schulspezifische Aspekte wie den Nachteilsausgleich berücksichtigen (Griepenburg & Schuchardt, 2019). Es sollte ein Verständnis dafür entwickelt werden, dass eine Ungleichbehandlung durch individuell an das einzelne Kind angepasste Lernbedingungen in der Schule gerade im Sinne der Fairness sind und nicht, wie oft wahrgenommen, eine ungerechte Behandlung bedeutet. Auch muss betrachtet werden, wie Mitschüler*innen betroffene Kinder bei der Bewältigung der Lern- und Verhaltensschwierigkeiten oder aus diesen entstehenden psychosozialen Schwierigkeiten unterstützen können.

Gestaltung

Um Überforderungen und Missverständnissen entgegenzuwirken, sollte die Ausgestaltung von Psychoedukation prägnant und für Laien verständlich sein (Bäuml & Pitschel-Walz, 2016). Dafür ist Sensibilität und Angemessenheit für Kontext und Setting erforderlich. Neben einer altersgerechten Vermittlung kann die Nutzung von Anschauungsmaterialien wie Bildern, Vergleichen, Fallbeispielen und kleinen Geschichten die Psychoedukation interessanter und interaktiver machen (Griepenburg & Schuchardt, 2019) und gleichzeitig die Wirksamkeit gegenüber einer rein mündlichen Vermittlung erhöhen (Griepenburg et al., 2021). Außerdem gewährleisten visuell kindgerechte Hilfsmittel, dass die kognitiven Fähigkeiten der jeweiligen Adressat*innen weniger wichtig für die Wirksamkeit der psychoedukativen Intervention sind. Zu unterschiedlichen Problembereichen existieren zahlreiche Kinder- und Jugendbücher, deren Einsatz sich auch im schulischen Kontext anbietet, teilweise existieren bereits Unterrichtsmaterialien zu den Büchern (vgl. zum Thema Lernschwierigkeiten Griepenburg & Schuchardt, 2019).

Im Klassenkontext scheinen kurze, vortragsartige Bildungsansätze zwar meist das störungsbezogene Wissen zu erhöhen, dafür aber oft das Ziel einer dauerhaften Reduktion von Stigmatisierung nicht zu erreichen (Mann & Himelein, 2008; Pinfold et al., 2003). Vielmehr braucht es handlungsrelevantes Wissen (Fabrigar et al., 2006) und Methoden zur Entwicklung von Empathie für die Besonderheiten der Anderen (Schachter et al., 2008). Damit Psychoedukation auch langfristig Stigmatisierungs- und Ausgrenzungsprozessen in der Klasse entgegenwirken kann, sollten Maßnahmen also eher umfassend angelegt sein und sich neben der Wissenserweiterung auch auf die Einstellung beziehen (Kurniawati et al., 2014).

Durchführende

Adressat*innen für Psychoedukation in der Schule können sowohl betroffene Kinder als auch die gesamte Schulklasse sein. Als Durchführende bieten sich zum einen psychologische und sonderpädagogische Fachkräfte an, die zu den Themen Lern- und Verhaltensschwierigkeiten zumeist gut ausgebildet sind und über fundiertes Wissen verfügen. Allerdings sind diese nicht in jeder Klasse bzw. Schule fest eingebunden, was die Nachhaltigkeit einzelner Maßnahmen beeinträchtigen kann. Klassenlehrkräfte hingegen sind regelmäßig mit ihren Schüler*innen in Kontakt und können somit Klassen über einen längeren Zeitraum begleiten und Inhalte der Psychoedukation immer wieder auffrischen. Damit Lehrkräfte aber Psychoedukation in der Schulklasse umsetzen können, benötigen sie selbst fundiertes störungsbezogenes und handlungsrelevantes Wissen zu Lern- und Verhaltensschwierigkeiten. Wie verschiedene Studien zeigen, ist ein Großteil der Lehrkräfte hierzu jedoch nicht entsprechend ausgebildet (Schuchardt et al., in Vorb.). Auch finden sich bei vielen Lehrkräften oftmals Fehlannahmen zu den Ursachen und Fördermöglichkeiten, was wiederum mit einem Mangel an Vertrauen in die eigenen Handlungskompetenzen im Umgang mit betroffenen Kindern einhergeht (Graham et al., 2011; Herbert et al., 2004; Schuchardt et al., in Vorb.; Walter et al., 2006). In einer Umfrage gaben 58 % der Lehrkräfte an, dass sie psychoedukative Maßnahmen zur Aufklärung der Klasse uneingeschränkt gut finden, jedoch nur 24 % setzten solche auch tatsächlich um (Schuchardt et al., in Vorb.). Als häufigste Gründe nannten die Lehrkräfte betroffene Kinder nicht stigmatisieren zu wollen, im Arbeitsalltag zu wenig Zeit zu haben und dass passendes Material sowie die Kompetenz und das Wissen zur Aufklärung der Klasse fehlen. Bevor Lehrkräfte somit selbst psychoedukativ tätig werden können, muss sowohl das Basiswissen über Lern- und Verhaltensschwierigkeiten als auch konkretes Wissen über die Ausgestaltung und Wirksamkeit psychoedukativer Maßnahmen sichergestellt werden.

5 Psychoedukative Interventionen in der Schulklasse

Für den Einsatz in Schulklassen wurden erste Interventionsmaßnahmen entwickelt und evaluiert, von denen hier vier exemplarisch vorgestellt werden sollen.

Gabriel, Griepenburg & Schuchardt (2021) zeigen, dass bereits eine einstündige Psychoedukation zum Thema Lernstörungen eine positive Veränderung der Einstellung von Grundschulkindern erreichen kann. In einer graphisch illustrierten Geschichte wurde anhand von zwei betroffenen Kindern über die Symptomatik, Ätiologie, sozio-emotionalen Schwierigkeiten sowie mögliche Unterstützungsmaßnahmen von Lese-Rechtschreib- und Rechenstörungen aufgeklärt. Auch wurde das Vorgehen einer Lerntherapie und der Sinn eines schulischen Nachteilausgleichs besprochen sowie soziale Probleme wie Ausgrenzung, Mobbing und emotionale Schwierigkeiten (Traurigkeit, Schulangst und geringeres Selbstwertgefühl) diskutiert. Gemeinsam wurde überlegt, wie die Klasse lernschwachen Kindern helfen kann, den Schulalltag zu erleichtern. Die gesammelten Verhaltensweisen wurden auf einem Plakat festgehalten und dauerhaft im Klassenraum aufgehängt. Die Evaluationsergebnisse zeigen, dass es im Vergleich zu Kontrollklassen einen Wissenszuwachs über die Lernschwierigkeiten gab, der auch über sechs Wochen bestehen blieb. Zudem gaben die Kinder an, weniger soziale Ängste in Lern- und Leistungssituationen zu erleben. Für die Kinder, die selbst glauben, von einer Lernstörung betroffen zu sein, hat sich darüber hinaus die soziale Integration in der Klasse verbessert.

In der Studie von Onnela, Hurtig und Ebeling (2021) nahmen Achtklässler an vier 45-minütigen psychoedukativen interaktiven Lehreinheiten zu den Themen Angst, Essstörungen, Verhaltensstörungen sowie Depression und Substanzkonsum teil, die von zwei Fachkräften für psychische Gesundheit angeleitet wurden. Nach einer kurzen Einführung in das Thema haben die Jugendlichen anhand eines Fallberichts die zur Entwicklung des Problems beitragenden und aufrechterhaltenden Faktoren diskutiert und anschließend die wichtigsten Punkte mit der ganzen Klasse besprochen, um ein gemeinsames Verständnis zu erreichen. Die Einstellung der Jugendlichen änderte sich im Vergleich zu einer Kontrollgruppe dahingehend, dass psychische Störungen als medizinische Krankheiten und nicht als Persönlichkeitsmerkmal oder Schwäche angesehen wurden. Dennoch erhöhte sich nicht die Bereitschaft zum Umgang mit Menschen mit psychischen Störungen oder die Offenbarung einer eigenen psychischen Erkrankung.

Law, Lam, Law und Tam (2017) legen in ihrer Psychoedukation den Fokus darauf, neben Wissensvermittlung zu Lernstörungen auch die Übernahme von Perspektiven, das Einfühlungsvermögen und eine emotionale Auseinandersetzung mit der Thematik zu fördern. In der viertägigen Intervention wurden zunächst mehrere illustrierte Geschichten über ein Kind mit Lernschwierigkeiten vorgestellt, das schlecht in der Schule abschneidet, von den Mitschüler*innen abgelehnt und geärgert wird und sich einsam und niedergeschlagen fühlt. Mögliche Unterstützungsmaßnahmen durch Lehrkräfte und Mitschüler*innen wurden aufgezeigt und betont, dass Kinder mit schulischem Förderbedarf, wie alle anderen auch, bestimmte Stärken und Schwächen haben. Zudem wurden Theatertechniken, wie z. B. die des »heißen Stuhls« (hierbei können Fragen an jemanden gestellt werden, der die Rolle spielt und auf dem »heißen Stuhl« sitzt) oder des »Standbilds« (im Nachstellen einer Szene können sich die Kinder in den Kontext hineinversetzen) eingesetzt. Die Kinder sollten Gefühle benennen, Beweggründe für bestimmte Verhaltensweisen ergründen und im Rollenspiel Problemlösungen erarbeiten. Die teilnehmenden Kinder zeigten im Vergleich zu einer Kontrollgruppe eine positivere Einstellung und höhere Akzeptanz gegenüber lernschwachen Kindern. Dennoch verringerte sich die soziale Distanz zu diesen nicht direkt, was sich dadurch erklären lässt, dass zusätzlich zur Veränderung der Einstellung auch die Vermittlung konkreter sozialer Fähigkeiten nötig ist, damit Kontaktängste abgebaut werden können.

Anders als die bisherigen Studien untersuchten Nussey, Pistrang & Murphy (2014) an vier Grundschulklassen, inwiefern sich das Wissen der Mitschüler*innen und die Einstellungen gegenüber einem Klassenkind, das an Tourette-Syndrom (TS) erkrankt ist, ändern lassen. Hierbei klärten die Lehrkräfte ihre Klasse anhand einer computergestützten Folienpräsentation auf, die von der britischen Organisation »Tourettes Action« erstellt wurde (einzusehen unter http://www.tourettes-action.org.uk/ts-presentations/). Die etwa 15–20-minütige Präsentation enthält sachliche Informationen z. B. darüber, was TS ist, wie häufig es vorkommt und wie man sich gegenüber Kindern mit dieser Störung verhalten sollte. Drei der vier betroffenen Kinder entschieden sich dafür, ihren Mitschüler*innen während der Klassenaufklärung mitzuteilen, dass sie selbst TS haben, und beantworteten dann Fragen in der anschließenden Klassendiskussion. Die Ergebnisse zeigen, dass sich in allen vier Klassen das Wissen der Kinder über das TS verbesserte und auch eine positive Veränderung der Einstellungen zu verzeichnen war.

6 Fazit

Das Thema Psychoedukation rückt in den letzten Jahren sowohl in der Forschung als auch in der Praxis zunehmend in den Fokus der Aufmerksamkeit. Gerade durch die zunehmende Heterogenität im Klassenzimmer im Rahmen der inklusiven Schule steigt der Bedarf an psychoedukativen Maßnahmen.

Lern- und Verhaltensschwierigkeiten treten gehäuft gemeinsam auf und können sich wechselseitig negativ beeinflussen. Psychoedukation birgt das Potenzial, u. a. durch Wissenserweiterung, diesen negativen Einfluss zu verhindern. Denn mangelndes Wissen und verbreitete Missverständnisse zu beiden Problembereichen tragen dazu bei, dass betroffene Kinder in der Schule stigmatisiert und ausgegrenzt werden, was wiederum die Verhaltensschwierigkeiten verstärkt und unbeschwertes Lernen verhindert.

Nicht zuletzt durch ihren unmittelbaren Einfluss auf die soziale Inklusion einzelner Schüler*innen sind Lehrkräfte in ihrer Rolle gut geeignet, psychoedukativ mit Schulklassen und betroffenen Kindern zu arbeiten. Allerdings verfügen sie selbst nicht immer über ausreichendes Wissen zu den Problembereichen, fühlen sich für Aufklärungsmaßnahmen nicht kompetent genug ausgebildet oder haben selbst Vorbehalte gegenüber Kindern mit Lern- und Verhaltensschwierigkeiten. An dieser Stelle sollten gezielte Aus-, Fort- und Weiterbildungen ansetzen, um Lehrkräfte dazu zu befähigen, selbst Psychoedukation in Klassen durchzuführen. Durch solche idealerweise supervidierte Psychoedukationsmaßnahmen können Lehrkräfte mittels Aufklärungsarbeit und bewusstem Umgang mit betroffenen Kindern dazu beitragen, Schule auch hier im Sinne eines Ortes für inklusives Lernen und soziales Miteinander zu gestalten.

Obwohl bereits einige psychoedukative Programme für Schulklassen zumeist im Rahmen von Forschungsarbeiten entwickelt wurden, gibt es bislang wenig veröffentlichtes (deutschsprachiges) Material, das unmittelbar eingesetzt werden kann. Die stärkere Ausrichtung von Forschungsarbeiten auf Praxismaterial wäre hier wünschenswert, zumal die bisherigen Programme zwar sehr unterschiedliche didaktische und methodische Ansätze verfolgen, die begleitenden Evaluationsstudien jedoch zumeist positive Effekte erkennen lassen.

Während die meisten schulischen Interventionen die Einstellungen und das Wissen zum jeweiligen Problembereich fokussieren und einen präventiven Charakter haben, ist bislang wenig untersucht, wie Psychoedukation im Klassenverbund unter Einbeziehung betroffener Kinder funktionieren und wirken kann. Entsprechende Arbeiten könnten eine wichtige Grundlage für die Entwicklung von wirksamen und kontextsensiblen Interventionen und Vermittlungskonzepten bilden, die dann auch in der Breite vermögen, einen effektiven Beitrag zur Inklusion von Kindern mit Lern- und Verhaltensschwierigkeiten zu leisten.

Literatur

Alexander-Passe, N. (2015): The Dyslexia Experience: Difference, Disclosure, Labelling, Discrimination and Stigma. *Asia Pacific Journal of Developmental Differences*, 2(2), 202–233.

Bäuml, J. & Pitschel-Walz, G. (2016): Spezifische Aspekte der Psychoedukation in der Psychiatrie und Psychotherapie. In J. Bäuml, B. Behrendt, P. Hennnigsen & G. Pitschel-Walz (Hrsg.), *Handbuch der Psychoedukation für Psychiatrie, Psychotherapie und Psychosomatische Medizin* (1. Auflage, S. 12–16). Schattauer.

Blumenthal, Y. & Blumenthal, S. (2021): Zur Situation von Grundschülerinnen und Grundschülern mit sonderpädagogischem Förderbedarf im Bereich emotionale und soziale Entwicklung im inklusiven Unterricht. *Zeitschrift für Pädagogische Psychologie*, 1–16.

Crede, J., Wirthwein, L., Steinmayr, R. & Bergold, S. (2019): Schülerinnen und Schüler mit sonderpädagogischem Förderbedarf im Bereich emotionale und soziale Entwicklung und ihre Peers im inklusiven Unterricht. *Zeitschrift für Pädagogische Psychologie*, 33(3–4), 207–221.

Fabrigar, L. R., Petty, R. E., Smith, S. M. & Crites, S. L. (2006): Understanding knowledge effects on attitude-behavior consistency: the role of relevance, complexity, and amount of knowledge. *Journal of Personality and Social Psychology*, 90(4), 556–577.

Gabriel, T. (2019): *Evaluation einer psychoedukativen Lehreinheit für Grundschulklassen zum Thema Lernstörungen*. Universität Hildesheim: Unveröffentlichte Masterarbeit.

Gabriel, T., Griepenburg, C. & Schuchardt, K. (2021): Grundschulkindern Lernstörungen erklären: Evaluation einer psychoedukativen Lehreinheit zur Aufklärung über Lernstörungen. *Praxis der Kinderpsychologie und Kinderpsychiatrie 70*(4), 316–332.

Gasteiger-Klicpera, B., Klicpera, C. & Schabmann, A. (2006): Der Zusammenhang zwischen Lese-, Rechtschreib- und Verhaltensschwierigkeiten. *Kindheit und Entwicklung, 15*(1), 55–67.

Graham, A., Phelps, R., Maddison, C. & Fitzgerald, R. (2011): Supporting children's mental health in schools: teacher views. *Teachers and Teaching, 17*(4), 479–496.

Griepenburg, C. & Schuchardt, K. (2019): Psychoedukation bei Lernstörungen: Relevanz und Umsetzung. *Lernen und Lernstörungen, 8*(1), 33–45.

Griepenburg, C., Schuchardt, K., Lautenschläger, P. & Mähler, C. (2021): Wirksamkeit einer strukturierten, kindgerechten Psychoedukation bei Lernstörungen. *Lernen und Lernstörungen, 10*(2), 75–87.

Herbert, J. D., Crittenden, K. & Dalrymple, K. L. (2004): Knowledge of social anxiety disorder relative to attention deficit hyperactivity disorder among educational professionals. *Journal of Clinical Child and Adolescent Psychology: the Official Journal for the Society of Clinical Child and Adolescent Psychology, American Psychological Association, Division 53, 33*(2), 366–372.

Jia, M. & Mikami, A. Y. (2015): Peer Preference and Friendship Quantity in Children with Externalizing Behavior: Distinct Influences on Bully Status and Victim Status. *Journal of Abnormal Child Psychology, 43*(5), 957–969.

Kalbfuss, T., Polat, A. & Urbanek, S. (2014): Mentalisierungsbasierte Psychoedukation mit Patienten einer psychiatri-schen Institutsambulanz. In H. Kirsch (Hrsg.), *Das Mentalisierungskonzept in der Sozialen Arbeit* (1. Aufl., S. 115–139). Vandenhoeck & Ruprecht.

Krull, J., Wilbert, J. & Hannemann, T. (2014): The Social and Emotional Situation of First Graders with Classroom Behavior Problems and Classroom Learning Difficulties in Inclusive Classes. *Learning Disabilities, 12*(2), 169–190.

Kurniawati, F., Boer, A. A. de, Minnaert, A. & Mangunsong, F. (2014): Characteristics of primary teacher training programmes on inclusion: a literature focus. *Educational Research, 56*(3), 310–326.

Law, Y., Lam, S., Law, W. & Tam, Z. W. Y. (2017): Enhancing peer acceptance of children with learning difficulties: classroom goal orientation and effects of a storytelling programme with drama techniques. *Educational Psychology, 37*(5), 537–549.

Mann, C. E. & Himelein, M. J. (2008): Putting the person back into psychopathology: an intervention to reduce mental illness stigma in the classroom. *Social Psychiatry and Psychiatric Epidemiology, 43*(7), 545–551.

Nussey, C., Pistrang, N. & Murphy, T. (2014): Does it help to talk about tics? An evaluation of a classroom presentation about Tourette syndrome. *Child and Adolescent Mental Health, 19*(1), 31–38.

Onnela, A., Hurtig, T. & Ebeling, H. (2021): A psychoeducational mental health promotion intervention in a comprehensive schools: Recognising problems and reducing stigma. *Health Education Journal, 80*(5), 554–566.

Petermann, F. & Bahmer, J. (2009): Psychoedukation. In S. Schneider & J. Margraf (Hrsg.), *Lehrbuch der Verhaltenstherapie. Störungen im Kindes- und Jugendalter (German Edition)* (S. 193–207). Springer.

Pinfold, V., Toulmin, H., Thornicroft, G., Huxley, P., Farmer, P. & Graham, T. (2003): Reducing psychiatric stigma and discrimination: evaluation of educational interventions in UK secondary schools. *The British Journal of Psychiatry: the Journal of Mental Science, 182*, 342–346.

Pitschel-Walz, G. & Bäuml, J. (2016): Grundlagen des Konsensuspapiers zur Psychoedukation. In J. Bäuml, B. Behrendt, P. Hennnigsen & G. Pitschel-Walz (Hrsg.), *Handbuch der Psychoedukation für Psychiatrie, Psychotherapie und Psychosomatische Medizin* (1. Auflage, S. 47–55). Schattauer.

Pitschel-Walz, G., Froböse, T. & Bäuml, J. (2016): Psychoedukation und die Einbeziehung der Familien. In J. Bäuml, B. Behrendt, P. Hennnigsen & G. Pitschel-Walz (Hrsg.), *Handbuch der Psychoedukation für Psychiatrie, Psychotherapie und Psychosomatische Medizin* (1. Auflage, S. 438–445). Schattauer.

Rüsch, N. (2010): Reaktionen auf das Stigma psychischer Erkrankung. *Zeitschrift für Psychiatrie, Psychologie und Psychotherapie, 58*(4), 287–297.

Schachter, H. M., Girardi, A., Ly, M., Lacroix, D., Lumb, A. B., van Berkom, J. et al. (2008): Effects of school-based interventions on mental health stigmatization: a systematic review. *Child and Adolescent Psychiatry and Mental Health, 2*(1), 18.

Schuchardt, K., Griepenburg, C. & Mähler, C. (in Vorb.): Was wissen Lehrkräfte über Lernstörungen? Eine Bestandsaufnahme zum Kenntnisstand und Umgang in der Schule.

Skre, I., Friborg, O., Breivik, C., Johnsen, L. I., Arnesen, Y. & Wang, C. E. A. (2013): A school intervention for mental health literacy in adolescents: effects of a non-randomized cluster controlled trial. *BMC Public Health, 13*, 873.

Von Salisch, M. (2008): Welchen Einfluss haben Peers auf Verhaltensauffälligkeiten im Kindes- und Jugendalter? In B. Gasteiger-Klicpera, H. Julius & C. Klicpera (Hrsg.), *Handbuch Sonderpädagogik. (Bd.3). Sonderpädagogik der sozialen und emotionalen Entwicklung* (S. 98–111).Hogrefe.

Wahl, O. F., Susin, J., Kaplan, L., Lax, A. & Zatina, D. (2011): Changing Knowledge and Attitudes with a Middle School Mental Health Education Curriculum. *Stigma Research and Action, 1*(1), 44–53.

Walter, H. J., Gouze, K. & Lim, K. G. (2006): Teachers' beliefs about mental health needs in inner city elementary schools. *Journal of the American Academy of Child and Adolescent Psychiatry, 45*(1), 61–68.

Teil 4: Handlungsmöglichkeiten – Settingbasierte Fördermaßnahmen

Förderung sozialer Integration in der Schule

Christian Huber

1 Soziale Integration

Die soziale Integration von Schüler*innen in ihre Klassengemeinschaft war in der Vergangenheit Gegenstand zahlreicher empirischer Studien. Grundsätzlich gelten zwischen 15 und 20 Prozent aller Schüler*innen einer Klasse als sozial ausgegrenzt. Lern- und Verhaltensstörungen gelten als Risikofaktor, der das Risiko sozialer Ausgrenzung um den Faktor 2–3 erhöht – ist nur einer der beiden Bereiche betroffen (Verhalten oder Lernen), liegt die Prävalenzrate sozialer Ausgrenzung bei ungefähr 50%, sind beide Bereiche betroffen steigt das Risiko auf bis zu 75% (Huber et al., 2021). Somit kann soziale Ausgrenzung als eine Begleiterscheinung von Lern- und Verhaltensstörungen im Kindes- und Jugendalter verstanden werden. Studien deuten dabei eine gegenseitige Wechselwirkung zwischen sozialer Ausgrenzung einerseits und Lern- und Verhaltensstörungen andererseits an. Einerseits schwächen Lern- und Verhaltensprobleme die soziale Position der betroffenen Schüler*innen. Andererseits gilt soziale Ausgrenzung selbst auch als ein Risikofaktor für Lern- und Verhaltensprobleme in Schule und Unterricht. Somit kann die Förderung sozialer Integration auch immer als indirekter Beitrag zur Förderung bei Lern- und Verhaltensschwierigkeiten betrachtet werden. Für Forschung und (Schul-) Praxis stellt sich die Frage, wie sozialer Ausgrenzung in der Schule begegnet werden kann. Während die hohe Prävalenz von sozialer Ausgrenzung bei Lern- und Verhaltensschwierigkeiten als gut belegt gilt, gibt es bis heute nur wenige strukturierte Modelle zur Förderung bei sozialer Ausgrenzung. Das SULKI-Modell (Huber 2019a) stellt ein Rahmenmodell zu Förderung sozialer Integration dar, das mit (1) Sozialverhalten, (2) Sozialkontakt und (3) Lehrkraftfeedback aus drei evidenzbasierten Ebenen zur Förderung bei sozialer Ausgrenzung besteht.

2 Ebenen sozialer Integrationsförderung

Sozialverhalten

Die Bedeutung des Sozialverhaltens für die soziale Integration lässt sich auf drei unterschiedliche Weisen deuten. Eine »Täterhypothese« geht davon aus, dass soziale

Ausgrenzung eine unmittelbare Folge unangepasster Verhaltensweisen der ausgegrenzten Schüler*innen selbst ist. Das bedeutet, dass Verhaltensschwierigkeiten dazu führen, dass potentielle Interaktionspartner sozialen Interaktionen mit den betroffenen Schüler*innen aus dem Wege gehen, um unangenehme und als aversiv wahrgenommene Sozialkontakte zu vermeiden. Tatsächlich weisen zahlreiche Studien auf Zusammenhänge zwischen dem Sozialverhalten ausgegrenzter Schüler*innen und ihrer sozialen Position in der Klasse hin (Newcomb et al., 1993)

Eine »Opferhypothese« geht wiederum davon aus, dass ausgegrenzte Schüler*innen Opfer der schwachen sozialen Kompetenzen einer aufnehmenden Schulklasse sind. Strenggenommen wären hier die sozialen Kompetenzen der ausgegrenzten Schüler*innen unauffällig, die sozialen Kompetenzen der aufnehmenden Gruppe jedoch auffällig. Diese Auslegung weist Parallelen zu Bullying- und Viktimisierungsprozessen auf, wie sie beispielsweise im Mobbingkreis und den darin eingebundenen Reinforcer- und Bystander-Effekten beschrieben werden.

Zum dritten lassen sich Ausgrenzungsprozesse auch als Folge von Wechselwirkungen zwischen einer ausgegrenzten Person und der integrierenden Gruppe interpretieren. Hier können Verhaltensschwierigkeiten eines Individuums einen Konformitätsdruck auslösen und ausgrenzende Verhaltensweisen einer Gruppe evozieren – diese können wiederum zu einer Verstärkung von Lern- und Verhaltensproblemen eines ausgegrenzten Individuums führen (Osterman, 2000). Empirisch sind alle drei Hypothesen bis heute kaum voneinander getrennt untersucht worden.

Folgt man dieser Logik, erscheinen soziale Kompetenztrainings zunächst als geeigneter Weg, die soziale Integration ausgegrenzter Schüler*innen zu fördern. Garrote et al. (2017) zeigen in einem systematischen Review, dass die (sozial-) kompetenzbasierte Förderung sozialer Integration generell zu einer Zunahme an Interaktionen führt. Die meisten Studien zeigten allerdings nur eine Zunahme an sozialen Interaktionen, ohne eine Aussage über die tatsächliche soziale Integration zu machen. Weiterführende Effekte von Sozialkompetenztrainings auf die soziale Integration waren in Übersichtsarbeiten oft nicht nachweisbar oder nur milde bis moderat. So hatte in einer älteren Übersichtsarbeit von Zaragoza et al. (1991) die Förderung der Sozialkompetenz nur in rund 50 % der Studien einen signifikanten Effekt auf die soziale Integration. In den übrigen Studien konnte keine Wirkung sozialer Kompetenztrainings auf die soziale Integration gefunden werden. Insgesamt sind Sozialkompetenzen vermutlich ein relevanter Ansatzpunkt zur Förderung sozialer Integration, von dem jedoch nicht alle sozial ausgegrenzten Kinder profitieren.

Feedback

Die zweite Achse zur Förderung sozialer Integration im SULKI-Modell stellt das Lehrkraftfeedback dar. Während Sozialkompetenzen und Sozialkontakte schon seit vielen Jahrzehnten als Ansatzpunkte zur Beeinflussung sozialer Integrationsprozesse diskutiert werden, ist die Förderung über das Lehrkraftfeedback ein vergleichsweise neuer Ansatz. Die theoretische Grundlage dieses Ansatzes ist die soziale Referenzierungstheorie (Feinman, 1992). Die Theorie beschreibt ein Phänomen, nach dem sich Kinder bei der Bewertung von Verhaltensalternativen in unbekannten Situationen am Verhalten ihrer Eltern orientieren. Dabei wird angenommen, dass auch die Lehrkraft als soziale Referenz dienen und durch ihr Verhalten immer auch unwillkürlich Informationen über ihre Haltung gegenüber ihren Schüler*innen preisgeben könnte (Huber, 2019b). Wahrscheinlich werden solche Haltungen über öffentliche Lehrkraftfeedbacks transportiert. Überträgt man also das Prinzip des social referencings auf die Entwicklung sozialer Hierarchien in der Schule, wäre der soziale Status eines Schulkindes immer auch ein Effekt von Verhaltens- und Leistungsrückmeldungen durch die Lehrkraft. Schulkinder, die häufig von ihrer Lehrkraft ein positives Feedback erhalten, hätten eine höhere Chance auf eine günstige soziale Integration als Kinder, die häufig ein negatives Feedback erhalten.

Während sich in der Vergangenheit zahlreiche Arbeiten mit den leistungsfördernden Eigenschaften von Lehrkraftfeedback auseinandergesetzt haben, gibt es nur wenige Aussagen zur Anatomie eines integrationsfördernden Feedbacks. Huber (2019b) unterschiedet mit Blick auf die soziale Integration drei Aspekte: Der Fokus (1) bezeichnet den Zielbereich eines Lehrkraftfeedbacks und kann sich entweder auf die Aufgabe oder die Person des Lernenden beziehen. Aufgabenbezogenes Feedback entspricht der Rückmeldung über die Güte einer erbrachten Leistung, personenbezogenes Feedback stellt die Person des Lernenden in den Mittelpunkt. Die Valenz (2) bezeichnet die Ausprägung des Lehrkraftfeedbacks zwischen den Polen positiv und negativ. Die (emotionale) Temperatur (3) des Feedbacks vereint Elemente von verbaler, nonverbaler und paraverbaler Kommunikation und betrifft die Art und Weise, wie ein spezifisches Lehrkraftfeedback gegeben wird: kalt, d. h. herabwürdigend, oder warm, d. h. wertschätzend. Es wird angenommen, dass ein Feedback einen höheren Effekt auf die soziale Integration hat, wenn der Fokus die Person (im Gegensatz zur Aufgabe) ist.

Eine Reihe an Experimentalstudien zeigte seit Beginn der 2000er Jahre, dass Lehrkraftfeedback, die soziale Interaktionsbereitschaft bei Schüler*innen tatsächlich beeinflussen kann. So zeigten White und Jones (2000) in einem Experiment, dass die Valenz eines Lehrkraftfeedbacks die soziale Akzeptanz von Zielkindern in einem Experimentalvideo bei Erst- und Zweitklässlern beeinflusst. Vergleichbare Studien bestätigten diese Befunde für Dritt- und Viertklässler (z. B. Huber et al., 2018) und für Zielkinder mit einer Behinderung (Schwab et al., 2016). Feldstudien zeigen, dass sich die experimentell nachweisbaren Befunde auch im alltäglichen Schulleben wiederfinden (Wullschleger et al., 2020; Hendrickx et al., 2016). White und Jones (2000) fanden Hinweise darauf, dass eine kalte (herabwürdigende) Formulierung eines Lehrkraftfeedback einen stärkeren (negativen) Einfluss auf die soziale Akzeptanz hat als neutral oder wertschätzend formulierte Feedbacks.

Sozialkontakte

Ein dritter Ansatz zur Förderung sozialer Integration im SULKI-Modell sind soziale Kontakte. Die theoretische Grundlage dieses Ansatzes besteht in der intergroup contact theory. Die Theorie nimmt an, dass Vorurteile zwischen verschiedenen

Gruppen eine Folge fehlender oder ungünstiger Sozialkontakte sind (Allport, 1954). Dabei wird ein Primäreffekt (soziale Akzeptanz eines Individuums) von einem Sekundäreffekt (Abbau von Vorurteilen gegenüber einer sozialen Gruppe) unterschieden. In der Umkehrung dieser Vorannahmen wird davon ausgegangen, dass soziale Kontakte unter bestimmten Umständen zu einer Verbesserung der sozialen Integration führen können. Die Wirkung sozialer Kontakte ist somit davon abhängig, unter welchen Umständen sie stattfinden und wie sie von den jeweiligen Akteuren wahrgenommen werden (Pettigrew, 1998). Zusammengefasst scheinen soziale Kontakte einen günstigen Primäreffekt (auf die soziale Integration) zu haben, wenn die Akteure die gleiche Zielsetzung verfolgen

- die Akteure zur Zielerreichung voneinander abhängig sind,
- die Kontakte als positiv empfunden werden,
- die Kontakte von einer zentralen Referenzperson (z. B. Lehrkraft) befürwortet werden,
- die Kontakte in einem als sicher empfundenen Rahmen stattfinden,
- in den Kontakten persönliche Informationen ausgetauscht werden,
- die Akteure im Kontakt die gleichen Rechte und Pflichten haben,
- die Kontakte als zwanglos empfunden werden.

Die Wirkung von Intergruppenkontakten gilt grundsätzlich als gut belegt (Pettigrew & Tropp 2006; 2008). Wendet man die intergroup contact theory auf den inklusiven Unterricht von Schüler*innen mit Lern- und Verhaltensschwierigkeiten an, hängt ihre Wirkung davon ab, inwieweit es der Lehrkraft gelingt, (im Sinne der o.g. Kriterien) optimale Sozialkontakte zwischen den Schüler*innen zu evozieren. Grundsätzlich sind drei Szenarien voneinander zu unterscheiden. In einem optimalen Szenario gelingt es der Lehrkraft, soziale Kontakte zwischen Schüler*innen mit und ohne Förderbedarf herbeizuführen und die Kontakte treffen die o. g. Kriterien in einem hohen Ausmaß. Die Chance auf eine gute soziale Integration von Schüler*innen mit Lern- und Verhaltensschwierigkeiten steigt. In einem suboptimalen Szenario würde es der Lehrkraft zwar gelingen, die Sozialkontakte zwischen den Schüler*innen zu evozieren, die Kontakte verfehlen jedoch die o. g. Kriterien und erhöhen somit das Risiko sozialer Ausgrenzung. In einem dritten Szenario gelingt es der Lehrkraft nicht, soziale Kontakte zwischen Schüler*innen mit und ohne Förderbedarf entstehen zu lassen. In diesem Falle wäre die Entwicklung der sozialen Integration jeweils stark von den Einstellungen gegenüber Lern- und Verhaltensschwierigkeiten beeinflusst, die die Schüler*innen ohne Förderbedarf in ihrer bisherigen Sozialisation aufgebaut haben. Eine kontaktbasierte Strategie zur Verbesserung der sozialen Integration birgt somit nicht nur Chancen, sondern auch Risiken. Dass sich die wissenschaftlich nachgewiesenen Kriterien nicht so einfach in die schulische Praxis übertragen lassen, zeigten Garrote et al. (2017) in ihrer Übersichtsarbeit. So konnten die Autorinnen kaum aussagekräftige größere Studien finden, die tatsächlich die Wirksamkeit von Intergruppenkontakten auf die soziale Integration bestätigen konnten. Studien mit günstigen Effekten basierten hier immer auf kleinen gut kontrollierbaren Stichproben.

Eine Möglichkeit, die kontaktförderlichen Bedingungen im schulischen Kontext strukturiert zu realisieren, bietet die Methode des Kooperativen Lernens (Brüning & Saum, 2017). Während Kooperatives Lernen in der Vergangenheit insbesondere zur Steigerung der Lernleistung in leistungsheterogenen Lerngruppen genutzt wurde, eignet sich die Methode auch für die Konstruktion von optimalen Kontakten. Grundsätzlich können acht verschiedene Phasen eines Kooperativen Lernprozesses formuliert werden. Hank et al. (2022) legten mit dem integrationsförderndem Kooperativen Lernen (IKL) ein Konzept vor, das speziell auf die Förderung sozialer Integration ausgerichtet ist. In der Forschung werden unterschiedliche Effekte des Kooperativen Lernens auf die soziale Integration berichtet (Weber & Huber, 2020; Garrote et al., 2017). Aus den vorliegenden Studien lässt sich ableiten, dass Kooperatives Lernen insbesondere dann einen günstigen Einfluss auf die soziale Integration hat, wenn Kooperatives Lernen in kleinen Gruppen (maximal 4 Personen), hochfrequent (z. B. täglich), über einen Zeitraum von mindestens vier Wochen und unter möglichst sorgfältiger Kontrolle der kontaktförderlichen Bedingungen (Weber & Huber, 2020) umgesetzt wird. Insgesamt kann auch für die Förderung sozialer Integration über (optimale) Sozialkontakte geschlossen werden, dass Sie wahrscheinlich einen relevanten Baustein in der Förderung darstellen, Ihre Umsetzung jedoch hohe Anforderung an die fachlichen und methodischen Kompetenzen der Lehrkräfte stellt und die Effekte insgesamt nicht überschätzt werden sollten.

3 Integrierte Maßnahmen zur Förderung sozialer Integration in Schule und Unterricht

Sozialkompetenz, Sozialkontakt und Lehrkraftfeedback stellen die zentralen Ebenen sozialer Integrationsförderung im SULKI-Modell dar. Alle drei Ebenen sind nicht voneinander getrennt wirksam, sondern beeinflussen sich gegenseitig.

Verhaltensorientierte Maßnahmen

Im SULKI-Modell ist die Förderung des Sozialverhaltens die Basis einer ausgrenzungsreduzierenden Prävention. Dabei ist die Förderung auf Gruppenebene (mit Blick auf die integrierende Klasse) von einer Förderung auf Individualebene zu unterscheiden. Checklisten und Screeningverfahren können Lehrkräfte bei der Entscheidung unterstützen, in welchem Umfang Interventionen auf Ebene der gesamten Klasse oder auf Ebene der ausgegrenzten Schüler*innen erforderlich sind. Wilson et al. (2003) nennen mit Gruppenkontigenzverfahren, kognitiv-behavioral fundierten sozialen Kompetenztrainings und Classroom-Management drei Strategien zur Verbesserung von sozialen Kompetenzen (insbesondere bei externalisierenden Verhaltensproblemen) auf Gruppenebene.

Andererseits geht eine verbesserte soziale Einbindung auch mit einer Verringerung ausgrenzungsrelevanter Eigenschaften (z. B. Aggressivität, Motivation, soziale Unsicherheit) auf Ebene der ausgegrenzten Schüler*innen selbst einher. Bachmann et al. (2008) nennen hier insbesondere verhaltenstherapeutisch fundierte Methoden, lern- und bindungstheoretisch fundierte Elterntrainings sowie (Multi-) systemische Beratungsansätze.

Die Förderung des Sozialverhaltens stellt die erste Achse der Prävention von sozialer Ausgrenzung dar. Da Verhalten der Schüler*innen und Lehrkraftverhalten und Unterricht miteinander in Wechselwirkung stehen, ist für die Förderung sozialer Integration immer ein multimodales Vorgehen zu empfehlen.

Feedbackorientierte Maßnahmen

Das Feedbackverhalten der Lehrkraft bietet für Schüler*innen vermutlich eine wichtige soziale Orientierung und stellt die unmittelbarste Einflussebene für eine Lehrkraft dar. Damit Lehrkraftfeedback einen Effekt auf die soziale Integration haben kann, muss es öffentlich und für die (integrierende) Gruppe wahrnehmbar sein. Da Lehrkraftfeedback sowohl einen integrierenden und einen ausgrenzenden Effekt haben kann, bedeutet dies für Lehrkräfte, den Einsatz ihres Feedbacks regelmäßig zu reflektieren. Während positives Feedback im Unterricht öffentlich gegeben werden kann, ist der Effekt von negativem Feedback weitaus vielschichtiger. So haben öffentliche negative Rückmeldungen zwar einerseits eine wichtige verhaltensregulierende Funktion, gleichzeitig erhöhen sie auch das Risiko sozialer Ausgrenzung der Feedbackadressaten. Hier muss von den Lehrkräften abgewogen werden, inwieweit sie ihr Feedback wirklich öffentlich geben sollten oder ob sie negative Feedbacks besser unter vier Augen außerhalb der öffentlichen Wahrnehmung geben. Mit Blick auf die Feedbacktemperatur sollten Lehrkräfte negative Rückmeldungen im öffentlichen Raum in neutraler Form und ohne herabwürdigende paraverbale oder nonverbale Signale (z. B. nur geringfügig höhere Lautstärke; bestimmte, aber nicht aggressive Körpersprache; neutrale Stimmfarbe) geben. Mit Blick auf den Feedbackfokus sollte integrationsförderliches Feedback generell eher konstruktive Hinweise zur Verhaltens- oder Leistungsverbesserung enthalten und sich möglichst nicht auf persönliche Eigenschaften beziehen. Ferner beeinflusst vermutlich auch die von Lehrkräften bevorzugt genutzte Bezugsnormorientierung die soziale Integration, da sie indirekt die Valenz der Rückmeldungen verändert. Lehrkräfte, die in ihre Rückmeldungen häufig Vergleiche mit anderen Schüler*innen (soziale Bezugsnorm) oder externen Kriterien (kriteriale Bezugsnorm) einfließen lassen, heben Schüler*innen mit Lern- und Verhaltensproblemen naturgemäß häufiger (negativ) hervor als Lehrkräfte, die vor allem die Lernentwicklung ihrer Schüler*innen (individuelle Bezugsnorm) in ihren Feedbacks betonen. Schulnoten stellen eine Form des Leistungsfeedbacks dar, dass stark mit sozialer Ausgrenzung assoziiert ist. Sie sollten im öffentlichen Raum daher zurückhaltend genutzt werden. Das Feedback einer Lehrkraft wird darüber hinaus auch indirekt durch ein präventiv ausgerichtetes Classroom Management beeinflusst. So reduziert Classroom-Management die Prävalenz von Verhaltensproblemen der Schüler*innen, was sich ebenfalls positiv auf die Anzahl der Situationen auswirken dürfte, in denen Lehrkräfte im Unterricht überhaupt negatives Feedback geben müssen. Gleichzeitig verbessert Classroom-Management den Anteil der effektiven Lernzeit und das Arbeitsverhalten, so dass Lehrkräfte seltener das Verhalten ihrer Schüler*innen regulieren müssen.

Kontaktorientierte Maßnahmen

Kontakt ist im SULKI-Modell das soziale Ereignis, in dem Vorurteile gegenüber Individuen und soziale Gruppen revidiert werden können. Lehrkräfte haben unterschiedliche Möglichkeiten, im Unterricht Sozialkontakte zwischen ausgegrenzten Schüler*innen und ihren Klassenkamerad*innen zu evozieren. Grob stehen Lehrkräften dabei zwei unterschiedliche Strategien zur Förderung (optimaler) Sozialkontakte zur Verfügung: verhaltensregulierende und feedbackbasierte Maßnahmen. Feedbackbasierte Strategien erhöhen die Wahrscheinlichkeit zur Aufnahme sozialer Interaktionen. Verhaltensregulierende Maßnahmen verändern die sozialen Kompetenzen der Akteure und erhöhen somit die Wahrscheinlichkeit, dass der Sozialkontakt zwischen den Akteur*innen als positiv wahrgenommen wird. Der Erfolg verhaltensregulierender Maßnahmen wird also erst im Sozialkontakt selbst für die Mitschüler*innen evident und kann so erst zu einer Einstellungsänderung führen. Positive Erfahrungen im Sozialkontakt wirken wiederum als positiver (sozialer) Verstärker, der die Bereitschaft zur Aufnahme weiterer sozialer Interaktionen erhöht.

Kooperative Unterrichtsmethoden (z. B. Kooperatives Lernen) stellen auf der anderen Seite eine sehr direkte Strategie zur Erzeugung von Sozialkontakten dar (Weber & Huber, 2020). Ohne die Sicherung guter Sozialkompetenzen und einer sicheren und als angenehm empfundenen Arbeitsatmosphäre birgt der Sozialkontakt jedoch das Risiko, dass sich (negative) Vorurteile und Einstellungen verhärten (Pettigrew & Tropp, 2008). Kooperative Lernmethoden können im SULKI-Modell somit niemals unabhängig von verhaltensregulierenden und feedbackbasierten Strategien gesehen werden – ihr Erfolg baut vielmehr auf ihnen auf (Hank et al., 2022). Nahezu alle Kooperativen Lernmodelle beinhalten daher auch zentrale Elemente, die das Sozialverhalten und das Mikroklima in den kooperierenden Kleingruppen vor der inhaltlichen Gruppenarbeit sichern (Brüning & Saum, 2017). Der obligatorisch im Kooperativen Lernen verankerte Dreischritt (think – pair – share) ermöglicht zudem, auch leistungsschwächeren oder sozial unsicheren Schüler*innen ausreichend Zeit, einen geschützten Rahmen und eine sozial-emotionale Absicherung.

4 Fazit

Soziale Ausgrenzung ist ein häufig beschriebenes Phänomen, von dem insbesondere Schüler*innen mit Lern- und Verhaltensproblemen betroffen sind. Den zahlreichen Studien zur Prävalenz sozialer Ausgrenzung in dieser Schüler*innengruppe steht eine geringe Zahl an evidenzbasierten Modellen zur Förderung bei sozialer Ausgrenzung gegenüber. Das SULKI-Modell stellt ein solches Modell dar, bietet aber eher einen Handlungsrahmen für Schulpraxis und Forschung und weniger ein abgeschlossenes evidenzbasiertes Förderkonzept. Zudem zeigt es, dass die Förderung sozialer Integration in der Schulpraxis komplex ist und die zahlreichen gegenseitigen Abhängigkeiten zwischen den darin beschriebenen Wirkfaktoren ein umsichtiges Vorgehen der Lehrkräfte erfordern. Für die Schulpraxis bedarf es daher in der Zukunft neuer strukturierter und evidenzbasierter Programme, die die Komplexität für die Schulpraxis reduzieren und die Effektivität des Lehrkrafthandels erhöhen. Insgesamt scheint damit für die Förderung sozialer Integration in besonderer Weise zu gelten, was in der Pädagogik bei Lern- und Verhaltensproblemen insgesamt schon seit vielen Jahren evident ist: Prävention ist wirksamer als die Intervention. Insbesondere für die Prävention sozialer Ausgrenzung von Schüler*innen mit Lern- und Verhaltensproblemen bieten die drei im SULKI-Modell beschrieben Ebenen einen sinnvollen Handlungs- und Orientierungsrahmen. Neben dem Lehrkrafthandeln im Unterricht entlang dieser drei Ebenen stellen jedoch auch die strukturellen Rahmenbedingungen einer Klasse bzw. Schule einen wichtigen Einflussfaktor für soziale Ausgrenzungsprozesse dar. So zeigten Huber et al. (2021), dass neben dem Lehrkrafthandeln auch die Lern- und Verhaltensheterogenität einer Lerngruppe die soziale Ausgrenzung von Schüler*innen mit Lernproblemen beeinflusst. Dieser Befund zeigt, dass neben den durch das Lehrkraft- und Unterrichtshandeln beeinflussbaren Faktoren im SULKI-Modell auch strukturelle Faktoren soziale Integrationsprozesse beeinflussen.

Literatur

Allport, G. W. (1954). *The Nature of Prejudice*. Unabridged, 25th anniversary ed. Reading, Mass.: Addison-Wesley Pub. Co.

Bachmann, M., Bachmann, C., Rief, W. & Mattejat, F. (2008). Wirksamkeit psychiatrischer und psychotherapeutischer Behandlungen bei psychischen Störungen von Kindern und Jugendlichen – Eine systematische Auswertung der Ergebnisse von Metaanalyses und Reviews. Teil I. Angstörungen und depressive Störungen. *Zeitschrift für Kinder- und Jugendpsychiatrie und Psychotherapie, 36*(5), 309–320. DOI: 10.1024/1422-4917.36.5.309.

Brüning, L. & Saum, T. (2017). *Erfolgreich unterrichten durch Kooperatives Lernen. Strategien zur Schüleraktivierung*. (11. überarbeitete Auflage). Neue Deutsche Schule Verlagsgesellschaft mbH.

Feinman, S. (1992). Social Referencing and Conformity. In: Saul Feinman (Hg.), *Social referencing and the social construction of reality in infancy* (S. 229–268). Plenum Press.

Garrote, A., Sermier Dessemontet, R. & Moser Opitz, E. (2017). Facilitating the social participation of pupils with special educational needs in mainstream schools: A review of school-based interventions. *Educational Research Review*, 20, 12–23. DOI: 10.1016/j.edurev.2016.11.001.

Hank, C., Weber, S. & Huber, C. (2022). Potentiale des Kooperativen Lernens bei der Förderung sozialer Integration – die Unterrichtsmethode des integrationsförderlichen Kooperativen Lernens (IKL). *Vierteljahresschrift für Heilpädagogik und ihre Nachbargebiete*.

Hattie, J. & Timperley, H. (2007). The Power of Feedback. *Review of Educational Research*, 77(1), 81–112. DOI: 10.3102/003465430298487.

Hendrickx, M. M. H. G., Mainhard, T., Oudman, S., Boor-Klip, H.J. & Brekelmans, M. (2016). Teacher Behavior and Peer Liking and Disliking. The Teacher as a Social Referent for Peer Status. *Journal of Educational Psychology*, 109(4), 546–558. DOI: 10.1037/edu0000157.

Huber, C. (2019a). Ein integriertes Rahmenmodell zur Förderung sozialer Integration im inklusiven Unterricht. Sozialpsychologische Grundlagen, empirische Befunde und schulpraktische Ableitungen. *VHN* 88(1), 27–43. DOI: 10.2378/vhn2019.art06d.

Huber, C. (2019b). Lehrkraftfeedback und soziale Integration: ein Dreiebenenmodell zum integrationswirksamen Feedback in Schule und Unterricht. In: M.C. Vierbuchen & F. Bartels (Hg.): *Feedback in der Unterrichtspraxis. Schülerinnen und Schüler beim Lernen wirksam unterstützen* (S. 79-94). Kohlhammer.

Huber, C., Gerullis, A., Gebhardt, M. & Schwab, S. (2018). The impact of social referencing on social acceptance of children with disabilities and migrant background. An experimental study in primary school settings. *European Journal of Special Needs Education* 1(1), 1–17. DOI: 10.1080/08856257.2018.1424778.

Huber, C., Nicolay, P. & Weber, S. (2021). Celebrate Diversity? *Unterrichtswiss.* DOI: 10.1007/s42010-021-00115-w.

Johnson, D.W. & Johnson, R.T. (1980). Integrating Handicapped Students into the Mainstream. *Exceptional Children* 47(2), 90–98.

Newcomb, A.F., Bukowski, W.M. & Pattee, L. (1993). Children's peer relations: A meta-analytic review of popular, rejected, neglected, controversial, and average sociometric status. *Psychological Bulletin* 113(1), 99–128.

Osterman, K.F. (2000). Students' need for belonging in the school community. *Review of Educational Research*, 70(3), 323–367. DOI: 10.2307/1170786.

Pettigrew, T.F. (1998). Intergroup Contact Theory. In: *Annual Review of Sociology*, 49(749), 65–85. DOI: 10.1146/annurev.psych.49.1.65.

Pettigrew, T.F. & Tropp, L.R. (2006). A Meta-Analytic Test of Intergroup Contact Theory. *Journal of Personality and Social Psychology*, 90(5), 751–783. DOI: 10.1037/0022-3514.90.5.751.

Pettigrew, T.F. & Tropp, L.R. (2008). How does intergroup contact reduce prejudice? Meta-analytic tests of three mediators. *Eur. J. Soc. Psychol.*, 38(6), 922–934. DOI: 10.1002/ejsp.504.

Schwab, S., Huber, C. & Gebhardt, M. (2016). Social acceptance of students with Down syndrome and students without disability. *Educational Psychology*, 36(8), 1501–1515. DOI: 10.1080/01443410.2015.1059924.

Weber, S. & Huber, C. (2020). Förderung sozialer Integration durch Kooperatives Lernen – Ein systematisches Review. *Empirische Sonderpadagogik*, 12, 257–278.

White, K.J. & Jones, K. (2000). Effects of Teacher Feedback on the Reputations and Peer Perceptions of Children with Behavior Problems. *Journal of Experimental Child Psychology*, 76(4), 302–326. DOI: 10.1006/jecp.1999.2552.

Wilson, S.J., Lipsey, M.W. & Derzon, J.H. (2003). The Effects of School-Based Intervention Programs on Aggressive Behavior: A Meta-Analysis. *Journal of Consulting and Clinical Psychology*, 71(1), 136–149.

Wullschleger, A., Garrote, A., Schnepel, S., Jaquiéry, L. & Moser Opitz, E. (2020). Effects of teacher feedback behavior on social acceptance in inclusive elementary classrooms: Exploring social referencing processes in a natural setting. *Contemporary Educational Psychology*, 60, 101841. DOI: 10.1016/j.cedpsych.2020.101841.

Zaragoza, N., Vaughn, S., McIntosh, R., Webster, M. & Foschi, M. (1991). Social skills interventions and children with behavior problems: A review // Social Referencing and Theories of Status and Social Interaction. *Behavioral Disorders, 16*(4), 260–275. DOI: 10.1007/978-1-4899-2462-9_11.

Effektives Classroom Management – Strategien für positive unterrichtliche Entwicklungsbedingungen im Kontext von Lern- und Verhaltensschwierigkeiten

Marie-Christine Vierbuchen

Classroom Management (CM) bietet im Bereich der komplexen Zusammenhänge von Verhalten und Lernen und ebenso Schwierigkeiten in einem oder beiden Bereichen besondere Unterstützungsmöglichkeiten. Evertson und Weinstein (2006) verstehen unter Classroom Management alle Handlungen von Lehrkräften, die sie umsetzen, um eine Umgebung zu schaffen, die akademisches und sozial-emotionales Lernen unterstützt und anregt. CM ist demnach stark präventiv ausgerichtet.

CM ist eine der drei Basisdimensionen im Unterricht (die anderen beiden Basisdimensionen bestehen aus kognitiver Aktivierung und schülerorientiertem Unterrichtsklima, Helmke, 2006; 2021; Klieme et al., 2006). Wie die Lehrkraft den Unterricht strukturiert, macht einen Unterschied für den Erfolg der Schüler*innen auf den Ebenen fachlich-inhaltlichen Lernerfolgs, sozialer und emotionaler Entwicklung sowie Motivation (Korpershoek, 2016). Wirksame Strategien einer gelingenden Umsetzung von CM sind das KlasseKinderSpiel sowie Lob und Feedback, die innerhalb dieses Kapitels praxisorientiert vorgestellt werden.

1 Ziele und Verständnis von Classroom Management

CM ist ein settingbasiertes Konzept, welches eine Vielzahl konkreter Handlungsmöglichkeiten beinhaltet. Ziel ist, durch die Gestaltung des Lernsettings das Lernen der Schüler*innen wirksam zu unterstützen und dadurch mehr aktive Lernzeit und Lernmöglichkeiten zu schaffen. Das birgt natürlich besondere Chancen (und Herausforderungen) für diejenigen mit Lern- und Verhaltensschwierigkeiten. Es geht um die bestmögliche Unterstützung, die Generierung möglichst positiver Situationen und Settings für den Lernprozess. Die gelingende Umsetzung hat eine signifikante direkte Wirkung auf den Lernerfolg und die fachlichen Ergebnisse der Schüler*innen (Adeyemo, 2012; Back et al., 2016).

CM legt eine große Verantwortung in das Handeln und Know-how der Lehrkraft. Sie ist dafür verantwortlich, das Setting so zu gestalten, dass im besten Fall alle den Zugang und geeignete Rahmenbedingungen zum Lernen vorfinden und aktiv nutzen können. Das schließt schüler*innenorientierte und auch (angemessen strukturierte und sehr gut eingeführte) offene Methoden nicht aus, fordert die

Lehrkraft aber heraus, die Entwicklung und die Kompetenzen aller Schüler*innen im Blick zu behalten und unterstützende Unterrichtssituationen zu schaffen. Neben der Klassenebene spielt die Schulebene eine große Rolle: CM sollte im besten Fall nicht nur von einer individuellen Lehrkraft betrachtet werden, sondern Teil eines schulweiten Gesamtkonzepts sein, welches auf positiven Beziehungen auch zwischen den Lehrkräften und der Unterstützung der Schulleitung basiert (Back et al., 2016).

Auf Klassenebene sind Aspekte der Organisation, des Lehr-Lern-Managements, der Beziehung zwischen Lehrkraft und Schüler*innen sowie der Bereich der Konsequenzen in den Fokus zu rücken. Konsequenz ist in diesem Kontext nicht mit Sanktion gleichzusetzen, vielmehr ist die Erfahrung von Folgen jeden Verhaltens (angemessen wie unangemessen) auf der Basis von Fairness und Transparenz gemeint. Es kommt auf ein ausgewogenes Verhältnis zwischen Lob und positivem Feedback als Verstärkung, aber auch Hinweisen auf konkrete Entwicklungsmöglichkeiten und direkte Unterstützung von (Lern-)Verhalten an. Gelingt die Kombination der Förderung sozialer Kompetenz und eines positiven Lernklimas, so ist die Wirksamkeit für das Lernen und das Verhalten sehr hoch (Durlak et al., 2011). Corcoran et al. (2018) identifiziert in einer Metaanalyse zu Interventionen im sozial-emotionalen Lernen einen signifikanten Lernerfolg auf das Lesen, die mathematische Leistung und etwas geringer auf die naturwissenschaftlichen Leistungen. Dies zeigt erneut, wie eng Lernen und Verhalten zusammengehören und das CM prädestiniert ist, beide Förderbereiche in ihren komplexen Wechselwirkungen positiv zu beeinflussen.

2 Wirksamkeit spezifisch im Kontext von Lern- und Verhaltensschwierigkeiten

Back et al. (2016) zeigen in ihrer Untersuchung, dass Classroom Management (hier eingeschätzt aus Perspektive der Lehrkraft) sich signifikant auf das Schulklima auswirkt und das wiederum auf die akademische Leistung. Classroom Management wird in der Ausgestaltung eines positiven schulischen Settings eine sehr hohe Bedeutsamkeit zugeschrieben (Back et al., 2016). Gelingt Lehrkräften der Einsatz von Strategien des CM, so werden vorhandene Schwierigkeiten im Bereich von Unterrichtsstörungen vermindert und das Aufmerksamkeitsverhalten im Unterricht wirksam gesteigert (Leflot et al., 2010). Werden strategisch und systematisch Strategien des CM eingesetzt, so erkennen Lehrkräfte eine Steigerung der sozialen und der fachlichen Kompetenzen spezifisch bei Kindern mit hohem Risiko für Verhaltensschwierigkeiten (Caldarella et al., 2018). Eine Wirkung auf bestehendes Problemverhalten berichten die Lehrkräfte innerhalb dieser Untersuchung jedoch nicht (Caldarella et al., 2018). Andere Untersuchungen zeigen jedoch deutliche Verbesserungen der Verhaltensschwierigkeiten (z. B. Unterrichtsstörungen, aggressives

Verhalten) im Kontext von CM (Kamps et al., 2015; Oliver et al., 2011; Wills et al., 2014; Wills et al., 2016). Auch die Einzelfallstudie von Ferreira González, Hövel, Hennemann und Schlüter (2019) findet für Schüler der Sekundarstufe I im Biologieunterricht für den gezielten Einsatz von CM eine Reduzierung des bestehenden Störverhaltens sowie eine Verbesserung des Lern- und Arbeitsverhaltens im moderaten bis starken Bereich.

Weiterführende Diskussionen thematisieren verstärkt den Zusammenhang des Wissens einer Lehrkraft mit ihrem professionellen Handeln im Klassenraum. Hintergrund dieser Überlegungen ist das Treffen von Verhaltensentscheidungen von Personen auf der Basis der Verarbeitung der ihnen zugänglichen Informationen (Fishbein & Ajzen, 2009). Im Kontext der Schule bedeutet dies: Lehrkräfte, die viel zu spezifischen Themen wissen, können mit höherer Wahrscheinlichkeit gelingende Verhaltensentscheidungen, z. B. in Bezug auf Strategien des CM, anhand der systematischen Nutzung ihres vorhandenen Wissens im Schulalltag und in konkreten Situationen treffen. Wissen ist also eine relevante Voraussetzung für professionelles Handeln. Zum spezifischen Wissen über Verhaltensschwierigkeiten und den Einsatz von Strategien des CM existieren allerdings differente Resultate. Einerseits scheint das Wissen von Lehrkräften im inklusiven Kontext zu den verschiedenen Unterstützungsbedarfen eine große Rolle im gelingenden Unterricht zu spielen (spezifisch zu ADHS und CM: Geng, 2011), andererseits fanden Bolinger, Mucherah und Markelz (2020) keinen Zusammenhang zwischen dem Wissen zu ADHS und dem selbstberichteten proaktiven Einsatz von CM-Strategien.

Zusammenfassend zeigen die Befunde, dass die komplexe und dynamische Interaktion mehrerer Faktoren des Unterrichts beachtet werden muss, dann aber spezifisch im Einsatz von CM wirksame unterstützende Strategien für Schüler*innen mit Lern- und Verhaltensschwierigkeiten umgesetzt werden können. Wang und Degol (2016) zeigen auf, dass Strategien des CM eine sichere, vorhersehbare, konsistente (und somit auch für Schüler*innen mit Lern- und Verhaltensschwierigkeiten verstehbare) Umgebung mit positiven Beziehungen ermöglichen.

3 Prinzipien und grundlegende Strategien

Erfolgreiches CM fokussiert stärker präventive als reaktive Strategien (Lewis & Sugai, 1999). Die Lehrkraft muss gut vorbereitet sein und ihre Handlungsmöglichkeiten kennen, sonst bleiben ihr nur reaktive Handlungen und diese sind ›Plan B‹ im Konzept des präventiv angelegten CM.

Evertson und Weinstein (2006) und Marzano, Marzano und Pickering (2003) formulieren fünf Aufgaben des CM:

- Eine positive, fürsorgliche Beziehung zwischen Lehrkraft und Schüler*in sowie zwischen den Schüler*innen entwickeln.

- Den Unterricht so umsetzen, dass der Zugang der Schüler*innen zum Lernen optimiert wird.
- Das Engagement der Schüler*innen bei der Auseinandersetzung mit fachlichen Aufgaben fördern.
- Die Entwicklung sozialer Kompetenzen und der Selbstregulation der Schüler*innen fördern, was die Verantwortungsübernahme der Schüler*innen für ihr eigenes Verhalten stärkt.
- Wirksame Unterstützung im Bereich des Sozialverhaltens für die Schüler*innen installieren.

Interventionen des CM, die auch die sozial-emotionale Kompetenz der Schüler*innen in den Blick nehmen, sind effektiver als Interventionen ohne diese Komponente (Korpershoek et al., 2016). Wichtig sind klare Regeln und Routinen, die bereits am ersten Schultag implementiert werden und so eine Orientierung und einen Rahmen geben. Zudem sollten sowohl für Aspekte des Verhaltens als auch des Lernens proaktiv deutliche Erwartungen formuliert werden, die den Schüler*innen transparent gemacht und deren Einhaltung kontinuierlich überprüft und rückgemeldet wird (Hennemann & Hillenbrand, 2010). Kontinuierliches Feedback spielt im Kontext von CM eine große Rolle. Für ihr Verhalten und Lernen wird den Schüler*innen Eigenverantwortung übertragen, jedoch werden sie durch die Rahmung positiven CM unterstützt, diese Eigenverantwortung übernehmen zu lernen.

Konkretisieren lassen sich diese Aufgaben in der Umsetzung verschiedener Kriterien (mod. n. Hennemann & Hillenbrand, 2010):

1. Vorbereitung des Klassenraums: Sitzordnung, Funktionsbereiche, Zugänglichkeit zu Material, möglichst reizarm und trotzdem zum Wohlfühlen;
2. Planung und Unterrichtung von Regeln und unterrichtlichen Verfahrensweisen: gemeinsame Abstimmung von transparenten Regeln und Ritualen (z. B. Verhalten bei Fragen zur Aufgabe oder bei Fertigstellung), Feedback zur Einhaltung der Absprachen;
3. Festlegung von Konsequenzen: (nicht) angemessene Verhaltensweisen haben transparente und zeitnahe Folgen; Abstimmung im Kollegium, damit gleiche Konsequenzen folgen und insbesondere positive Verhaltensweisen gestärkt werden;
4. Schaffung eines positiven (Lern-)Klimas: Stärkung des Gruppengefühls, Training sozialer und Problemlöse-Kompetenzen, Kooperation untereinander, Lehrkraft als Modell positiver Kommunikation;
5. Monitoring der Schüler*innen: Beaufsichtigung, situative Beobachtung und zeitnahe Rückmeldung, prozessbezogene Diagnostik des Lernens und Verhaltens (z. B. Lernverlaufsdiagnostik, direkte Verhaltensbeobachtung);
6. Angemessene Vorbereitung des Unterrichts: Differenzierung einbeziehen, aktive Auseinandersetzung ebenso wie Phasen klarer Instruktion vorbereiten, hohe Erwartungen stellen und Feedback einplanen;
7. Festlegung von Verantwortlichkeiten und Zuständigkeiten der Schüler*innen: je nach Kompetenzen und Entwicklungsstand Klassenämter verteilen (Klassensprecher*in, Dienste wie Tafel-/Hausaufgabendienst, Ausbildung zu Media-

tor*innen), um die Identifizierung mit der Klasse und die Verbindlichkeit zu stärken;
8. Durchführung von transparentem, zielgerichtetem und reibungslosem Unterricht: insbesondere Übergänge zwischen verschiedenen Lernphasen strukturiert gestalten, Zugänglichkeit zu vorbereitetem Material, gut eingeführte Methoden, klare Aufgabenstellungen;
9. Einführung von kooperativen Lernformen: gegenseitige Abhängigkeit und Unterstützung der Schüler*innen zur Erreichung eines gemeinsamen Ziels (z. B. Mathekonferenz, Lautlesetandems, Reciprocal Teaching, Gruppenpuzzle);
10. Unterbindung von unangemessenem Verhalten der Schüler*innen: unauffällige, frühe Reaktion auf Unterrichtsstörung im Vorhinein planen und umsetzen (verbal und nonverbal), Verhaltensvertrag mit Schüler*innen mit Verhaltensschwierigkeiten schließen, Verstärkersysteme;
11. Entwicklung von Strategien für potenzielle Probleme: außerschulisches Netzwerk der Hilfen bei gravierenden Schwierigkeiten einbeziehen, gestuftes Maßnahmenpaket, welches auch die Rückkehr nach Eskalationen einschließt.

Während die Kriterien eins bis neun proaktiv ausgelegt sind, sind die letzten beiden reaktiv. Sie sollen zwar im Vorfeld unbedingt bedacht werden, sind jedoch erst bei stattgefundenen Störungen umzusetzen. Diese Aspekte zeigen, dass es sich um ein Konzept mit intensiver Vorbereitung und strategischen Überlegungen handelt. Effektives Classroom Management ist eine Grundausrichtung des Lehrens und Lernens über die verschiedenen Kriterien hinweg.

4 Konkrete Handlungsstrategien

Das KlasseKinderSpiel

Eine Möglichkeit, mit einer Methode bereits einige der Kriterien guten CM umzusetzen, bietet das KlasseKinderSpiel (Barrish et al., 1969; Hillenbrand & Pütz, 2008). Das Spiel ist eine unterrichtsimmanente Methode zur Unterstützung des Verhaltens der Schüler*innen und wird in Form eines Gruppenkontingenzverfahrens umgesetzt. Es werden Gruppen (Teams) gebildet, die miteinander konkurrieren, wer sich am besten an die gemeinsam aufgestellten Regeln während einer abgesteckten Zeit halten kann. Das Team mit den wenigsten Störungen (Fouls) gewinnt.

Der Einsatz dieser evidenzbasierten Maßnahme verändert das CM der Lehrkraft. Leflot, van Lier, Onghena und Colpin (2010) können zeigen, dass Lehrkräfte, die das KKS einsetzen, auch außerhalb der Spielzeit signifikant weniger negative Äußerungen vornehmen und mehr loben. Schüler*innen, die das KKS spielen, zeigen auch außerhalb der Spielzeit deutlich aufmerksameres Verhalten, was direkt mit dem Verhalten der Lehrkraft in Zusammenhang gebracht wird und die positive

Wirkung des Einsatzes des KKS für Schüler*innen mit hyperaktiven Störungen erklären kann. Eine Meta-Analyse von Smith et al. (2021) stellt dar, dass das KKS aus Lehrkaftperspektive sowie aus Schüler*innenperspektive in der Einschätzung der Veränderung von Verhaltensproblemen deutlich besser abschneidet als Vergleichsmaßnahmen. Hier werden zudem Effekte des KKS auf das Leseverständnis vor allem für Jungen identifiziert, was die Ergebnisse von Bradshaw et al. (2009) stärkt, die eine Steigerung der akademischen Fertigkeiten für Schüler*innen durch verhaltensunterstützende Maßnahmen feststellen.

Im Folgenden findet sich eine Anleitung zur Umsetzung des KlasseKinderSpiels (mod. n. Hillenbrand & Pütz, 2008, ausführlich auch Hagen et al., 2017):

1. Vorüberlegungen zum Spiel
   Wann startet das Spiel? In welcher Unterrichtsphase? Welche Spieldauer ist zum Einstieg realistisch?
   Zu Beginn lohnt sich das Spiel am Morgen bei vorhandener hoher Konzentration und in einer gut überschaubaren Unterrichtsphase. Später kann der Schwierigkeitsgrad durch andere Arbeitsphasen und ggf. Regelanpassungen erhöht werden. Die Dauer des Spiels sollte gerade zu Beginn so gewählt werden (z. B. zehn Minuten), dass auch Schüler*innen mit Lern- und Verhaltensschwierigkeiten die Regeleinhaltung mit ein wenig Anstrengung schaffen können. Eine der wichtigsten Aufgaben für die Lehrkraft ist es, in der Planung und Umsetzung ihre Schüler*innen gut einzuschätzen und die Bedingungen des Spiels so zu gestalten, dass speziell Schüler*innen mit Lern- und Verhaltensschwierigkeiten es schaffen können, zum Siegerteam dazuzugehören.
2. Erhebung der Ausgangslage
   Welches Verhalten soll unterstützt werden? Wo treten welche Schwierigkeiten auf?
   Eine Beobachtung der Klasse während verschiedener Unterrichtsphasen kann Aufschluss geben. Eine Umsetzung dieses Schritts ermöglicht später das Feststellen von Veränderungen und das differenzierte Besprechen von Regeln und Fouls mit der Klasse.
3. Auswahl der Verstärkung
   Was motiviert die Klasse, sich anzustrengen?
   Materielle Verstärker wie Süßigkeiten, Aufkleber oder kleine Kosmetikprodukte (immer in Verbindung mit positiver Rückmeldung) wirken zu Beginn sehr gut. Bald sollte jedoch zu sozialen oder Aktivitätsverstärkern gewechselt werden (Gemeinsames Kooperationsspiel, Lied, Basteln eines Papierhutes, den die Lehrkraft in der kommenden Stunde aufsetzt). Erlaubt ist, was Anreiz zur Regeleinhaltung ist. Zu Beginn sollte nach jedem einzelnen Spiel eine Verstärkung stattfinden, langfristig können Wochensiegerteams gekürt werden.
4. Einführung des Spiels in der Klasse und Regeldefinition
   Die Lehrkraft erklärt, dass ab sofort das Spiel gespielt wird. Gemeinsam sollte eine Gruppendiskussion zur Einstimmung stattfinden: Wie können wir gut zusammen lernen? Was unterstützt? Was stört? Daraus werden ca. drei Verhaltensregeln abgeleitet, am besten konkret und positiv formuliert. Es wird auch darüber gesprochen, welche Verhaltensweisen gegen die Regeln verstoßen und

somit ›Fouls‹ sind. Die Regeln können für einzelne Schüler*innen mit Signalkarten auf dem Tisch verdeutlicht werden; für alle sollten sie sichtbar aufgehängt werden. Die Klasse wird informiert: Jeder Regelverstoß während der Spielzeit wird zukünftig als ein Foul gewertet. Das Team mit den wenigsten Fouls am Ende der Spielzeit gewinnt und erhält die Verstärkung. (Eine Variante für später: Wenn alle Teams unter einer bestimmten Anzahl an Fouls bleiben, gewinnen alle.)

Dann wird die Klasse in drei oder vier Teams, die die Lehrkraft gut auseinanderhalten kann, eingeteilt. Signale wie bunte Klammern, Tischfähnchen etc. helfen. Die Teams geben sich Namen zur Stärkung der sozialen Verbindlichkeit und Identifikation mit der Gruppe, was für Schüler*innen mit Lern- und Verhaltensschwierigkeiten besonders hilfreich ist. Boykottiert jemand das Spiel oder hat starke Probleme, sich an die Regeln zu halten, kann kurzfristig eine Einzelgruppe außer Konkurrenz gebildet werden. So können erstmal unabhängig Fouls gesammelt und sich dann Schritt für Schritt (vielleicht auch erstmal mit einer Regel weniger, einem Joker für zwei ›Gratis-Fouls‹ des Teams oder einem spezifischen Verhaltensvertrag) möglichst bald in ein Team integriert werden. Sensibles Vorgehen in enger Absprache mit dem Kind oder Jugendlichen bietet eine besondere Chance der Unterstützung, von der die Beziehung langfristig profitieren kann, ebenso wie die soziale Stellung in der Klasse.

5. Durchführung

Dann startet das Spiel. Eine transparente Spielzeit ist zu Beginn wichtig. Der Unterricht wird wie gewohnt durchgeführt, die Fouls werden nebenbei gezählt. Dazu benennt die Lehrkraft das Team (niemals eine einzelne Person) und notiert das Foul sichtbar. Nach Beendigung der Spielzeit findet die Siegerehrung statt. Absprachen mit Kolleg*innen verhindern, dass das Spiel mehrfach oder sogar unterschiedlich gespielt wird.

6. Evaluation und Modifikation

Nach mehreren Wochen lohnt sich eine Überprüfung des Verhaltens der Klasse. Die jeweiligen Fouls und deren Entwicklung innerhalb der Spielzeit können eine Entwicklung zeigen. Spannend ist, ob sich das Spiel auf das Verhalten außerhalb der Spielzeit auswirkt. Hier werden erneut die Beobachtungen aus Schritt zwei relevant. Ist Veränderung sichtbar? Können die Schüler*innen eine Veränderung feststellen? Unterstützt sie das Spiel? Das positive Verhalten während des Spiels wird sich nicht sofort auf die gesamte Unterrichtssituation übertragen. Modifikationen unterstützen allerdings den Transfer von der Spielsituation in die restliche Schulzeit. Durch den Einsatz in anderen Unterrichtsphasen wird die Komplexität und damit der Schwierigkeitsgrad erhöht. Verstärkung und Teamzusammensetzungen sollten ebenfalls geändert werden.

Lob und Feedback im Kontext des Classroom Management

Der effektive Einsatz von Lob und Feedback ist eine der wirksamen Kategorien des CM (Oliver et al., 2011), wird aber leider zu selten im Unterricht genutzt (Jenkins & Floress, 2015). Feedback spielt für das Lernen und Verhalten, z. B. im Rahmen sozialer Integration, eine bedeutende Rolle und ist eng an das Ziel des CM geknüpft, ein positives und unterstützendes Lernklima und hilfreiche Rahmenbedingungen für jeden zu schaffen. Lob wirkt sich auf das Verhalten von Schüler*innen mit hohem Risiko für Verhaltensschwierigkeiten positiv aus (Fullerton et al., 2009) und steigert das Engagement der Schüler*innen im Unterricht (Moore et al., 2010). Es entsteht mehr Zeit für das fachliche Lernen (ebd.).

Nach Hattie und Timperlay (2007) besteht komplettes Feedback aus drei Aspekten:

- Feed-up: Welches Ziel wird grundsätzlich angestrebt?
- Feed-back: Wie weit befindet man sich auf dem Weg der Zielerreichung?
- Feed-forward: Welche sind die nächsten Schritte zur Zielerreichung?

Tab. 1: Schritt für Schritt zu systematischerem Lob und Feedback (mod. n. Fefer & Vierbuchen, 2019, S. 70f.)

Schritt		Bedeutung und Umsetzung
1.	Wie sieht die aktuelle Situation von Lob und Feedback in der Klasse aus?	Beobachtung des eigenen Handelns! In welchen Situationen, wann genau wird Lob und Feedback eingesetzt? Wem gegenüber und wie?
2.	Was soll konkret verbessert werden?	Zielformulierung: In welchem Fach, welcher (Unterrichts-)Situation, für einzelne Schüler*innen oder Gruppe soll eine erste Verbesserung des Lob- und Feedbackverhaltens deutlich werden? SMARTE Zielsetzung: Spezifisch (konkret), messbar (überprüfbar), attraktiv (warum wichtig, akzeptabel), realistisch (erreichbar), terminiert (in absehbarer Zeit erfüllbar)! Planung der Umsetzung: Beachtung von Feed-back, Feed-up, Feed-forward.
3.	Bei Bedarf: Wie kann der/die Schüler*in (oder die gesamte Klasse) eingebunden werden?	Besonders mit Schüler*innen, die intensive Unterstützung im Bereich Lernen und Verhalten benötigen, sind zusätzliche Gespräche sinnvoll, in denen positives Verhalten, Lernziele und hilfreiches Lob besprochen werden. Wird Lob vor der gesamten Klasse präferiert oder unauffällig per schriftlicher Notiz oder leide mündlich im Vorbeigehen? Alternativ oder zusätzlich kann die gesamte Klasse in die Weiterentwicklung eingebunden und nach Lob- und Feedback-Bedürfnissen und Präferenzen im Gespräch oder per Fragebogen befragt werden.
4.	Erinnerung im Unterricht an den erstellten Plan.	Hilfreich sind Signale und Erinnerungsstützen zur Steigerung der Wahrscheinlichkeit der Umsetzung der formulierten Ziele (z.B. Signalkarte auf dem Pult, Erinnerung durch Apps/Handy).
5.	Evaluation: Wie funktioniert die konkrete Umsetzung?	Überprüfung der Umsetzung der formulierten Lob- und Feedback-Ziele im eigenen Unterricht (selbstständig beobachten, anhand von Co-Teaching-Situationen oder von der Klasse Feedback einholen).

Tab. 1: Schritt für Schritt zu systematischerem Lob und Feedback (mod. n. Fefer & Vierbuchen, 2019, S. 70f.) – Fortsetzung

Schritt		Bedeutung und Umsetzung
6.	a. Muss ich Anpassungen vornehmen?	Überprüfen Sie Ihre Zielsetzung (zu viel, zu wenig, zu unkonkret…?). Bauen Sie stärkere Erinnerungen während des Unterrichts ein. Passen Sie die Art und Weise des Lobes an oder konzentrieren Sie sich vorerst auf andere Schüler*innen.
	b. Läuft es gut und ich kann mir nächstschwierigere Ziele setzen?	Planen Sie langfristiger und mehr Lob. Nehmen Sie weitere Schüler*innen in den Blick.
	c. Habe ich alles erreicht? Muss mich nur in der Erhaltung des unterstützenden Lobverhaltens verstärken?	Finden Sie dezente Mittel, um sich immer wieder zu überprüfen, ob Ihr Lobverhalten noch unterstützend ist, oder ob Sie wieder weniger loben.

6 Konklusion

Sich als Lehrkraft mit CM auseinanderzusetzen, gehört zum Alltagsgeschäft und ist wirksam für die Unterstützung der Klasse und damit jedes Einzelnen für ein gutes Lern- und Sozialklima. Lehrkräfte haben eine hohe Verantwortung dafür, dass für alle Schüler*innen gute Bedingungen herrschen. Mit den Instrumenten des KlasseKinderSpiels und einem adäquaten Einsatz von Lob und Feedback wurden exemplarisch relevante Handlungsmöglichkeiten vorgestellt. Diese sind für die gesamte Klasse hilfreich, unterstützen aber besonders Schüler*innen mit Lern- und Verhaltensschwierigkeiten. Lehrkräfte könnten überlegen, welche Konsequenzen aus diesen Inhalten für das eigene Handeln gezogen werden und auf welche Aspekte ein erster Fokus der eigenen professionellen Weiterentwicklung gesetzt werden kann.

Literatur

Adeyemo, S. A. (2012). The relationship between effective classroom management and students' academic achievement. *European Journal of Educational Studies, 4*(3), 367–381.

Back, L. T., Polk, E., Keys, C. B. & McMahon, S. D. (2016). Classroom management, school staff relations, school climate, and academic achievement: testing a model with urban high schools. *Learning Environments Research, 19*(3), 397–410.

Barrish, H. H., Saunders, M. & Wolf, M. M. (1969). Good behavior game: Effects of individual contingencies for group consequences on disruptive behavior in a classroom. *Journal of Applied Behavior Analysis, 2*, 119–124.

Bolinger, S. J., Mucherah, W. & Markelz, A. M. (2020). Teacher Knowledge of Attention-Deficit/Hyperactivity Disorder and Classroom Management. *The Journal of Special Education Apprenticeship, 9*(1), 1–12.

Bradshaw, C. P., Koth, C. W., Thornton, L. A. & Leaf, P. J. (2009). Altering school climate through school-wide positive behavioral interventions and supports: Findings from a group-randomized effectiveness trial. *Prevention Science, 10*(2), 100–115.

Caldarella, P., Larsen, R. A. A., Williams, L., Wills, H., Kamps, D. & Wehby, J. H. (2018). Effects of CW-FIT on Teachers' Ratings of Elementary School Students at Risk for Emotional and Behavioral Disorders. *Journal of Positive Behavior Interventions, 20*(2), 78–89.

Corcoran, R. P., Cheung, A. C. K., Kim, E. & Xie, C. (2018). Effective universal school-based social and emotional learning programs for improving academic achievement: A systematic review and meta-analysis of 50 years of research. *Educational Research Review, 25*, 56–72.

Durlak, J. A., Weissberg, R. P., Dymnicki, A. B., Taylor, R. D. & Schellinger, K. B. (2011). The Impact of Enhancing Students' Social and Emotional Learning: A Meta-Analysis of School-Based Universal Interventions. *Child Development, 82*(1), 405–432.

Evertson, C. M. & Weinstein, C. S. (Eds., 2006). *Handbook of classroom management: Research, practice, and contemporary issues.* Lawrence Erlbaum.

Fefer, S. & Vierbuchen, M.-C. (2019): Lob als effektives Classroom Management in der Sekundarstufe – wissenschaftliche Befunde und praktische Hinweise (S. 59–75). In M. Vierbuchen & F. Bartels (Hrsg.), *Feedback in der Unterrichtspraxis – Schülerinnen und Schüler beim Lernen wirksam unterstütze*n. Kohlhammer.

Ferreira González, L., Hövel, D. C., Hennemann, T. & Schlüter, K. (2019). Auswirkungen des gezielten Einsatzes von Classroom-Management-Strategien im inklusiven Fachunterricht Biologie auf das Unterrichtsverhalten von Schülern unter erhöhten Risiken aus Perspektive der Lehrperson. Eine Einzelfallstudie. *Empirische Sonderpädagogik, 11*(1), 53–70.

Fishbein, M. & Ajzen, I. (2009). *Predicting and Changing Behavior. The Reasoned Action Approach.* Psychology Press.

Fullerton, E. K., Conroy, M. A. & Correa, V. I. (2009). Early childhood teachers' use of specific praise statements with young children at risk for behavior disorders. *Behavioral Disorders, 34*, 118–135.

Geng, G. (2011). Investigation of teachers' verbal and non-verbal strategies for managing attention deficit hyperactivity disorder (ADHD) students' behaviors within a classroom environment. A*ustralian Journal of Teacher Education, 36*, 17–30.

Hagen, T., Hennemann, T., Hillenbrand, C. & Hövel, D. (2017). *KLAROs KlasseKinderSpiel. Klassenregeln spielend lernen.* Verein Programm Klasse 2000 e.V.

Hattie, J. & Timperley, H. (2007). The power of feedback. *Review of Educational Research, 77*, 81–112.

Helmke, A. (2006). Was wissen wir über guten Unterricht? Über die Rückbesinnung auf den Unterricht als Kerngeschäft der Schule. *Pädagogik, 2/2006,* 42–45.

Helmke, A. (2021). *Unterrichtsqualität und Lehrerprofessionalität. Diagnose, Evaluation und Verbesserung des Unterrichts* (8. Aufl.). Kallmeyer.

Hennemann, T. & Hillenbrand, C. (2010). Klassenführung – Classroom Management. In B. Hartke, K. Koch & K. Diehl (Hrsg.), *Förderung in der schulischen Eingangsstufe* (S. 255–279). Kohlhammer.

Hillenbrand, C. & Pütz, K. (2008). *KlasseKinderSpiel. Spielerisch Verhaltensregeln lernen.* Edition Körber Stiftung.

Jenkins, L. N. & Floress, M. T. (2015). Rates and types of teacher praise: A review and future directions. *Psychology in the Schools, 52*, 463–476.

Kamps, D., Conklin, C. & Wills, H. (2015). Use of self-management with the CW-FIT group contingency program. *Education and Treatment of Children, 38*, 1–32.

Klieme, E., Lipowsky, F., Rakoczy, K. & Ratzka, N. (2006). Qualitätsdimensionen und Wirksamkeit von Mathematikunterricht. Theoretische Grundlagen und ausgewählte Ergebnisse des Projekts ›Pythagoras‹. In M. Prenzel & L. Aloi-Näcke (Hrsg.), *Untersuchungen zur Bildungsqualität von Schule. Abschlussbericht des DFG-Schwerpunktprogramms* (S. 127–146). Waxmann.

Korpershoek, H., Harms, T., de Boer, H., van Kuijk, M. & Doolaard, S. (2016). A Meta-Analysis of the Effects of Classroom Management Strategies and Classroom Management Programs on Students' Academic, Behavioral, Emotional, and Motivational Outcomes. *Review of Educational Research*, 1–38.

Leflot, G., van Lier, P., Onghena, P. & Colpin, H. (2010). The role of teacher behavior management in the development of disruptive behaviors: An intervention study with the Good Behavior Game. *Journal of Abnormal Child Psychology, 38,* 869–882.

Lewis, T. J., & Sugai, G. (1999). Effective behavior support: A systems approach to proactive schoolwide management. *Focus on Exceptional Children, 31,* 1–24.

Marzano, R. J., Marzano, J. S. & Pickering, D. J. (2003). *Classroom management that works: Research-based strategies for every teacher.* Association for Supervision and Curriculum Development.

Moore, T. C., Robertson, R. E., Maggin, D. M., Oliver, R. M. & Wehby, J. H. (2010). Using teacher praise and opportunities to respond to promote appropriate student behavior. *Preventing School Failure, 54,* 172–178.

Oliver, R. M., Wehby, J. H. & Reschly, D. (2011). *Teacher classroom management practices: Effects on disruptive or aggressive student behavior.* Campbell Systematic Reviews.

Smith, S., Barajas, K., Ellis, B., Moore, C., McCauley, S. & Reichow, B. (2021). A Meta-Analytic Review of Randomized Controlled Trials of the Good Behavior Game. *Behavior Modification, 45*(4), 641–666.

Wang, M. T. & Degol, J. L. (2016). School Climate: A Review of the Construct, Measurement, and Impact on Student Outcomes. *Educational Psychology Review* (Vol. 28). Educational Psychology Review.

Wills, H. P., Iwaszuk, W. M., Kamps, D. & Shumate, E. (2014). CW-FIT: Group contingency effects across the day. *Education and Treatment of Children, 37,* 191–210.

Wills, H. P., Kamps, D., Fleming, K., & Hansen, B. D. (2016). Student and teacher outcomes of the class-wide function related intervention team efficacy trial. *Exceptional Children, 83*(1), 58–76.

Verzeichnisse

Die Autorinnen und Autoren

Miriam Balt, Institut für Bildungsforschung, Bergische Universität Wuppertal

Jannis Bosch, Department für Inklusionspädagogik, Universität Potsdam

Moritz Börnert-Ringleb, Institut für Sonderpädagogik, Leibniz Universität Hannover

Gino Casale, Institut für Bildungsforschung, Bergische Universität Wuppertal

Armin Castello, Institut für Sonderpädagogik, Europa-Universität Flensburg

Charlotte Dignath, Abteilung Bildung und Entwicklung, Leibniz-Institut Bildungsforschung und Bildungsinformation

Andreas Gold, Institut für Psychologie, Goethe Universität Frankfurt am Main

Conny Griepenburg, Institut für Psycholgie, Universität Hildesheim

Michael Grosche, Institut für Bildungsforschung, Bergische Universität Wuppertal

Tobias Hagen, Humanwissenschafliche Fakultät, Universität zu Köln

Marcus Hasselhorn, Abteilung Bildung und Entwicklung, Leibniz-Institut Bildungsforschung und Bildungsinformation

Thomas Hennemann, Humanwissenschaftliche Fakultät, Universität zu Köln

Moritz Herzog, Institut für Bildungsforschung, Bergische Universität Wuppertal

Markus Hess, Deutsche Hochschule für Gesundheit & Sport, Standort Berlin

Christian Huber, Institut für Bildungsforschung, Bergische Universität Wuppertal

Linda Juang, Department für Inklusionspädagogik, Universität Potsdam

Dorothea Krampen, Institut für Psychologie, Goethe Universität Frankfurt am Main

Johanna Krull, Humanwissenschaftliche Fakultät, Universität zu Köln

Jörg-Tobias Kuhn, Fakultät Rehabilitationswissenschaften, Technische Universität Dortmund

Pawel R. Kulawiak, Departement für Inklusionspädagogik, Universität Potsdam

Tatjana Leidig, Humanwissenschaftliche Fakultät, Universität zu Köln

Friedrich Linderkamp, Institut für Bildungsforschung, Bergische Universität Wuppertal

Timo Lüke, Institut für Erziehungswissenschaft, Karl-Franzens-Universität Graz

Katja Mackowiak, Institut für Sonderpädagogik, Leibniz Universität Hannover

Sina Napiany, Institut für Bildungsforschung, Bergische Universität Wuppertal

Lars Orbach, Departamento de Psicologia, Universidade Federal de Minas Gerais, Brasilien

Sharleen Pevec, Department für Inklusionspädagogik; Universität Potsdam

Bodo Przibilla, Institut für Bildungsforschung, Bergische Universität Wuppertal

Heinrich Ricking, Institut für Förderpädagogik, Universität Leipzig

Herbert Scheithauer, Erziehungswissenschaft und Psychologie, Freie Universität Berlin

Marion Scherzinger, Institut für Heilpädagogik, Pädagogische Hochschule Bern, Schweiz

Kirsten Schuchardt, Institut für Psychologie, Universität Hildesheim

Miriam Schwarzenthal, Institut für Bildungsforschung, Bergische Universität Wuppertal

Roland Stein, Institut für Sonderpädagogik, Julius-Maximilians Universität Würzburg

Karolina Urton, Institut für Erziehungswissenschaft, Westfälische Wilhelms-Universität Münster

Christin Vanauer, Fakultät Rehabilitationswissenschaften, Technische Universität Dortmund

Marie-Christine Vierbuchen, Institut für Sonderpädagogik, Europa-Universität Flensburg

Alexander Wettstein, Institut für Forschung, Entwicklung und Evaluation, Pädagogische Hochschule Bern, Schweiz

Jürgen Wilbert, Department für Inklusionspädagogik, Universität Potsdam